Sven Jennessen, Reinhard Lelgemann,
Barbara Ortland, Martina Schlüter (Hrsg.)

Leben mit Körperbehinderung

Perspektiven der Inklusion

Verlag W. Kohlhammer

Gesamtherstellung:
W. Kohlhammer Druckerei GmbH + Co. KG, Stuttgart
Printed in Germany

ISBN 978-3-17-021140-7

Inhaltsverzeichnis

Vorwort

Liebe Leserinnen und Leser,

die Inklusion von Menschen mit Körperbehinderung verstehe ich als ein selbstverständliches Einbeziehen behinderter Menschen in die Gesellschaft – und zwar von Beginn an. Spätestens mit Inkrafttreten des Übereinkommens der Vereinten Nationen über die Rechte von Menschen mit Behinderung ist klar: Für alle Menschen mit Behinderung, selbstverständlich auch für körperbehinderte Menschen, muss die Möglichkeit geschaffen werden, eine allgemeine Schule zu besuchen oder auf dem ersten Arbeitsmarkt beschäftigt zu sein. Wir müssen eine inklusive Gesellschaft für alle Menschen gestalten. Dafür müssen die individuellen Voraussetzungen – so wie sie der Einzelne benötigt – in den einzelnen gesellschaftlichen Bereichen, der Bildung und Ausbildung, dem Arbeitsmarkt, dem Wohn- und Arbeitsumfeld und in der Freizeit, geschaffen werden. Denn Barrieren sind gerade für Menschen mit Körperbehinderung ein wesentlicher Grund dafür, dass sie sich ausgeschlossen fühlen und in ihrem täglichen Leben beeinträchtigt werden. Diese Barrieren reichen von nicht abgesenkten Bordsteinkanten und fehlenden Aufzügen an Bahnhöfen für gehbehinderte Menschen bis zu fehlenden Licht- beziehungsweise Lautsignalen für Menschen mit Hör- bzw. Sehbehinderung. Neben diesen baulichen Barrieren beeinträchtigen aber vor allem die Barrieren in den Köpfen vieler Menschen. Der selbstverständliche Kontakt zwischen behinderten und nicht behinderten Menschen ist in Deutschland immer noch die Ausnahme. Dies fängt in der Schule an, wo nur etwa 15 % der Kinder mit einem sogenannten „sonderpädagogischen Förderbedarf“ allgemeine Schulen besuchen, und setzt sich fort in vielen Sondereinrichtungen im Ausbildungs- und Berufsleben. Die Barrieren in den Köpfen können nur beseitigt werden, wenn Menschen mit und ohne Behinderung von Anfang an, das heißt schon im Kindergarten und in der Schule, zusammen aufwachsen. Erst dann wird der Umgang miteinander auch im Erwachsenenalter selbstverständlicher und ist nicht von gegenseitigen Vorurteilen geprägt. Mein Anliegen ist es, die getrennten Welten von behinderten und nicht behinderten Menschen abzuschaffen und dem Übereinkommen der Vereinten Nationen entsprechend ein selbstverständliches Miteinander zu erreichen. Wer Inklusion will, sucht Wege, wer sie verhindern will, sucht Gründe.

„Nichts über uns, ohne uns“ ist der Ansatz, der sowohl für die Politik für Menschen mit Behinderungen als auch für die Fachwissenschaft gelten sollte. Deshalb gefällt mir das Konzept dieses Werkes, auch Menschen mit Körper- und Mehrfachbehinderungen als Experten in eigener Sache zu Wort kommen zu lassen.

Ihr
Hubert Hüppe
Beauftragter der Bundesregierung für die Belange behinderter Menschen

Einleitung

Die Idee für das vorliegende Buch entstand auf der jährlichen Tagung der Lehrenden der Körperbehindertenpädagogik 2008 in Würzburg. D.h. dort entstand die Idee, die Diskussion innerhalb der Körperbehindertenpädagogik vertiefen zu wollen: Ein Buch zu einer aktuellen Fragestellung oder sogar eine Buchreihe mit der Möglichkeit, unterschiedliche Erfahrungen und wissenschaftliche Positionen zusammenzuführen und auf diese Weise notwendige Diskussionen öffentlich zu führen bzw. zu ermöglichen. Es war zunächst nur eine Idee, von der keiner wirklich glaubte, dass wir sie realisieren würden. Wir hatten noch nicht so eng miteinander gearbeitet, wohnen und arbeiten an unterschiedlichen Orten mit weiten Entfernungen – würde das klappen? Der Wunsch war jedoch stärker als die Bedenken. Also gab es ein erstes Treffen, an dem aber noch nicht das Thema Inklusion reifte. Beim zweiten Treffen war es dann möglich, das Thema so weit zu konkretisieren.

Eine Frage, die immer wieder diskutiert wurde und uns bis zum Schluss beschäftigte, lautete:

„Ist es legitim, ein Buch zur Inklusion aus nur einer Diversitätsperspektive zu schreiben?"

„Wir können dieses Buch nicht schreiben!"

„Klar, können wir das!"

„Was legitimiert das denn? Der Gedanke der Inklusion will doch gerade diese Unterschiede und Stigmatisierungen nicht mehr in den Vordergrund stellen. Widersprechen wir da nicht dem Grundgedanken der Inklusion, wenn wir Unterschiede machen?"

„Genau! Es geht doch um Lebensbedingungen, die allen Menschen in ihrer Einmaligkeit gerecht werden. Die Fokussierung auf eine Menschengruppe stigmatisiert!"

„Nein! Sie würde dann stigmatisieren, wenn wir sie isoliert betrachten. Aber nicht, wenn wir die besonderen Bedürfnisse fokussieren und für die Inklusionsdiskussion zugängig machen!"

Diese Diskussion führten wir im Entstehungsprozess des Buches in unterschiedlichen Facetten immer wieder und stellten fest, dass die zentrale Frage nicht endgültig beantwortbar ist. Wir haben uns entschlossen, dieses Buch zur Inklusion aus der Perspektive der Körperbehindertenpädagogik zu schreiben: Mit einem grundlegenden systemischen Ansatz und mit der Berücksichtigung der individuellen Bedürfnisse von körper- und mehrfachgeschädigten Menschen in Theorie und Praxis leisten wir in dem vorgegebenen begrenzten Rahmen einen Beitrag zur Inklusion, der Verschiedenheiten nicht bewerten und kategorisieren, sondern sie unter Beachtung ihrer Individualitäten zusammenführen soll.

So sind die Oberkapitel mit „Grundlegungen, Lebensphasen, Lebensthemen, Gesundheitsversorgung und Barrierefreiheit" allgemein ausgerichtet, um in den Unterkapiteln die Vielfalt der möglichen Bedürfnisse von körper- und mehrfachgeschädigten Menschen im Rahmen von Inklusion zu berücksichtigen und zu diskutieren. Jedes Unterkapitel besteht aus Theorie- und Praxisbeiträgen. Inklusion ist nur in der Verzahnung von Theorie und Praxis zu denken.

Wir merkten selber und hörten es auch immer wieder von den Autorinnen und Autoren dieses Buches, wie schwer es teilweise fiel, Körperbehinderung inklusiv zu denken bzw. Inklusion im Rahmen von Körperbehinderung zu verorten. Dies war zum einen in obiger Fragestellung begründet, zeigte sich zum anderen in dem Wunsch, die für die Inklusion hinderlichen, allerdings fest installierten, unterschiedlichen Systeme aus dem Weg zu räumen: Wie viel Inklusion ist gesellschaftlich und politisch gewollt? Auch wenn die Ratifizierung der UN-Behindertenrechtskonvention Anlass zur Hoffnung für die Akzeptanz von Verschiedenheiten gibt, so wird der Weg der Veränderung lang und mühsam sein.

Dieses Buch wird mit seinen Beiträgen aus Theorie und Praxis aktuelle Lebensproblematiken benennen und entsprechende Perspektiven der Inklusion aufzeigen: Menschen mit und ohne Körper- und Mehrfachbehinderungen in einem inklusiven, gesellschaftlichen System!

Unser herzlicher Dank gilt Dorothee Kienle und Judith Amrath für ihre umfassende Hilfe bei der Korrektur des Buches.

Sven Jennessen
Reinhard Lelgemann
Barbara Ortland
Martina Schlüter

Landau, Würzburg, Münster, Köln
im Juli 2010

Grundlegungen

1 Körperbehinderung und Inklusion im Speziellen

Martina Schlüter

1.1 Einführung

Alle Menschen sind verschieden. Begründet ist dies in den unterschiedlichen genetischen Anlagen und den Sozialisationsbedingungen. Bezogen auf Deutschland leben wir alle in oder besser von einem gesellschafts-politischen System, dessen Grundbedingungen von einigen Menschen mit einem großen Regelwerk für alle Menschen gesetzt werden. Auch wenn alle Menschen verschieden sind, so ist das Gradmaß der geduldeten Verschiedenheiten genormt. Die Menschen, die außerhalb dieser Norm liegen, werden, oftmals mit einer differenzierten Ursache belegbar, als „geschädigt", gerne auch als „krank", bezeichnet. Da sie in unterschiedlichen Bereichen zu bestimmten Zeitpunkten nicht das können, was die Mehrheit aller in dem System lebenden Menschen, sprich die Norm, kann, werden sie „behindert" genannt. Das gesellschafts-politische System räumt diesen Menschen in seinem Regelwerk spezielle Bedingungen ein, die sie vor Nachteilen schützen sollen. Die Abweichungen der Verschiedenheiten können z. B. nach dem System von „Motorik, Emotion, Sozialisation, Kommunikation, Kognition" kategorisiert werden. In diesem Buch wird der Schwerpunkt auf die Abweichungen im Bereich der Motorik und der Körperlichkeit gelegt, deshalb werden diese Menschen auch als „körperbehindert" bezeichnet.

Das gemeinsame Leben in den unterschiedlichen Mikrosystemen gestaltet sich insofern als schwierig, als die Unterschiede in der Bewegungsfähigkeit und den äußeren körperlichen Merkmalen mit allen möglichen Konsequenzen als zu groß empfunden werden, um wiederum normierte Handlungsabläufe mit normierten Zielen durchzuführen bzw. zu erreichen. Deshalb leben diese Menschen in vielen Bereichen getrennt, sie finden innerhalb der gesetzten Normen keinen gemeinsamen Weg.

In diesem grundlegenden Beitrag geht es um die Auswirkungen des Abstandes in der Lebenswirklichkeit von normierten und „körperbehinderten" Menschen in Bezug auf gegenseitige Einstellungen und Haltungen. Dabei gilt es Aspekte zu analysieren, die zu einer Vergrößerung bzw. zu einer Verkleinerung des Abstandes führen. Schwerpunktmäßig werden diese Analysen aus der Perspektive der „körperbehinderten" Menschen geführt. Es geht weniger um System- oder Normveränderungen bzw. -analysen, wenn sie auch immer mit bedacht werden, da ohne sie keine Inklusion möglich ist.

Sprache, Formulierungen, Ausdrucksweisen können eine bedeutsame Funktion in der Gestaltung der Interaktion von Menschen einnehmen. Es wird in diesem Beitrag versucht, den Begriff der Körperschädigung anstelle dem der Körperbehinderung aufgrund seiner Zutrefflichkeit zu verwenden. In der hermeneutischen Analyse kann dies jedoch nicht konsequent beibehalten werden.

1.2 Begrifflichkeiten

Im Folgenden wird eine Annäherung an die Begriffe „Körperbehinderung" und „Inklusion" vorgenommen. Im Zentrum steht dabei die Perspektive von Menschen mit Körperbehinderungen in Auseinandersetzung mit nicht behinderten Personen im gemeinsamen gesellschaftlichen System, die eine kritische Sichtweise impliziert. Es kann kein erklärtes Ziel sein, Definitionen zu formulieren, da sie in sich zu statisch sind. Es geht um eine Analyse dieser beiden Begriffe, die auch das Spektrum der unterschiedlichen Sichtweisen repräsentiert.

Körperbehinderung

In der Vierteljahresschrift für Heilpädagogik und ihre Nachbargebiete 2/2007 steht Barbara Ortlands Artikel „Wie werden aus Menschen mit Behinderung Menschen ohne Behinderung?" – eine Frage der Verantwortung?! unter der Rubrik „Das provokative Essay" (VHN 2007, 93 f). Die Provokation kann insofern bestehen, als die der Behinderung zugrunde liegende Schädigung, quasi per definitionem, in der Regel über die gesamte zukünftige Lebensspanne hinweg besteht und medizinisch nicht heilbar ist. Somit kann es nur um die Beurteilung der Schädigung in ihren Auswirkungen auf die Lebensvollzüge und die eigene Persönlichkeit innerhalb des gesellschaftlichen Systems gehen. Nicht selten erzählen Menschen mit wie auch Menschen ohne Körperschädigungen von Begegnungen, in denen gesagt wird, dass sie „die Behinderung vergessen" und meinen damit, dass die Schädigung unbedeutend für die Bewertung der jeweiligen Situation ist, da de facto nichts behindernd ist.

Ortland versteht diese hier im Fokus stehenden körperlichen Schädigungen als Bedingungen, „die Menschen in Situationen einbringen und die von den anderen im Rahmen behindernder Prozesse als Störung oder Irritation bewertet werden" (Ortland 2007, 95). „Ob also ein Merkmal als Behinderung erfahren wird, bestimmen sowohl die Bewertungsprozesse als auch die Anpassungsleistungen *aller Beteiligten* in den situativen Umgebungsfaktoren" (ebd. 95).

Wie können diese Merkmale bei einer Körperschädigung konkret benannt werden? Schwerpunktmäßig soll in diesem Beitrag der Fokus auf Körperschädigungen mit äußerlich sichtbaren Merkmalen gelegt werden, da diese Merkmale der Auslöser für Störungen und Irritationen sind. Menschen mit z. B. chronischen Erkrankungen wie Diabetes Mellitus oder Asthma fallen in den weiteren Analysen nicht grundsätzlich heraus, haben aber andere Möglichkeiten, inklusiv tätig zu werden. Diese äußerlich sichtbaren Merkmale bilden den schwerwiegenden Unterschied zu den Sinnesschädigungen, zu den Veränderungen im Verhalten und in vielen Fällen zu den kognitiven Beeinträchtigungen. Cloerkes weist bereits 1979 darauf hin, dass die Visibilität einer Behinderung und die mit einer Behinderung verbundenen Funktionsbeeinträchtigungen die Komponenten sind, auf deren Grundlage sich die Einstellungen von nicht behinderten Menschen entwickeln: Soziale Werte wie Schönheit, physische Integrität, Leistungsfähigkeit und Gesundheit würden von dem behinderten Menschen verletzt (Cloerkes 1979, 180).

Äußerlich sichtbare Merkmale in Verbindung mit einer Körperschädigung können sein:

- Bewegungsveränderungen, die ihre Ursachen u. a. im Muskeltonus, in der Muskulatur selber oder in der Knochenstruktur haben können. Hinzu kann eine eingeschränkte Kontrolle oder ein Kontrollverlust über die Bewegung vorhanden sein.
- Benutzung von Hilfsmitteln wie Rollstuhl oder Rollator.
- Veränderungen der Gesichtsmuskulatur mit Auswirkungen auf die Mimik aus o. g. Ursachen. Hinzu kann ein nicht willkürlich kontrollierbarer Speichelfluss kommen.
- Veränderungen der Artikulation und Phonation beim Sprechen mit evtl. Nutzung von Hilfsmitteln zur Unterstützten Kommunikation.
- Veränderungen der Körperteile und/oder der Körperproportionen.

Mögliche Konsequenzen aus den äußerlichen Merkmalen:

- Abhängigkeit von Hilfspersonen mit evtl. Pflegeabhängigkeit.
- Benötigung von mehr Zeit und Umdenkprozessen bei vielen alltäglichen Verrichtungen.
- Damit weniger Leistungsmöglichkeit im Sinne der physikalischen Formel von „Leistung = Arbeit pro Zeit“.
- Einschränkungen in der Mobilität.

Ortland folgert weiter: „Bewertungsprozesse können aus der Perspektive der Selbstbeobachtung und der Fremdbeobachtung vorgenommen werden“ (Ortland 96).

Aus autobiographischen Beispielen ist bekannt, dass es Menschen mit angeborenen Körperschädigungen gibt, die diese als zu ihrem Körperbild und -empfinden zugehörig und nicht negativ bewerten. Auf die oft zitierten Autobiographien von Peter Radtke (1994) und Fredi Saal (1992) sei verwiesen. Stellvertretend für viele Formulierungen sei Alison Lapper (Phokomelie) genannt, die die Statue ihres nackten Körpers auf Trafalgar Square als Sinnbild deutet: „Ich halte sie in vielerlei Hinsicht für das ultimative Statement zum Thema Behinderung: dass Behinderung eine ebenso schöne wie anerkennenswerte Form des Lebens sein kann wie jede andere auch" (Lapper 2008, 255). Menschen mit später erworbenen Schädigungen erleben grundlegend einen „Riss" in ihrem Leben. Bewertungsprozesse sind abhängig vom weiteren Verlauf des Lebens und den Möglichkeiten der eigenen Einflussnahme. So ist von vielen Menschen mit einer Querschnittslähmung, u. a. bedingt durch sportliche, erfolgreiche Aktivitäten, bekannt, dass sie ihre Körperidentität nach Durchleben unterschiedlichster Phasen insgesamt erweitern konnten. Menschen mit Hirnschädigungen z. B. nach einem Schädel-Hirn-Trauma haben oftmals einen schwierigeren Weg und ziehen für sich indifferente Bewertungen. Menschen mit progredienten Erkrankungen zeigen insbesondere in den Phasen der akuten Progression oftmals regressive oder aggressive Verhaltensweisen. Dort werden die Bewertungsprozesse nochmals wieder anders ausfallen. Es wird deutlich, dass allein auf dem Hintergrund der Heterogenität der Körperschädigungen keine allgemeingültigen Aussagen über Bewertungsprozesse aus der Perspektive der Selbstbeobachtung möglich sind. Wie später noch aufgezeigt werden wird, sind die Bewertungen der Schädigung sowohl intra- wie auch interindividuell sehr unterschiedlich.

Die Perspektive der Fremdbeobachtung wird auf der individuellen Begegnungsebene als auch auf der gesellschaftlichen Systemebene betrachtet, wobei beide in Beziehung zueinander stehen:

Kinder stehen den Schädigungen sehr neugierig, im Sinne einem „nach Neuem gieren" gegenüber: Sie stellen vorrangig ihre „Warum" und „Wieso"-Fragen, halten sich in der Bewertung aufgrund oftmals fehlender Erfahrungen eher neutral. Cloerkes (2007, 114) hält fest, dass Kinder bis zum dritten/vierten Lebensjahr unbefangen auf alles Fremdartige zugehen. Der erwachsene Mensch hingegen wird aufgrund der Sozialisationserfahrungen eine Schädigung eher mit negativen Konsequenzen bewerten und vermutet eine Einflussnahme auf die Persönlichkeit des betroffenen Menschen. Auch er zeigt in der Regel eine Art von Neugierde, wie später noch an dem Beispiel des „Anschauens bzw. Anstarrens" genauer entfaltet werden wird (vgl. Exkurs: Das Anstarren). Seine Bewertungen sind im letzten abhängig von seinen Erfahrungen und eigenen Persönlichkeitsvariabeln: Menschen ohne Kontakte zu Menschen mit sichtbaren körperlichen Schädigungen werden sich eher distanzieren als durch betroffene Verwandte oder Freunde Erfahrene. Jedoch sind auch hier nur tendenzielle Vermutungen zu formulieren.

Antor & Bleidick (2000) halten eher für die Systemebene fest: „Behindertsein wird als eine menschliche Bedrohung empfunden" (Antor & Bleidick 2000, 70). Sie haben in ihren Ausführungen aufgezeigt, dass von der Antike bis zur Neuzeit mit besonderer Betrachtung der Zeit des Nationalsozialismus Menschen mit Behinderungen als bedrohliches Potenzial beseitigt wurden und es in abgewandelten Formen immer Vernichtungsformen von der Eugenik bis zur Euthanasie gab (ebd., 60–70). Sie weisen darauf hin, dass Einstellungen gegenüber behindertem Leben von übergreifenden Zusammenhängen bestimmt sind und führen fünf Bestimmungsfaktoren aus: „der Preis der Industrialisierung, die ökonomisch-utilitaristischen Determinanten, der Fetischismus der Gesundheit, Minoritäten-Vorurteile und die postmoderne Selbstbestimmung" (ebd. 72). Es stellt sich die Frage, inwiefern Menschen mit sichtbaren Schädigungen eine Bedrohung darstellen können. Eine Bedrohung ist immer etwas Angst auslösendes: Zu dem grundlegenden Aspekt der Fremdheit muss die (un)bewusste Angst hinzugefügt werden, selber diese Schädigung zu erhalten, die einem in dem Gegenüber konkret vor Augen geführt wird. Uhrlau nennt die „Angst vor Verlust der eigenen Unversehrtheit" bei Lehrern und Mitschülern von betroffenen Schülern als ein Merkmal einer pathologischen Interaktion in ihrer Studie (Uhrlau 2006, 256 und 259).

Damit kann der Kern der unterschiedlichen Bewertungsprozesse aus der Perspektive der Selbst- und der Fremdbeobachtung abgeleitet werden: Der eine lebt es (und kommt gut klar) und der andere sieht es (und bekommt Angst)! In der Perspektive der Selbstbeobachtung wird es eher um die Bewertung der Schädigung an sich gehen, in der Perspektive der Fremdbeobachtung kommen vermutete Einflussfaktoren auf die Persönlichkeit des betroffenen Menschen hinzu. Dennoch sind keine generalisierenden Aussagen zu formulieren. Festzuhalten bleibt jedoch, dass sichtbare Körperschädigungen nicht grundsätzlich als negativ bewertet werden müssen und nicht als negativ bewertet werden dürfen!

Inklusion

Nach der Analyse der Bewertungsprozesse bleibt die Analyse der Anpassungsleistungen. Die Trennung in zwei unterschiedliche Kapitel soll und darf ihren engen Zusammenhang nicht aufheben, wird aber, wie folgt, verständlich: Anpassungsleistungen zur „Überwindung von Verschiedenheiten" aller Beteiligten bilden den zentralen Kern von Behinderung und Inklusion: Das Verständnis im Sinne einer „Definition" von Behinderung stellt die Umkehrung des Verständnisses von Inklusion dar: Ortland (2007, 95) schließt sich der Relationalität von Behinderung von Walthes an: „Behinderung ist der nicht gelungene Umgang mit Verschiedenheit" (Walthes 2003, 49). Die UN-Behindertenrechtskonvention hält in der Präambel unter (m) fest: „in Anerkennung des wertvollen Beitrags, den Menschen mit Behinderungen zum allgemeinen Wohl und zur Vielfalt ihrer Gemeinschaften leisten und leisten können" (Bundesgesetzblatt 2008, 1421). In Artikel 3 formuliert sie unter (d) folgenden allgemeinen Grundsatz: „die Achtung vor der Unterschiedlichkeit von Menschen mit Behinderungen und die Akzeptanz dieser Menschen als Teil der menschlichen Vielfalt und der Menschheit" (ebd, 1424). Dieses diversity-Verständnis von Behinderung bildet den Kern der Integrations- und Inklusionspädagogik: „Es ist normal, verschieden zu sein" (Wocken 2001, 77) und die „Dialektik von Gleichheit und Verschiedenheit" (ebd. 77) als „axiomatische Grundlage" (ebd. 77) von Integrationsprozessen. Laubenstein (2008) reflektiert in ihrer Arbeit aus konstruktivistischer Perspektive grundlegend über Haltungen im sonderpädagogischen Diskurs, die unter den Aspekten des Anderen, der Fremdheit und der Macht Behinderung entstehen lassen (vgl. Reich 2008, 45). Barbara Ortlands Frage „Wie werden aus Menschen mit Behinderung Menschen ohne Behinderung?" ist also eine Frage der Inklusion.

Die oben angeführten äußerlichen Merkmale sind zentral für die Verschiedenheit von Menschen mit und ohne Körperschädigungen. Der Aspekt der möglichen Mehrfachschädigungen sei an dieser Stelle vernachlässigt. Die skizzierten Bewertungsmöglichkeiten und -tendenzen dieser Merkmale machen bereits deutlich, dass Inklusionsbestrebungen für die betroffenen Menschen einen lebenslangen Prozess darstellen können, da jede Veränderung in der Lebenssituation wie auch die Begegnung mit unbekannten Menschen immer wieder zum Prüfstand von inklusiver Zustimmung werden kann. Im weiteren steckt, bedingt durch die Verschiedenheit aller Menschen und insbesondere bei der hier fokussierten Personengruppe, in jeder Inklusion ein Stück Exklusion. Dies erinnert an Aaron Antonovsky, der Gesundheit und Krankheit nicht mehr als einander ausschließende und getrennt zu klassifizierende Zustände, sondern sie als „Extrempole eines multidimensionalen Kontinuums" (Antonovsky 1997, 15) betrachtet, zwischen denen sich das Befinden des Menschen bewegt. In- bzw. Exklusion vollzieht sich in einem „multidimensionalen Kontinuum". Der Weg zur Inklusion kann für alle Beteiligten von vielen Störfaktoren begleitet werden, was wiederum Stressoren produziert. Die vollständige Inklusion in ihrem Extrempol wird es im Lebensvollzug nicht geben, was bzgl. der Exklusion, wie weiter unten noch nachgewiesen wird, nicht auszuschließen ist.

In den weiteren Ausführungen wird es um Anpassungsleistungen auf verschiedenen Ebenen bzgl. aller Beteiligten gehen. Auch wenn diese nur die „äußere Hülle" von Inklusion darstellen, so stellen sie den Gradmesser für Inklusion im Sinne einer Operationalisierbarkeit dar. Es bleibt zu hoffen, dass die Anpassungsleistungen auch die Bewertungsprozesse von Schädigungen beeinflussen bzw. aus einer positiven Grundhaltung gegenüber Menschen mit sichtbaren körperlichen Schädigungen vollzogen werden.

1.3 Nicht gelungene Anpassungsleistungen

In diesem Kapitel geht es eher darum, den Zwiespalt, die Herausforderungen und die Tragweite von Anpassungsleistungen aufzuzeigen. Es werden dabei die Anpassungsleistungen ausgewählt, die als Grundlegungen verstanden werden.

Beginn des Lebens

Inklusion beginnt an der Stelle, wo die Mutter/die Eltern bei pränatal diagnostizierten Körperschädigungen „ja" zu ihrem Kind sagen. Ein Schwangerschaftsabbruch bedeutet für das Kind die Exklusion vom Leben. Bewertungsprozesse bzgl. der Lebensqualität des Kindes und der Familie, die Bereitschaft zu einschneidenden Anpassungsleistungen beeinflussen die Entscheidungsfindung. Die Mutter wird die Entscheidung für einen Abbruch vermutlich aus Gründen ihrer gesellschaftlichen Inklusion vollziehen.

Die UN-Behindertenrechtskonvention hält im Artikel 10 „Recht auf Leben" fest: „Die Vertragsstaaten bekräftigen, dass jeder Mensch ein angeborenes Recht auf Leben hat ..." (Bundesgesetzblatt 2008, 1429). Der pränatale Zeitraum ist nach dieser Konvention bzgl. des Lebensrechts nicht mit eingeschlossen. Mit der Weiterentwicklung der diagnostischen Methoden, dies betrifft die Pränatal- und die Präimplantationsdiagnostik, können immer mehr Körperschädigungen im vorgeburtlichen Zeitraum entdeckt werden, die wenigsten sind davon therapierbar. Bei der Präimplantationsdiagnostik, die in Deutschland noch verboten ist, wird der Embryo gezielt auf bestimmte Normabweichungen untersucht. Werden diese festgestellt, so wird der Embryo nicht in den Uterus der Frau transferiert. Insbesondere die invasiven Methoden der Pränataldiagnostik mit der Amniozentese und der Chorionzottenbiopsie legen oftmals im Screening-Verfahren Körperschädigungen wie z. B. Chromosomenveränderungen oder Spina bifida offen. Allerdings können auch nicht invasive Methoden wie die Sonographie entweder auf Schädigungen hinweisen oder diese explizit erkennen lassen. Eine „Contergan-Affaire", wie es sie Anfang der 60er Jahre des letzten Jahrhunderts gegeben hat, würde es heute aufgrund des Ultraschalls, der zur damaligen Zeit kaum in der gynäkologischen Praxis vorhanden war, nicht mehr geben. Die Entscheidung vieler Mütter bzw. Eltern wird in den meisten Fällen gegen das Leben des Kindes getroffen, wie es am Beispiel des Down-Syndroms heute verdeutlicht wird. Die diagnostizierte Schädigung lässt häufig Wunschkinder zu Kindern werden, deren Leben so nicht gewollt ist. Dieses ist gesetzlich möglich durch die medizinische Indikation im § 218 StGB, in der die seelische wie auch die körperliche Gesundheit der Mutter vorrangig geregelt ist (Schlüter 2007 a, 22). Es gibt keine im § 218 festgeschriebene Beratungspflicht und keine zeitliche Befristung. Allerdings ist seit dem 1. 01. 2010 die Änderung des Schwangerschaftkonfliktgesetzes in Kraft getreten, wonach zum einen die Ärztin oder der Arzt der schwangeren Frau das Informationsmaterial, das von der Bundeszentrale für gesundheitliche Aufklärung zum Leben mit Kindern mit geistigen oder körperlichen Schädigungen erstellt wurde, aushändigen muss und zum anderen hat der Arzt oder die Ärztin, die die Diagnose der Schädigung mitteilen, „über die medizinischen und psychosozialen Aspekte, die sich aus dem Befund ergeben, unter Hinzuziehung von Ärztinnen oder Ärzten, die mit dieser Gesundheitsschädigung bei geborenen Kindern Erfahrung haben, zu beraten" (SchKG § 2 a (1)). Absatz 2 regelt die Einhaltung einer Frist von 3 Tagen zwischen der schriftlichen Feststellung der Indikation und der Diagnosemitteilung bzw. Beratung und hebt dieses auf, wenn „eine gegenwärtige Gefahr für Leib oder das Leben der Schwangeren abzuwenden ist" (SchKG § 2 a (2)). In der Beratung sind nach dieser Gesetzesänderung primär Ärztinnen und Ärzte angesprochen, sekundär werden Behindertenverbände oder Selbsthilfegruppen genannt (vgl. SchKG § 1 (1 a), § 2 a (1)). Sowohl von Eltern geschädigter Kinder wie auch von betroffenen Menschen selber wird vermehrt und bereits über einen langen Zeitraum von einer Abwertung behinderten Lebens gerade durch das medizinische System berichtet. Ärztinnen und Ärzte haben in der Regel wenige Informationen über Entwicklungsverläufe und Bewältigungsmechanismen im Alltagsleben, es gibt keine Fortbildungen zu diesem Themenkreis. Dies lässt Zweifel an einer fachlich kompetenten, ergebnisoffenen Beratung aufkommen.

Bei einer Bewertung der Pränatalen Diagnostik in ihrer Beziehung zur Inklusion körpergeschädigter Kinder bleibt Folgendes festzuhalten: Das Spannungsverhältnis von Befürwortung und Duldung eines Schwangerschaftsabbruches bei körpergeschädigten Kindern einerseits und Forderung von Inklusion für diese Personengruppe wird von vielen Menschen ausgehalten. Dies kann sowohl die interpersonelle als auch die intrapersonelle Ebene betreffen: Diejenige, die einen Abbruch eines körpergeschädigten Kindes bei sich durchführen lässt, kann sich dennoch für die Inklusion dieser Kinder einsetzen. Antor & Bleidick (2001, 23) führen diesen Widerspruch mit Brumlik in ihren ethischen Analysen aus: „Kantianismus für die Prinzipien, Aristotelismus für den Alltag: Die vorgetragenen Argumente zeigen, daß auf der Ebene praktischer Diskurse all das erlaubt, zugelassen, ja sogar gefordert ist, was auf der Ebene der Begründung verpönt ist . . . die Trennung zwischen Begründungs- und Anwendungsebene“ (Brumlik 1991 a, 378). Die Möglichkeiten der Vorbereitung auf das Leben mit diesem Kind und damit zur Inklusion, die Pränataldiagnostik bietet, werden nur selten genutzt.

Lebensalltag

Inklusion muss sich u. a. an den gesellschaftlichen Reaktionen gegenüber Menschen mit Körperschädigungen messen lassen. Ihre möglichen Belastungen für die betroffene Personengruppe stellen ein grundlegendes Hindernis geglückter Inklusion dar.

Fries (2005) hat in einer in der Form einzigartigen Studie bei 75 Menschen mit unterschiedlichen, in der Regel sichtbaren, Körperschädigungen die Erfahrungen und Erlebnisse mit nicht behinderten Menschen und gesellschaftlichen Institutionen und deren Bewertungen, Belastungen und Verarbeitung untersucht. Zwei Aspekte der Untersuchung seien im Folgenden näher erörtert: Zum einen das Denken von nicht behinderten Menschen über behinderte Menschen aus der Perspektive von behinderten Menschen:

Menschen mit Behinderungen denken, dass Menschen ohne Behinderungen überwiegend negative Meinungen von behinderten Menschen haben: Mitleid, kein Zutrauen in Fähigkeiten, Unterstellung einer geistigen Behinderung, lästige Menschen, mit denen kein Kontakt erwünscht ist, bilden u. a. die häufigsten Nennungen. Als positive Gedanken und Meinungen werden Bewunderung, Lebensfreude, Freundlichkeit und Offenheit genannt (Fries 2005, 284 f).

Zum anderen können folgende Ergebnisse bzgl. der als belastend erlebten Erfahrungen herausgestellt werden:

- Viele der berichteten positiven und negativen Erlebnisse finden im öffentlichen Bereich statt. In der ersten von vier Belastungsstufen werden überwiegend positive Erfahrungen in Form von Hilfe im Alltag geschildert, die weiteren Belastungsstufen enthalten fast ausschließlich diskriminierende Erfahrungen (z. B. Gastronomie, Mitarbeiter pädagogischer und medizinischer Einrichtungen, etc.). Konkrete Beispiele für diskriminierende Erfahrungen sind: „Anpöbeln im Bus; Konfrontation mit NS-Gedankengut; Unfreundliche Beratung durch eine Ärztin; Aufforderung, das Lokal zu verlassen; Hilfsbedürftige werden wie ein kleines Kind behandelt“ (Fries 2005, 205 f).

- Die Mehrzahl der die Diskriminierungen ausführenden Personen sind unbekannte Personen.
- Die Art der Diskriminierungen ist häufig durch „Isolation und Ausgrenzung“ zu kennzeichnen.
- Diese Diskriminierungen lösen emotionale Betroffenheit und eine verstärkte Auseinandersetzung aus. Die als „stark belastend“ eingestuften Erlebnisse verstärken Gefühle der Minderwertigkeit und Einsamkeit.
- Gleich erscheinende Diskriminierungen werden unterschiedlichen Belastungsstufen zugeordnet. Die subjektive Wahrnehmung unterliegt also einer starken Variation (ebd. 221 f).

Uhrlau (2006) hat in ihrer Studie 12 junge Erwachsene mit Körperschädigungen retrospektiv über ihre Schulzeit an einer Allgemeinen Schule interviewt, wovon 11 Studienteilnehmerinnen und -teilnehmer eine sichtbare Körperschädigung hatten. Sie hält fest, dass sowohl „die Art und Weise der Sichtbarkeit als auch die Intensität des ungewohnten Anblicks“ (ebd., 256) bedeutsam zu sein scheinen für das Maß der Ablehnung. Ab dem Lendenbereich querschnittsgelähmte Personen, die einen Rollstuhl benutzen, sonst aber im vollen Umfang gesellschaftlich partizipieren, haben mit deutlich weniger diskriminierenden Verhaltensweisen zu rechnen als z. B. Menschen mit einer Cerebralparese. Sie listet im weiteren Handlungsweisen mit negativer/positiver Wirkweise von Mitschülern bzw. Lehrern auf: „Fehlende Empathie, Neid auf Nachteilsausgleich, Hänseln“ (ebd., 256) seien exemplarisch für die Mitschüler und „das Kind mit seinen Problemen ablehnen, abschieben, abwehren, verspotten“ (ebd., 258) seien exemplarisch für die Lehrer genannt. Auf die Handlungsweisen mit positiver Wirkung wird weiter unten noch eingegangen. Im Fazit resümiert *Uhrlau*, dass unter quantitativem Aspekt die negativen Kategorien des schulischen Lebens und Lernens überwiegen. Dennoch würden alle Studienteilnehmerinnen und -teilnehmer den gleichen schulischen Weg wieder gehen wollen, haben sie ihn ja auch alle bzgl. des Schulabschlusses erfolgreich absolviert (ebd., 281)

Exkurs: Das Anstarren

Radtke (1994) differenziert in seiner Autobiographie die Menschen, die anstarren, in verschiedene Kategorien:

- „An erster Stelle sind die üblen Personen zu nennen, die aus bloßer Sensationslust gucken. Am passendsten umschreibe ich sie mit der Bezeichnung ‚Glotzer'.
- Die zweite Gruppe der Neugierigen sind die Naiven. [. . ..] Oft haben mich solche Leute angeschaut, und doch schien mir ihr Blick nie verletzend. [. . ..] Sie sahen mich einfach an, weil ihnen etwas mir Ähnliches noch nie begegnet war.
- Schließlich dürfen die mitleidig Mitleidigen nicht vergessen werden. [. . ..] Der Umgang mit ihnen ist jedoch wesentlich schwieriger. Ihr allzu weiches Butterherz kann einem das Leben mitunter arg versauern" (Radtke 1994, 31 f; Fries 2005, 98 f).

Fries muss in seiner Studie feststellen, dass das Anstarren in allen vier Belastungsstufen genannt und somit wie von Radtke auch situativ unterschiedlich bewertet wird. So wird das Anstarren und Fragenstellen von Kindern meistens als positiv herausgestellt (Fries 2005, 214). In Uhrlaus Studie steht das Anstarren an oberster Stelle in der Tabellenspalte „Handlungsweisen der Mitschüler mit negativer Wirkung" (Uhrlau 2006, 256).

Das Anstarren ist ein durchgängiges Thema innerhalb der Interaktion von behinderten und nicht behinderten Menschen: So führen Jansen, Kunert & Sevenig bereits 1983 mit Langer et al. (1976) aus, dass das Anstarren zur Befriedigung eines Informationsbedürfnisses notwendig sei, denn „die Interaktionsdistanz verringert sich nach Langer, wenn der Behinderte vorher beobachtet werden konnte" (Jansen, Kunert & Sevenig 1983, 29). Dem nicht behinderten Menschen scheint das Anstarren somit sehr hilfreich zu sein.

Körpergeschädigte Menschen bilden im öffentlichen Leben im Gegensatz zu Menschen mit anderen Merkmalen wie z. B. andersfarbige Haut eher eine sehr kleine Minderheit, somit kann schon fast von einer Reaktion mit „Schockcharakter" (ebd., 28) gesprochen werden. Cloerkes hält fest, dass mit dem Anstarren „eine Abwertung des Privaten verbunden" (Cloerkes 1979, 442) sei. Es entbehre jedes sinnvollen Zusammenhangs und sei ein Verhalten, das eher Objekten wie z. B. Tieren im Zoo entgegengebracht werde (ebd., 442).

Für die Ausstellung „Der (im)perfekte Mensch" des Deutschen Hygiene Museums Dresden im Jahr 2001 wurde folgende Blicksystematik auf Menschen mit Behinderung entwickelt:

- Der staunende und medizinische Blick
- Der vernichtende Blick
- Der mitleidige Blick
- Der bewundernde Blick
- Der instrumentalisierende Blick
- Der ausschließende Blick
  (Schönwiese 2006, 169).

Wie ist dieser Umgang mit Verschiedenheit in Beziehung zu Inklusion zu setzen bzw. zu werten? Auch wenn das Anstarren dem nicht behinderten Menschen in der

Interaktion helfen mag, so belastet es den geschädigten Menschen. Die Formulierung „Anstarren" als unbewegliches Hinschauen über einen mehr als üblich längeren Zeitraum ohne weitere Handlungen, eine eher aus dem Tierreich bekannte Reaktion bei drohender Gefahr, ist bewusst gewählt: Nicht gemeint ist das „Hinschauen" mit unterschiedlichen Folgereaktionen. Dass Menschen mit sichtbaren Körperbehinderungen „auffallen" und dementsprechend zur Kenntnis genommen werden, kann noch keine Diskriminierung sein. Im Gegenteil bei evtl. benötigten Hilfeleistungen kann es sogar nützlich sein. Das Anstarren selber birgt jedoch keine Interaktionshandlung in sich und signalisiert erst einmal Exklusion: Das Gegenüber gehört in der Form nicht in die Welt des anderen!

Gerichtsurteile und öffentliche Diskriminierungen

Antor & Bleidick (1995) sprechen in ihrem Buch bereits 1995 von dem „Schlagwort der Neuen Behindertenfeindlichkeit" (Antor & Bleidick 1995, 280), wobei für sie unklar bleibt, was das Neue ausmacht. In Abgrenzung zu den Verbrechen der Nationalsozialisten führen sie u. a. die Pränataldiagnostik, die Diskussion um Sterbehilfe und die Aussagen von Peter Singer an. Als konkretisierende Beispiele für die negative Haltung gegenüber Menschen mit Behinderungen haben sie veröffentlichte Gewalttaten und Gerichtsprozesse bis 1995 zusammengestellt, in denen Menschen mit Behinderungen involviert waren. Sie verweisen darauf, dass die Gerichtsurteile ebenso viel Aufsehen erregt haben wie die Gewalttaten. Gerichtsurteile seien ein „Symptom für verbreitete Einstellungen". „Sicher spricht ein Flensburger Amtsrichter dann zum Entsetzen Weniger für die Vielen, die seine Rechtsempfindung teilen können" (ebd., 280). Auch nach 1995 sind gleichartige Fälle bekannt geworden, auch wenn 1994 die Antidiskriminierungsvorschrift gegen Menschen mit Behinderungen im Grundgesetz in Art. 3 (3) GG aufgenommen wurde. An dieser Stelle sollen exemplarisch je zwei Gerichtsurteile und öffentliche Diskriminierungen angeführt werden, die die Erkenntnisse aus Abschnitt 2.2 wiederum bestätigen:

- Aus dem Jahr 1992: Das „Flensburger Urteil" gesteht einem Ehepaar Preisminderung in Höhe von 350 DM zu, da sie bei einem Türkei-Urlaub im Speisesaal mit Menschen zusammen saßen, denen das Essen angereicht wurde und denen dieses aus „dem Mund in umgebundene Lätzchen" (ebd., 281) lief.
- Aus dem Jahr 2003, „Europäisches Jahr der Menschen mit Behinderung": „Feriengäste dürfen ihren Urlaub kostenlos stornieren, wenn auch behinderte Urlauber Gäste im gebuchten Hotel sind." Das Amtsgericht Eutin (AZ: 4c 49/02) hat die Klage einer Betreiberin einer Wellness-Farm abgewiesen, die von zwei Frauen 823 Euro Stornogebühr haben wollte (Internet 1).
- Aus dem Jahr 2003, „Europäisches Jahr der Menschen mit Behinderung": Sieben körpergeschädigte Erwachsene wurden vom Chef einer griechischen Taverne in Schnelsen gebeten, nicht wieder zu kommen, da ihre Anwesenheit geschäfts-

schädigend sei und die anderen Gäste vergraule. Als die betroffenen Menschen ihn Tage später noch einmal darauf ansprachen, drohte er ihnen Schläge an und verwies sie des Grundstücks (Internet 2).

- Aus dem Jahr 2009: Ein Ehepaar, bei dem der Mann nach einem Kleinhirninfarkt auf den Rollstuhl angewiesen ist, wird von dem Besitzer eines luxuriösen 4-Sterne Wellness-Hotels aufgefordert, den Saunabereich nicht mehr zu benutzen, da sich andere Gäste beschwert hätten (Internet 3).

Es wird deutlich, dass auch im 21. Jahrhundert exklusive Haltungen geäußert werden, die auch nicht zurück genommen oder revidiert werden, obwohl die Zahl der Empörungen zu den geschilderten Fällen ebenso hoch ist. Es bleibt die Frage offen, wie die Verteilung der unveröffentlichen gesellschaftlichen Meinung ist.

1.4 Gelungene Anpassungsleistungen

Die Ausführlichkeit der nicht gelungenen Anpassungsleistungen darf nicht darüber hinwegtäuschen, dass es sowohl von geschädigten als auch von nicht geschädigten Menschen gelungene Anpassungsleistungen gibt. Allerdings bleiben nicht gelungene Anpassungsleistungen länger präsent, da sie den unterlegenen Menschen emotional treffen. Da vieles im Leben mit einer Körperschädigung zur eingeschliffenen Routine wird, werden bewusst oftmals nur noch die Prozesse in neuen, ungeplanten oder veränderten Situationen nach „gelungen" oder „nicht gelungen" beurteilt.

Lebensalltag

Gelungene Anpassungsleistungen von nicht geschädigten Menschen und mögliche Hinweise:

Uhrlau hält u. a. folgende Handlungsweisen fest, die sichtbar körpergeschädigte Schülerinnen und Schüler von ihren Mitschülerinnen und Mitschülern als positiv empfinden:

- Offen und tolerant sein,
- Interesse zeigen, Gespräch suchen
- Sich in die Situation hinein versetzen
- Hilfe anbieten und leisten in alltäglichen Situationen und schädigungsbezogenen Akutsituationen
- Persönliches Engagement zeigen
- Sich offen solidarisieren und unterstützen
- Für Teilhabe sorgen (Uhrlau 2006, 256).

Fries bestätigt diese Handlungsweisen, wenn er als vornehmlich positive Erfahrungen die „Hilfe im Alltag" und „das Gefühl von Zugehörigkeit, Rücksichtsnahme und Freundschaft" nennt (Fries 2005, 196).

Die angeführten gelungenen Anpassungsleistungen sind eher allgemeine Formulierungen, die für alle Menschen unabhängig von Behinderung zutreffen. Sie stellen nur einen Rahmen dar, der individuell gestaltet werden muss. Wichtig erscheint, dass die Bewertungsprozesse gegenüber der geschädigten Person nicht vordergründig negativ sind. Sowohl nicht geschädigte wie auch geschädigte Person stoßen in ihrer Vielfalt der Verschiedenheiten aufeinander und müssen sich in die spezifischen Situationen einbringen. Oftmals sind es beide Seiten, die zu einer gelungenen Anpassungsleistung beitragen. Gleichwohl es auch eine Vielzahl von Situationen gibt, in denen eine Seite wirkungslos bleibt bzw. kaum Einwirkungsmöglichkeiten hat.

Der Versuch gelungener Anpassungsleistungen von Menschen ohne sichtbare Schädigungen erfährt aus der Perspektive von Menschen mit sichtbaren Schädigungen im konkreten Lebensalltag oftmals seine Grenzen. Dies wird an zwei zentralen Aspekten näher kurz skizziert: Der „Faktor Zeit" und „Hilfe im Alltag":

„Der Faktor Zeit": Menschen mit einer sichtbaren Körperschädigung brauchen oftmals für viele Handlungen im Alltag mehr Zeit. Dies kann z. B. den Bewegungsablauf der Extremitäten, das Handling von Hilfsmitteln wie z. B. den Sprachcomputer oder das Sprechen selber betreffen. Zeitdruck kann z. B. durch eine Erhöhung des Muskeltonus eine weitere Verlangsamung bedeuten. Für die Interaktion erfordert dies, dass das Gegenüber den benötigten Zeitraum zur Verfügung stellt, also Geduld hat und warten kann. Leistungsmessungen der betroffenen Personen können in der Regel nicht mit dem gleichen Zeitfaktor erfolgen wie bei Menschen ohne Schädigungen. Das von Uhrlau genannte obige Item „Sich in die Situation hinein versetzen" kann z. B. konkretisiert werden durch Geduld haben und in Kommunikation den benötigten Zeitraum erfahren. Eine Gesellschaft, die schnelllebig ist und Multi-Tasking propagiert, wird in der Begegnung mit betroffenen Menschen umdenken müssen. Dies steht vor allem bei ungeplanten, spontanen Begegnungen, wie sie oftmals im öffentlichen Raum stattfinden. In den meisten Systemen wie Schule, berufliche Arbeitsstätte, Freizeitvereine wie Sport, Musik etc. existieren für bestimmte Handlungsabläufe genormte Zeiten, die für die jeweilige Population mit der Begründung von Gerechtigkeit Gültigkeit haben. Eine Zeitdifferenzierung, die die Qualität der eigentlichen Handlung in den Mittelpunkt rückt und somit negativ belastete Konkurrenz unterdrückt, ist kaum vorgesehen. Viele Menschen mit Körperschädigungen gehen in ökonomischen Systemen mit der Devise „Zeit ist Geld" bei entsprechenden Kosten-Nutzen-Rechnungen unweigerlich verlustig. Gelungene Anpassungsleistungen erfordern somit einen individuell korrigierten Zeitfaktor. Ein vollkommener Verzicht auf den Zeitfaktor kann nicht befürwortet werden, da aufbauende Abläufe planbar sein müssen. Beachtet werden sollte jedoch, dass bestehende „Nachteilsausgleiche" (z. B. bei Klausuren Zeitverlängerung, Finanzierung von Hilfsmitteln etc.) den veränderten Zeitfaktor nur bedingt auffangen können.

„Hilfe im Alltag“: Im Folgenden geht es weniger um die Hilfe von „professionellen Helfern“. Ausgeführt wird eher die Hilfe in der spontanen Begegnung mit (fremden) Menschen im praktischen Lebensalltag. Viele Menschen im öffentlichen Leben bieten aus unterschiedlichen Gründen (spontan) körpergeschädigten Menschen ihre Hilfe an: Verlangsamte Handlungen sollen schneller zum Erfolg geführt werden, das Körperbild lässt an einer qualitativ ausreichenden Handlung zweifeln, das eigene Bedürfnis nach Kontakt zum betroffenen Menschen oder alleinig nach „guter Tat“ dient als Triebfeder. Sie können dabei oftmals nicht wissen, ob das Gegenüber wirklich Hilfe braucht. Cloerkes (2007, 106f) spricht auch von „aufgedrängter und/oder unpersönlicher Hilfe“, die auf den ersten Blick positiv wirkt, aber eher der eigenen Abgrenzung dient. Erster Schritt muss somit immer eine grundsätzliche Nachfrage sein, ob Hilfe benötigt wird. Ablehnungen müssen akzeptiert und dürfen nicht als persönlichen Affront gewertet werden. Hilfeleistungen müssen in Kommunikation ausgeführt werden: Nachfragen, was und wie es gemacht werden soll. Hektischer Aktivismus führt oftmals zu Irritationen und Unwohlsein auf beiden Seiten und lässt eine Macht/Unterlegener Beziehung aufkommen. Nach Abschluss der Hilfeleistung sollte dem betroffenen Menschen die eigene Souveränität für den alleinigen Weg anvertraut werden: Die Handlungsautonomie muss wiederhergestellt werden.

Gelungene Anpassungsleistungen von geschädigten Menschen und mögliche Hinweise: Menschen mit sichtbaren Körperschädigungen haben unterschiedliche Möglichkeiten, einen Beitrag zu gelungenen Anpassungsleistungen zu leisten: Die Spannbreite von bewusst eingebrachten Körpersignalen durch z.B. Mimik oder Atmung bis hin zu differenzierten Handlungen und/oder Anleitungen ist groß. Grundlegend sind auch hier positive Bewertungsprozesse bzw. eine positive Gestimmtheit. Eher aggressive Erwartungshaltungen festigen insbesondere in den öffentlichen Lebensbereichen ablehnende Haltungen, die oftmals unabhängig von der Schädigung sind. Wenn die funktionelle und situative Möglichkeit gegeben ist, sollte der Mensch mit der Körperschädigung in dem Sinne den ersten Schritt machen, als er den Kontakt initiiert, um Hilfe bittet etc. Somit hat er für den Anfang Gestaltungsmöglichkeiten und kann evtl. besser den Muskeltonus kontrollieren. Dies wird von Fries tendenziell in seiner Studie bestätigt: Er stellt Menschen mit einer sichtbaren Schädigung die Frage, was ihrer Meinung nach behinderte Menschen tun können, um Spannungen und Diskriminierungen zu vermindern. Fast 60 % geben „Kontaktaufnahme“ als Antwort. Konkretisiert wird dies mit den drei Unterkategorien „Auf Nichtbehinderte zugehen“, „In die Öffentlichkeit gehen“ und „Kontakt allgemein“. Fast ein Drittel (30,5 %) gibt als Antwort „Aufklärung und Information“. „Geduld, Verständnis haben“ wird von 5,1 % der Befragten genannt (Fries 2005, 331f). Die geringe Prozentzahl für Geduld und Verständnis ist insofern ungünstig, als das, was vom Gegenüber erwartet wird, auch selber eingebracht werden sollte. Das jeweilige Maß gilt es situativ immer wieder neu festzulegen. Schlüter hält ebenfalls das Signal zur Offenheit der Kommunikation über die Körperschädigung für wichtig, betont aber, dass diese Offenheit nicht zum Zwang werden darf. Auch hier gilt es das richtige Maß zu finden, die eigene Körperschädigung und ihre Konsequenzen dürfen nicht zum Hauptthema jeglicher Kommunikation werden (Schlüter 2006, 465). Auch die Belange der nicht geschädigten Person müssen in den jeweiligen Situationen ihren angemessenen Raum finden. Das geforderte Interesse und das situative Einfühlen für die eigene Person muss auch der gegenüber stehenden Person entgegengebracht werden.

Gelungene Anpassungsleistungen nehmen selbst in einer scheinbaren Einmaligkeit einen wichtigen Stellenwert ein: Sie mindern Ängste, sie sind Motivator für neue Begegnungen und haben somit eine multiplikative Wirkung, sie fördern neue Bewertungen, sie sind unverzichtbar für Inklusion!

UN-Behindertenrechtskonvention

Die UN-Behindertenrechtskonvention gibt einen gesetzlichen Rahmen für die Inhalte von gelungenen Anpassungsleistungen. Sie stellt ein Fundament für Inklusion in den unterschiedlichen Lebensphasen und Lebenssituationen dar.

Im Folgenden werden die Paragraphen aufgeführt und kommentiert, die im engeren Sinn für Menschen mit einer sichtbaren Körperschädigung bedeutsam sind:

- Artikel 8 „Bewusstseinsbildung“: Die Vertragsstaaten verpflichten sich, geeignete Maßnahmen zu ergreifen, um in der gesamten Gesellschaft die Rechte und die Würde von Menschen mit Behinderungen zu fördern (vgl. Art. 8, 1 a), Vorurteile zu bekämpfen (vgl. Art. 8, 1 b) und das Bewusstsein für die Fähigkeiten zu fördern (vgl. Art. 8, 1 c). Geeignete Maßnahmen sind: „Kampagnen zur Bewusstseinsbildung in der Öffentlichkeit“ (Art. 8, 2 a), „Förderung einer respektvollen Einstellung“ (Art. 8, 2 b), „Aufforderung an alle Medienorgane Menschen mit Behinderungen“ (Art. 8, 2 c) dementsprechend darzustellen (vgl. Art. 8, 2 c), „die Förderung von Schulungsprogrammen zur Schärfung des Bewusstseins“ (Art. 8, 2 d). Dieser Paragraph stellt insofern eine wichtige Grundlage dar, als dass der fokussierte Personenkreis Unterstützung für den Nachweis seiner Ressourcen und Fähigkeiten z. B. durch die Medien erhält und nicht alleinige Informationsquelle ist. Energien können gebündelt, mehr Menschen informiert werden. Vielfalt wird präsent!
- Artikel 9 „Zugänglichkeit“: Gewährung der Barrierefreiheit zu allen Gebäuden, Straßen, Transportmitteln, etc. (vgl. Art. 9, 1 a + 1 b) und das Treffen von geeigneten Maßnahmen (z. B. Schulungen), um die Zugänglichkeit für Menschen mit Behinderungen zu fördern und zu gewährleisten (vgl. Art. 9, 2 a–2 h). Viele Menschen mit einer sichtbaren Körperschädigung sind auf einen Rollstuhl bzw. auf einen Elektro-Rollstuhl angewiesen, der in seinen Ausmaßen größer und schwerer ist, womit die Zugänglichkeit in vielen Situationen unmöglich ist und Exklusion bedeutet.

- Artikel 10 „Recht auf Leben“: Jeder Mensch hat ein „angeborenes Recht auf Leben“ (Art. 10) und die Vertragsstaaten verpflichten sich zur Gewährleistung eines „wirksamen und gleichberechtigten Genuss dieses Rechts durch Menschen mit Behinderung“ (Artikel 10). Für viele Menschen stellt das Leben mit einer Körperschädigung und einer evtl. Pflegeabhängigkeit kein lebenswertes Leben dar (vgl. Schlüter 2007b, 50). Pflegeabhängigkeit stellt eine weitere Verschärfung von Körperbehinderung dar. Dieses Empfinden darf nicht zum Allgemeingut erhoben werden und sich auf den Lebensgenuss der betroffenen Menschen auswirken.
- Artikel 16 „Freiheit von Ausbeutung, Gewalt und Missbrauch“: Die Vertragsstaaten treffen alle Maßnahmen „um Menschen mit Behinderungen sowohl innerhalb als auch außerhalb der Wohnung vor jeder Form von Ausbeutung, Gewalt und Missbrauch, einschließlich ihrer geschlechtsspezifischen Aspekte zu schützen“ (Art. 16, 1) Insbesondere Menschen mit Pflegeabhängigkeit und Körperschädigung sind gefährdet für sexuellen Missbrauch. Dieses betrifft vielfach Frauen. Gefordert werden gleichgeschlechtliche Pflegekräfte. Absatz 2, Artikel 16 sichert „geeignete Formen von das Geschlecht und das Alter berücksichtigender Hilfe und Unterstützung für Menschen mit Behinderungen und ihre Familien und ihre Betreuungspersonen“ zu.
- Artikel 20 „Persönliche Mobilität“: „Die Vertragsstaaten treffen wirksame Maßnahmen, um für Menschen mit Behinderungen persönliche Mobilität mit größtmöglicher Unabhängigkeit sicherzustellen, ...“ (Art. 20). Geeignete Maßnahmen sind u. a. erschwingliche Kosten für Mobilitätstechnologien oder Hilfspersonen oder Hilfstiere, Schulungen in Mobilitätshilfen für Fachkräfte (vgl. Art. 20, a–d). Mobilitätseinschränkungen nicht nur aufgrund von Barrieren (vgl. Art. 9) treffen die hier fokussierte Personengruppe immer wieder. Dies trifft insbesondere dann zu, wenn Technologien versagen und im öffentlichen Lebensraum wenig Bereitschaft zur Unterstützung gegeben ist.
- Artikel 22 „Achtung der Privatsphäre“: „Menschen mit Behinderungen dürfen unabhängig von ihrem Aufenthaltsort oder der Wohnform, in der sie leben, keinen willkürlichen oder rechtswidrigen Eingriffen in ihr Privatleben, ihre Familie, ihre Wohnung oder ihren Schriftverkehr oder anderen Arten der Kommunikation oder rechtswidrigen Beeinträchtigungen ihrer Ehre oder ihres Rufes ausgesetzt sein“ (Art. 22, 1). Menschen mit Pflegeabhängigkeit und Körperschädigung müssen sich in ihrer Privatsphäre, bis in ihre Intimsphäre hinein, öffnen, da sie oftmals bestimmte Handlungen nicht selbsttätig verrichten können. Vor allem Menschen in stationären Wohnformen wird wenig Privates zugestanden.
- Artikel 24 „Bildung“: „Die Vertragsstaaten anerkennen das Recht von Menschen mit Behinderungen auf Bildung“ (Art. 24). Sie gewährleisten ein „integratives Bildungssystem auf allen Ebenen und lebenslanges Lernen“ (Art. 24).
- Artikel 25 „Gesundheit“: „Die Vertragsstaaten anerkennen das Recht von Menschen mit Behinderungen auf das erreichbare Höchstmaß an Gesundheit ohne Diskriminierung aufgrund von Behinderung“ (Art. 25). Das Höchstmaß an Gesundheit ist nur dann erreichbar, wenn ein Mensch bedingungslos mit seinen

körperlichen Gegebenheiten willkommen geheißen wird. Geeignete Maßnahmen werden unter Art. 25 a – f weiter ausgeführt.

Die Erfüllung der oben aufgeführten Artikel aus der UN-Behindertenrechtskonvention würde für Menschen mit sichtbaren Körperschädigungen einen deutlichen Gewinn an Inklusion bedeuten. Wenn die deutsche bzw. weltweite Politik die Ratifizierung auf absehbare Zeit ernst nimmt, so stehen noch einige Aufgaben der Umsetzung vor ihnen.

1.5 Fazit

Verschiedenheiten können nicht durch Trennungen überwunden werden, sie müssen gemeinsam diskutiert, bearbeitet und gegenseitig akzeptiert werden. Nur im gemeinsamen Leben können die entsprechenden Bedürfnisse und Informationen ausgetauscht und somit Ängste abgebaut werden. Bewertungen verändern sich durch den Lebensalltag. Viele Familien geben als intensivste Lebensgemeinschaft den Beweis dafür. Je weniger gemeinsame Lebensräume es gibt, desto größer werden die Verschiedenheiten empfunden, desto größer können die gegenseitigen Verletzungen sein, die jedoch in der Mehrzahl die körpergeschädigte Person treffen. Gelungene bzw. nicht gelungene Anpassungsleistungen zum Leben mit Verschiedenheiten berücksichtigen zwar Spezifika von körpergeschädigten Menschen, stellen in sich jedoch keine Besonderheiten dar: Sie können ihren Platz in der Begegnung mit allen Menschen finden.

Literatur

Antonovsky, A. & Franke, A. (1997): Salutogenese: Zur Entmystifizierung der Gesundheit. Tübingen

Antor, G. & Bleidick, U. (1995): Recht auf Leben – Recht auf Bildung. Aktuelle Fragen der Behindertenpädagogik. Heidelberg

Antor, G. & Bleidick, U. (2000): Behindertenpädagogik als angewandte Ethik. Stuttgart

Brumlik, M. (1991): Über die Unbegründbarkeit der Menschenwürde aus dem Geist der Diskursethik – Wider den hermeneutischen Kompromiß in der Euthanasiedebatte. In: Ethik und Sozialwissenschaften, 2 (1991 a), 377–380

Bundesgesetzblatt, Jahrgang 2008, Teil II, Nr. 35, 31. 12. 2008, Bonn

Cloerkes, G. (1979): Einstellung und Verhalten gegenüber Körperbehinderten. Berlin

Cloerkes, G. (2007): Soziologie der Behinderten. Heidelberg

Fries, A. (2005): Einstellungen und Verhalten gegenüber körperbehinderten Menschen – aus der Sicht und im Erleben der Betroffenen. Oberhausen

Jansen, G. W., Kunert, S. & Sevenig, H. (1983): Aspekte der Persönlichkeitserziehung bei körperbehinderten Kindern. In: Haupt, U. & Jansen, G. W.: Handbuch der Sonderpädagogik (Band 8) – Pädagogik der Körperbehinderten, 27–51

Lapper, A. (2008). Ich nehme mein Leben selbst in die Hand – Autobiografie einer Optimistin. München

Laubenstein, D. (2008): Sonderpädagogik und Konstruktivismus. Behinderung im Spiegel des Anderen, der Fremdheit, der Macht. Münster

Ortland, B. (2007): „Wie werden aus Menschen mit Behinderung Menschen ohne Behinderung?" eine Frage der Verantwortung?! In: Vierteljahresschrift für Heilpädagogik und ihre Nachbargebiete 2/2007, 76. Jahrgang, 94–101

Radtke, P. (1994): Karriere mit 99 Brüchen – Vom Rollstuhl auf die Bühne. Freiburg

Reich, K. (2008): Demokratie und Didaktik – oder warum Schulentwicklung und Inklusion nicht beliebig sein können. In: Ziemen, K. (Hrsg.): Reflexive Didaktik – Annäherungen an eine Schule für alle. Oberhausen, 35–54

Saal, F. (1992): Warum sollte ich jemand anderes sein wollen? Gütersloh

Schlüter, M. (2006): Pädagoginnen und Pädagogen mit einer sichtbaren Körperbehinderung an Schulen mit dem Förderschwerpunkt körperliche und motorische Entwicklung. In: Zeitschrift für Heilpädagogik 12/2006, 463–468

Schlüter, M. (2007 a): Wissenschaftlicher Fortschritt und das Lebensrecht körperbehinderter Menschen. In: Haupt, U. & Wieczorek, M. (Hrsg.): Brennpunkte der Körperbehindertenpädagogik. Stuttgart, 15–31

Schlüter, M. (2007 b): Körperbehinderung und Pflegeabhängigkeit – Grundlegende Analysen. In: Faßbender, K.-J. & Schlüter, M. (Hrsg.): Pflegeabhängigkeit und Körperbehinderung. Bad Heilbrunn/Obb, 43–63

Schönwiese, V. (2006): Das gesellschaftliche Bild behinderter Menschen. In: Hermes, G. & Rohrmann, E. (Hrsg.): Nichts über uns – ohne uns! Disability Studies als neuer Ansatz emanzipatorischer und interdisziplinärer Forchung über Behinderung. Neu-Ulm, 159–172

Uhrlau, K. (2006): „Es war eine harte Schule" – Menschen mit Körperschädigungen ziehen Bilanz aus ihrer Schulzeit in der Allgemeinen Schule. Oldenburg

Walthes, R. (2003): Einführung in die Blinden- und Sehbehindertenpädagogik. München

Wocken, H. (2001): Integration. In: Antor, G. & Bleidick, U. (Hrsg.) (2001): Handlexikon der Behindertenpädagogik – Schlüsselbegriffe aus Theorie und Praxis. Stuttgart, 76

Internetquellen

Internet 1: http://www.bizeps.or.at/news.php?nr=4318 (abgerufen am: 07. 01. 10)

Internet 2: http://www.muskelschwund.de/index.php?id=573 (abgerufen am 07. 01. 10)

Internet 3: http://www.merkur-online.de/nachrichten/bayern/mm-sauna-verbot-fuer-behinderten-457 736.html (abgerufen am 07. 01. 10)

Internet 4: Gesetz zur Vermeidung und Bewältigung von Schwangerschaftskonflikten. www.juris.de

2 Inklusion als sozialethisches Projekt – Überlegungen aus fachlicher und familiärer Perspektive

Sabine Schäper

2.1 Erfahrungen – mehr als eine Vorbemerkung

Inklusion als ethischen Anspruch zu formulieren, ist spätestens seit Inkrafttreten der UN-Konvention der Rechte von Menschen mit Behinderung zur Selbstverständlichkeit geworden – in einem Maße allerdings, dass sich eine gewisse Skepsis einschleicht, ob die Überthematisierung dieses paradigmatischen Begriffs nicht auch geeignet ist, die Praxis des Nicht-Gelingens von Inklusion zu verschleiern. Daher möchte ich in diesem Beitrag nicht ein weiteres Mal die Bedeutsamkeit dieses Anspruchs betonen, sondern mich auf die Spur derjenigen Faktoren und Prozesse begeben, die die umfassende Realisierung von Inklusion in unserer Alltagsrealität verhindern oder erschweren. Dabei gehe ich eher auf die Suche nach inneren als nach äußeren Barrieren, die zumindest recht schnell identifiziert sind, wenn auch nicht immer einfach zu beseitigen.

Die spezifische Perspektive, die in diesem Beitrag im Zentrum stehen soll, ist die der Angehörigen von Menschen mit Behinderungen. Angefragt als Expertin, die in Einrichtungen der Behindertenhilfe mit Angehörigen zusammengearbeitet hat, wurde mir erst beim Schreiben selbst deutlich, wie sehr ich in der Frage, was das Paradigma der Inklusion für Angehörige von Menschen mit Behinderungen eigentlich bedeutet, an eigene biografische Erfahrungen erinnert wurde. Nachdem ich zunächst damit beschäftigt war, diese eigene Erfahrungsperspektive herauszuhalten, erschien es mir den Versuch wert, meine fachliche Auseinandersetzung mit meiner Erfahrung zusammen zu denken – jenseits des Anspruchs der Generalisierbarkeit meiner subjektiven Erfahrung. Daraus ist eine zweifache Perspektive geworden: Aus der dualen Perspektive als Schwester und der praxiserfahrenen Hochschullehrerin möchte ich – heilpädagogische mit sozialethischen Überlegungen zusammen denkend – Inklusion als sozialethisches Projekt von der Rückseite her, im Ausgang von Inklusion behindernden Erfahrungen beschreiben.

Die Situation von Geschwistern behinderter Kinder kam erst in den 1980er Jahren in den Blickpunkt der Familienforschung. Die Forschung nahm dabei zunächst eine defizitorientierte Perspektive ein: Die Behinderung eines Geschwisterkindes sei vor allem eine Belastung und ein Entwicklungsrisiko für die Geschwister, vor allem durch die Beziehungsdynamik innerhalb der Familie (vgl. Hackenberg 2008, 73). Dabei wurden die Geschwister wiederum eher als einzelne betrachtet, was den Blick auf Unterschiedlichkeiten in der Auseinandersetzung mit der Behinderung bei mehreren Geschwistern ausließ. Die differenzierende Sichtweise, die sich in den letzten Jahren mehr und mehr durchsetzte, sieht daneben auch die Entwicklungs*chancen* und die Bedeutung weiterer hinderlicher wie förderlicher Faktoren in der Lebensrealität.

Zu meiner persönlichen Perspektive[1]: Meine nahezu zehn Jahre jüngere Schwester lebt seit einer frühkindlichen Hirnschädigung mit vielfältigen Behinderungserfahrungen, die auch für uns als Geschwister Behinderungserfahrungen waren. Die „Besonderheit" dieser Schwester übertrug sich auf uns – wir wurden auch „irgendwie besondere Geschwister" – so fühlte ich mich jedenfalls. Und dieses Gefühl, „besonders" zu sein, fühlte sich aufwertend wie abwertend zugleich an. Ich erinnere mich an Lehrer, die mich mitleidig nach Hause schickten, als meine Schwester auf der Intensivstation darum kämpfte, am Leben zu bleiben. – War das echtes Mitgefühl oder eher der Wunsch, selbst nicht weiter konfrontiert zu sein mit der Bedrohlichkeit der Situation? Ich war jedenfalls skeptisch. Und mein unausgesprochenes Bedürfnis danach, mit jemandem außerhalb der Familie über die Situation sprechen zu können, nahmen weder der Lehrer noch ich selbst richtig wahr.
Ich erinnere die Fahrten zur Kinderklinik. Ich fuhr häufig mit, wenn mein Vater meine Mutter nach einem Tag auf der Intensivstation abholte. Es gab einen – mir damals gar nicht bewussten – Wunsch, in ihrer Nähe zu sein, als könne ich sie dadurch retten oder zumindest irgendwie dazu beitragen, dass sie überlebt – kindliche Größenphantasie, die gegen die Hilflosigkeit helfen sollte. Aber gab es da nicht noch eine andere innere Stimme? Später wurde mir bewusst, dass es da auch Schuldgefühle gab: Ich hatte mich nämlich, während meine Schwester schwer krank war, mit meiner Freundin vergnügt, hatte bei ihr übernachtet, weil es dort Aufmerksamkeit für mich – einmal nicht für meine „kleine Schwester" – gab.

Die subtile Dynamik von unbewussten Impulsen und moralischen Grenzen in der Auseinandersetzung mit Behinderung hat vor allem Dietmut Niedecken (1989) herausgearbeitet: Sie hat untersucht, wie (geistige) Behinderung zu einem kulturellen Phänomen, einer gesellschaftlichen „Institution" wird, die dazu dient, in der Gesellschaft vorhandene Tötungsimpulse gegenüber Menschen mit Behinderungen ins Unbewusste zu verbannen. Der Ausschluss von Menschen mit Behinderungen aus dem sozialen Leben ist eine Folge dieser unbewussten Verdrängungsprozesse: Wenn Menschen mit Behinderungen nicht präsent sind, muss sich niemand mit moralisch intolerablen aggressiven Impulsen ihnen gegenüber auseinandersetzen.

Die allseits selbstverständliche Rede von Inklusion ist in die Sphäre dieser unbewussten Dynamiken bisher kaum vorgedrungen. Inklusion ist aber – so die These dieses Beitrags – ohne die Auseinandersetzung mit diesen Schattenseiten der modernen Gesellschaft nicht zu haben. Und: Diese Auseinandersetzung erfordert zuallererst eine Auseinandersetzung mit dem jeweils *eigenen* Schatten, den eigenen Unsicherheiten und Hilflosigkeiten im Umgang mit Behinderungserfahrungen.

1 Zur Unterscheidbarkeit zwischen biografischen Erfahrungen und fachlichen Ausführungen in diesem Beitrag sind die persönlichen Erfahrungen jeweils in Kursivschrift gesetzt.

Denn gesellschaftlich unbewusst gemachte Tötungsimpulse setzen sich immer wieder durch, unter anderem, indem sie delegiert werden an diejenigen, die Menschen mit Behinderungen begleiten: die professionell Begleitenden ebenso wie die Angehörigen, insbesondere die Mütter behinderter Kinder. Bei ihnen vermutet Niedecken unbewusste Tötungsphantasien, die sich oft in deren Kehrseite, einer als überzogen wahrgenommene Fürsorglichkeit dem Kind gegenüber, zeige. Da die Tötungsphantasien abgewehrt werden müssen, weil sie moralisch nicht zulässig sind, verwandeln sie sich in eine Form der unangemessenen Überversorgung und Behütung des Kindes.

Als ich das Buch von Dietmut Niedecken zum ersten Mal las, war ich empört – wie konnte sie aufopferungsvollen Eltern solche Impulse unterstellen? Je mehr ich mich mit meiner Empörung auseinandersetzte, umso deutlicher wurde mir, dass auch sie eine Abwehrreaktion war – und zwar gegenüber der Konfrontation mit meinen eigenen inneren Impulsen. Natürlich – auch ich hatte aggressive Impulse, auch ich verwünschte dann und wann die Behinderung meiner Schwester – und manchmal auch sie selbst mit ihr; auch ich wünschte mir die ungeteilte Aufmerksamkeit meiner Eltern für mich – welches Kind wünscht sich das nicht? Gleichzeitig waren wir in der Familie alle gemeinsam und jede und jeder auf eigene Weise damit beschäftigt, meiner Schwester den Zugang zu ihren verschütteten Kompetenzen wieder zu ebnen, und waren tagtäglich vom Zweifel begleitet, ob und wie weit es gelingen würde – ein Zweifel eher an unseren Möglichkeiten, an unserer Geduld, an unserer Bereitschaft, viel Zeit zu investieren, eigene Interessen und Bedürfnisse hintanzustellen als an den Möglichkeiten und realistischen Chancen *meiner Schwester.*

Die Spannung von Hoffnung und Hilflosigkeit, von (Über-) Fürsorge und Verzweiflung bestimmt auch die Reaktionen des sozialen Umfeldes: Sie bewegen sich zwischen den Polen von Bemitleidung und zuweilen aggressiver Entwertung.

Eine Nachbarin war der Meinung, meine Schwester wäre doch besser an ihrer schweren Erkrankung gestorben, als mit einer Behinderung zu leben. Erst viel später verstand ich, dass auch diese Aussage Ausdruck einer psychischen Abwehr war: Die Nachbarin fühlte sich vermutlich bedroht. Die Entrüstung, die sie mit ihrer Aussage bei mir hervorrief, hatte aber wiederum auch Anteile von Abwehr unserer eigenen Ängste und Fragen, wie es uns gelingen würde, mit der Situation umzugehen.

Dietmut Niedecken will ausdrücklich solche Ambivalenzen nicht als „individuelle Verwerflichkeit“ gewertet wissen (ebd., 15), sondern als „Zuweisung, Abschiebung der ungeheuerlichen Kollektivschuld, des unsäglichen Versagens unseres aufgeklärten Bewusstseins“, wie sie in den Verbrechen der Nationalsozialisten gegenüber Menschen mit Behinderung auf die Spitze getrieben wurde, aber eine weit verbreitete Grundhaltung bis heute darstellt. Mütter übernehmenv – so Niedecken – in ihrer Auseinandersetzung mit der Behinderung ihres Kindes unbewusst diesen „gesellschaftlichen Mordauftrag“. „Wo bleibt die Mutter nun, über die der Herrenmensch seinen Fluch ausgesprochen hat, die allein mit diesem Kind ihren Gefühlen überlassen wird, die für ihr Entsetzen und ihren Hass kein Gegenüber mehr hat als dieses Kind? Wie soll sie dieses Kind nicht hassen, nicht seinen Tod wünschen" (Niedecken 1989, 54).

Diese Dynamik muss mit in den Blick genommen werden, wenn von Inklusion die Rede ist. Angehörige, Eltern wie Geschwister von Menschen mit Behinderungen sind Zielscheibe gesellschaftlicher Projektionen, leben in den Ambivalenzen, die die Gesellschaft ihnen zumutet und die sie an sie delegiert. Die individuell erlebte Ausgrenzung ist Ergebnis von Verdrängungsprozessen, die schwerer zu greifen sind als bauliche Barrieren.

2.2 Grenzen: Konfrontation mit eigener Hilflosigkeit

Zur Auseinandersetzung mit Behinderungserfahrung gehört unabdingbar die Konfrontation mit der eigenen Ohnmacht.

Eine tiefe Erfahrung von Hilflosigkeit erlebte ich als „große" 12jährige Schwester, als meine Eltern nach langem mal wieder der Einladung von Freunden gefolgt waren. Die Situation hatte sich stabilisiert, und so schien es, dass sie für ein paar Stunden am Abend weggehen könnten. Meine Schwester schlief, als meine Eltern das Haus verließen, sich noch mehrmals umsahen – ich stand in der Haustür und versuchte den Eindruck zu vermitteln, dass schon alles gutgehen wird. Aber – schon wenig später wurde sie wach und schrie – wie so oft extrem laut und durchdringend und lange. Ich sehe mich noch heute in der Küche auf einem Stuhl sitzen mit dem schreienden Kind im Arm, hilflos und verzweifelt alles probierend, was sie beruhigen könnte. Meine jüngere Schwester versuchte es mit Singen – es half alles nichts, so riefen wir in unserer Not die Mutter einer Freundin an – und sie kam, aber bis dahin hatte sie sich schon wieder beruhigt. Schon bald tauchten auch meine Eltern wieder auf, weil sie keine Ruhe hatten auf dem Fest. Und alles kam wieder in Ordnung – was mir aber blieb, ist sowohl das Gefühl der Hilflosigkeit in dieser mir endlos erscheinenden Zeit, als auch die Erfahrung, dass die Angst abnimmt, wenn man in der Beziehung, in der Nähe bleibt und Halt gibt, ohne die eigene Angst und Hilflosigkeit zu leugnen. Und die Erfahrung des Angewiesenseins in der Hilflosigkeit auf andere, die mich tragen und auffangen.

Die amerikanische Philosophin Eva Kittay, selbst Mutter einer Tochter mit einer schweren Mehrfachbehinderung, hat auf die Situation von betreuenden Angehörigen in besonderer Weise aufmerksam gemacht und die soziale Verantwortung für deren Unterstützung reklamiert. Angesichts abnehmender Solidarpotentiale in der Gesellschaft erhält die Unterstützung von betreuenden Angehörigen neue Relevanz, wenn Inklusion gelingen soll. Angehörige fühlen sich oft alleingelassen mit ihren alltäglichen Nöten, hören eher Vorwürfe und wohlmeinende Ratschläge, wenn sie sich aus sozialen Kontakten zurückziehen: „Warum kommst du wieder nicht mit?" – „Glaubst du nicht, du solltest mal wieder etwas für dich tun?" – oder „Du musst deine Tochter auch mal anderen anvertrauen." Das Gefühl, nicht verstanden zu werden, führt in der Folge zu noch weiterem Rückzug und zuweilen einer Form von Verbitterung, in der der unerfüllt bleibende große Wunsch nach Solidarität und Beistand umschlägt in eine entwertende Haltung gegenüber allen anderen, die „keine Ahnung haben, was es bedeutet, ein Kind mit Behinderung zu haben". Was Angehörigen dagegen tatsächlich helfen würde, wäre eine Form der Unterstützung, wie sie Eva Kittay in ihrer sozialen Analyse von Abhängigkeitsbeziehungen beschreibt. Sie kennzeichnet die Situation von Angehörigen von Menschen mit Behinderungen (wie von professionell Begleitenden) als sekundäre Abhängigkeit und diese wiederum als gesellschaftlich relevante Aufgabe. Sie konzipiert sorgende Beziehungen nicht als duale Beziehungen, sondern versteht „soziale Kooperation als eine mehrstellige Relation" (Schnabl 2005, 387). Sie rekurriert dabei auf das Modell sozialer Unterstützung für Mütter, die gerade ein Kind geboren haben, wie sie es in traditionellen Gesellschaften vorgefunden hat: Eine „doulia" stand der Mutter zur Seite in der Situation extremer Bedürftigkeit des Neugeborenen und eigener Schwäche. Das Modell der „doulia" konzipiert fürsorgende Beziehungen als kreisförmigen Prozess: „Wenn jemand andere versorgt, dann soll es wiederum andere geben, die die helfende Person ihrerseits in Bezug auf die eigenen Bedürfnisse unterstützen. Das ‚Prinzip der doulia' ist als erweitertes Konzept von Reziprozität im Horizont sozialer Verantwortung zu verstehen" (ebd.).

Der Ansatz Eva Kittays macht deutlich, dass Solidarität nicht eine mehr oder minder freiwillige Angelegenheit ist, sondern dass eine „mehrstellig" reziproke Vorstellung von Relationalität, die in die gemeinsame Verantwortung und in soziale Kooperation führt, grundlegend für den Fortbestand einer humanen Gesellschaft ist. Die Leitidee der Inklusion lässt sich konkretisieren im Sinne einer „Vision von Wohlfahrt" („*vision of welfare*"; Kittay 1999, 140), die soziale Verantwortung als wechselseitige und Abhängigkeit als grundlegendes Moment menschlichen Lebens begreift. Damit wäre die sorgende Tätigkeit von Angehörigen aufgewertet, ohne die subtilen Formen mitleidiger Geringschätzung, die sie oft erleben: Sie sind ein Beitrag zum Fortbestand der Gesellschaft, sie verdienen Respekt und Unterstützung in der Weise und an den Stellen, an denen sie selbst sich Unterstützung wünschen. Diese Aufwertung müsste sich im übrigen auch in einer monetären Aufwertung und Absicherung sorgender Tätigkeiten niederschlagen: Fürsorgende berufliche Rollen wie die Tätigkeit von Alten- und KrankenpflegerInnen und ErzieherInnen gehören zu den am schlechtesten bezahlten, und auch mit den Kompensationsleistungen der Pflegeversicherung ist die Tätigkeit von sorgenden Angehörigen weit von einer adäquaten Entlohnung entfernt.

„... all dependency work, whether it is care for children, the ill, the aged or the disabled, must be recognized as social contributions which require reciprocation, not by the cared for but by a larger social circle in which the dependency relation is embedded; that the social goods and burdens to be distributed and shared must include the good of caring relations" (Kittay 1999, 140 f.).

Zentral ist dabei auch bei Eva Kittay die Wahrnehmungsfähigkeit für die eigene Verletzlichkeit und Hilflosigkeit: Wir bewegen uns immer in einer fragilen Spannung von Selbstbestimmung und Abhängigkeit, von Anerkennung und Fürsorge, aus der wir nur um den Preis der Spaltung, der Entwertung eines der Pole und der mehr oder minder subtilen Machtausübung in sorgenden Beziehungen aussteigen können. Sich dem eigenen Schmerz stellen – das ist eine zentrale Aufgabe im Prozess der Auseinandersetzung mit der Behinderung eines Kindes. Sie beschreibt ihn als den „Schmerz, darum zu wissen, welch kleinen Ausschnitt des menschlichen Lebens sie nur erleben und erfahren würde. Sie, meine Tochter – das Kind, das ich zur Welt gebracht habe und das Kind, das ich großgezogen und um dessen Ernährung und Schutz ich mich gekümmert habe. Es ist ein Schmerz, den man kaum – eigentlich nie – zu fühlen wagt, und es ist ein Schmerz, der in ihrer sonnigen Gegenwart nicht empfunden werden kann. Aber er ist da" (Kittay 2006).

Solidarische Unterstützung als „caregiver" benötigen nicht nur Eltern, sondern – vor allem mit zunehmendem Alter – auch Geschwister, die im Erwachsenenalter häufig an die Stelle der Eltern als primäre Bezugspersonen treten und ihrerseits Wege finden müssen, die Verantwortung für die notwendige Unterstützung einer Schwester oder eines Bruders mit einer Behinderung so zu übernehmen, dass sie dennoch ein eigenes Leben führen können.

Die Situation erwachsen gewordener Geschwister von Menschen mit Behinderung ist in einigen Studien der letzten Jahre unter verschiedenen Fragestellungen erforscht worden (vgl. Hackenberg 2008, 115 ff.). Auch wenn diese Studien selten als repräsentativ gelten können, weil insbesondere Menschen, die in Armutskontexten leben, selten zu den Befragten gehören, liefern sie einige Hinweise auf Aspekte nicht gelingender Inklusion. So ist die Frage der langfristigen Betreuung, solange sie ungeklärt ist, häufig für die Beziehung der Geschwister untereinander eine Belastung und führt dazu, dass Geschwister eher in die Distanz gehen. Ist dagegen die grundlegende materielle Versorgung gewährleistet, ist Raum für die Gestaltung geschwisterlicher Beziehungen, die nicht als einseitige Verpflichtung erlebt wird (vgl. ebd., 119), sondern in der Spannung zwischen „horizontaler Geschwisterbeziehung und vertikaler Verantwortung" (ebd., 120). Mit Eva Kittay ist diese Spannung nur lebbar, wenn sich auch Geschwister ihrer eigenen Verletzlichkeit und ihres eigenen Angewiesenseins auf Unterstützung bewusst sind, und wenn sie solche Unterstützung selbst auch in ihrem Umfeld erleben. Die Realität ist vielfach eine Fortsetzung des Alleingelassenwerdens, das bereits die Eltern erlebt haben. Wenn Geschwister sich dagegen bereits in der Kindheit mit ihren ureigenen Fragen und Bedürfnissen wahrgenommen fühlen, wenn sie sich als verantwortlich und gestützt zugleich erleben können, werden sie sich in der Beziehung zu ihrem behinderten Bruder oder ihrer behinderten Schwester auch als Erwachsene als die Beschenkten, nicht nur als Gebende erleben können. Inklusion bedeutet daher auch, die Situation der Geschwister im gesamten Lebensverlauf in den Blick zu nehmen (vgl. ebd., 125).

2.3 Zumutungen: Zur Anmaßung des Annahmepostulats

Als meine Schwester fünf Jahre alt war, bot die Kinderklinik einen 3-wöchigen Mutter-Kind-Aufenthalt an, um die Entwicklungsperspektive einzuschätzen. Meine Mutter kam nach drei Wochen verstört und verärgert zurück und erzählte von Psychologen und Therapeuten, die ihr durch die Einwegscheibe beim Spielen mit ihrer Tochter zugeschaut haben. Sie fühlte sich extrem ausgeliefert und bewertet – ihr wurde vorgehalten, sie spiele nicht ausreichend und nicht „richtig" mit ihrem Kind. Und sie habe sich noch nicht „richtig" mit der Behinderung auseinandergesetzt, die Behinderung nicht „angenommen". So jedenfalls hat sie es subjektiv erlebt, einschließlich eines latenten moralischen Vorwurfs, sie werde ihrer Mutterrolle nicht gerecht. Die Empörung meiner Mutter teilte ich spontan – und generalisierte sie zu einem hohen Maß an Misstrauen gegenüber allem „Psychologischen", das sich hartnäckig hielt.

Fachlich herrschte lange Zeit breiter Konsens, dass die Annahme der Behinderung der Schlüssel zur Bewältigung der behinderungsbedingten Einschränkungen im Leben von Müttern sei, zumal wenn ihre Kinder erwachsen würden. Die Krisenverarbeitungsmodelle etwa von Erika Schuchardt (2006) suggerieren, es gäbe bei aller Krisenhaftigkeit und Kreisförmigkeit im Prozess der Auseinandersetzung mit einer Behinderung einen Zielpunkt, der „Annahme" oder „Akzeptanz" heißt.

Insbesondere Monika Jonas, selbst Mutter eines Kindes mit einer Beeinträchtigung, hat deutlich gemacht, dass derartige Appelle weder hilfreich noch angemessen sind: Sie sieht im Postulat der Annahme eine Anmaßung, zumal wenn als „Sollens"-Satz formuliert von denjenigen, die Familien als ExpertInnen begleiten (vgl. Jonas 1994, 22f.). Zudem sei die Idee der „Annahme" ein ganz bestimmtes Rollenbild und eine bestimmte Vorstellung von Mütterlichkeit, die moralisch konnotiert sei: „Eine Mutter, die ihr Kind nicht ‚annimmt', ist keine ‚gute', eher eine ‚böse', im besten Falle ‚kranke' Frau" (Jonas 1994, 23). Das Annahmepostulat biete vor allem aber den jeweils nicht Betroffenen eine Argumentationsfigur, die sie aus der Solidarität aussteigen lässt: Ist eine Mutter erschöpft und reagiert gereizt oder zieht sich depressiv zurück, kann ihr die Verantwortung dafür auch noch zugeschrieben werden – sie müsse nur die Behinderung annehmen, dann erledigten sich solche Probleme wie von selbst. Objektive Belastungen werden so individualisiert statt zum Gegenstand solidarischen Teilens sozialer Verantwortung. Jonas' Fazit: „Das ‚Annahme'-Postulat ist völlig ungeeignet, die Realität des Lebens mit einem behinderten Kind zu begreifen" (ebd.). Vielmehr ist die Auseinandersetzung mit den vielfältigen Behinderungserfahrungen ein nicht endender Prozess, der in Auseinandersetzung mit den Wertsetzungen der Gesellschaft geschieht: Auch wenn in Fachkreisen das Prinzip der Inklusion weitgehend unstrittig ist, ist die bundesrepublikanische Realität nach wie vor geprägt von gesellschaftlichen Entwertungen von Lebensweisen, die von Abhängigkeit und Hilfebedürftigkeit geprägt sind. Die immer hoffähiger werdende öffentliche und pauschale Diskreditierung von „Hartz-IV"-EmpfängerInnen gehört ebenso dazu wie die Entwicklungen im Bereich der Pränataldiagnostik, die den von Niedecken beschriebenen „gesellschaftlichen Mordauftrag" medizinisch perfektioniert transportieren.

Die Haltung begleitender ExpertInnen gegenüber Angehörigen ist häufig auch das Ergebnis von Übertragungsphänomenen: Die Erfahrung, selbst in der unbedingten Weise von den eigenen Eltern angenommen worden zu sein – gänzlich unabhängig von Leistung oder Wohlverhalten –, ist als reale Erfahrung eher selten. Der eigene (unerfüllt gebliebene) Wunsch nach solcher Anerkennung wird im „Annahme"-Postulat projiziert als Anforderung an Eltern, denen die „Annahme" einer Behinderung schwer fallen *muss*: Die Ambivalenz bleibt als Stachel – ein Leben lang. Institutionen und professionell Begleitende müssen daher die Situation der Angehörigen auch in den Blick nehmen, statt sich – in einem falschen Verständnis von Parteilichkeit – nur auf die Seite des Kindes mit Behinderung zu stellen. Ansonsten laufen sie Gefahr, Spaltungen fortzusetzen und zu vertiefen. Auch hier geht es darum, sich mit der eigenen Hilflosigkeit auseinanderzusetzen: Der Rekurs auf das Annahmepostulat eignet sich nämlich als Legitimationsfigur für die Distanzierung, die dem Wunsch entspringt, nicht immer wieder und permanent mit dem Schmerz der Eltern über die Behinderung und ihre Konsequenzen konfrontiert zu sein. Dabei fungieren ExpertInnen wiederum als Agenten gesellschaftlicher Haltung, sich den Schmerz als Gesellschaft ersparen zu wollen – und sei es um den Preis der Missachtung und Bestreitung des Rechts auf die eigene Verletzlichkeit.

2.4 Optionen

„Herausfinden, was wichtig ist ..."

Welche Wege lassen sich im Blick auf Angehörige von Menschen mit Behinderungen beschreiben, die zum Gelingen von Inklusion beitragen können? Zunächst einmal und sehr grundlegend geht es um nicht weniger als eine Umkehr der Optik, eine Revision der in unserer westlichen Zivilisation geltenden Wertsetzungen, die ein Leben in Abhängigkeit entwerten. Eva Kittay hat diese grundlegende Umkehr der Optik in der Entwicklung ihres eigenen philosophischen Denkens sehr eindrücklich beschrieben:

„Das philosophisch Tiefgründige an der Geburt eines Kindes mit schweren Behinderungen ist, dass es uns zwingt, zu fragen, was wirklich wichtig ist und was uns und anderen wichtig sein sollte" (Kittay 2006, o. S.). Mit dieser Aussage beschreibt sie, die Philosophin, die größte Herausforderung und zugleich die größte Chance, die die Konfrontation mit der Behinderung ihrer Tochter mit sich brachte: Sie musste lernen zu akzeptieren, dass ihre Tochter an dem, was ihr selbst das Wichtigste zu sein schien, philosophische Reflexion, nie würde Anteil haben können. So wurde Kittay zu einer „bescheideneren Philosophin" (ebd., o. S.). Lebenssituationen, die mit einem Höchstmaß an Abhängigkeit verbunden sind, sind in der ethischen Theorie Kittays fortan nicht mehr Ausnahme- oder Grenzfall irgendeiner Ethik, sondern werden zum Ausgangspunkt jedweder ethischen Reflexion überhaupt, weil sich in ihnen unsere Moralität erweist – wo denn sonst. Inklusion ernst zu nehmen, beginnt dann sehr zentral bei den Grundauffassungen über menschliches Leben: „Wenn wir sicherstellen wollen, dass Menschen mit Behinderung nicht aus unseren moralischen und sozialen Gemeinschaften ausgeschlossen werden, brauchen wir eine Philosophie, die sie weder explizit noch implizit ausschließt. Den Maßstab, den ich nun an die Wahrheit und den Wert jeder philosophischen Position anlege, ist ihre Fähigkeit, eine Person wie meine Tochter einzubeziehen. Nur wenige, befürchte ich, bestehen diese Feuerprobe" (Kittay 2006, o. S.). Die Tragweite der Inklusionsperspektive deutet sich auch hier an: Es stellt Wahrheit und Wert jeder Philosophie und Ethik gänzlich auf den Kopf, wenn wir konsequent aus der Perspektive von Menschen mit Behinderungserfahrungen und ihren Angehörigen ausgehen und diese nicht mehr nur als Makel, sondern als Beitrag zu einem gelingenden Leben wahrnehmen: „. . . die Liebe, die aus solchen Beziehungen der Abhängigkeit hervorgeht, hat mir gezeigt, dass es nicht so sehr die Abhängigkeit ist, vor der man sich fürchten muss, sondern vielmehr unser Leugnen von Abhängigkeit; dass Abhängigkeit eigentlich eine reiche und unentbehrliche Quelle menschlicher Beziehung ist. Unsere Abhängigkeit auf diese Weise zu betonen, stellt menschliche Beeinträchtigungen, Gebrechlichkeit und Zerbrechlichkeit in das Zentrum dessen, was unser Menschsein ausmacht" (Kittay 2006, o. S.).

Auf einen anderen Aspekt macht Richard Sennett (2007) aufmerksam: Die Auffassung, Abhängigkeit sei eine Schande, ist deutlich kulturspezifisch. Sie ist gewachsen in den Auseinandersetzungsprozessen im Zuge der europäischen Aufklärung. Ging es den liberalen Theoretikern und den Philosophen der Aufklärung, allen voran Kant, darum, Menschen vor entwürdigender Unterwerfung unter Autoritäten zu schützen, so kam erst im weiteren Verlauf die „Verknüpfung von Abhängigkeit und Scham" (Sennett 2007, 142) hinzu. Im Unterschied zu Schuldgefühlen, die auf Regelverletzungen basieren, stellen sich Schamgefühle ein, wenn Menschen sich ungenügend fühlen. Alfred Adler hat die fatale Verquickung von Abhängigkeit und Misserfolg mit Scham in Verbindung gebracht mit der kapitalistischen Wirtschaftsweise: „der Misserfolg auf dem Markt habe einen Verlust an Selbstwertgefühl zur Folge" (ebd., 144), dann „nagt die Ungleichheit am Respekt – der neidvolle Vergleich tritt an die Stelle schierer Bedürftigkeit und echte Scham stellt sich ein" (ebd., 145). Beschämung entsteht, wenn der Einbruch in die Privatsphäre eines Menschen auf eine Weise geschieht, die sich seiner Kontrolle entzieht. Erst durch die Verknüpfung von Bedürftigkeit mit der Gefahr der Beschämung entstand das Empfinden von Abhängigkeit als eine (moralisch konnotierte) Schande. Und diese kulturelle Tradition brachte eine spezifische Idee von Autonomie hervor: Der Psychoanalytiker Donald Winnicott versteht unter Autonomie nicht mehr als „die Fähigkeit, einen Unterschied zwischen sich und anderen zu machen", die eine „auf der Wahrnehmung des anderen basierenden charakterliche Stärke" mit sich bringt, die das Kind in die Lage versetzt, „sich außerhalb seiner selbst zu sehen und zu engagieren" (Sennett 2007, 149 f. mit Bezug auf Winnicott). Autonomie im Sinne einer vollkommenen Unabhängigkeit von anderen ist etwas gänzlich anderes. Sie ist ein Mythos, der in unserer Zivilisation auf eine Weise verteidigt und idealisiert wird, dass die Kehrseite, die Abhängigkeit, in jeder Form entwertet wird – einschließlich derer, die in Abhängigkeit leben. Dieser Haltung gilt es ein Bild vom Menschen als fundamental in Abhängigkeiten verwickeltem und verstricktem Wesen entgegen zu setzen – was wiederum erfordert, dass jede und jeder einzelne sich mit eigenen Abhängigkeiten auseinandersetzt und sie für sich positiv konnotiert. Das ist leichter gefordert als umgesetzt, aber unabdingbar notwendig.

Gegen die „halbierte" Inklusion

Bei aller Inklusionseuphorie auf Seiten der Menschen mit Behinderungserfahrungen und ihren Angehörigen selbst, bei ExpertInnen und Kostenträgern wird in der aktuellen Debatte immer noch häufig übersehen, dass auf der Rückseite der Strategien von Ambulantisierung und der Schaffung gemeindenaher Settings Lebensrealitäten entstehen, die alle Fortschritte der letzten Jahrzehnte infrage stellen: Komplexeinrichtungen werden, sofern sie sich nicht konsequent auflösen, zu Zentren für Menschen mit schwersten Behinderungen, herausforderndem Verhalten und für älter werdende und alte Menschen mit Behinderung. Die Lebensbedingungen in diesen Einrichtungen sind in hohem Maße abhängig von der Bereitschaft der Kostenträger (und der Politik, die sie transportieren), personelle und sachliche Ressourcen zur Verfügung zu stellen, die auch ihnen ein hohes Maß an Teilhabe ermöglichen. Wenn sich Exklusion, der Ausschluss aus sozialen Beziehungen, hier nicht potenzieren soll, wird in die stationäre Betreuung in den nächsten Jahren mehr statt weniger investiert werden müssen. Dabei ist die stationäre Betreuung den Kostenträgern angesichts weiter steigender Fallzahlen und der Alterungsentwicklung ohnehin schon ein Dorn im Auge.

Dietmut Niedecken wies schon 1989 auf die drohende Spaltung „zwischen Euphorie und Hoffnungslosigkeit" hin, die als gesamtgesellschaftliche Inszenierung auch in der Spaltung im Bereich der Unterstützungsangebote der Behindertenhilfe wirkt: „Auf der Seite der Tötungsphantasien und der Ohnmacht stehen als Extrem die rückständigen Anstalten: Ghettos, die möglichst totgeschwiegen werden; in denen das Elend der Besucherin (...) so bedrohlich als strukturlose Masse entgegenquillt, dass sie (...) versuchen muss, möglichst bald aufatmend wieder nach draußen zu gelangen, schnell vergessend, was wahrzunehmen sie doch nicht ganz hat vermeiden können (...). Das andere Extrem (...) sind die als fortschrittlich und vorbildlich geltenden Einrichtungen (...). In ihnen herrscht (...) reger Betrieb" – aber auch „strikter Erfolgszwang (...). Es sind Monumente der Hoffnung und der phantasierten Allmacht." Solche Spaltungen, wie sie Niedecken 1989 beschrieben hat, werden durch die Inklusionseuphorie heute – 20 Jahre später – neu genährt. Die Spaltung *„ambulant = inkludierend"* und *„stationär = exkludierend"* wird aber der Realität nicht gerecht (vgl. Schäper 2007, 178): Eine Studie des European Disability Forum (2002, 63) zu den Hauptursachen von Exklusion von Menschen mit Behinderungen in Europa zeigt, dass Exklusion nicht primär durch ein Leben in Institutionen bedingt ist, sondern primär durch den mangelnden Zugang zum Arbeitsmarkt und zum gesellschaftlichen und kulturellen Leben sowie durch den begrenzten Zugang zu oder das gänzliche Fehlen spezialisierter Unterstützungsarrangements, die Teilhabe und Inklusion oft erst ermöglichen. Die Spaltungen zwischen ambulant(-selbstbestimmt) hier und stationär(-fremdbestimmt) dort sind fachlich nicht mehr haltbar. Menschen mit Behinderung (und ihre Angehörigen) brauchen konsequent an der Leitidee der Teilhabe orientierte Unterstützungsarrangements, die die Versäulung der Hilfesysteme beenden und ihnen an dem Ort, an dem sie leben (möchten), Zugang zu den Hilfen verschaffen, die sie benötigen. Dabei werden sie selbst, ihre Angehörigen und die professionell Begleitenden aus der *Spannung* zwischen Hilflosigkeit und Hoffnung nicht aussteigen können – es kommt darauf an, die unauflösliche Spannung nicht zur *Spaltung* werden zu lassen, wie Niedecken sie beschrieben hat (vgl. Niedecken 1989, 9 f.).

De-Institutionalisierung des (Mit-)Behindertseins

Wenn „Behindertsein" und „Behinderte Familie-Sein" eine gesellschaftliche Institution sind, die der individualisierenden Delegation kollektiver Verantwortung dient, kommen Prozesse der Inklusion nicht daran vorbei, das „Behindertsein" ebenso zu de-institutionalisieren wie die Anstalten oder „totalen Institutionen" der Versorgung und Betreuung von Menschen mit Behinderung. Die Funktionsweise von Institutionalisierungsprozessen, wie Peter Berger und Thomas Luckmann sie in ihrem Grundlagenwerk zur „gesellschaftlichen Konstruktion der Wirklichkeit" beschrieben haben, müssten quasi „rückwärts gedacht" werden: Institutionalisierung „findet statt, sobald habitualisierte Handlungen durch Typen von Handelnden reziprok typisiert werden. Jede Typisierung, die auf diese Weise vorgenommen wird, ist eine Institution. Für ihr Zustandekommen wichtig sind die Reziprozität der Typisierung und die Typik nicht nur der Akte, sondern auch der Akteure (...). Die Institution ihrerseits macht aus individuellen Akteuren und individuellen Akten Typen. Institution postuliert, dass Handlungen des Typus X von Handelnden des Typus X ausgeführt werden. (...) Es ist unmöglich eine Institution, ohne den historischen Prozess, der sie hervorgebracht hat, zu verstehen" (Berger & Luckmann 2004, 58 f.). Der Institution „Behindertsein" ihre typisierende, ent-individualisierende Macht zu nehmen, wäre ein wichtiger Teilprozess auf dem Weg zur Inklusion, damit Menschen mit unterschiedlichen Möglichkeiten und Merkmalen sich begegnen können, ohne nur die Fassade der „Institution" wahrzunehmen und ohne reale Benachteiligungen zu leugnen. Dies gilt auch für Familien mit behinderten Kindern und die Geschwister: Sie wollen wahrgenommen werden als die, die sie sind, nicht nur mit diesem einen Merkmal, Bruder oder Schwester eines als „behindert" geltenden Kindes zu sein, aber eben auch mit den faktischen Benachteiligungen, die damit im Einzelfall verbunden sind.

Gerechtigkeit: „Care" für die „Care-Giver"

Mit dem Modell geteilter sozialer Verantwortung für Menschen, die auf die Hilfe anderer angewiesen sind, konzipiert Eva Kittay eine grundlegend neue Idee sozialer Gerechtigkeit jenseits des liberalen Prinzips von Verpflichtung und eines moralisierenden Fürsorgeideals, die mehr meint als eine Idee „allgemeinen Angewiesensein[s] aller Menschen" (Schnabl 2005, 389): Gerechtigkeit ist nicht primär eine individuelle, sondern eine kollektive moralische Verpflichtung, die auf der *ungleichen* Abhängigkeit und Verletzlichkeit von Menschen beruht. „This principle [of justice] (...) would not be based on our equal vulnerability (...). Instead, it would be based on our unequal vulnerability in dependency, on our moral power to respond to others in need" (Kittay 1999, 113).

Der Realisierung von Inklusion werden wir nur dann näher kommen, wenn die Verantwortung für die notwendige Unterstützung und Sorge für Menschen mit Behinderungen deutlicher als gemeinschaftliche, als gesellschaftliche Verantwortung wahrgenommen wird und wenn diejenigen, die die Sorge im Einzelfall übernehmen, Respekt und soziale Sicherheit erhalten und sich selbst in einem Netz von Hilfen aufgefangen wissen.

Inklusion als sozialethisches Projekt – über das Recht hinaus

Inklusion geht über den mit der UN-Deklaration der Rechte von Menschen mit Behinderungen endlich rechtlich kodifizierten Anspruch auf Teilhabe hinaus. Die schottische Erziehungswissenschaftlerin Julie Allan (2006) hat Inklusion als ein viel umfassender gedachtes ethisches Projekt beschrieben:

- Inklusion als *ethisches* Projekt ist nicht etwas, das wir – als die vermeintlich Nicht-Betroffenen – für die anderen tun, sondern etwas, das wir mit uns selbst tun. Dazu gehört unabdingbar die Auseinandersetzung mit dem eigenen Schatten: der eigenen Hilflosigkeit und Ohnmacht ebenso wie den eigenen aggressiven Impulsen gegenüber Menschen, deren Unterstützungsbedarf uns unangemessen groß erscheint.
- Inklusion als ethisches *Projekt* verschafft uns die Offenheit für neue Wege und Möglichkeiten, die wir gemeinsam gehen können im Vertrauen auf die Lebendigkeit des Lebens einschließlich seiner Gefahren, Überraschungen und unerwarteten Wendungen.

- Die Idee der Inklusion kann in eine Form politischer Spiritualität führen, die auf die Transformation der Beziehungen zu sich selbst und zu Anderen gerichtet ist. Eine politisch unterfütterte Idee von Inklusion trägt dazu bei, subtile gesellschaftliche „Mordaufträge" und deren Delegation aufzudecken und für das Leben in seiner Vielfalt einzutreten.

Als regulative Idee in pädagogischen Kontexten kommt Inklusion damit dem sehr nahe, was Helmut Peukert als „pädagogische Sensibilität" beschrieben hat:

„Pädagogisch sensibel zu sein hieße also, eine Ahnung davon zu haben, was es bedeutet, verletzbarer Mensch zu sein und in verletzbaren kommunikativen Strukturen Mensch zu werden, und zwar in einer Gesellschaft, in der es Tendenzen gibt, solche Strukturen zu stören und zu zerstören; und es hieße bereit zu ein, für solch bedrohtes Werden in der eigenen, ständig selbstkritisch auf Tendenzen zur Machtausübung reflektierten Praxis auch öffentlich Verantwortung zu übernehmen" (Peukert 1992, 122).

Eine inklusive pädagogische Praxis wäre eine, die Prozesse der Ausschließung, der Verweigerung von Kommunikation und der Spaltung unterbricht: eine sorgsame Praxis, die im Vollzug kommunikativen Handelns Inklusion nicht nur postuliert, sondern im Handeln, in der Beziehungsgestaltung und der Sorge für sich und andere „zu bewähren versucht" (Peukert 1978, 331).

Was bedeutet dies konkret im Blick auf Angehörige von Menschen mit Behinderung? Dazu einige abschließende Thesen:

- Inklusion braucht Solidarität als eine Grundhaltung auch denjenigen gegenüber, die in sekundärer Abhängigkeit leben, weil sie die Verantwortung für die Sorge hilfebedürftiger Menschen übernehmen. Dazu bedarf es eines flächendeckenden Ausbaus von Beratungs- und Unterstützungsangeboten für Angehörige von Menschen mit Behinderungen, Eltern wie Geschwister, die darauf flexibel zugreifen können. Vorgezeichnete Lebenswege und von anderen formulierte Anforderungen an Angehörige (wie das Annahme-Postulat) sind nicht hilfreich. Hilfreich sind Beratungsangebote, in denen die Bedürfnisse der Eltern und Geschwister im Vordergrund stehen können, wenn es um die Auseinandersetzung mit der Bedeutung der Behinderung des Angehörigen für den eigenen Lebensentwurf geht, aber auch im Blick auf das Arrangement der notwendigen Hilfen im Alltag.
- Inklusion braucht die ganz konkrete Beteiligung von Angehörigen – Eltern wie Geschwistern – an Prozessen der kommunalen Teilhabeplanung vor Ort wie der individuellen Teilhabeplanung (Assessment- und Feststellungsverfahren zum individuellen Unterstützungsbedarf).
- Inklusion braucht Selbstreflexion: Der Anspruch, Unterschiedlichkeit von Menschen wahrzunehmen, ohne sich wechselseitig zu entwerten, erfordert eine sowohl kritische wie barmherzige Konfrontation mit dem eigenen Schatten, den eigenen Insuffizienzgefühlen und Versagensängsten. Wer mit Menschen mit Behinderung solidarisch sein und sie achten möchte, „muss sich, Schritt für Schritt, den beängstigenden und beschämenden Gefühlen stellen, die die

Auseinandersetzung mit ihnen auslöst. Ganz allein kann das nicht gelingen. (...) Kollektiv verschuldetes Elend kann auch nur kollektiv, solidarisch aufgehoben werden" (Niedecken 1989, 29). Das kollektive Elend, das Niedecken hier anspricht, sind die unbewusst gemachten „gesellschaftlichen Mordaufträge", die ins Bewusstsein gehoben werden müssen, um nicht weiter ihr Unwesen im Unbewussten zu treiben.

- Inklusion braucht vor allem eine „Politik des Respekts" (Sennett 2007, 299), ein Gemeinwesen, das sich auf grundlegenden Respekt als nicht hintergehbaren Anspruch verständigt. Und solcher Respekt gilt ohne Unterschied allen, denn jedes Kind ist ein besonderes Kind – ein Leben lang.

Was sich mir bis heute eingeprägt hat, ist das Wissen darum, was Menschen im und am Leben erhält, und das ist im Wesentlichen: Beziehung. Teilhabe am Leben, das Eingebundensein in Beziehungen, die verlässlich sind, zwar auch von Konflikten geschüttelt, die aber immer verschiedene Phasen von Annäherung und Distanzierung durchleben und dabei von einer grundlegenden Akzeptanz geprägt sind, die immer nur eine wechselseitige sein kann. Nur in dem Wissen, dass Teilhabe und Inklusion etwas ist, von dem wir alle leben, worauf wir alle angewiesen sind und woran wir alle immer wieder scheitern, werden wir dem gerecht, was Inklusion als sozialethisches Projekt meint.

Literatur

Allan, J. (2006): Inclusion as an Ethical Project. In: Tremain, S. (Hrsg.): Foucault and the Government of Disability. Ann Arbor, 281–297.

Bundesvereinigung Lebenshilfe für Menschen mit geistiger Behinderung e.V. (2002): Familien mit behinderten Angehörigen. Lebenswelten – Bedarfe – Anforderungen. Marburg.

Berger, P.L. & Luckmann, T. (2004): Die gesellschaftliche Konstruktion der Wirklichkeit. Eine Theorie der Wissenssoziologie. 20. Aufl., Frankfurt a.M. (Erstauflage 1967)

European Disability Forum (2002): Disability and Social Exclusion in the European Union. Time for change, tools for change. Final study report (hg. von der Europäischen Kommission, Arbeitgruppe „Employment and Social Affairs"), veröffentlicht im Internet: http://www.ebuindigo.org/res_exclusion1–2.htm (Abrufdatum: 28. 11. 2009)

Hackenberg, W. (2008): Geschwister von Menschen mit Behinderung. Entwicklung, Risiken, Chancen. München, Basel.

Jonas, M. (1994): Behinderte Kinder – behinderte Mütter? Die Unzumutbarkeit einer sozial arrangierten Abhängigkeit. Frankfurt a.M..

Kittay, E.F. (1999): Love's Labor. Essay on Women, Equality, and Dependency. London.

Kittay, E.F. (2002): When Caring Is Just and Jusice Is Caring: Justice and Mental Retardation. In: Kittay, E.F. & Feder, E.K. (Hrsg.): The Subject of Care. Feminist Perspectives on Dependency. London, 257–276.

Kittay, E.F. (2006): Die Suche nach einer bescheideneren Philosophie: Mentalen Beeinträchtigungen begegnen – herausfinden, was wichtig ist (Dankesrede anlässlich der Verleihung des IMEW-Preises am 23. Oktober 2006, Berlin), veröffentlicht im Internet: http://www.imew.de/index.php?id=269 (Abrufdatum: 12. 02. 2010)

Niedecken, D. (1989): Namenlos. Geistig Behinderte verstehen. Ein Buch für Psychologen und Eltern. München.

Peukert, H. (1978): Wissenschaftstheorie – Handlungstheorie – Fundamentale Theologie. Analysen zu Ansatz und Status theologischer Theoriebildung. Frankfurt a. M.

Peukert, H. (1992): Die Erziehungswissenschaft der Moderne und die Herausforderungen der Gegenwart. In: Zeitschrift für Pädagogik, 29. Beiheft (1992), 113–127.

Schäper, S. (2007): Von der ‚Integration' zur ‚Inklusion'? Diskursive Strategien um den gesellschaftlichen Ort der Anderen im ‚Grenzfall' schwerer Behinderung. In: Filipovic, A., Eckstein, C. & Oostenryck, K. (Hrsg.): Beteiligung, Inklusion, Integration. Sozialethische Konzepte für die moderne Gesellschaft. Münster, 171–188.

Schnabl, C. (2005): Gerecht sorgen. Grundlagen einer sozialethischen Theorie der Fürsorge. Fribourg.

Schuchardt, E. (2006): Warum gerade ich? Leben lernen in Krisen. 12. Aufl., Göttingen.

Sennett, R. (2007): Respekt im Zeitalter der Ungleichheit. 2. Aufl., Berlin.

3 Inklusion und Körperbehinderung im internationalen Vergleich

Juliane Quandt

3.1 Zur aktuellen Situation

Die Sonderpädagogik beschäftigt sich derzeit länderübergreifend vor allem mit der verstärkten Forderung nach Inklusion. Dies auch, weil die Vergleichbarkeit der verschiedenen Ist-Stände von Inklusion in den vergangenen Jahren durch die Globalisierung an Bedeutung gewonnen hat.

Die im Dezember 2006 am Sitz der Vereinten Nationen in New York verabschiedete UN-Konvention über die Rechte von Menschen mit Behinderungen betont die Bedeutung der internationalen Zusammenarbeit für die Verbesserung der Lebensbedingungen der Menschen mit Behinderungen in allen Ländern.

Seit März 2009 ist die UN-Konvention in Deutschland ratifiziert und somit geltendes Recht. Als 50. Vertragspartei hat sich Deutschland verpflichtet, die UN-Konvention umzusetzen. Diese formuliert das Recht auf Selbstbestimmung und Partizipation und fordert einen umfassenden Diskriminierungsschutz für Menschen mit Behinderungen. Sie hat eine barrierefreie und inklusive Gesellschaft zum Ziel. Die Verpflichtung zur Inklusion setzt also voraus, dass das gesellschaftliche System in den Fokus genommen wird, nicht der Mensch mit Behinderung. Diese geforderte Neustrukturierung gesellschaftlicher Zusammenhänge kann als Kerngedanke auf dem Weg zu Inklusion gesehen werden.

Da die Bildungspolitik einen zentralen Punkt in der UN-Konvention ausmacht, soll in diesem Beitrag von Ländern ausgegangen werden, die im Bereich der schulischen Inklusion als Vorreiter gelten. Zu diesen Pionierstaaten zählen unter anderem Schweden, Italien, Finnland, die USA und Großbritannien. Eine Untersuchung der *European Agency for Development in Special Needs Education* (vgl. European Agency) aus dem Jahr 2003 erlaubt, die Länder hinsichtlich Inklusion in drei Gruppen zu untergliedern. Aus jeder Gruppe wird im Folgenden exemplarisch ein Vertreterland vorgestellt: Schweden als Land mit einem Einheitsschulsystem (*one-track-approach*) und Großbritannien als Vertreter des Kombinationssystems (*multi-track-approach*). Diese werden mit dem aktuellen deutschen dualen Schulsystem (*two-track-approach*) verglichen.

Ausgehend vom Bildungsbereich werden weitere zentrale Lebensbereiche wie Wohnen und Arbeiten in Schweden, Großbritannien und Deutschland beleuchtet.

3.2 Schweden

Hintergründe

Die Behindertenhilfe in Schweden ist grundlegend im schwedischen Wohlfahrtssystem verankert. Aselmeier (2008, 142 f.) beschreibt den Grundgedanken des Systems, der in der gesellschaftlichen Vorstellung einer demokratischen und solidarischen Gesellschaft, die ihren Mitgliedern nach dem Motto „Wohlfahrt für alle" gleiche Chancen einräumt und die damit einhergehenden Kosten gemeinsam trägt, besteht. Die dauerhafte Betreuung behinderter Menschen in zentralisierten Sondereinrichtungen würde diesem Grundgedanken widersprechen und ist daher in Schweden gesetzlich untersagt. Das Wohlfahrtsverständnis sieht die Einbeziehung aller Bevölkerungsgruppen in eine solidarische Gemeinschaft als zentral an.

Tøssebro, Aalto und Brusén (1996, 47) gliedern die geschichtliche Entwicklung der Behindertenhilfe in Schweden in drei Phasen. Als Meilenstein für die erste Phase nennen sie die erstmalige Formulierung des Normalisierungsgedankens im Jahr 1946. Dies führte dazu, dass sich in Schweden bereits in den 1950er und 1960er Jahren Alternativen zum bis dahin gängigen Anstaltswesen etablierten. Die zweite Phase zwischen 1970 und etwa 1985 kann unter dem Titel *De-Institutionalisierung* zusammengefasst werden. Mitte der 1980er Jahre wurde das *Gesetz zu Sozialen Diensten* eingeführt und die Verantwortlichkeit dafür wurde auf die Kommunen übertragen. Die Ziele der sozialen Tätigkeit der Kommunen sind im Gesetz über die sozialen Dienste festgelegt. Dieses Rahmengesetz gibt den Kommunen das Recht, ihre Dienste entsprechend den jeweiligen lokalen Bedürfnissen und Erfordernissen zu gestalten. Mit diesem Schritt begann die dritte Phase: Anstalten wurden zugunsten der Gemeinwesenorientierung verschiedener Unterstützungsleistungen (professionelle Hilfen bzw. Familien und informelle soziale Netzwerke) aufgelöst. Im Jahr 1997 wurde im *lag om avveckling av specialsjukhus och vårdhem* (Gesetz zur Auflösung von Sonderinstitutionen) (vgl. https://lagen.nu/1997:724) der 31. 12. 1999 als endgültiger Termin zur Schließung der letzten großen Sonderwohneinrichtungen festgesetzt. Laut ForSeA (Forum selbstbestimmte Assistenz) gibt es aktuell nur noch 170 von ehemals 11 000 Heimplätzen.

Wohnen

Seit diesem Datum werden in Schweden nur noch folgende wohnbezogene Unterstützungsformen öffentlich finanziert: Wohngruppen, die in gewöhnlichen Wohngebieten angesiedelt sind und dort je nach Bedarf bis zu 24 Stunden am Tag personelle Unterstützung erhalten; Serviceunterbringungen, wobei die Bewohner in fünf bis zehn Wohnungen über ein größeres Gebiet verteilt leben und personelle Unterstützung in geringerem Umfang erhalten; sowie die Persönliche Assistenz, die in der eigenen Wohnung bzw. im eigenen Umfeld angeboten wird (vgl. Rizzi 2006, 9). Die Persönliche Assistenz ist neben anderen Leistungen wie der Familienentlastung für Eltern behinderter Kinder, dem Wohnen mit besonderem Service oder der Kurzzeitunterbringung im seit 1994 bestehenden *lag om stöd och service till vissa funktionshindrade* – kurz *LSS* (Gesetz über Hilfs- und Dienstleistungen für Schwerbehinderte) – festgelegt.

Die genannten Wohnformen zeigen den fortgeschrittenen Stand der schwedischen Inklusion. Das gesellschaftliche Umfeld hat sich auf die Bedürfnisse behinderter Menschen eingestellt und ihnen so die Teilhabe an der Gemeinschaft eröffnet. Die Unterstützungsformen im Bereich Wohnen gehen vom Umfeld aus und richten sich an das Individuum – nicht das Individuum muss nach geeigneten (Sonder-)Wohnformen suchen und sich ihnen anpassen. Eine Neustrukturierung gesellschaftlicher Zusammenhänge ist hier bereits im Gange.

Als vorläufiges Fazit bleibt festzuhalten, dass es in Schweden in den vergangenen 60 Jahren eine Entwicklung „[...] der Dienstleistungen [...] von Isolation zu Teilhabe in der Gesellschaft und von uniformen Dienstleistungsmodellen zu individualisierter Unterstützung im Wohnbereich" (Lerman 2000, 5) gegeben hat. „Die Enthospitalisierungsentwicklungen in Schweden [haben] nachhaltig bewiesen [...], dass ein Leben in offenen, gemeindenahen Wohnformen für Menschen mit den verschiedensten, auch den schwersten Behinderungen nicht nur möglich ist, sondern deutlich mehr Lebensqualität verspricht." (Theunissen/Lingg, 1999, 103).

Gerade die Festlegung von Hilfs- und Dienstleistungen mittels Gesetz stellt bezogen auf Inklusion einen revolutionären Schritt dar: Das *LSS* ist ein ausgesprochenes Grundrecht. Jeder Bürger hat somit das Recht auf Wohnen in der Gesellschaft.

Inga S. (alle Namen geändert) ist 28 Jahre alt und wohnt seit sieben Jahren in einer Zweizimmerwohnung in der Universitätsstadt Örebro. Inga benötigt aufgrund ihrer Behinderung rund um die Uhr Betreuung: Sie hat eine Tetraplegie, ist hochgradig sehbehindert und kommuniziert nonverbal. Trotz ihrer schweren Behinderung lebt Inga ein selbstbestimmtes Leben – sechs persönliche Assistenten stehen ihr zur Seite. Oft ist es so, dass Familienangehörige Assistenten sind, bei Inga ist eine Tante eine Assistentin. Inga hat sie ausgewählt, weil diese sie bereits von Geburt an kennt und die beiden ein sehr gutes Verhältnis haben. 20 Assistenzstunden bekommt Inga wöchentlich von der Kommune gezahlt, den Rest finanziert die staatliche Sozialversicherung.

Wie Inga werden rund 10 000 Menschen in Schweden persönlich betreut. Ihnen stehen zwischen vier und zehn Assistenten zur Seite. Ein solcher gesetzlicher Anspruch auf persönliche Assistenz hat vielen Menschen auch mit schweren Behinderungen zu selbstbestimmtem Wohnen verholfen.

Bildungspolitik

Bildungspolitisch, im Hinblick auf Inklusion von Schülerinnen und Schülern[1] mit sonderpädagogischem Förderbedarf gesehen, zählt Schweden zu den Ländern mit einem *one-track-approach*. Diese Länder verfolgen das Ziel, alle Schüler in der Regelschule zu unterrichten. Das Ziel soll mittels eines breit gefächerten Angebots an (sonderpädagogischen) Unterstützungsdiensten für die Regelschule realisiert werden.

In Schweden wird diese Unterstützung von einer an der Schule beschäftigten Sonderschullehrkraft und persönlichen Assistenten geleistet. Für die Bereitstellung und Finanzierung dieser Unterstützung sind die Gemeinden zuständig. Zu betonen ist hierbei, dass Menschen mit Behinderungen in Schweden auch im schulischen Bereich einen Rechtsanspruch auf adäquate Unterstützungsleistungen haben: Im Schulgesetz und im Lehrplan ist die besondere Verantwortung der Schule, den Schülern angemessene Hilfe und Unterstützung zukommen zu lassen, geregelt. Dies gilt für ganz unterschiedliche Förderungsformen, die unter anderem verschiedene technische Hilfsmittel oder Schülerassistenten zur Unterstützung körperbehinderter Schüler umfassen. In Schweden gibt es außerdem für „schwer mobilitätsbehinderte Schüler, die nach dem Gesetz ein Anrecht auf einen entsprechend angepassten Ausbildungsplatz mit individueller Hilfe" haben (vgl. Swedish Institute 2000), an vier Orten besondere staatliche Schulen im Rahmen der allgemeinen Gymnasialschule.

Die große Mehrheit der Schüler mit einer Körperbehinderung besucht die allgemeine *grund-skola* und bekommt dort die Unterstützung, die sie benötigt. Schwer betroffene Schüler haben das Recht auf speziell angepasste Unterrichtsformen. Voraussetzung dafür ist, dass es die körperliche Behinderung selbst oder die Kombination mit anderen Funktionsbeeinträchtigungen unmöglich machen, dem regulären Unterricht zu folgen. Diese Schüler werden häufig in sonderpädagogischen Fördergruppen unterrichtet, die an Regelschulen untergebracht sind. Die meisten etwas größeren Gesamtschulen verfügen über diese sogenannten Rh-Klassen. „Rh" ist die Abkürzung für „Rörelsehinder", was übersetzt „körperbehindert" heißt. Die Klassen werden von einem Team von Lehrern, Therapeuten sowie Klassen- und Schülerassistenten angeleitet und unterstützt. Einerseits können die Schüler in diesem Rahmen speziellen, individuell an sie angepassten Unterricht bekommen, andererseits haben sie die Möglichkeit, für einzelne Stunden oder Fächer eine Regelschulklasse zu besuchen (Josefsson 2002, 24 f).

Sollte dies aufgrund der Behinderung nicht möglich sein, können Schüler auch zu Hause unterrichtet werden. Durch Maßnahmen wie dem behindertengerechten Neubau aller Schulen und Kindergärten und der Unterstützung durch persönliche Assistenten scheint das Ziel der Inklusion im Bildungsbereich sehr nahe gerückt zu sein.

1 Fortan wird der Einfachheit halber die männliche Form für beide Geschlechter verwendet.

Sonderpädagogische Förderung ist in Schweden ein maßgeblicher Bestandteil der regulären Lehrerausbildung. Zusätzlich können Lehramtsstudenten in Schweden spezielle vertiefende Kurse wählen. Im Aufbaustudium werden praktische Kompetenzen für die Unterrichtsarbeit mit Schülern mit sonderpädagogischem Förderbedarf und Strategien für Förderlehrkräfte vermittelt. An den schwedischen Universitäten gibt es nicht wie in Deutschland spezielle Ausbildungen in den verschiedenen sonderpädagogischen Fachrichtungen. Daher sind auch die schwedischen Sonderpädagogen in Klassen mit dem Förderschwerpunkt körperliche und motorische Entwicklung allgemein für Schüler mit sonderpädagogischem Förderbedarf ausgebildet. Berufsbegleitende Weiterbildung ist für alle Lehrkräfte Pflicht und umfasst auch sonderpädagogische Elemente.

Wie bereits erwähnt, besucht in Schweden ein Großteil der Schüler mit sonderpädagogischem Förderbedarf eine Regelschule. Fraglich ist jedoch, ob deswegen automatisch von Inklusion gesprochen werden kann. Inklusion bedeutet mehr als nur die „fysisk placering", also die rein physische Einordnung eines Kindes in ein bestimmtes, vorgegebenes Umfeld (Nilholm 2006, 8 und 31). Neben Schule, Unterricht und Lehrkräften sind es andere, informellere Situationen und Gegebenheiten – etwa Pausensituationen oder außerschulische Freizeitaktivitäten –, in denen sich das Kind dazugehörig und akzeptiert fühlen muss (ebd., 34). In der schwedischen Inklusionsdebatte wird der Inklusionsbegriff als Kritik an der traditionellen Sonderpädagogik diskutiert (ebd., 22). Der Begriff „Inklusion" stellt dabei an sich schon die Diskussionsgrundlage: Ab wann spricht wer von gelungener Inklusion? (vgl. ebd., 26 f.). Die Sonderpädagogik steht angesichts der aktuellen Inklusionsdebatte vor einem pädagogischen Dilemma: „Man ska ge alla barn ‚samma sak' samtidigt som man måste anpassa sig till barns olikheter"[2] (ebd., 37).

In der aktuellen Literatur (vgl. Haug, Kriwet, Nilholm und Weiß) werden Entwicklungen und Tendenzen hinsichtlich der Inklusion in Schweden kontrovers diskutiert. Haug bewertet die Entwicklung eher in Richtung einer Ausweitung der getrennten anstatt einer inklusiven Beschulung (1998, 24). Nilholm hingegen weist darauf hin, dass es schwierig sei, eine steigende oder fallende Tendenz für oder gegen Inklusion zu beobachten, auch wenn das politische Interesse um die Frage der Inklusion immer mehr in den Mittelpunkt der Debatte rücke (2006, 47). Weiß (2009) und Kriwet (2006) sprechen ebenfalls von zunehmender Differenzierung bzw. von einer „segregierenden Integrationspraxis". Als ausschlaggebend für diese Einschätzung bezeichnet Weiß den steigenden Wettbewerb, der sich bis auf die Schulebene auswirke (2009).

Trotz der Salamanca-Deklaration und der UN-Konvention geht die Tendenz in schwedischen Schulen demnach eher in Richtung segregativer Beschulung; sprich: in speziellen Sonderschulen bzw. in dünn besiedelten Gebieten Schwedens integriert in Regelschulklassen mit speziellem Förderunterricht außerhalb der Klassengemeinschaft. Festzuhalten bleibt, dass Schüler mit Förderbedarf im Schwerpunkt

2 „Man sollte allen Kindern ‚dasselbe' geben, während man sich (zugleich) an die Unterschiedlichkeiten der Schüler anpassen muss."

körperliche und motorische Entwicklung in Schweden in verschiedenen Einrichtungen unterrichtet werden. Dies liegt nicht zuletzt an der Größe des Landes und der daran gemessen sehr niedrigen Bevölkerungszahl. So gibt es keine Schule für alle, in der nach allen möglichen Lehrplänen unterrichtet wird. Vielmehr werden die Schüler mit sonderpädagogischem Förderbedarf im Bereich körperliche und motorische Entwicklung auf die Regel- und Sonderschulen verteilt, in denen sie dem Unterricht am besten folgen können.

Der neunjährige Niklas S. ist aufgrund einer ICP auch geistig behindert. Er besucht eine *grundskola* in der Nähe von Halmstad. Innerhalb der Schule findet Niklas' Unterricht in einer Klasse des Sonderschulzweigs (*särskolan träningsklass*) statt. Niklas wird hier zusammen mit vier weiteren Schülern mit Behinderung nach dem gleichen Lehrplan, dem LPO 94, unterrichtet wie alle anderen Schüler der Schule. Der Lehrplan wurde jedoch individuell auf ihn zugeschnitten: Die Lernbereiche Kommunikation, Kunst, Motorik, alltägliche Aktivitäten und Wahrnehmung der Wirklichkeit nehmen für ihn einen deutlich höheren Stellenwert ein als für viele seiner Mitschüler. Gemeinsam mit Eltern, Lehrern und Assistenten wurde für Niklas außerdem ein individueller Förderplan erstellt, in dem kurz- und langfristige Entwicklungsziele festgehalten sind. Im Unterricht steht Niklas stets ein persönlicher Assistent zur Seite.

3.3 Großbritannien

Hintergründe

Großbritannien bietet auf den ersten Blick nicht unbedingt einen fruchtbaren Boden für inklusive Ansätze. Durch das Prinzip der freien Marktwirtschaft sind im liberalen Wohlfahrtsstaat auf den britischen Inseln Konkurrenzdenken, Selbstverantwortung und das Streben nach hohen akademischen Standards eher der Fall als das Suchen nach neuen Wegen für ein toleranteres Miteinander. Dennoch – oder gerade deshalb – ist das Thema Inklusion in Großbritannien Gegenstand der öffentlichen Diskussion.

Als Meilenstein auf dem Weg zu einem inklusiven Großbritannien kann der bereits 1995 erlassene *Disability Discrimination Act* (DDA) gesehen werden. Dieser verfolgt das Ziel, die Gleichstellung von Menschen mit Behinderung zu ermöglichen und zu fördern. Der DDA wurde 2005 umfassend revidiert und durch zwei weitere wichtige Erlasse ergänzt: dem *Equality Act* von 2006 und der *Equality Bill*, die im Mai 2009 in zweiter Lesung im britischen Parlament behandelt wurde.

Wohnen

In Großbritannien haben sich bis heute verschiedene Wohnformen für körperbehinderte Menschen etabliert: Diese reichen von großen Institutionen über kleinere Wohnheime und Wohngruppen bis hin zu unabhängigen Wohnformen. Mit dem Inkrafttreten des *National Health Service and Community Care Act* 1990 wurde die bis dahin in zentralstaatlicher Hand befindliche Verantwortlichkeit für wohnbezogene Angebote den lokalen Behörden übertragen. Das Gesetz verfolgte das Ziel, mehr Menschen mit Behinderung das Wohnen im eigenen bzw. familiären Umfeld zu ermöglichen: „The main aim of this Act was to provide the support structures necessary to enable people to remain in their own homes where possible, thereby reducing the demand for longterm care“[1] (Gates 2007, 59).

Laut Aselmeier (2008, 129) sollten große Anstalten, Institutionen und Krankenhäuser nur noch für Kurzzeitbehandlungen und nicht mehr als Dauerwohnheime genutzt werden.

Zeitgleich wurde 1988 der zentralstaatlich finanzierte *Independent Living Fund* geschaffen, aus dem Menschen mit Unterstützungsbedarf ein persönliches Budget ausbezahlt bekommen. 1997 wurde der Fond vom *Community Care Direct Payment Act* abgelöst, wodurch kommunalen Behörden freigestellt wurde, Dienste entweder selbst bereitzustellen, freie oder private Anbieter unmittelbar zu beauftragen oder Direktzahlungen zu leisten.

Bildungspolitik

Betrachtet man die aktuelle Situation in Großbritannien im Hinblick auf die Inklusion von Kindern mit Behinderung in allgemeinen Schulen, so scheint das Land Deutschland einen Schritt voraus zu sein:

„Current policy, as supported by legislation, places emphasis on educating children with special educational needs (SEN) alongside their peers in mainstream schools, wherever possible. This reflects the importance attached to personalising learning for all children and making the education system responsive to the diverse needs of individual children and thus reducing reliance on separate SEN structures. A small minority of children need more help than a mainstream school can provide“[2] (vgl. Exekutivagentur Bildung, Audiovisuelles und Kultur (EACEA) der Europäischen Union).

Martha E. ist 8 Jahre alt und besucht eine primary school in der Nähe von Lancaster. Martha sitzt aufgrund einer Spina Bifida im Rollstuhl. Ein gewöhnlicher Schultag beginnt um 8:30 Uhr und endet um 15:00 Uhr. Vormittags findet Unterricht in den Kernfächern

1 Der *Community Care Acts* zielte in erster Linie auf die Schaffung struktureller Voraussetzungen für eine weitestgehende Betreuung in der eigenen Wohnung ab und sollte so die Nachfrage nach Heimunterbringung reduzieren.

2 Die derzeitige, gesetzlich gestützte Politik zielt darauf ab, Kinder mit sonderpädagogischem Förderbedarf wo immer möglich in Regelschulen gemeinsam mit Gleichaltrigen zu unterrichten. Dies zeigt die Bedeutung, die dem personalisierten Lernen für alle Kinder beigemessen wird und wie wichtig es ist, dass das Erziehungssystem auf die individuellen Bedürfnisse der Kinder eingeht statt sich nicht nur auf separate SEN-Strukturen zu verlassen. Nur eine kleine Minderheit der Kinder benötigt mehr Hilfe als die Regelschule bieten kann.

statt. Der Unterricht wird stets mit der gesamten Klasse begonnen. Nach der gemeinsamen Einführung bekommt Martha individuelle Unterstützung von einem Teaching Assistent. Häufig arbeitet Martha auch in einer Kleingruppe außerhalb des Klassenzimmers, geleitet vom Teaching Assistent. In der Kleingruppe werden die gleichen Themen auf unterschiedlichen Lernniveaus bearbeitet.

Es gilt aber genauer zu betrachten, ob die dortige Praxis tatsächlich bereits Vorzeigecharakter aufweist. Einer der Faktoren, die hierfür sprechen, ist etwa der *Index of Inclusion*, der 2005 als eine Art praktischer Leitfaden zur Etablierung von Inklusion an alle Schulen des Landes geschickt wurde, um eine inklusive Praxis zu unterstützen. Der *Index of Inclusion* kann als Meilenstein für eine zukunftsweisende Inklusionspolitik gesehen werden. Darin wird betont, dass es möglich ist, alle Kinder mit *Special Educational Needs (SEN)* effektiv an allgemeinen Schulen zu unterrichten. Der *Index of Inclusion* stellt eine Weiterentwicklung integrativer Pädagogik dar, indem er betont, dass *alle* Kinder sowohl gemeinsame als auch individuelle Erziehungsbedürfnisse haben. Schüler mit Behinderungen werden so innerhalb der Gruppe bzw. Klasse in keine Sondersituation gebracht – Heterogenität ist Normalität.

Nichtsdestotrotz sieht die Realität an vielen britischen Schulen anders aus. Allzu oft stehen persönliche Einstellungen, organisatorische Faktoren, Lehrpläne, Kommunikationsbarrieren oder das schulische Umfeld einer gelungenen Inklusion im Weg: Nicht nur Kinder mit Behinderung werden auf diese Weise ausgeschlossen.

Paul H. ist 15 Jahre und an Muskeldystrophie erkrankt. Er wohnt in einem Vorort von Manchester. Paul und seine Eltern wünschten sich, dass er die örtliche comprehensive school besucht. Vor Ort wurde ihm mitgeteilt, dass die Schulleitung leistungsdifferenzierte Gruppen, bezogen auf das Lernen, für effektiver hält. Im Gespräch wurde betont, dass der Schule das inklusive Profil wichtig sei. Mit Ausnahme von körperbehinderten Schülern würden alle Kinder mit SEN aufgenommen und durch ein Learning Support Centre sonderpädagogisch unterstützt.

Da Kinder mit Behinderung eine sehr heterogene Schülerschaft ausmachen, ist es eine Herausforderung, individuelle Hilfe zu gewährleisten. Die Bedürfnisse eines jeden einzelnen Kindes sind jedoch vorrangig. Wo diesen in allgemeinen Schulen derzeit nicht angemessen begegnet werden kann, stehen in Großbritannien spezielle Förderangebote zur Verfügung. Das *Department for Education and Employment* argumentiert, dass individuelle Bildungsarbeit wichtiger sei als inklusive. Großbritannien ist bildungspolitisch gesehen demnach ein Land mit einem Kombinationssystem. Länder mit einem solchen *multi-track-approach* haben vielfältige Inklusionsansätze entwickelt. Sie bieten eine große Spannbreite an verschiedenen Diensten innerhalb der zwei Systeme „Regelschule" und „Sonderschule" an. Sie bieten neben diesen beiden Systemen auch vielfältige sonderpädagogische Unterstützungen an.

Die allgemeine Lehrerausbildung enthält in Großbritannien Kompetenzelemente aus dem Bereich sonderpädagogischer Förderung. Darüber hinaus besteht die

Möglichkeit, sich im Rahmen eines freiwilligen Aufbaustudiums im Bereich der sonderpädagogischen Förderung weiterzubilden.

In allen Schulen fungiert eine Lehrkraft als *SENCO (Special Educational Needs Coordinator)*, also als Koordinator für sonderpädagogischen Förderbedarf. Er überwacht die Fortschritte der Schüler mit *SEN*, kontrolliert Fördermaßnahmen, arbeitet mit Eltern und Behörden zusammen und unterstützt Kollegen.

3.4 Zur Situation in Deutschland

Bildungspolitik

Gerade die Bildungssysteme müssen sich seit einigen Jahren vermehrt dem internationalen Vergleich stellen und werden aneinander gemessen. Der wachsende internationale Vergleich birgt eine nicht zu vernachlässigende Chance für inklusives Denken und hat dazu geführt, dass in diesem Bereich derzeit eine deutliche Dynamik zu beobachten ist. Internationale Papiere und Programme, insbesondere die Salamanca-Erklärung von 1994 (UNESCO 1994, 1999) ermutigen zum Austausch mit anderen Ländern und fordern eine Schule für alle Kinder.

In Artikel 24 der im Dezember 2006 von der Generalversammlung der Vereinten Nationen (UN) verabschiedeten Konvention über die Rechte von Menschen mit Behinderungen legen sich die Unterzeichner auf ein „inclusive education system"[1] (vgl. Bundestag) fest. Die Konvention legt den Grundstein für gemeinsame, länderübergreifende Bezugspunkte. Im internationalen Vergleich werden jedoch sehr verschiedene Ausgangslagen deutlich, und zwar in der Bildungspolitik hinsichtlich der integrativen Schulbildung (von weitgehender Inklusion bis hin zu einer deutlichen Trennung von Regel- und Sonderschulsystemen) sowie bei den Definitionen und Kategorien von sonderpädagogischem Förderbedarf und der sich daraus ergebenden Anzahl der Schüler mit einem solchen Bedarf. Länderübergreifend zeichnen sich aber auch gemeinsame Trends ab: zum Beispiel die Umwandlung von Sonderschulen in Förderzentren oder die Entwicklung von Förderplänen für Schüler mit sonderpädagogischem Förderbedarf in Regelschulen.

Deutschland zählt bildungspolitisch gesehen zu den Ländern mit einem *two-track approach*, wobei die aktuelle Inklusionspolitik den Weg zunehmend in Richtung eines *multi-track-approaches* ebnet. Momentan existieren noch zwei getrennte Bildungssysteme. Schüler mit sonderpädagogischem Förderbedarf werden in Deutschland in der Regel in Sonderschulen oder Sonderklassen unterrichtet.

Gegen den internationalen Trend wurden laut Statistik der Kultusminister-Konferenz (KMK) im Jahr 2006 im Bundesdurchschnitt 84,3 Prozent der Schüler mit sonderpädagogischem Förderbedarf getrennt unterrichtet. Darüber hinaus belegt

1 Inklusives Bildungssystem.

die KMK-Statistik, dass die Gesamtzahl der integrierten Schüler mit Behinderung bundesweit nur langsam angestiegen ist:

„Im Jahr 2006 wurden in allgemeinen Schulen 76 300 Schülerinnen und Schüler mit sonderpädagogischem Förderbedarf gezählt. Das waren 6300 (9,0 Prozent) mehr als im Vorjahr. Seit 2003 hat damit der Anteil der Integrationsschüler an allgemeinen Schulen an allen Schülerinnen und Schüler mit sonderpädagogischem Förderbedarf von 12,8 Prozent auf 15,7 Prozent leicht zugenommen. Von diesen besuchten 47 200 (61,9 Prozent) die Grundschule, 12 600 (16,6 Prozent) die Hauptschule und 4900 (6,4 Prozent) die Integrierte Gesamtschule“ (vgl. KMK 2008, XIII).

Von den Integrationsschülern wurden im Jahr 2006 5158 dem Förderschwerpunkt körperliche und motorische Entwicklung zugeordnet.

Die im föderalen System Deutschlands angelegte Bildungshoheit der Länder sorgt dafür, dass die Segregations- bzw. Integrationsquoten in den einzelnen Bundesländern große Unterschiede aufweisen: In Bremen liegt die Integrationsquote bei 44,9 Prozent, in Schleswig-Holstein bei 32,2 Prozent, in Niedersachen hingegen lediglich bei 4,7 Prozent. Im Gegensatz dazu liegt die Quote in Schweden und Großbritannien bei über 90 Prozent (vgl. Bildungsbarometer Inklusion). Der Sozialverband Deutschland (SoVD) wähnt darüber hinaus lediglich die beiden Bundesländer Schleswig-Holstein und Bremen „auf gutem Weg zur Inklusion“ (vgl. ebd.). Erste Schritte seien darüber hinaus in Rheinland-Pfalz, Hamburg und Berlin erkennbar, einen Großteil der Bundesländer, darunter Nordrhein-Westfalen, Baden-Württemberg und Bayern zählt der SoVD aber zu den Ländern, in denen kein politischer Wille erkennbar ist.

Auffallend ist auch, dass das allgemeine Lehramtsstudium in Schweden und Großbritannien selbstverständlich Kompetenzelemente aus dem Bereich der sonderpädagogischen Förderung enthält, während in Deutschland gegenwärtig noch eine klare Trennung der Studiengänge und -inhalte besteht. Tendenzen gehen zwar in Richtung einer Ausweitung der Inhalte auch in sonderpädagogischer Hinsicht, diese beziehen sich aber in der Regel auf sonderpädagogische Förderung in den beiden Schwerpunkten Lernen sowie emotionale und soziale Entwicklung.

Wohnen

In Deutschland existiert gegenwärtig eine Vielzahl an Wohnformen für Menschen mit Körperbehinderungen. Betrachtet man jedoch den Personenkreis der schwerer körperbehinderten Menschen mit einem erhöhten Pflegebedarf, so reduziert sich diese Vielzahl nach Faßbender (2007) auf lediglich drei verschiedene Modelle: das Wohnen bei Angehörigen, in Wohnheimen sowie das durch fremd- und selbstorganisierte Assistenzen ermöglichte Wohnen. Das Wohnen bei Angehörigen (im Regelfall bei den Eltern), die somit auch einen Großteil der Pflege übernehmen, stellt ab einem bestimmten Alter einen massiven Einschnitt in ein selbstbestimmtes Leben dar. Oft bleibt dann in Deutschland für den beschriebenen Personenkreis nur noch das Wohnen in einem Wohnheim. Der Schonraum Wohnheim macht es einem Großteil der Bewohner jedoch aus organisatorischen und finanziellen Gründen oftmals unmöglich, eine Stelle auf dem ersten Arbeitsmarkt zu finden, sein (Wohn-)Umfeld eigenaktiv zu gestalten und unabhängig vom Personal Entscheidungen zu treffen. Diese institutionalisierte Wohnform kann daher weder als individuell noch als inklusiv bezeichnet werden. Der Mensch mit Behinderung ist – anders als etwa in Schweden – auf Sonderwohnformen angewiesen. Dauerbetreuung in Heimen hat immer noch Vorrang vor selbstbestimmten, auf Assistenz gestützten Lebensformen.

An dieser Stelle sei auf das Persönliche Budget verwiesen, auf das Menschen mit Behinderung in Deutschland seit dem 1. Januar 2008 Anspruch haben. Das Persönliche Budget soll es – ähnlich dem in Großbritannien bereits seit 1990 bestehenden *Independent Living Fund* – Menschen mit Behinderung ermöglichen, Leistungen zur Teilhabe am gesellschaftlichen Leben eigenverantwortlich und selbstbestimmt zu bezahlen: „Ausdrücklich vorgesehen ist auch der Einsatz des Persönlichen Budgets für betreutes Wohnen. Es eignet sich in besonderem Maße, den Auszug aus einem Heim und den Eintritt in betreute Wohnmöglichkeiten zu erleichtern" (BMAS 2008, 13).

Auch wenn das Persönliche Budget mit Sicherheit als Chance und als ein Schritt in die richtige Richtung gesehen werden muss, stellt sich die Frage, ob es den inklusiven Gedanken tatsächlich voranbringen kann. Am Beispiel des Bereiches Wohnen zeigt sich, dass die selbstverständliche Einbeziehung von Menschen mit komplexer Behinderung noch nicht gegeben ist. Will man das Ziel des inklusiven Wohnens erreichen, müssen selbstbestimmte Wohnformen für alle zugänglich sein – unabhängig von Schweregrad der Behinderung und Pflegebedarf. Dass Menschen mit schwerer Behinderung in ihrer eigenen Wohnung leben können, ist trotz des Persönlichen Budgets bisher nur in Einzelfällen ermöglicht worden. In Deutschland nutzen das Persönliche Budget derzeit erst etwa 10 000 Menschen – acht Millionen potentielle Nutzer gäbe es.

Wenngleich der Weg zu inklusivem Wohnen noch ein langer ist, zeigen Erhebungen und Prognosen bis zum Jahr 2010 kleinere Fortschritte: Im Bereich des stationären Wohnens ließen sich die Fallzahlsteigerungen der Jahre 2000 bis 2004 zumindest auf eine nur noch geringe Steigerungsrate begrenzen. Gleichzeitig sind die Fallzahlen im ambulant betreuten Wohnen überproportional gestiegen (vgl. BAGüS 2006).

Arbeit

Deutschland nimmt bei der Inklusion im Bereich Arbeit im Vergleich zu anderen Staaten eher eine Schlusslichtposition ein. Trotz zahlreicher Projekte zur Förderung des Übergangs in den ersten Arbeitsmarkt ist die Zahl der Werkstätten für behinderte Menschen (WfbM) hierzulande in den letzten Jahren erheblich angestiegen und wird laut Prognose noch weiter steigen. 2002 waren es bundesweit

668 WfbM, 2009 hingegen 715; 2002 fanden sich 226703 Plätze in anerkannten WfbM, 2007 bereits 275492 (vgl. Bundesarbeitsgemeinschaft Werkstätten für behinderte Menschen e.V.).

In Großbritannien und Schweden ist stattdessen die unterstützte Beschäftigung auf dem allgemeinen Arbeitsmarkt ein zentrales Anliegen der Politik und somit die Zahl der Werkstätten rückläufig. *Remploy*, ein großer Betreiber von Behindertenwerkstätten in Großbritannien, teilte 2007 in seinem Modernisierungsplan mit, „[it intends to] quadruple the number of disabled people they support into mainstream employment [and to] close 17 factories“[2] (vgl. Remploy 2007). Die behinderten Mitarbeiter sollen demnach künftig auf dem ersten Arbeitsmarkt statt in einer Werkstatt arbeiten. Bedeutsam für eine Arbeit auf dem ersten Arbeitsmarkt sind in Großbritannien vor allem zwei Konzepte, die sich gegenseitig ergänzen. Ein Konzept ist das *Supported Employment* (Unterstützte Beschäftigung oder Arbeitsassistenz). Demzufolge werden Menschen mit Behinderung direkt an ihren Arbeitsplätzen in regulären Betrieben unterstützt. Die *British Association for Supported Employment* beschreibt:

„The model holds the social inclusion vision at heart and points to ways we can develop effective supports for people with disabilities in real jobs. Real jobs means that the terms and conditions for people with disabilities should be the same as for everyone else including pay at the contracted going rate, equal employee benefits, safe working conditions and opportunities for career advancement“[3] (vgl. British Association for Supported Employment).

Ein zweites Konzept ist das so genannte *Customized Employment*. Arbeitsplätze und Tätigkeiten werden hierbei an die speziellen Bedürfnisse und Qualifikation der Menschen mit Behinderung angepasst.

Der in Deutschland seit Oktober 2000 bestehende Rechtsanspruch auf Arbeitsassistenz hat die Chancengleichheit von Menschen mit Behinderung auf dem ersten Arbeitsmarkt ebenfalls verbessert und einen Schritt in Richtung mehr Teilhabe und Selbstbestimmung ermöglicht.

3.5 Zusammenfassung und Ausblick

Nach Feuser ist Inklusion „[eine] untrennbare Einheit von sozialer Gemeinschaft und einer subjektorientierten Erziehung und Bildung aller ihrer Mitglieder. Diese

2 Der Modernisierungsplan zielt darauf ab, die Zahl der im ersten Arbeitsmarkt beschäftigten Menschen mit Behinderung zu vervierfachen und 17 Betriebe zu schließen.

3 Das Modell basiert im Kern auf der Vision sozialer Integration und weist Wege zur wirksamen Förderung von Menschen mit Behinderungen in regulären Beschäftigungsverhältnissen. Damit ist gemeint, dass die Bedingungen für Menschen mit Behinderungen mit jenen aller anderen Arbeitnehmer hinsichtlich Bezahlung nach tariflichen Vereinbarungen, Sozialleistungen, sicheren Arbeitsbedingungen und beruflichen Aufstiegsmöglichkeiten identisch sein sollten.

Einheit fasst das Fundamentum der gesellschaftlichen und pädagogischen Bewegung, die wir heute mit dem Begriff der ‚Integration' fassen und als kulturbildenden Prozess verstehen" (Feuser 1995, 137).

Inklusion wird als gesamtgesellschaftliches Ziel gesehen, das mit Integration verbunden ist. Inklusion bedeutet, eine Gesellschaft so zu denken, dass alle Menschen ihren frei gewählten Platz in den Lebensbereichen Wohnen, Arbeit, Freizeit und sozialen Beziehungen einnehmen können. Im hier vorgenommenen internationalen Vergleich wird deutlich, dass sich die Staaten gegenwärtig auf einem ganz unterschiedlichen Stand befinden. Gerade deshalb ist der in der Salamanca-Erklärung geforderte internationale Austausch von besonderer Bedeutung. Die vorgestellten Länder Schweden und Großbritannien scheinen Deutschland in inklusiver Sicht einen Schritt voraus zu sein.

Das sozialdemokratische Wohlfahrtsprinzip in Schweden erklärt, warum die gesellschaftliche Einbeziehung von Menschen mit Behinderung – nicht nur im schulischen Bereich – weit fortgeschritten ist. Alle Mitbürger haben das Recht auf einen angemessenen Lebensstandard und „full social citizenship rights and status should be guaranteed unconditionally. In this sense, social rights are legally a parallel to property rights"[1] (Reich 1964, zit. nach Esping-Andersen & Korpi, 40). Sonderstellungen für Menschen mit Behinderung widersprechen in jedweder Form einem solchen Prinzip. Dieses Denken kommt Feusers inklusivem Grundgedanken sehr nahe: Soziale Gemeinschaft und Subjektorientierung in Bezug auf alle Mitbürger scheinen zumindest auf dem Papier gegeben.

Großbritannien hat in den vergangenen Jahren in Bezug auf Gesetzgebungen und Erlasse deutliche Schritte in Richtung Inklusion gemacht. Besonders im schulischen Bereich steht sich jedoch das britische Schulsystem selbst im Weg: „The drive for inclusive practice, however, still takes place in a system that is otherwise unchanged"[2] (Nind et al 2003, 4). Positive praxisbezogene Ansätze wie etwa der *SEN Code of Practice* warten daher noch auf einen Wandel im System, um tatsächlich das Etikett „inklusiv" tragen zu können. Die britische Schulpolitik fördert eher den Konkurrenzkampf unter den Schulen, anstatt inklusive Praktiken zu begünstigen. Daher vertreten viele Theoretiker, Lehrer und Fachleute in Großbritannien die Ansicht, dass Inklusion im bestehenden System kein durchweg erstrebenswertes Ziel sei: „Including all pupils in an exclusive system is not yet proven to be the best way forward"[3] (Cornwall 2002, 133). Hier gilt es also – gerade bezüglich der gesellschaftlichen Einstellung und den Vorgaben des Systems – abzuwarten, welche Entwicklungen sich in den kommenden Jahren ergeben werden.

Innerhalb Deutschlands zeigt sich eine große Bandbreite an unterschiedlichen inklusiven Ideen und Ansätzen. Die einzelnen Bundesländer machen – aufgrund

1 Sämtliche sozialen und bürgerlichen Rechte sollten ohne Einschränkungen garantiert werden. In diesem Sinn bilden die sozialen Rechte eine Parallele zu Eigentumsrechten.

2 Die Bemühungen um ein inklusives System spielen sich jedoch noch immer innerhalb eines ansonsten unveränderten Systems ab.

3 Alle Schüler in einem exklusiven System zusammenzuführen hat sich noch nicht als wegweisend für Inklusion erwiesen.

der Länderhoheit insbesondere im Bildungsbereich – unterschiedlich schnell und in unterschiedlichem Ausmaß Fortschritte auf dem Weg zur Inklusion. Mit Inkrafttreten der UN-Konvention hat sich Deutschland dazu verpflichtet, ein inklusives Bildungssystem voranzutreiben. 2011 muss Deutschland den Vereinten Nationen seinen ersten Monitoring-Bericht vorlegen, der die Fortschritte bei der Umsetzung der Konvention dokumentiert. Der internationale Austausch kann dazu beitragen, Inklusion in Deutschland voranzubringen.

Literatur

Aselmeier, L. (2008): Community Care und Menschen mit geistiger Behinderung. Gemeinwesenorientierte Unterstützung in England, Schweden und Deutschland. Wiesbaden.

BAGüS (2006): Bundesarbeitsgemeinschaft der überörtlichen Träger der Sozialhilfe; Entwicklung der Fallzahlen in der Eingliederungshilfe. Im Internet unter (http://beb-ev.de/content/artikel_314.html).

Bildungsbarometer Inklusion. Im Internet unter (http://www.sovd.de/fileadmin/downloads/sovd-zeitung/sovd_2009_09_s03.pdf) [8. 1. 2010].

BMAS (2008): Das trägerübergreifende persönliche Budget. Jetzt entscheide ich selbst! Broschüre des Bundesministeriums für Arbeit und Soziales.

Boban, I. & Hinz, A. (2004): Qualität des Gemeinsamen Unterrichts (weiter-) entwickeln – Inklusion. In: Leben mit Down-Syndrom Nr. 45, 10–14.

British Association for Supported Employment. Im Internet unter (http://www.base-uk.org/about_se/index.htm) [2. 1. 2010]

Bundesarbeitsgemeinschaft Werkstätten für behinderte Menschen e.V. Im Internet unter (http://www.bagwfbm.de/page/25) [3. 1. 2010]

Bundestag. Im Internet unter (http://dip21.bundestag.de/dip21/btd/16/108/1610808.pdf) [12. 11. 2009]

Cornwall, J. (2002): Enabling Inclusion: is the culture of change being responsibly managed? In: O'Brien, T. (Hrsg.): Enabling Inclusion – Blue Skies ... Dark Clouds? London, 127–142.

Dreher, W. & Reich, K. (2006): Inklusive Bildungslandschaft: ein Niemandsland – dennoch: Versuch einer Kartografie. In: Platte, A., Seitz, S. & Terfloth, K. (Hrsg.); Inklusive Bildungsprozesse. Bad Heilbrunn, 81–90.

Esping-Andersen, G. & Korpi, W (1987).: From Poor Relief to Institutional Welfare States: The Developement of Scandinavian Social Policy. In: Erikson, R. et al: The Scandinavian Model: Welfare States and Welfare Research. New York 39–74.

European Agency for Development in Special Needs Education. Im Internet unter (http://www.european-agency.org/publications/ereports/special-needs-education-in-europe/sne_europe_de.pdf/) [9. 11. 2009]

Exekutivagentur Bildung, Audiovisuelles und Kultur (EACEA) der Europäischen Union. Im Internet unter (http://eacea.ec.europa.eu/education/eurydice/index_en.php) [3. 1. 2010].

Faßbender, K-J. (2007): Mögliche Pflegemodelle im Zusammenhang mit der Berufs- und Wohnsituation. In: Faßbender, K-J. & Schlüter, M. (2007) (Hrsg.): Pflegeabhängigkeit und Körperbehinderung – Theoretische Fundierung und praktische Erfahrung. Bad Heilbrunn, 74–101.

Feuser, G. (1995): Behinderte und Jugendliche – zwischen Integration und Aussonderung. Darmstadt.

ForSeA Bundesverband Forum selbstbestimmter Assistenz behinderter Menschen e. V. Im Internet unter (http://www.forsea.de).
Gates, B. (Hrsg.) (2007): Learning Disabilities: Toward Inclusion. London
Haug, P. (1998): Pedagogiskt dilemma: Specialundervisningen. Skolverket. Stockholm.
Josefsson, Ch. (2002): Utredning om Barn/Elever i behov av särskilt stöd i förskola, grundskola och särskola. Borås. Im Internet unter: (http://www.boras.se/download/18633e5e10039748abd7fff53018/Nr88.pdf) [12. 02. 2010].
KMK (Kultusministerkonferenz) (2008): Sonderpädagogische Förderung in Schulen 1997–2006. Statistische Veröffentlichung der Kultusministerkonferenz, Nr. 185, April 2008. Bonn: KMK.
Kriwet, I. (2006): Widerspruchsvolle Sonderpädagogik – zur Integration/Inklusionsdiskussion in Schweden und Deutschland. In: Albrecht, F.; Bürli, A.; Erdélyi, A. (2006) (Hrsg.): Internationale und vergleichende Sonderpädagogik. Bad Heilbrunn. 189–198.
Lag om avveckling av specialsjukhus och vårdhem. Im Internet unter (https://lagen.nu/1997:724) [2. 1. 2010].
Lerman, B. (2000): Community Care – Ein neuer Start für eine neue Lebensweise. Beitrag zum Fachkongress Community Care der ev. Stiftung Alsterdorf. Im Internet unter (http://www.alsterdorf.de/ueber-uns-alsterdorf-heute-community-care-fachkongress-beitrae-ge_2FAC0147B2794AFEA679E7EB93B31BC9.htm) [19. 12. 2009].
Nilholm, C. (2006): Inkludering av elever „i behov av särskilt stöd" vad betyder det och vad vet vi? Stockholm: Myndigheten för skolutveckling. Im Internet unter (http://www.mah.se/pages/47925/Ur%20Inkludering_MSU.pdf) [12. 02. 2010].
Nind, M. et al. (2003): Inclusive Education – Diverse Perspectives. London.
Rizzi, E. (2006): Am besten leben Behinderte in Dänemark. In: Curaviva 10/2006, 6–11.
Schumann, B. (2009): Inklusion statt Integration – eine Verpflichtung zum Systemwechsel. Deutsche Schulverhältnisse auf dem Prüfstand des Völkerrechts. In: Sonderdruck Pädagogik, Heft 2, 53.
Sonderpädagogische Förderung in Europa. Thematische Publikation. Im Internet unter (http://www.european-agency.org/publications/ereports/special-needs-education-in-europe/sne_europe_de.pdf/) [6. 1. 2010].
Swedish Institute (2006): Swedish Disability Policy. Im Internet unter (http://www.sweden.se/eng/Home/Work/Swedish-model/An-open-society/Facts/Swedish-disability-policy/) [4. 1. 2010].
Swedish Institute: Die schwedische Behindertenpolitik. Im Internet unter (www.swedengate.de/allgemeines/pdf_soz_behinderte.pdf) [12. 12. 2009].
Theunissen, G. & Lingg, A. (1999): Wohnen und Leben nach der Enthospitalisierung. Perspektiven für ehemals hospitalisierte und alte Menschen mit geistiger und seelischer Behinderung. Bad Heilbrunn
Tøssebro, J.; Aalto, M. & Brusén, P. (1996): Changing Ideologies and Patterns of Services. In: Tøssebro, J.; Gustavsson, A. & Dyrendahl, G. (Hrsg.): Intellectual Disabilities in the Nordic Welfare States. Policy and Everyday Life. Kristiansand, 45–66.
UNESCO: Die Salamanca Erklärung und der Aktionsrahmen zur Pädagogik für besondere Bedürfnisse angenommen von der Weltkonferenz „Pädagogik für besondere Bedürfnisse: Zugang und Qualität". Salamanca, Spanien, 7.–10. Juni 1994.
Weiß, Manfred (2009): Gewerkschaft Erziehung und Wissenschaft. Im Internet unter (http://www.gew.de/Vertrauensvorschuss_nicht_gerechtfertigt.html) [13. 02. 2010].

Lebensphasen

4 Frühförderung

4.1 Erfahrungsbericht und Reflexionen über Fragen der Inklusion körperbehinderter Kinder in der Frühförderung

Birgit Hennig

Ein Kind, das sich motorisch anders als erwartet verhält, stellt die Familie vor die Aufgabe, einen angemessenen, für sie passenden und gleichzeitig entwicklungsförderlichen „Umgang mit der Verschiedenheit" des Kindes zu finden (vgl. Definition von Behinderung nach Walthes 2003, 49). Indikatoren der Abstimmung in Bezug auf die individuellen Voraussetzungen des Kindes zeigen sich insbesondere auf der Ebene der Eltern-Kind-Interaktion. Unterschiedliche Interaktionserfahrungen in der frühen Kindheit schaffen wiederum unterschiedliche Voraussetzungen für die Eingliederung in bestehende Bildungssysteme unter dem Leitgedanken von Integration und (zukünftiger) Inklusion, z. B. im Hinblick darauf, wie sich das Kind als Persönlichkeit in einer Gruppe Gleichaltriger erlebt und soziale Kontakte gestaltet.

In der Frühförderung ist die individuumsbezogene Ausgangslage von Kindern, die als körperbehindert oder motorisch auffällig bezeichnet werden, ebenso wie die Situation der betroffenen Eltern sehr unterschiedlich. Die körperliche Beeinträchtigung kann angeboren und bereits ab der Geburt offensichtlich sein (z. B. Dysmelien, Spina Bifida, Arthrogryposis). Die Symptome können sich u. U. aber auch erst im Verlauf des ersten Lebensjahres oder später manifestieren (z. B. Zerebralparese, progrediente Muskel- oder Stoffwechselerkrankungen). Eine vorausschauende Prognose der langfristigen Auswirkungen auf der Ebene der Aktivitäten und im Sinne von Beeinträchtigungen der „Selbstverwirklichung in sozialer Integration" ist im frühen Kindesalter trotz bekannter Diagnose in beiden Fällen nur sehr eingeschränkt möglich. Als weitere Gruppe in der Frühförderung sollten Kinder mit motorischen Auffälligkeiten benannt werden (z. B. „motorische Ungeschicktheit", motorische Unruhe, „gehemmte Motorik"), deren Verhalten sich über Kommunikationsprozesse im sozialen System – bewusst oder unbewusst – als entwicklungshemmender Faktor auswirken kann. Oft besteht dabei ein Zusammenhang mit Defiziten der Körperwahrnehmung, der Handlungsregulation oder erschwerten Bedingungen der sozial-emotionalen Entwicklung. Schließlich gibt es noch die Gruppe der Kinder mit erworbenen körperlichen Beeinträchtigungen (z. B. nach SHT) und Kinder mit verzögerter motorischer Entwicklung (beide hier nicht näher berücksichtigt).

Die Situation der Eltern unterscheidet sich je nach Beeinträchtigung und Zeitpunkt der Diagnose u. a. im Grad der Bewusstheit über das Vorliegen einer Behinderung, d. h. dem real erlebten oder kognitiv konstruierten „Anderssein" des Kindes. Daraus kann sich eine eher selbstverständliche oder eine u. U. erschwerte Inklusion des Kindes in das Sozialsystem seiner Familie ergeben. Bei Kindern mit spät eintretender Symptomatik lässt sich beispielsweise „Normalität" zu Beginn des Lebens anders realisieren, als wenn bei einer angeborenen, sichtbaren Behinderung die emotionale Auseinandersetzung mit der Diagnose und das offensichtliche „Anderssein" des Kindes am Anfang der Eltern-Kind-Beziehung stehen. Eine Diagnose verändert in jedem Fall die Sichtweise auf das Kind und sein Verhalten. Bei Eltern der ersten Gruppe beeinflusst die Diagnose meiner Erfahrung nach aber weniger plötzlich einschneidend die Ebene der Beziehung von Eltern zu ihrem Kind. Die Eltern haben das Kind bereits so angenommen wie es ist; ihre Basis ist die aus dem Alltag und der gemeinsamen Beziehungsgeschichte mit dem Kind erwachsene „Normalität".

Für Eltern und Kinder mit einer Diagnose direkt nach der Geburt kann der Weg zur subjektiv empfundenen „Normalität" mühsamer verlaufen; insbesondere hier spielt die Frühförderung eine entscheidende Rolle in der ressourcenorientierten, unterstützenden Begleitung der Familien. Nachfolgend soll dies an Beispielen näher erläutert werden.

Viel Therapie hilft viel? – Auch das Spielen will gelernt sein!

Im System der Früherkennung und Frühförderung begegnen Eltern durch den Schwerpunkt auf die Frühtherapie oft zuerst einer medizinisch-funktionalen Sichtweise auf die Behinderung ihres Kindes, d. h. die Komplexität von Entwicklungsprozessen wird u. U. auf ein Problem der Motorik reduziert (vgl. bereits Aly et al 1981). Die Empfehlung des Kinderarztes „Machen Sie erst einmal Krankengymnastik, dann sehen wir weiter" und daraus folgende Erfahrungen prägen Eltern in der Beziehungsrolle zu ihrem Kind in vielen Fällen nachhaltig.[1]

C. wurde mit einer stark ausgeprägten Form der Arthrogryposis geboren. Das Kind wird seit der Geburt intensiv krankengymnastisch betreut und die Eltern führen die motorischen Übungen im häuslichen Umfeld gewissenhaft fort. Im Alter von ca. 8 Monaten wird C. in der Frühförderung vorgestellt. Die Mutter formuliert als sehnlichstes Ziel der „Normalität", dass C. laufen lernen wird. Die Entwicklungsdiagnostik verweist jedoch auf eine wesentlich umfassendere Entwicklungsproblematik, da die körperliche Schädigung eine selbsttätige, im wörtlichen Sinne HANDelnde Auseinandersetzung mit der Umwelt verhindert. Dadurch sind Defizite in anderen Entwicklungsbereichen absehbar. Die Aktivitäten der Eltern mit dem Kind beschränkten sich bis dahin vorrangig auf die krankengymnastischen Übungen und ein passives „Entertainment"; C. ist in dieser Hinsicht ein

---

1 Nebenbei sei angemerkt, dass Eltern mit einer Verordnung für eine physiotherapeutische Maßnahme „auf neurophysiologischer Grundlage" – Bobath oder Vojta – selten eine Aufklärung über die Existenz und die Unterschiede der beiden Behandlungsansätze erhalten. Die „Wahl" der Methode ist eher abhängig vom Angebot und den Standards der (zufällig) ausgewählten Praxis.

anspruchsvolles Kind. Die Mutter ist zunächst erstaunt, dass das Ziel in der Frühförderung nicht das „Beturnen" des Kindes ist; im Vordergrund steht – unter Berücksichtigung der motorischen Voraussetzungen – die Anregung zum freien Spiel. So ist C. beispielsweise einige Wochen im Vierfüßerstand intensiv mit einer Bohnenkiste beschäftigt, in der sie erstmals eigene Aktivität mit den Armen entfaltet und immer öfter die Hände öffnet. Statt gewohntem „Trainingsprogramm" erlebt sie dabei viel Zeit und Freiraum für freudvolle Aktivität. Mit der Mutter überlege ich auch gemeinsam, welches Spielzeug für C. am besten geeignet ist: Es muss einen kleinen Durchmesser haben oder mit kleinen Schlaufen und Ringen entsprechend angepasst werden. Sehr schnell entwickelt C. durch die Adaption eine große Geschicklichkeit und Interesse für die Manipulation von Spielgegenständen. Nun geschieht es immer häufiger, dass mich die Mutter schon an der Tür mit neuen Ideen empfängt, die sie im Spiel mit C. weiterentwickelt oder neu entdeckt hat. Höhepunkt der Zusammenarbeit ist die Einführung von Pappbilderbüchern, die C. mit großer Begeisterung selbst umblättert und kommentiert. Noch vor wenigen Monaten hätte dies als Inhalt oder gar Ziel einer Förderung unter dem alleinigen Aspekt der Funktionsorientierung für die Mutter überhaupt keinen Sinn ergeben. C. ist noch immer ein „anspruchsvolles Kind". Der Anspruch liegt jedoch jetzt nicht mehr im passiven Entertainment, sondern in der Auseinandersetzung mit C's ausgeprägtem Willen bei der Umsetzung eigener Vorstellungen und bei der neugierigen Erkundung der Umwelt mit allen ihr zur Verfügung stehenden Möglichkeiten.

Das Risiko der Entwicklung lag bei C. in einer Begrenzung der Sichtweise auf Funktionalität und im Glauben gelingender (zukünftiger) Integration durch ausreichend „Übung" zur Überwindung der motorischen Schwierigkeiten. Lernmotivation, Neugierde und soziale Kompetenz entwickeln sich jedoch nicht ausschließlich auf der Grundlage von Übung, sondern ganz im Hier und Jetzt aus selbstbestimmtem, lustvollem Handeln, auf der Grundlage der Wahrnehmung von aktuellen Bedürfnissen des Kindes und im Dialog mit anderen Menschen. Hier war dann auch der Beitrag der Frühförderung zu verorten.

„Das bin ich" – in welchen Spiegel schaut das Kind?

Im frühen Kindesalter sind Eltern für ihre Kinder wie ein Spiegel für das Selbstbild. Die Rückmeldung, die das Kind durch die entgegengebrachte Achtung der Eltern, die (leibliche) Fürsorge und später auch über die sprachliche Bewertung zu seinem Verhalten und seiner Person erfährt, hinterlässt bei ihm Spuren; auf dieser Grundlage entwickelt es seine Selbstachtung, sein Selbstbild, seine Persönlichkeit. Immer wieder habe ich erlebt, welche bedeutsame Rolle hier das Vorbild der Pädagogen in der Frühförderung spielen kann.

K. kam ebenfalls mit der Diagnose Arthrogryposis zur Welt. In den ersten Monaten hatte er große Regulationsprobleme. Die Handmotorik, das Spielen und eine altersgerechte Entwicklung der Grobmotorik waren nur sehr eingeschränkt möglich, die kognitive Entwicklung verzögert. Leider wurde dieser Familie auf Grund komplizierter Zuständigkeitsfragen durch die ausländische Herkunft eines Elternteils vom Sozialamt keine Frühfördermaßnahme gewährt. Im Alter von 2 Jahren wurde dann, neben der Krankengymnastik, zumindest eine „private" Teilnahme an einem Spielkreis mit anderen Kindern der Frühförderung ermöglicht. Obwohl diese Mutter einen sehr liebevollen und prinzipiell förderlichen Umgang mit ihrem Kind hatte, war im Vergleich mit ähnlich schwer behinderten Kindern auffällig, dass sie sich in Anwesenheit des Kindes immer wieder unterschwellig negativ in Bezug auf bestimmte „Eigenarten" des Kindes äußerte (z. B. „kleiner Windelschisser") oder dass in Spielsituationen das „nicht können" des Kindes als „nicht wollen" interpretiert wurde.

Beobachtungen dieser Art sind mir vor allem bei Familien aufgefallen, deren Eltern den Weg erst spät in die Frühförderung gefunden haben. Die emotionale Verarbeitung der Diagnose kann dabei eine Rolle spielen, ein Erklärungsansatz liegt m. E. aber auch in früh verankerten Missverständnissen durch die u. U. „andersartigen" Signale des Kindes: Schwer lesbare Signale mit geringerem Belohnungswert sowie Enttäuschungen der Eltern in ihren Kommunikationsbemühungen durch „andere", nicht der intuitiven Erwartung entsprechende Antworten des Kindes, beeinflussen sich wechselseitig und verursachen ggf. negative Zuschreibungsprozesse bis hin zu Beziehungsentgleisungen. Sie können sich somit zusätzlich „behindernd" auf die Entwicklung des Kindes auswirken (vgl. auch Maestro 1998; Sarimski 2000, 80 f.). Eine entscheidende Rolle spielt hier die frühe Intervention im Sinne der Begleitung der Eltern als „Dolmetscher" für die subtileren oder andersartigen Signale des Kindes (z. B. Sarimski 1997, 314 f.; Finger 2000, 81 ff.).

Für ältere Kinder mit motorischen Auffälligkeiten im Sinne einer Verhaltensproblematik (s. o.) spielt der „Spiegel" des sozialen Umfeldes ebenfalls eine wichtige Rolle. Leider kommen auch diese Kinder oft erst spät in die Frühförderung. Die Anmeldung und die Inanspruchnahme von Unterstützung erfolgt meist erst dann, wenn eine ungenügende Passung zwischen Voraussetzungen und Erwartungen bereits zu einem Scheitern der Eingliederung in bestehende soziale Systeme geführt hat oder zu erwarten ist.

M. ist 4,5 Jahre als sie in der Frühförderstelle vorgestellt wird. Im Erstkontakt begegnet mir ein aufgeschlossenes, freundliches Mädchen. Sie erscheint sehr leicht abgelenkt, bei Überforderung entwickelt sie ausweichend viel Aktivität im Raum. Sie zeigt einen starken Drang, das, was sie mit den Augen sieht im wörtlichen Sinne auch zu „begreifen", d. h. mit Hand und Mund zu berühren. Einfachste Handlungskonzepte scheinen noch an die unmittelbare Erfahrung der Dinge gebunden zu sein. Sie folgt mit hoher Geschwindigkeit ihren Impulsen. Im grob- und feinmotorischen Verhalten sind Entwicklungsrückstände deutlich. Die Mutter ist sichtlich erleichtert, dass ihre Vermutung der Entwicklungsauffälligkeit bestätigt wird. Der Leidensdruck im Alltag ist bereits hoch, das Zusammenleben wird auf Grund des scheinbar „erziehungsresistenten" Verhaltens des Kindes als sehr anstrengend erfahren. Im Spiel mit anderen Kindern wird aus dem Anfassen schnell ein Zupacken oder Kneifen, so dass auch soziale Kontakte mit Gleichaltrigen mühsam verlaufen. Von Kinderärzten wurde die Mutter in ihren vagen Befürchtungen, dass da „was mit dem Kind ist", nicht ernst genommen, vom Kindergarten wurde den Eltern vorrangig der Verdacht auf Erziehungsdefizite signalisiert.

In der Hausfrühförderung zeigte sich schnell, in welchem Ausmaß die Kreisläufe von Fehlinterpretationen und daraus entstehende Missverständnisse die Interaktionsmuster und das Selbstbild des Kindes bereits nachhaltig beeinflusst hatten. Wie oft hat es gehört, was es nicht darf, nicht soll, dass es sich doch endlich benehmen möge, zusammenzureißen, sich anstrengen, einfach mal zuhören ... Und die großen und kleinen Katastrophen im Alltag gingen doch weiter, weil das Kind auf Grund der Besonderheiten im Bereich der Wahrnehmung und der Handlungsorganisation sich nicht anders verhalten konnte, selbst wenn es wollte. So ging es in der Frühförderung nicht nur um die Förderung des Kindes, sondern es wurden viele Gespräche geführt, um den Eltern aufzuzeigen, wie wichtig für das Kind ein wertschätzender „Spiegel" ist, eine positive Rückmeldung zu geben, wo etwas gelingt, wo etwas gemeinsam Spaß macht, trotz aller Alltagskatastrophen, um darüber ein positives oder zumindest ein nicht einseitig negatives Selbstbild des Kindes aufzubauen und zu festigen. Das Mädchen wechselt ein halbes Jahr später in eine integrative Gruppe innerhalb des Stammkindergartens, womit (lt. Gesetz) die Frühfördermaßnahme beendet wurde.

Auch dieses Beispiel legt nahe, dass ein früherer Beginn der Frühfördermaßnahme dem Mädchen vermutlich zu einer besseren Integration in sein soziales Umfeld verholfen hätte bzw. dass unter dem Gedanken der Inklusion u. U. vielleicht eine besser gelingende „Passung“ möglich gewesen wäre. Das Beispiel zeigt außerdem, dass sich eine interdisziplinäre, ganzheitliche Frühfördermaßnahme durch die alltagsnahe Form der Begleitung von Kind *und* Eltern von anderen Maßnahmen, wie ambulanter Einzeltherapie oder allgemeiner Elternberatung signifikant unterscheidet.

Zusammenfassung der Erfahrungen

Idealerweise beginnt eine Unterstützung des Kindes und der Eltern durch die Frühförderung zu einem so frühen Zeitpunkt, dass sich die Symptomatik der Schädigung oder die motorischen Auffälligkeiten noch nicht „behindernd“ auf die Teilhabe oder die Selbstverwirklichung in sozialer Integration ausgewirkt haben. Die Praxis sieht jedoch häufig leider noch so aus, dass eine Frühfördermaßnahme selten präventiv und – nicht zuletzt aus Kostengründen – oft erst als nachgeordnetes Interventionsangebot für Kinder mit „nur“ motorischen Beeinträchtigungen in Erwägung gezogen wird. Die Folgen dieser Praxis wurden an verschiedenen Beispielen aufgezeigt.

Ziel von Frühfördermaßnahmen ist nicht die Vorbereitung einer zukünftigen Integration durch therapeutische Bemühungen der Anpassung des Kindes an bestimmte Normen und Inklusion beginnt nicht erst mit der Aufnahme eines Kindes in eine Spielgruppe, die Kinderkrippe oder den Kindergarten. Inklusion ist meines Erachtens vielmehr ein Prozess, der durch eine wertschätzende Kommunikation unter Berücksichtigung der Verschiedenheit der Interaktionspartner gelingt und somit seinen Ausgangspunkt bereits im System der Familie hat. Die Frühförderung kann diesen Prozess als Vermittler zwischen den wahrgenommenen

Interessen und Bedürfnissen der Eltern auf der einen Seite und denen des Kindes auf der anderen Seite sowie durch das eigene Vorbild der Akzeptanz des Kindes und seiner Familie sinnvoll unterstützen.

Literatur

Aly, M., Aly, G. & Tumler, M. (1981): Kopfkorrektur oder der Zwang gesund zu sein. Ein behindertes Kind zwischen Therapie und Alltag. Berlin.

Finger, G. (2000): Ja, mein Kind ist anders. Ein Mutmachbuch für Eltern behinderter Kinder. Zürich.

Maestro, S. (1998): Aspekte der Beziehungen in der Familie und in der Behandlung. In: Ferrari, A. & Cioni, G. (Hrsg.): Infantile Cerebralparese – spontaner Verlauf und Orientierungshilfen für die Rehabilitation. Berlin, 231–238.

Sarimski, K. (1997): Entwicklungspsychologie genetischer Syndrome. Göttingen.

Sarimski, K. (2000): Erstberatung bei Kindern mit genetischen Syndromen. In: Leyendecker, C. & Horstmann, T. (Hrsg.): Große Pläne für kleine Leute. Grundlagen, Konzepte und Praxis der Frühförderung. München, 78–81.

Walthes, R. (2003): Einführung in die Blinden- und Sehbehindertenpädagogik. München.

4.2 Darf ich zu euch spielen kommen?

Karsten Johr

Vorspiel

Als unser Kind mit drei Jahren als Pflegesohn in unser Leben kam, standen wir relativ schnell vor der Frage, in welchem Kindergarten wir ihn anmelden sollten. Er hatte auf Grund seiner Vorgeschichte einen Entwicklungsrückstand von ca. zwei Jahren, wobei unklar war, ob er diesen Rückstand je würde wieder aufholen können oder ob er immer körperlich und/oder geistig beeinträchtigt bleiben würde. Die Empfehlung des Sozialpädiatrischen Zentrums lautete dahingehend, dass für unser Kind ein integrativer Kindergarten, eventuell aber auch eine heilpädagogische Einrichtung geeignet wären.

Selbstverständlich wollten wir für den Jungen, der gerade angefangen hatte, sich bei uns einzuleben und im sozialen Sinne unser Kind zu werden, eine möglichst gute Förderung und therapeutische Unterstützung, die ihm helfen könnte, seine Beeinträchtigungen zu mildern oder zu beseitigen. Jedoch war uns sehr schnell klar, dass wir für ihn noch mehr wollten. Unser Kind sollte die Möglichkeit haben, die Kinder in unserem Wohnumfeld kennenzulernen, vielleicht Freundschaften mit ihnen schließen und hoffentlich auch nach dem Kindergarten und am Wochenende mit ihm vertrauten Kindern spielen können.

Um zu einer Entscheidung zu kommen, sahen wir uns zunächst die uns empfohlenen integrativen und heilpädagogischen Einrichtungen an. Aus unterschiedlichen Gründen hatten wir jedoch bei keiner dieser Einrichtungen das Gefühl, unser Kind dort gerne hingeben zu wollen.

Dies lag zum einen daran, dass wir trotz fachlich und personell guter Ausstattung der Einrichtung nicht wirklich den Eindruck hatten, dass speziell unser Kind dort willkommen wäre. Die Aufnahmegespräche verliefen zwar professionell, durchweg jedoch wenig einladend. In einer Einrichtung war es zum Beispiel so, dass uns die anwesende Praktikantin nicht vorgestellt wurde und während des ganzen Gespräches, das auf kleinen Stühlen in einem Gruppenraum geführt wurde, nicht ein einziges Kontaktangebot direkt an unser Kind gerichtet wurde. Auch in unsere Richtung wurden zwar die Defizite unseres Kindes ausführlich abgefragt, Ressourcen und persönliche Eigenschaften aber überhaupt nicht thematisiert.

Zum anderen konnten wir uns aber vor allem überhaupt nicht vorstellen, dass unser Kind bereits zum Kindergarten morgens und abends viele Kilometer entweder von uns oder von einem hierzu vorgesehenen Fahrdienst gefahren werden sollte. Und das nur wegen einer Behinderung.

Wir wollten also auch unbedingt den Kindergarten kennenlernen, der sich in unserer unmittelbaren Umgebung befindet und offiziell nicht auf Kinder mit besonderem Förderbedarf zugeschnitten ist. Bereits beim ersten Telefonkontakt fiel uns angenehm auf, dass man uns zwar wegen der allgemeinen Aufnahmesituation wenig Mut machte, aber interessiert war, uns und unser Kind kennenzulernen. Zwar hatten wir direkt die Behinderung und die besondere Situation unserer Familie benannt, für unser gegenüber schien dies jedoch im positiven Sinne unerheblich und wurde als eine Information unter anderen gewertet.

Dieser Eindruck bestätigte sich auch im persönlichen Gespräch. Nachdem wir insofern nur leidlich optimistisch in dieses Gespräch gegangen waren, als es sich um einen katholischen Kindergarten der örtlichen Pfarrgemeinde handelt und unser Kind zwar getauft ist, wir selbst jedoch aus der Kirche ausgetreten sind, stellten sich unsere Bedenken als völlig unbegründet heraus. Im Mittelpunkt des Interesses stand tatsächlich unser Kind. Es wurde wenig nach Defiziten, viel jedoch zu seiner Lebensgeschichte und unserer gemeinsamen Lebenssituation gefragt und beständig Kontakt zu unserem Kind selbst aufgenommen. Unsere zentrale Frage, ob man sich grundsätzlich vorstellen könne, unser Kind in seiner besonderen Lebenssituation und mit seiner völlig unklaren Entwicklungsprognose aufzunehmen, wurde sinngemäß damit beantwortet, dass dies doch eine schöne Abwechslung und Herausforderung sei. Mit den Kindern der Einrichtung habe man insgesamt wenige Probleme, da es sich überwiegend um Kinder aus gut situierten Verhältnissen handele. Da könne man gut auch ein Kind einbinden, das von allen besondere Aufmerksamkeit benötige, hiervon hätten dann letztlich alle etwas. Diese optimistische Herangehensweise spiegelte nicht nur eine persönliche Haltung der Erzieherinnen wider, sondern wurde auch fachlich mit den Grundsätzen der Montessori-Pädagogik begründet, der sich dieser Kindergarten besonders verpflichtet fühlt. Hinsichtlich des besonderen therapeutischen Förderbedarfes unseres Kindes wurden keine Schwierigkeiten gesehen, da man auch zu anderen Gelegenheiten positive Erfahrungen bezüglich der Kooperation mit dem nahe gelegenen Frühförderzentrum gemacht hatte.

Insgesamt waren wir uns nach diesem Gespräch sicher, dass unser Kind in dieser Regeleinrichtung besser aufgehoben war, als in den zuvor besuchten Facheinrichtungen und waren daher glücklich, als nach einigen Tagen trotz Warteliste die Zusage des Kindergartens kam, unser Kind aufzunehmen.

Spiel

Nach nunmehr über zwei Jahren Erfahrung mit und in diesem Kindergarten können wir feststellen, dass wir diese Entscheidung zu keiner Zeit bereut haben. Wir haben zu jeder Zeit das Gefühl, dass unser Kind von allen, Erzieherinnen, Kindern und anderen Eltern wertgeschätzt wird und im positiven Sinne eines unter vielen ist, ohne dass seine besondere Situation negiert wird. Es liebt seinen Kindergarten über alles und freut sich jeden Morgen, dort hingehen zu dürfen. Sicher, seine speziellen Verhaltensweisen, seine ungewöhnlichen Bewegungsmuster und sein noch mangelhaftes aktives Sprachvermögen fallen auf, lösen aber bei anderen Kindern und Eltern nur höchst selten Abwehr- oder Abgrenzungsreaktionen aus. Im Gegenteil, wird unser Sohn hauptsächlich auf Grund seiner liebenswerten Charaktereigenschaften als fröhliches, bewegungs- und spielfreudiges Kind wahrgenommen, das wie andere Kinder auch beständig neue Dinge lernt. Unter Berücksichtigung der ihm eigenen Lerngeschwindigkeit werden ihm die gleichen Regeln und Aufgaben zugemutet, wie allen anderen Kindern auch und wie alle andern ist unser Sohn stolz auf die Dinge, die er selbst gelernt hat und beherrscht. Die Erzieherinnen sorgen hier mit viel fachlichem Können, Humor und Pragmatismus für ein gutes Gruppengefüge, in dem auch unser Sohn seinen Platz hat, den er inzwischen auch sehr selbst bewusst behaupten kann. Nachdem er sich zu Beginn seiner Kindergartenzeit vorwiegend an älteren und später an jüngeren Kindern orientiert hatte, ist er inzwischen selbstverständlicher Teil einer „Jungenclique“ gleichen Alters.

Ergänzt und unterstützt wird das, was unser Sohn im Kindergarten mit und von den anderen Kindern lernen kann, durch logopädische, heilpädagogische sowie ergo- und physiotherapeutische Einzelförderung, zu der er regelmäßig stundenweise aus dem Kindergarten in das nahegelegene Frühförderzentrum gebracht wird. Dies nimmt er jedoch nicht als Belastung, sondern als spannende Abwechslung wahr, da man ihm auch hier herzlich, wertschätzend und nicht nur therapeutisch begegnet und natürlich vor allem, da es so die Gelegenheit gibt, vom heiß geliebten Zivildienstleistenden persönlich im Auto des Frühförderzentrums chauffiert zu werden.

„Darf ich zu euch spielen kommen“? Diese Frage, da bin ich ziemlich sicher, wird zunächst einmal jeder, der bis zu diesem Punkt gelesen hat so verstehen, als wäre es eine Frage unseres Sohnes. Sie wäre es sicher auch, wenn unser Kind dies schon so formulieren könnte, ist aber bislang vor allem eine Frage anderer Kinder an uns. Für uns heißt das, unser Sohn wird gemocht, er macht neugierig und ist für andere wie für uns vor allem das, was er ist, eben anders anders.

Darüber hinaus beobachten wir noch ein anderes Phänomen: Während wir Mühe haben, uns all die Namen der Kinder aus dem Kindergarten zu merken und sie bestimmten Eltern zuzuordnen, kennen natürlich alle anderen Eltern unseren Sohn. Mehr noch, manchmal grüßen uns Menschen, die wir gar nicht kennen und haben das Gefühl, das ganze Viertel kennt unseren Sohn und uns. Auch unser Leben wurde dadurch bereichert, dass unser Sohn wie jedes andere Kind auch in den Kindergarten um die Ecke gehen kann. Wir lernten andere Eltern kennen, freundeten uns mit manchen an und sind so viel mehr in das Leben in unserem Viertel eingebunden, als wir es zuvor waren. Inklusion betrifft eben niemals Einen allein.

Spielende?

Im nächsten Jahr wird unser Sohn in die Schule gehen müssen. Fast alle Kinder aus seinem Kindergarten werden die Regelgrundschule direkt nebenan besuchen. Diese Schule hat nach unserer Information keine Erfahrung mit Kindern, die einen hohen Förderbedarf haben, und Integration oder gar Inklusion behinderter Kinder sind kein Thema. Spielende? Wir fürchten, ja. Unsere bisherige Priorität einer sozialräumlichen Orientierung muss wahrscheinlich leider zurückstehen, wenn andere Leistungsanforderungen gestellt werden und eine Schule nicht bereit und in der Lage ist, sich als Gesamtsystem inklusiv zu orientieren. Eine Integrationshilfe als Einzelförderung für unseren Sohn jedenfalls würde nach unserer Sorge als Maßnahme der „Besonderung" eher trennend als verbindend wirken, solange sie losgelöst von einem schulischen Gesamtkonzept agiert. Wir haben daher bereits eine inklusive Privatschule in unserer Nähe für unseren Sohn gesucht und werden versuchen, seine Inklusion in unserem Viertel über Aktivitäten der kirchlichen Kinder- und Jugendarbeit vor Ort oder über das hiesige Vereinsleben weiter zu sichern.

4.3 Inklusion und frühe Förderung

Gerd Hansen

Einführende Überlegungen

Beim Studium der einschlägigen Fachliteratur zu den Themenbereichen Bildung, Erziehung und Betreuung von Kindern von Geburt an bis zum Schuleintritt fällt zunächst einmal der häufig synonyme Gebrauch der Begriffe *frühe Förderung* und *Frühförderung* auf. Dabei bezeichnen beide Begriffe durchaus unterschiedliche Sachverhalte – sowohl hinsichtlich ihrer semantischen Breite, ihrer Zielgruppenorientierung als auch hinsichtlich praktisch-pädagogischer Umsetzungsformen. Der Begriff der frühen Förderung umfasst einen insgesamt deutlich breiteren Bedeutungshof. Meysen & Schönecker (2009, 100f.) weisen darauf hin, dass Hilfen der *frühen Förderung* zunächst einmal keine gesetzliche Definition erfahren: „Mit dem Begriff werden daher in einem untechnischen Sinn die verschiedenen ‚frühen Hilfen' der unterschiedlichen Systeme für Kinder und ihre Familien zusammengefasst." Frühe Hilfen können etwa die Förderung von Kindern in Tageseinrichtungen und Kindertagespflege (§§ 22ff. SGB VIII), Maßnahmen zur Förderung der Erziehung in der Familie (§ 16 SGB VIII), die Befriedigung eines erzieherischen Bedarfs im Rahmen von Hilfen zur Erziehung (§§ 27ff. SGB VIII) oder die Frühförderung als Eingliederungshilfe wegen einer Behinderung des Kindes (§ 35a SGB VIII, §§ 53f. SGB VII) sein.

Frühförderung dagegen ist ein gesetzlich fest umschriebener Begriff des Rehabilitationsrechts und ist ausschließlich bezogen auf therapeutische und pädagogische Leistungen für Kinder mit einer (drohenden) Behinderung (§§ 26, 30, 56 SGB IX). Er umfasst also unterschiedliche inhaltliche, organisatorische und institutionelle Fördermaßnahmen im Rahmen der vorschulischen (Re-)Habilitation (ausführlich zum Thema Frühförderung vgl. Hansen 2006, 222f.). Auch wenn durch den in neuerer Zeit stärker in den Vordergrund gerückten Aspekt der Prävention deutlich wird, dass das Angebot nicht nur für beeinträchtigte und behinderte Kinder, sondern prinzipiell für *alle* Kinder gilt, wird der engere Realisierungsrahmen der Komplexleistung Frühförderung gegenüber den potenziellen und praktischen Handlungsfeldern der frühen Förderung deutlich.

Wenn im Kontext des hier vorgestellten Beitrags der Begriff der frühen Förderung präferiert wird, so vor allem auch deshalb, weil im Zusammenhang mit Überlegungen zur Inklusion die monokulare Fokussierung eines deutlich rehabilitativ organisierten und ausgestalteten Systems früher Hilfen für Kinder mit Beeinträchtigungen und in belastenden Lebenslagen als zu kurz greifend eingeschätzt wird. Das Handlungsfeld einer inklusiven frühen Förderung beinhaltet Angebote, Maßnahmen, Bedingungen und Strukturen zur Bildung, Betreuung und Erziehung von Kindern bis zur Einschulung mit dem Ziel, deren Entwicklung, Selbstbildungspotenziale und Gesundheit zu unterstützen, Bildungsbenachteiligungen entgegenzuwirken und gesellschaftliche Teilhabe zu gewähren. Es richtet sich gleichermaßen an Kinder und ihr familiales Umfeld, wobei die Unterstützungs- und Hilfeangebote für Eltern schon mit Beginn der Schwangerschaft in Anspruch genommen werden können. Das System der Komplexleistung Frühförderung mit den drei Säulen *Früherkennung und Frühdiagnostik, Frühbehandlung und Therapien für das Kind* sowie *pädagogische Frühförderung einschließlich Elternberatung* umfasst wesentliche Komponenten einer solchen Auffassung von inklusiver früher Förderung, muss jedoch auf längere Sicht in ein komplexes, vernetztes und inklusiv ausgerichtetes (das heißt nicht ausschließlich rehabilitativ gedachtes) System früher Förderung überführt werden. Gerade die Zusammenarbeit zwischen Institutionen und Orten der frühen Förderung einerseits und der Frühförderung andererseits steckt derzeit noch in den Anfängen.

Es kann und soll im Rahmen dieser einführenden Überlegungen keine ausführliche Begriffsdiskussion zum derzeit immer noch sehr schillernden Begriff der Inklusion geführt werden. Als eine zwar eher pragmatisch und für die Praxis der frühen Hilfen formulierte, aber auch für wissenschaftliche Zwecke brauchbare Annäherung an den Begriff können die national wie international viel beachteten, von Booth, Ainscow & Kingston (2006, 14) formulierten Ideen zum Index für Inklusion in Tageseinrichtungen gelten. Sie postulieren folgende Definitionsmerkmale (wobei sie das erstgenannte Kriterium in den Stand einer Kurzdefinition erheben):

- Die Partizipation der Kinder und Jugendlichen an kulturellen und sozialen Aktivitäten ihrer örtlichen Einrichtungen erhöhen sowie die Ausgrenzung reduzieren.
- Die Kultur, Leitlinien und Praxis in Einrichtungen neu strukturieren, damit sie auf die Vielfalt der Kinder/Jugendlichen in der unmittelbaren Umgebung eingehen.
- Inklusive Werte in die Praxis umsetzen.
- Alle Kinder, Jugendlichen, Eltern und Mitarbeiter/innen in gleicher Weise wertschätzen.
- Die Unterschiede zwischen den Kindern als Chancen für gemeinsames Spielen und Lernen sehen, anstatt sie als Probleme zu betrachten, die es zu überwinden gilt.
- Das Recht der Kinder auf eine wohnortnahe, qualitativ gute Erziehung, Bildung und Betreuung in ihrer Umgebung anerkennen.
- Verbesserungen für Mitarbeiter/innen ebenso wie für Kinder herbeiführen.
- Die Barrieren für Spiel, Lernen und Partizipation für alle Kinder abbauen, nicht nur für jene mit Beeinträchtigungen oder diejenigen, die als Kinder „mit sonderpädagogischem Förderbedarf" eingestuft wurden.
- Von den bisherigen Versuchen zum Abbau von Barrieren für Spiel, Lernen und/oder Partizipation für besondere Zielgruppen lernen, damit Veränderungen herbeigeführt werden, die Kindern in größerem Ausmaß zu Gute kommen.
- Sowohl die Entwicklung der Gemeinschaft und Werte als auch der Leistungen betonen.

- Die nachhaltigen Beziehungen zwischen den Einrichtungen und ihrem sozialen Umfeld fördern.
- Begreifen, dass Inklusion in Bildungs- und Erziehungseinrichtungen der frühen Kindheit ein Aspekt von Inklusion in der gesamten Gesellschaft ist.

Inklusion im Elementarbereich bedeutet vor allem, die Planung und Gestaltung von Betreuung, Erziehung und Förderung nicht separierend und einer Zweigruppentheorie von Behinderung und Nichtbehinderung folgend zu denken und zu praktizieren, sondern auf dem Hintergrund von Barrierefreiheit, sozialer Gemeinschaft und Gemeinsamkeit sowie Diversität und individueller Einzigartigkeit. Sie vollzieht sich letztlich als dialektischer Prozess von Annäherung und Abgrenzung. Die im Index skizzierten Kriterien und Forderungen sind übrigens keineswegs mit einem mancherorts vertretenen eher platten und verklärten pädagogischen Verständnis von Inklusion durch schlichte räumliche und physische Gemeinschaft gleichzusetzen. Diese mancherorts (auch in der einschlägigen Literatur) genährte Chimäre lässt sich durch wissenschaftliche Befunde zu Voraussetzungen und Bedingungen von Inklusion eindeutig entkräften. Die auf den Vorschulbereich spezialisierten Inklusionsforscher Max Kreuzer und Borgunn Ytterhus (2008) fassen den diesbezüglichen Erkenntnisstand treffend über den Titel ihrer jüngst herausgegebenen Publikation zur Inklusion im Kindergarten zusammen. Er lautet *„Dabeisein ist nicht alles“*.

Inklusion darf nicht bedeuten, die besonderen Bedürfnisse von Kindern aus belastenden Lebenslagen und mit erhöhtem Entwicklungsrisiko zu ignorieren oder keine Sprache dafür zu finden. Inklusive Elementarpädagogik zeichnet sich deshalb auch dadurch aus (vgl. Jungmann & Albers 2008, 2),

- die Früherkennung und Frühdiagnostik bei Entwicklungsgefährdungen und -störungen in allgemeinpädagogischen Institutionen des Elementarbereichs zu verbessern,
- die pädagogische Praxis angemessen auf die besondere Situation dieser Kinder hin auszurichten,
- programmatisch den Aspekt der Prävention in Kindertageseinrichtungen zu stärken,
- die Vernetzung von allgemeinpädagogischen und heilpädagogischen Angebotsprofilen voranzutreiben (etwa über heilpädagogische Beratungs- und Kompetenzzentren für elementarpädagogische Einrichtungen, über transitionserleichternde Maßnahmen zwischen heilpädagogischen und allgemeinpädagogischen Angeboten),
- die transdisziplinäre Praxis mit Einrichtungen der Gesundheitspflege (etwa Pädiatern, Gesundheitsämtern oder sozialpädiatrischen Zentren) systematisch in die pädagogische Arbeit zu integrieren.

Inklusive Elementarpädagogik ist also keineswegs gleichzusetzen mit einer Desavouierung oder gar Eliminierung heilpädagogischen Spezialwissens. Es geht aber um eine neue, vor allem ressourcenorientierte und soziale Sichtweise von Beeinträchtigungen und Benachteiligungen. Im Rahmen des oben zitierten Index für Inklusion für Tageseinrichtungen (vgl. Booth, Ainscow & Kingston 2006, 16f.) wird für den Bereich der Früherkennung und Frühdiagnostik dazu ein alternatives terminologisches Konzept vorgeschlagen, welches sich vom weitverbreiteten Begriff des sonderpädagogischen Förderbedarfs löst und stattdessen von *Barrieren für Spiel, Lernen und Partizipation* spricht. Die Autoren erläutern ihre Position wie folgt: „Die Idee, dass die Schwierigkeiten von Kindern dadurch gelöst werden können, dass man bei einigen einen ‚sonderpädagogischen Förderbedarf' feststellt, kommt rasch an ihre Grenzen. Sie verleiht einigen Kindern und Jugendlichen ein Etikett, das zu niedrigen Erwartungen führt" (ebd., 16). Vom neuen Begriff erhoffen sich die Autoren eine verstärkte Fokussierung der pädagogischen Praxis auf die sozialen und ökologischen Aspekte, die Aktivität und Partizipation erschweren. Zudem soll ein breiter gefasstes Verständnis von Förderung angeregt werden, welches die Arbeit von Kindern in belastenden Lebenslagen mit notwendigen Veränderungen für *alle* Kinder verbindet.

Anders als für den Bereich der Schule kann innerhalb der Bundesrepublik Deutschland für den Elementarbereich eine deutlich positive Entwicklung hin zu gemeinsamer Erziehung festgestellt werden. Mögliche Organisationsformen sind dabei integrative Kindertageseinrichtungen, Maßnahmen der Einzelintegration, Integrationsgruppen in Regeleinrichtungen und kooperative Gruppen. Das bundesdeutsche Schulsystem zeigt sich mit einer derzeitigen Integrationsquote von knapp 16 % im internationalen Vergleich noch als sehr rückständig. So ist in einem Handbuch der Vereinten Nationen zur 2008 verabschiedeten UN-Behindertenrechtskonvention in Bezug auf § 24 (Recht auf Bildung) davon die Rede, dass „... 80 or 90 per cent of children with specific education needs ... can easily be integrated into regular schools and classrooms ..." (UN 2007, 85). Die Situation im Elementarbereich stellt sich deutlich besser dar. Dies kann unter anderem darauf zurückgeführt werden, dass mittlerweile in allen Bundesländern gesetzliche Rahmenbedingungen für die gemeinsame Erziehung im Kindergarten vorliegen (vgl. Heimlich & Behr 2006, 211). Auffällig dabei ist im Übrigen, dass die Behindertenrechtskonvention selbst keine spezifischen Forderungen zum vorschulischen Bereich enthält.

Die Vorschulforscherin Maria Kron (2006, 1) spricht im Zusammenhang mit der gemeinsamen Erziehung im Elementarbereich von einer „... weit verbreitete(n) Normalität, ungeachtet der Tatsache, dass parallel und in unterschiedlichem Ausmaß weiterhin Sonderbetreuung für Kinder mit Behinderung angeboten wird". Allerdings sieht sie in dieser Normalität nur eine Seite. Allzu häufig finden sich in der Praxis zu große Gruppen, nicht immer ausreichend ausgebildetes Personal und vor allem pädagogisch-konzeptionelle Defizite. Mit anderen Worten und rekurrierend auf den bereits zitierten Titel des Sammelbandes von Kreuzer und Ytterhus (2008): Inklusion wird (wie übrigens leider auch nicht selten im Kontext der Institution Schule) mit „Dabeisein ist alles" gleichgesetzt – letztlich für alle Kinder ein problematisches und unangemessenes pädagogisches Programm.

Empirische Befunde zur Thematik Inklusion und frühe Förderung

Das Thema Frühe Förderung von Kindern steht in jüngerer Zeit national wie international verstärkt im Fokus sowohl der öffentlich-gesellschaftlichen, der politischen als auch der pädagogischen Diskussion. Das gesteigerte öffentliche und das daraus resultierende wissenschaftliche Interesse kann dabei als Lösungsversuch und Antwort auf unterschiedlich gelagerte gesellschaftliche Herausforderungen interpretiert werden (etwa im Sinne einer funktionalen Differenzierung von Teilsystemen in Anlehnung an die Systemtheorie Niklas Luhmanns). Insgesamt scheint sich in der Bundesrepublik Deutschland derzeit ein umfassender Wandel von Einrichtungen, Angeboten und Organisationsformen vorschulischer Maßnahmen der Bildung, Betreuung und Erziehung von Kindern zu vollziehen.

Die Bildungshistorikerin Sybille Stöbe-Blossey (2005, 1 ff.) identifiziert drei grobe Begründungscluster für den aktuellen Strukturwandel, die sämtlich – wenn auch auf unterschiedlichen Ebenen – Frage- und Problemstellungen der Inklusion bzw. des Weges hin zu einer inklusiven Gesellschaft tangieren:

- Durch die steigende Erwerbstätigkeit von Müttern und eine zunehmende Differenzierung der Arbeitszeiten mit einem hohen Anteil an atypischen Sequenzen (zum Beispiel Bereitschaftsdienste, Rufbereitschaften, Schichtarbeit oder Überstunden) entstehen neue Anforderungsprofile für eine qualifizierte Kinderbetreuung (es geht also nicht ausschließlich nur um die Quantität des Angebots). Von einer Verbesserung der Vereinbarkeit von Beruf und Familie kann erwartet werden, dass Paare oder Familien sich eher für die Geburt von Kindern entscheiden. Diese Annahme bezieht sich vor allem auf Frauen mit hohem Qualifikations- und Ausbildungsniveau.
- Mit der Entwicklung zur modernen Wissensgesellschaft wird Ausbildung und Bildung zu einer Determinante für gesellschaftliche Partizipation. Die Bedeutung des Elementarbereichs für die Anbahnung und Realisierung von Bildungsprozessen und auch von Prozessen der sozialen Integration wird in jüngerer Zeit zunehmend erkannt (siehe dazu auch die Darstellung ausgewählter empirischer Befunde weiter unten).
- Als dritter und möglicherweise schwierigster Aspekt gesellschaftlicher Herausforderungen sind die steigenden sozialen Verwerfungen zu nennen (etwa die wachsende Zahl von allein erziehenden Eltern oder Patchwork-Familien bei gleichzeitig abnehmenden sozialen Unterstützungsstrukturen oder Überforderungsphänomene hinsichtlich Fragen der Erziehung). Als besonders brisant kann das gerade in letzter Zeit dramatisch angestiegene Problem der Armut von Familien gelten. Dies ist auch der Hauptgrund für die steigende Zahl von Kindern, deren belastende Entwicklungsbedingungen zu einer mehr oder minder ausgeprägten Bildungsbenachteiligung führen. Immerhin besuchen 36 % der Kinder aus armen Familien mit einem monatlichen Einkommen zwischen 500 und 900 Euro keine vorschulische Einrichtung (vgl. OECD 2006, 337). Die

Bundesrepublik Deutschland gehört bekanntermaßen zu den Staaten, in denen der Zusammenhang zwischen sozialer Herkunft einerseits und Zugang zu Bildungschancen eines Kindes und seinem späteren Bildungsniveau andererseits besonders stark ausgeprägt ist. Auswirkungen auf das spätere Bildungsniveau hat im Übrigen auch die geographische Herkunft der Eltern. So sind Kinder aus Migrantenfamilien beispielsweise in höheren Schulen deutlich unterrepräsentiert.

In einem aufwändig recherchierten Übersichtsbeitrag zu internationalen Längsschnittstudien betreffend den Einfluss von außerfamilialen, vorzugsweise institutionellen Betreuungserfahrungen in der frühen Kindheit auf Bildungskarrieren von Kindern gelangen Roßbach & Weinert (2008, 85 ff.) zu dem Fazit, dass frühe Förderung im Rahmen des Besuchs einer vorschulischen Institution auf unterschiedlichen Ebenen positive Wirkungen zeitigt. Dabei erweisen sich vor allem Variablen der Struktur- und Prozessqualität (besonders die Ausgestaltung der vorschulischen Betreuung) als moderierende Variable der Effektstärken. Auswirkungen gab es sowohl im kognitiven als auch sozial-emotionalen Bereich, wenngleich die Effekte für ersteren insgesamt deutlicher ausfallen. Die positiven Wirkungen zeigen sich signifikant für Kinder sämtlicher sozialer Schichten, also auch für Kinder aus belastenden Lebenssituationen und aus benachteiligten Familien (etwa aus unteren Sozialschichten oder mit Migrationshintergrund). Allerdings gibt es Anzeichen dafür, dass gerade für letztere Kategorien, für die ja verstärkt das Ziel der gesellschaftlichen Integration im Fokus des pädagogischen Handelns steht, auch besonders intensive Anstrengungen (im Sinne eines intensiven, speziellen Betreuungs- und Förderangebots) erforderlich sind, um entsprechende Wirkungen zu erreichen.

Vergleichsweise wenig verlässliches Datenmaterial zur Wirkungsforschung gibt es für die frühe Förderung (im Sinne der eingangs getroffenen Begriffsbestimmung) von behinderten oder beeinträchtigten Kindern. Effektforschung wird hier überwiegend bezogen auf das Rehabilitationsprofil der Frühförderung betrieben. Eine Ausnahme bildet allerdings die Befundlage zur Beteiligung von Kindern im Gruppenalltag und zum gemeinsamen Spiel von beeinträchtigten Kindern und „nichtbehinderten" Kindern in Kindergärten (im deutschsprachigen Raum sind insbesondere die Studien von Heimlich aus dem Jahr 1995 sowie von Sarimski 2006 bekannt geworden, eine prägnante Zusammenfassung der Befunde aus dem hiesigen Forschungsraum findet sich bei Kreuzer 2008).

Bezogen auf den Bereich Frühförderung kann festgestellt werden, dass deren Wirksamkeit in Bezug auf die Zielkriterien Inklusion und soziale Eingliederung weniger auf bestimmte Methoden oder Techniken zurückzuführen ist, sondern vorrangig durch die Qualität der sozialen Resonanz und die Art der Vermittlung bestimmt wird. Diehl & Leyendecker (2004, 49 f.) nennen als Wesensmerkmale erfolgreicher pädagogischer Frühförderung in professionell organisierten Handlungsfeldern folgende Variablen:

- die Unterstützung der Selbstgestaltungskräfte des Kindes,

- Selbstwirksamkeitserwartungen (bei Pädagogen und Kindern),
- gemeinsame Aufmerksamkeitsausrichtung,
- Affektabstimmung,
- anregendes, respondierendes Erziehungsverhalten,
- lebensweltbezogene Förderung,
- Förderung in strukturierten, konsistenten Ablaufmustern und Regeln (ritualisierte Kontinuität),
- Einbezug des psychosozialen Umfeldes und Kooperation mit den Eltern sowie
- Stärkung der Kompetenz und Selbstheilungskräfte (Empowerment).

Dabei gilt es in der einschlägigen Diskussion mittlerweile als konsentiert, dass die Systembedingungen einen erheblichen Einfluss auf die Chancen und Grenzen einer pädagogischen Einflussnahme über Maßnahmen der Frühförderung haben. Weiß (2002, 75f.) kommt auf der Basis des Studiums von unterschiedlichen Metaanalysen insbesondere aus dem angloamerikanischen Raum zu der Einschätzung, dass insbesondere umweltbedingte Entwicklungsgefährdungen aufgrund von erheblich eingeschränkten Lebens- und Sozialisationsbedingungen sensibel für solche Maßnahmen sind. Als eher „ernüchternd" qualifiziert er die empirischen Befunde zur Wirksamkeit bei manifesten Schädigungen (etwa zu Kindern mit Down-Syndrom oder mit cerebralen Bewegungsstörungen). Auszunehmen sind davon allerdings die auf den Bereich der Eltern-Kind-Interaktionen hin angelegten Maßnahmen.

Als Stiefkind des Forschungsinteresses im Elementarbereich kann nach wie vor die für Problemstellungen der Inklusion und sozialen Eingliederung so bedeutsame Frage der Bildung für Kinder mit Behinderungen gelten. Kron (2005, 235) überschreibt deshalb vollkommen zu Recht einen Zeitschriftenbeitrag mit dem Titel: *In den Bildungsdebatten vergessen: Kinder mit Behinderung in vorschulischem Alter.* Zwar sind derzeit in fast sämtlichen Bundesländern Rahmenpläne oder Vereinbarungen zu Maßnahmen der vorschulischen Bildung in Kindergärten bzw. Kindertageseinrichtungen verabschiedet, jedoch finden dort weder die Rechte noch die spezifischen Bedarfe der Betreuung, Erziehung und Bildung etwa von Kindern mit Körperschädigungen explizit Berücksichtigung.

Entgegen den im Beitrag von Kron skizzierten Forschungsdesideraten relativ gut erforscht ist die Interaktion von Kindern mit und ohne Behinderungen im Kontext des gemeinsamen Spielens in Kindergärten und Kindertageseinrichtungen. In Anlehnung an die Integrationsforscherinnen Schöler, Fritzsche & Schastok (2007, 31) können die empirischen Befunde dazu wie folgt zusammengefasst werden (vgl. dazu auch Kreuzer 2008, 30f.):

- Die Zuschreibung Behinderung spielt im Kontext des Kennenlernens von Kindern im Kindergarten eher eine untergeordnete Rolle. Kinder mit Behinderung nehmen sich zunächst einmal als „vollkommene" Kinder wahr und erfahren erst in der Auseinandersetzung mit der sozialen Umwelt und den dort geltenden Normen ihre vermeintliche Abweichung. Dabei verzichten Kinder beim gemeinsamen Spiel keineswegs auf die Einordnung ihrer Spielpartnerinnen und -partner in soziale Kategorien (etwa die „Netten", die „Komischen" oder die „Kranken"), jedoch scheint der soziale Status von einer Körperschädigung wenig beeinflusst zu werden (vgl. Ytterhus 2008, 116). „Zugespitzt formuliert können wir sagen, dass Kinder mit Behinderung selten die beliebtesten sind, aber auf die übrigen Positionen in der Gruppe verteilen sie sich ungefähr so wie die nicht beeinträchtigten Kinder. Kurz gesagt deutet hier nichts darauf hin, dass Kinder in dieser Altersgruppe nicht mit behinderten Kindern zusammen sein wollen" (ebd.).

- Kinder mit und ohne Behinderung orientieren sich in ihrem Interaktionsverhalten an Einstellungen, Herangehensweisen und Verhalten sowohl der Eltern als auch des pädagogisch-professionellen Personals und loten so sowohl ihre eigene Identität als auch den Umgang miteinander aus. Dieser Orientierungsprozess verweist deutlich auf die Vorbildfunktion von erwachsenen Bezugspersonen hinsichtlich der Organisation eines integrativen Gruppenklimas (operationalisierte Vorschläge für die Gestaltung eines inklusionsvorbildlichen Verhaltens finden sich zum Beispiel bei Casey (2008, 236 f.)).
- Wissenschaftliche Begleitstudien zu integrativen Modellprojekten im Elementarbereich gelangen durchgängig zu der Schlussfolgerung, dass weder Scheinakzeptanz, übertriebene Fürsorglichkeit und das Einrichten von Schonräumen noch Ignorieren, Unterlassen von pädagogisch-therapeutischen Unterstützungsmaßnahmen oder eine sich an einer verklärt-naiven Vorstellung von Inklusion im Sinne eines physischen Zusammenseins orientierende Praxis einen angemessenen und konstruktiven Beitrag zu einem sozial integrativen Umgang der Kinder miteinander leisten.
- Sämtlichen Akteuren im pädagogischen Handlungsfeld muss deshalb eine reflexive und emotionale Auseinandersetzung mit dem Phänomen Schädigung und Beeinträchtigung und dessen sozialen Wirkungen zugestanden werden – sowohl den erwachsenen Bezugspersonen als auch den Kindern – „eine Auseinandersetzung, die Frustration, Ängste und Aggressionen mit einschließt" (Schöler, Fritzsche & Schastok 2007, 31).

Theorien und Modelle zu Inklusion im Elementarbereich

Wegen der Umfangbeschränkung des vorliegenden Beitrags sollen hier nur ausgewählte theoretische Beiträge und diese auch nur skizzenhaft zur Darstellung gelangen. Als Auswahlkriterium soll dabei in erster Linie der in der einschlägigen Diskussion zur Inklusion im Elementarbereich attestierte Bedeutungsgrad gelten. Vorgestellt werden sollen Grundzüge des *Situationsansatzes*, der *integrativen Kindergartenpädagogik in Anlehnung an die Aneignungstheorie*, des Modells der *Integrated Play Groups* sowie der bereits erwähnte *Index für Inklusion für Kindertageseinrichtungen.*

Der Situationsansatz (vgl. Preissing 2007) nimmt in der einschlägigen Diskussion und auch der gängigen Praxis einen mehr oder weniger festen Part ein, auch wenn er in jüngerer Zeit wegen seiner starken Akzentuierung des sozialen Kontextes für Lern- und Bildungsprozesse mitunter kritisch kommentiert wird. Ein wichtiger Kritikpunkt bezieht sich auf die Subordination von Sachaspekten unter den Gesichtspunkt des sozialen Lernens. Mit anderen Worten: Soziales Lernen hat den Vorrang vor sachbezogenem. Der Situationsansatz profiliert sich somit in gewisser Weise als Gegenmodell zur gängigen schulpädagogischen Praxis. Für Kinder mit speziellem Förderbedarf ergeben sich durch diese Fokussierung jedoch besondere Lern- und Entwicklungschancen – vor allem unter dem Gesichtspunkt von sozialer Inklusion. Der Situationsansatz legt keine eigene Interpretation von Behinderung oder Beeinträchtigung vor, aber seine Grundannahmen und Aussagen sind mehr oder weniger affin zu einer sozialen Definition von Behinderung, wie sie im Rahmen inklusionstheoretischer Überlegungen favorisiert wird. Die postulierte Notwendigkeit der Bezugnahme früher Förderungsprozesse auf die Lebenswelten, Biographien und Lebensbedingungen der Kinder entspricht im Übrigen der Auffassung neuerer konstruktivistischer Auffassungen zur Förderung und zum Lernen (vgl. dazu etwa das vom Autor für das Handlungsfeld Unterricht entwickelte Konzept der Unterstützenden Didaktik, Hansen 2010).

Das an der Freien Universität Berlin ansässige Institut für den Situationsansatz (o. J.) charakterisiert die konzeptionellen Grundsätze des Situationsansatzes über 16 Grundaussagen, die im Folgenden ohne die Kommentierungen der Originalversion wiedergegeben werden:

- Die pädagogische Arbeit geht aus von den sozialen und kulturellen Lebenssituationen der Kinder und ihrer Familien.
- Erzieherinnen finden im kontinuierlichen Diskurs mit Kindern, Eltern und anderen Erwachsenen heraus, was Schlüsselsituationen im Leben der Kinder sind.
- Erzieherinnen analysieren, was Kinder können und wissen und was sie erfahren wollen. Sie eröffnen ihnen Zugänge zu Wissen und Erfahrungen in realen Lebenssituationen.
- Erzieherinnen unterstützen Mädchen und Jungen in ihrer geschlechtsspezifischen Identitätsentwicklung und wenden sich gegen stereotype Rollenzuweisungen und -übernahmen.
- Erzieherinnen unterstützen Kinder, ihre Phantasie und ihre schöpferischen Kräfte im Spiel zu entfalten und sich die Welt in der ihrer Entwicklung gemäßen Weise anzueignen.
- Erzieherinnen ermöglichen, dass jüngere und ältere Kinder im gemeinsamen Tun ihre vielseitigen Erfahrungen und Kompetenzen aufeinander beziehen und sich dadurch in ihrer Entwicklung gegenseitig stützen können.
- Erzieherinnen unterstützen Kinder in ihrer Selbständigkeitsentwicklung, indem sie ihnen ermöglichen, das Leben in der Kindertageseinrichtung aktiv mit zu gestalten.
- Im täglichen Zusammenleben findet eine bewusste Auseinandersetzung mit Werten und Normen statt. Regeln werden gemeinsam mit Kindern vereinbart.

- Die Arbeit in der Kindertageseinrichtung orientiert sich an Anforderungen und Chancen einer Gesellschaft, die durch verschiedene Kulturen geprägt ist.
- Die Kindertageseinrichtung integriert Kinder mit Behinderungen, unterschiedlichen Entwicklungsvoraussetzungen und Förderbedarf und wendet sich gegen Ausgrenzung.
- Räume und ihre Gestaltung stimulieren das eigenaktive und kreative Tun der Kinder in einem anregungsreichen Milieu.
- Erzieherinnen sind Lehrende und Lernende zugleich.
- Eltern und Erzieherinnen sind Partner in der Betreuung, Bildung und Erziehung der Kinder.
- Die Kindertageseinrichtung entwickelt enge Beziehungen zum sozial-räumlichen Umfeld.
- Die pädagogische Arbeit beruht auf Situationsanalysen und folgt einer prozesshaften Planung. Sie wird fortlaufend dokumentiert.
- Die Kindertageseinrichtung ist eine lernende Organisation.

Es wird deutlich, dass hier sowohl explizit (These 10) als auch implizit Inklusion thematisiert wird. Diese Haltung wird im Übrigen auch in den übergreifenden Zielen des Situationsansatzes deutlich, die mit den Begriffen *Autonomie, Kompetenz* und *Solidarität* umschrieben werden (vgl. Tietze-Fritz 1999, 58).

Im Vergleich zum Situationsansatz, der sich erst in jüngerer Zeit zu einem explizit inklusiven Konzept entwickelt hat, sind aneignungs- und systemtheoretische Ansätze in der Kindergartenpädagogik originär auf die gemeinsame Bildung, Betreuung und Erziehung hin angelegt. Als einer der bekanntesten Vertreter dieses Denkens gilt Georg Feuser (1995). Feusers Ziel ist die Formulierung einer Theoriekonzeption, in welcher die übliche Trennung zwischen Regelpädagogik und Sonderpädagogik überwunden und in eine Allgemeine integrative Pädagogik überführt wird. Ähnlich wie im Situationsansatz interpretiert er Behinderung als sozialen Prozess. Die metatheoretische Affinität zu diesem Ansatz zeigt sich im Übrigen auch in den übergeordneten Zieldefinitionen seiner integrativen Pädagogik, die er mit *Selbstbestimmung, Selbsttätigkeit* und *Emanzipation* qualifiziert. Integrativ kann eine Allgemeine (Elementar-)Pädagogik dann bezeichnet werden, wenn ausnahmslos *alle* Kinder (ohne Ausschluss von als behindert diagnostizierten oder bezeichneten Kindern) in Kooperation miteinander, auf ihrem individuellen Entwicklungsniveau und mit ihren aktuellen Wahrnehmungs-, Denk- und Handlungsstrukturen gemeinsam lernen, spielen und arbeiten. Als zentrale Entwicklungsprinzipien fungieren die Orientierung an der *Zone der nächsten Entwicklung* und der *gemeinsame Gegenstand* (ebd., 168 ff.).

Als Zone der nächsten Entwicklung bestimmt der russische Psychologe Lev S. Wygotski (1978, 86) den Bereich zwischen dem aktuellen Entwicklungsstand des Kindes „... bestimmt durch die derzeitige Fähigkeit zum selbständigen Problemlösen ... [also die Ebene der erfolgten Entwicklung, *G. H.*]“ und dem Entwicklungsstand, den das Kind erreichen könnte „... durch die Unterstützung von Erwachsenen und die Zusammenarbeit von fortgeschrittenen Peers [die Ebene der potenziellen Entwicklung, *G. H.*]". Demnach haben pädagogische Anregungen und Forderungen vorwiegend dann einen Sinn, wenn sie die geistigen Funktionen, „... die noch nicht gereift sind, aber sich im Prozess der Reifung befinden, Funktionen, die morgen reifen werden, aber gegenwärtig im embryonalen Stadium sind ..." (Wygotski ebd.) ansprechen. In diesem Kontext spricht Wygotski auch metaphorisch von „Knospen der Entwicklung". Das Erreichen der nächsten Entwicklungsstufe hängt dabei entscheidend von der unterstützenden Anleitung durch andere erfahrene Menschen ab.

Mit dem Gemeinsamen Gegenstand meint Feuser (ebd., 181) keineswegs einen festen materiellen Gegenstand oder bestimmte elementarpädagogische Lerninhalte, sondern den „ ... zentrale[n] Prozeß, der hinter den Dingen und beobachtbaren Erscheinungen steht und diese hervorbringt". Lernen und Arbeiten am Gemeinsamen Gegenstand entfalten sich nicht über die Idee einer Äußeren Differenzierung (das heißt letztlich individuelle Curricula für einzelne Kinder), sondern über Innere Differenzierung (im Sinne von gemeinsamen individualisierten Curricula für Lerngruppen).

Das Programm der *Integrated Playgroups* (kurz IPG, zusammenfassend siehe Wolfberg 2008, 250 ff.) führt als behindert diagnostizierte und nichtbehinderte Kinder über einen Zeitraum von sechs bis zwölf Monaten zweimal wöchentlich zu geführten Spielsituationen zusammen. Die Gruppengröße beträgt drei bis fünf Kinder, Ort der Zusammenkunft ist in der Regel der Kindergarten. Die Gruppe wird von einem speziell in diesem Verfahren ausgebildeten Erwachsenen zu Spielaktivitäten angeregt, mit dem Ziel, nichtbehinderten und behinderten Kindern zu ermöglichen, ihren präferierten Aktivitäten im gemeinsamen Speil nachzugehen. Gemäß dem *Prinzip der gelenkten Partizipation* sollen einerseits nichtbehinderte Kinder für die besonderen Belange und Bedarfe von behinderten Kindern sensibilisiert und vorbereitet werden und andererseits die behinderten Kinder dazu motiviert und darin unterstützt werden, Kontakt zu neuen und zunehmend komplexeren Spielsituationen aufzunehmen. Der Grad der Einflussnahme durch den Spielleiter wird mit zunehmender Eigenständigkeit der Gestaltung der Spielsituationen durch die Akteure geringer. Wolfberg (ebd., 254) vergleicht die Funktion des Spielleiters zum einen mit der eines Dolmetschers, der dafür Sorge trägt, dass sich die Kinder untereinander verstehen, zum anderen mit der eines Trainers, der die Unterstützungsstruktur durch die Gruppe moduliert. Das Maß der Interventionsstärke richtet sich an den signalisierten Bedürfnissen der Kinder aus. Ein Interventionsbeispiel aus der Praxis der Integration von Kindern mit Autismus in eine Spiel- und Lerngruppe stammt von der Psychologin Brigitte Rollett (2007,124):

„In unserem an der Universität Wien eingerichteten Forschungskindergarten hatten wir ein sprachbehindertes Kind aufgenommen, das gewisse autistische Züge zeigte und daher viel Unterstützung benötigte. So hatte es nicht verstanden, dass man die schönen bunten Salzteigstücke im Kaufmannsladen nicht essen kann und hatte sie alle angeknabbert. Als wir dies entdeckten, sagten zwei Kinder, die zufällig dabei waren, vorwurfsvoll: ‚Das hat der dumme Peter (Name geändert) gemacht!‘ Als wir ihnen erklärten, dass er nichts dafür könne, da er noch nicht verstanden habe, dass Salzteig nicht essbar ist, argumentierten sie: ‚Aber er ist doch schon so groß.‘ Es bedurfte ausführlicher Erklärungen, um ihnen zu vermitteln, dass gelegentlich auch große Kinder etwas nicht begreifen; dass aber auch Peter eines Tages verstehen würde, was man essen kann und was nicht und dass sich alle im Kindergarten besonders bemühen müssten, ihm dies beizubringen.“

Der bereits zitierte Index für Inklusion für Kindertageseinrichtungen von Booth, Ainscow & Kingston (2006, 20 ff.) versucht grundlegende konzeptionelle Ausführungen mit praktischen und detaillierten Anregungen und Hilfestellungen zu deren Umsetzung zu verbinden. Als Planungsrahmen für Lernen, Partizipation und Spiel in einer inklusiven Kindertageseinrichtung bestimmen die Autoren drei Dimensionen, die sich wiederum in zwei Bereiche unterteilen:

- Dimension A *Inklusive Kulturen entfalten* mit den Bereichen A.1 *Gemeinschaft bilden* und A.2 *Inklusive Werte verankern*
- Dimension B *Inklusive Leitlinien etablieren* mit den Bereichen B.1 *Eine Einrichtung für alle entwickeln* und B.2 *Unterstützung von Vielfalt organisieren*
- Dimension C *Inklusive Praxis entwickeln* mit den Bereichen C.1 *Spiel und Lernen gestalten* und C.2 *Ressourcen mobilisieren*

Der Prozess der Umsetzung – der sogenannte Index-Prozess – gliedert sich in die fünf folgenden Phasen (ebd., 30):

- *Phase 1 Mit dem Index beginnen*
  - Bildung eines Teams
  - Überprüfung des Planungsansatzes
  - Sensibilisierung für den Index
  - Aktivierung des vorhandenen Wissens, Nutzung der Schlüsselkonzepte und des Planungsrahmens
  - Vertiefung der Untersuchung
  - Vorbereitung der Kooperation mit anderen Teams
- *Phase 2 Die Einrichtungssituation beleuchten*
  - Zusammentragen des Wissens und der Ideen der Mitarbeiterinnen und Mitarbeiter, der Leitung, des Trägerpersonals und der Fachberatung
  - Sammeln des Wissens und der Ideen der Kinder
  - Herausfinden des Wissens und der Ideen der Eltern und der Bewohner der sozialen Umgebung
  - Festlegung von Prioritäten für die Entwicklung
- *Phase 3 Einen inklusiven Plan entwerfen*
  - Überarbeiten der Prioritäten mit Hilfe des Planungsrahmens
  - Einfügen der Prioritäten in den Entwicklungsplan
- *Phase 4 Den inklusiven Plan in die Praxis umsetzen*
  - Umsetzen der Prioritäten in die Tat
  - Vermeidung von Prozessstillstand

- *Phase 5 Den Index-Prozess evaluieren*
  - Reflexion und Dokumentation des Prozesses
  - Evaluation der Arbeit mit dem Index
  - Fortsetzung des Index-Prozesses

Die Vorteile des Index für Inklusion liegen zweifelsohne in der praktischen Relevanz und hohen Operationalisierung des Vorgehens, welches gewisse Züge einer Anleitung zur inklusiven Umgestaltung einer Kindertageseinrichtung aufweist. Gerade diese kleinschrittige Beschreibung des Vorgehens bietet Einrichtungen einen machbaren und auch attraktiven Rahmen zur Implementierung inklusiven Denkens und zu eben solcher Organisationsentwicklung. Trotzdem kann die Gefahr, Inklusion sozialromantisch, einfach und naiv zu interpretieren, als eher gering gelten. Der hohe Stellenwert von Evaluations- und Reflexionsprozessen bietet vor allem auch Möglichkeiten der Einbindung von wissenschaftlichen Befunden zur Thematik und immunisiert so vor Theorieabstinenz und Rezeptdenken.

Fazit

Als abschließendes Fazit soll auf den 2009 von der Deutschen UNESCO-Kommission (2009) formulierten Appell an Bund und Länder zur inklusiven Ausgestaltung frühkindlicher Erziehung, Bildung und Betreuung rekurriert werden, in dem Gesetzgeber und Träger aufgefordert werden,

- Inklusion als verbindliches Ziel der frühkindlichen Bildung zu definieren,
- die Qualität frühkindlicher Bildung strukturell und inhaltlich zu sichern und Standards zu entwickeln, um damit unter anderem die Umsetzung des Ziels der Inklusion zu unterstützen,
- zu diesem Zweck Zuständigkeiten besser aufeinander abzustimmen, um vergleichbare Entwicklungsbedingungen und gerechte Bildungschancen für alle Kinder zu gewährleisten,
- frühkindliche Bildungs- und Betreuungsangebote auszubauen,
- grundlegende Konzepte wie Bildung für nachhaltige Entwicklung, Menschenrechtsbildung und kulturelle Bildung auch in der frühkindlichen Bildung altersgemäß zu verankern,
- die Frühpädagogik als wissenschaftliche Disziplin in Forschung und Lehre zu stärken,
- verbindliche Qualitätsstandards für die Aus- und Fortbildung des in der frühkindlichen Bildung tätigen Personals zu entwickeln, den Anteil von Fachpersonal mit Hochschulabschluss zu erhöhen und interdisziplinäre Aus- und Fortbildung zu fördern,
- ein besonderes Augenmerk auf den Ausgleich früher Benachteiligungen zu legen und Ressourcen für Kindertageseinrichtungen entsprechend bereit zu stellen,

- Eltern umfassend über die Chancen frühkindlicher Bildungsangebote zu informieren und für diese zu werben sowie den frühen Zugang zu Kindertageseinrichtungen zu erleichtern, darüber hinaus die Rolle der Eltern als Erziehungspartner von Kindertageseinrichtungen zu stärken und sie entsprechend einzubinden,
- gemeinsam mit Kommunen, Trägern und Institutionen die Rahmenbedingungen in Kindertageseinrichtungen zu verbessern, unter anderem durch Ausweitung der Möglichkeiten zur Ganztagsbetreuung, adäquate Personalschlüssel, Gruppengrößen und Öffnungszeiten und durch Raumstandards.

Trotzdem die Inklusion in Einrichtungen der frühen Förderung in der Bundesrepublik Deutschland offensichtlich auf einem guten Weg ist, gibt es auch ernstzunehmende mahnende Worte zu aktuellen gesellschaftspolitischen – auch internationalen – Entwicklungen, die inkludierendes Denken bedrohen, bevor es sich in letzter Konsequenz durchgesetzt hat (vgl. etwa Haug 2008, 48f.). Ein durchaus inklusionsgefährdendes Dilemma sieht der Autor in den sich weltweit vollziehenden Globalisierungsprozessen mit damit korrespondierender zunehmender Ökonomisierung pädagogischen Denkens und Handelns. So orientiert sich die Idee der Inklusion stark an Werten wie Sozialität und Gemeinschaft, aktuelle gesellschaftliche Tendenzen scheinen dagegen eher Individualisierung, Konkurrenz, Liberalisierung und das Recht des Stärkeren zu favorisieren. Haugs (ebd.) zum Ende seiner Überlegungen gestellte Fragen zur Entwicklung des Kindergartens sollen deshalb als mahnendes Fazit auch den vorliegenden Beitrag abschließen: „Ist es denkbar, dass die Institution in einer inkludierenden Richtung weitermachen kann, während mächtige Einflussgruppen rundherum den entgegengesetzten Weg gehen? Ist es möglich, dass Kindergarten und Schule als gesellschaftliche Anker wirken und die genannten Entwicklungen [gemeint sind die oben skizzierten Individualisierungs- und Konkurrenztendenzen] aufhalten und kompensieren können?"

Das Herz der Pädagogik schlägt zweifelsohne für Inklusion.

Literatur

Booth, T., Ainscow, M. & Kingston, D. (2006): Index für Inklusion (Tageseinrichtungen für Kinder). Lernen, Partizipation und Spiel in der inklusiven Kindertagesstätte entwickeln. Deutschsprachige Ausgabe. Frankfurt

Casey, T. (2008): Die Rolle der Erwachsenen bei der Förderung des integrativen Spiel. In: Kreuzer, M. & Ytterhus, B. (Hrsg.): „Dabeisein ist nicht alles". Inklusion und Zusammenleben im Kindergarten. München, 219–238.

Deutsche Unesco-Kommission (2009): Frühkindliche Bildung inklusiv gestalten: Chancengleichheit und Qualität sichern. http://www.unesco.de/reshv69–2.html?&L=0 (6. 1. 2010)

Diehl, U. & Leyendecker, C. (2004): Komplexleistung Früherkennung und Frühförderung – Aufgaben von Pädagoginnen und Pädagogen im Rahmen der erforderlichen Teamarbeit. In: Kühl, J. (Hrsg.): Frühförderung und SGB IX. München, 45–53.

Feuser, G. (1995): Behinderte Kinder und Jugendliche. Zwischen Integration und Aussonderung. Darmstadt.

Hansen, G. (2006): Frühförderung. In: Hansen, G. & Stein, R. (Hrsg.): Kompendium Sonderpädagogik. Bad Heilbrunn, 222–234.

Hansen, G. (2010): Unterstützende Didaktik. Planung und Durchführung von Unterricht an Schulen und Förderschulen. München.

Haug, P. (2008): Inklusion als Herausforderung der Politik im internationalen Kontext. In: Kreuzer, M. & Ytterhus, B. (Hrsg.): „Dabeisein ist nicht alles“. Inklusion und Zusammenleben im Kindergarten. München, 36–51.

Heimlich, U. (1995): Behinderte und nichtbehinderte Kinder spielen gemeinsam. Konzept und Praxis integrativer Spielförderung. Bad Heilbrunn.

Heimlich, U. & Behr, I. (2006): Integrative Erziehung. In: Fried, L. & Roux, S. (Hrsg.): Pädagogik der frühen Kindheit. Weinheim, 211–215.

Institut für den Situationsansatz in der Internationalen Akademie an der FU Berlin (o. J.): Konzeptionelle Grundsätze des Situationsansatzes. http://www.ina-fu.org/ista/content/pdf/konzeptionelle_grundsaetze.pdf (14. 01. 2010)

Jungmann, T. & Albers, T. (2008): Integrative Erziehung in Kindertageseinrichtungen. In: Fthenakis, W. E. & Textor, M. (Hrsg.): Das Online-Familienhandbuch des Staatsinstituts für Frühpädagogik (IFP).

Kreuzer, M. & Ytterhus, B. (Hrsg.) (2008): „Dabeisein ist nicht alles“. Inklusion und Zusammenleben im Kindergarten. München.

Kreuzer, M. (2008): Zur Beteiligung von Kindern im Gruppenalltag von Kindergärten – Ein Überblick zu Ergebnissen deutscher Integrationsprojekte. In: Kreuzer, M. & Ytterhus, B. (Hrsg.): „Dabeisein ist nicht alles“. Inklusion und Zusammenleben im Kindergarten. München, 22–34.

Kron, M. (2005): In den Bildungsdebatten vergessen: Kinder mit Behinderung in vorschulischem Alter. In: Behindertenpädagogik 44, 3, 235–244.

Kron, M. (2006): 25 Jahre Integration im Elementarbereich – ein Blick zurück, ein Blick nach vorn. In: Zeitschrift für Inklusion-online 01.

Meysen, T. & Schönecker, L. (2009): Kooperation für einen guten Start ins Kinderleben. In: Meysen, T., Schönecker, L. & Kindler, H. (Hrsg.): Frühe Hilfen im Kinderschutz. Rechtliche Rahmenbedingungen und Risikodiagnostik in der Kooperation von Gesundheits- und Jugendhilfe. Weinheim, München.

OECD (2006): Starting Strong II: Early Childhood Education and Care. Paris.

Preissing, C. (Hrsg.) (2007): Qualität im Situationsansatz. Qualitätskriterien und Materialien für die Qualitätsentwicklung in Kindertageseinrichtungen. Berlin, Düsseldorf, Mannheim.

Rollett, B. (2007): Praxisbuch Autismus für Eltern, Erzieher, Lehrer und Therapeuten. 3. Auflage. München.

Roßbach, H.-G. & Weinert, S. (2008): Kindliche Kompetenzen im Elementarbereich: Förderbarkeit, Bedeutung und Messung. Bildungsforschung Band 24. Bonn, Berlin.

Sarimski, K. (2006): Diagnostik der sozialen Beziehungen von Kindern mit geistiger Behinderung. In: Zeitschrift für Heilpädagogik 57, 3. 289–294.

Schöler, J., Fritzsche, R. & Schastok, A. (Hrsg.) (2007): Ein Kindergarten für alle. Kinder mit und ohne Behinderung spielen und lernen gemeinsam. 2. Auflage. Berlin, Düsseldorf, Mannheim.

Stöbe-Blossey, S. (2005): Bildungsbenachteiligung – Wege zur Frühförderung im Netzwerk. http://www.kindergartenpaedagogik.de/1401.pdf (8. 1. 2010)

Tietze-Fritz, P. (1999): Integrative Förderung in der Früherziehung. Entwicklungsgefährdete Kinder und ihre psychomotorischen Fähigkeiten. Dortmund.

Weiß, H. (2002): Was wirkt in der Frühförderung? – Eine Analyse aus einem pädagogischen Blickwinkel. In: Frühförderung interdisziplinär 21, 2, 74–87.

Wolfberg, P. (2008): Die Bedeutung des Spiels für Peer-Beziehungen und soziale Inklusion in pädagogischen Einrichtungen für Vorschulkinder. In: Kreuzer, M. & Ytterhus, B. (Hrsg.): „Dabeisein ist nicht alles". Inklusion und Zusammenleben im Kindergarten. München, 247–263.

United Nations (Eds.) (2007): From exclusion to equality. Realizing the rights of persons with disabilities. Handbook of Parlamentarians on the Convention on the Rights of Persons with disabilities and its Optional Protocol. No.14.

Wygotski, L. S. (1978): Mind in Society. Cambridge.

Ytterhus, B. (2008): „Das Kinderkollektiv" – Eine Analyse der sozialen Position und Teilnahme von behinderten Kindern in der Gleichaltrigengruppe. In: Kreuzer, M. & Ytterhus, B. (Hrsg.): „Dabeisein ist nicht alles". Inklusion und Zusammenleben im Kindergarten. München, 112–131.

5 Schule

5.1 Körperbehinderung – alles inklusive? Erfahrungen aus dem Schulalltag

Tobias Jarzombek & Reiner Düchting

Einleitung

„Hast du gleich mal Zeit, damit wir uns über Kai unterhalten können? Ich weiß nicht, wie ich das mit der Zeichnungsaufgabe in Geometrie machen soll." Ja, ich habe Zeit, denn Kai, der aufgrund einer Spina bifida mit manchen Aufgabenstellungen, wie der geometrischen Zeichnung, Schwierigkeiten hat und im Schulalltag auf die Nutzung des Rollstuhls angewiesen ist, besucht die 9. Klasse der Hauptschule Am Stoppenberg in Essen und ist Schüler der Integrativen Lerngruppe unserer Schule. In dieser Gruppe werden zurzeit elf Schülerinnen und Schüler mit verschiedenen Behinderungen und Förderbedarfen durch einen Sonderschullehrer betreut. Kai und viele andere Schüler mit einer Körperbehinderung sind fester Teil unseres Schullebens, denn seit insgesamt neunzehn Jahren werden Schüler mit und ohne Behinderungen gemeinsam unterrichtet, weil „die Voraussetzungen stimmen" (vgl. Düchting 2003).

Rahmenbedingungen an der Hauptschule Am Stoppenberg

Nach einigen Erfahrungen mit integrativem Unterricht einzelner Schüler seit etwa 1991 wurde im Jahre 1999 eine Integrative Lerngruppe eingerichtet. Die Initiative dazu ging direkt vom Lehrerkollegium aus. Gemeinsam wurde beraten, welche Voraussetzungen für Integration geschaffen werden müssen:

- Ein Sonderschullehrer soll festes Mitglied des Lehrerkollegiums sein. Er sollte sich an allen Aktivitäten beteiligen, stets ansprechbar sein und nicht nur für einzelne Kinder Förder- und Beratungsangebote vorhalten.
- Das Kollegium soll an der Aufnahme der (Förder-)Schüler beteiligt sein.
- Die Schüler werden als Integrative Lerngruppe geführt, im Schulalltag gehören sie jedoch zu ihrer jeweiligen Stammklasse.
- Der Schulträger schafft in Abstimmung mit dem Lehrerkollegium die erforderlichen sachlichen und personellen Voraussetzungen und unterstützt die Evaluation.

Diese Forderungen und Erwartungen erweisen sich in der Rückschau als der richtige Zugangsweg, denn die gemeinsame Beschulung von Kindern und Jugendlichen mit und ohne Behinderungen kann besonders dann gelingen, wenn sie auf breiter Ebene, eben von „unten“, getragen wird.

Die dauerhafte Präsenz eines Sonderschullehrers wirkt jedoch weit über die Integrative Lerngruppe hinaus, denn auch andere Schüler rücken plötzlich in den Fokus: Schüler, die keinen nach AO-SF zu beschreibenden Förderbedarf haben, die aber ihr Recht auf individuelle Förderung und Zuwendung in bestimmten Situationen des Schulalltags deutlich machen und einfordern. Darauf einzugehen ist Aufgabe[1] und Anspruch[2] an die Schule, denen besonders die Sonderpädagogik gerecht werden kann.

Dabei geht es nicht darum, Besonderheiten einander gegenüberzustellen und im Sinne eines dichotomen Kategoriedenkens (behindert – nichtbehindert) gegeneinander abzuwägen oder zu fragen, wo sonderpädagogisches Handeln formal notwendig ist. Es geht darum, ein schulisches Leben zu gestalten, das der Vielfalt der Persönlichkeiten gerecht wird durch gezielte Unterstützungen in Form von Einzelförderung oder gezielter Hilfe im Klassenunterricht. Und es geht darum die Voraussetzungen zu schaffen, die die Weiterentwicklung des schulischen Konzepts in Richtung Inklusion ermöglichen.

Durch die Sonderpädagogik, die Schulsozialarbeit und die Schulpsychologie wird an unserer Schule ein breites Angebot an Fachleistungen vorgehalten, um die Schüler in ihrer persönlichen Entwicklung gezielt zu fördern und zu begleiten. Damit ist unsere Schule – wohl vielfach unbewusst – auf dem Weg zu einer inklusiven Bildungseinrichtung, die durch interne Unterstützungsformen, gezielte (sonder-)pädagogische Förderangebote im Schulalltag und ein Verständnis der „Pädagogik der Vielfalt“ (vgl. Prengel 2006) zu beschreiben ist. Aus dieser Haltung heraus entsteht ein Schulalltag, der sehr vielseitig und mitunter herausfordernd ist.

Ein exemplarischer Schultag an der Hauptschule Am Stoppenberg

Der Tag beginnt damit, dass die Physiotherapie, die einmal in der Woche in der Schule stattfindet, organisiert werden muss. Kurz vor dem Unterricht muss klar sein, ob alle Schüler heute da sind, die Gymnastikhalle ausreichend beheizt ist und evtl. noch Vertretungslehrer zu informieren sind.

In der ersten Stunde findet eine Fördereinheit mit einem Schüler statt, der Mithilfe von Übungsmaterialien gezielt den Aufbau von Schreibstrategien erweitert. Grundlage der Arbeit ist eine gemeinsame Vereinbarung darüber, was der Schüler für seinen eigenen Lernerfolg leisten will.

In der zweiten Stunde kommt eine Kleingruppe aus Klasse 6 in meinen Fachraum. Alle haben Schwierigkeiten mit den Mathematikaufgaben, manche haben

1 So fordert es u. a. das Schulgesetz des Landes NRW in § 1.1.

2 Die UN-Konvention zum Schutz von Menschen mit Behinderung fordert u. a. ein „inclusive education system at all levels“.

eine nachgewiesene Dyskalkulie, anderen fällt die Konzentration auf eine Aufgabenstellung in der Klasse nicht leicht. Auch hier kann durch entsprechendes Arbeitsmaterial, ausreichend Sicherheit in der Kleingruppe und individuelle Unterstützung viel erreicht werden.

Nach der Pause stehe ich den Kollegen für gezielte Fragen zur Verfügung – ich „übersetze" Arztbriefe, führe Gespräche über Klassensituationen und berate gemeinsam mit ihnen, ob für einzelne Schüler Unterstützungsmaßnahmen notwendig sein könnten und wie diese eingeleitet werden. Aktuell werden drei Schüler mit einer autistischen Spektrumsstörung an unserem Schulzentrum beschult. Die Integrationshelfer sollen nicht nur im Unterricht „mitlaufen", sondern sich in einem kollegialen Beratungsrahmen über ihre Erfahrungen austauschen. Dies zu begleiten fällt ebenfalls in meine Zuständigkeit – schafft aber vermehrt Kompetenzen auf Seiten der Integrationshelfer und führt so langfristig zur Entlastung meines Arbeitsalltags.

In der fünften Stunde kommt Kai zu mir. Seine Klasse hat Schwimmunterricht und da es leider keine Möglichkeit der Teilnahme für ihn gibt, hat er eine Stunde meine ungeteilte Aufmerksamkeit und Zeit, in der er an Aufgaben arbeiten kann, die wir gemeinsam in einem individuellen Förderplan benannt haben. Heute geht es ihm jedoch darum, die europäischen Staaten und ihre Hauptstädte zu lernen und abgefragt zu werden.

In der sechsten Stunde begleite ich ein Mädchen im Technikunterricht. Damit Andrea trotz einer Hemiplegie am Unterrichtsgeschehen teilhaben kann, unterstütze ich sie bei Bedarf oder leite ihre Mitschüler an, wie sie Andrea helfen können. Dabei erfahren die Mitschüler zudem eine Stärkung ihrer Sozialkompetenz, lernen Verantwortung und Rücksicht zu übernehmen und es geht nicht mehr nur darum, dass „extra jemand für Andrea kommt".

Nachmittags führe ich noch Telefonate mit dem Jugendamt und dem Kinderpsychologen, um die letzten Informationen für das aktuelle AO-SF zu sammeln.

Ein verändertes Selbstverständnis durch inklusives Handeln

Mein Blick auf sonderpädagogisches Arbeiten hat sich durch meine Tätigkeit an der Hauptschule Am Stoppenberg deutlich verändert. Ich bin nicht mehr Lehrer einer Klasse, sondern Ansprechpartner für die ganze Schule. An die Stelle des mehrdimensionalen Unterrichts in einer heterogenen Lerngruppe mit Schülern, die unterschiedliche Behinderungen aufweisen, rückt an der Hauptschule die Konzentration auf gezielte Fragestellungen in den Vordergrund. Im Fall von Kai gilt es z. B. zu klären, wie er mit den zeichnerischen Aufgabenstellungen in der Geometrie umgehen kann, welche Tipps es für die Bewältigung der Streitigkeiten mit dem Klassenkameraden gibt und wie er einen Praktikumsplatz findet, der möglichst gut auf die langfristig angestrebte Ausbildung als Bürokommunikations-Kaufmann vorbereitet. Der einzelne Schüler kann von mir viel besser in seinen individuellen Unterstützungsbedürfnissen wahrgenommen werden, als mir dies als Fach- oder

Klassenlehrer möglich wäre. Dies ist doppelt positiv zu sehen: Viele Kolleginnen und Kollegen greifen gerne auf meine Unterstützung in Fragen der individuellen Förderung ihrer Schüler zurück. Ich wiederum bin nicht für sämtliche Fragen der Unterrichtspraxis verantwortlich.

Wie bereits oben erwähnt, nehmen nicht nur Schüler mit Behinderungen meine Unterstützungsangebote wahr. Auch viele andere Schüler nutzen die Möglichkeit, vorübergehend einen eigenen Unterstützungsrahmen für sich beanspruchen zu können und gezielt Aufmerksamkeit zu erfahren. Diese Öffnung meiner Arbeit unterstützt das langfristige Ziel der integrativen Arbeit an unserer Schule: Eine (sonder-)pädagogische Unterstützung soll nicht als Privileg wahrgenommen werden, sondern soll losgelöst von besonderen formalen Voraussetzungen Schülern mit und ohne Beeinträchtigungen offen stehen. Wenn dies so wahrgenommen und angenommen wird, dann sind günstige Voraussetzungen geschaffen, um ein gemeinsames Lernen von Schülern mit unterschiedlichen Begabungen und Fähigkeiten gelingen zu lassen.

An unserer Schule sind aber auch die Schwierigkeiten „inklusive" – Schwierigkeiten, denen Schüler im Rollstuhl oder mit Sinnesbeeinträchtigungen in der Umwelt immer wieder begegnen und die es gilt, Schritt für Schritt abzubauen, um ihnen die größtmöglichen Chancen für eine gleichberechtigte Teilhabe am Leben zu eröffnen. Wenn es gelingt, dies durch das gemeinsame Miteinander in der Schule zu fördern, ist ein wichtiger Schritt zur Inklusion getan.

Literatur

Düchting, R (2003): Wenn die Voraussetzungen stimmen. In: Fachverband für Behindertenpädagogik Landesverband Nordrhein-Westfalen e.V. (Hrsg.): Körperbehindertenpädagogik. Meckenheim, 146–162.

Prengel, A. (2006): Pädagogik der Vielfalt. Wiesbaden.

5.2 „Es gibt nicht die eine perfekte Integration."

Tobias, Jan Hertel & Barbara Ortland

Die Matthias-Claudius-Gesamtschule Bochum besteht seit 1990 und ist von ihrer Konzeption her eine integrative christliche Gesamtschule. In allen Klassen der vierzügigen Sekundarstufe I werden ca. 20 Schüler/innen ohne Behinderung und ca. 5 Schüler/innen mit unterschiedlichen Formen von Behinderungen aufgenommen. Die Schüler/innen mit Behinderungen werden nach den Richtlinien der verschiedenen Förderschwerpunkte gemeinsam mit den Schüler/innen ohne Behinderung in Teams aus Regelschullehrer/innen und Förderschullehrer/innen unterrichtet. Dies realisiert sich je nach Thema, Unterrichtsfach und Schüler/innen in innerer oder äußerer Differenzierung. Die Oberstufe ist als Profiloberstufe konzipiert und kooperiert mit einer weiteren Bochumer Schule. Nähere Informationen zur Schule finden sich unter: www.mcs-bochum.de.

Die beiden Schüler mit Förderschwerpunkt im Bereich körperliche und motorische Entwicklung, die sich im Folgenden zu ihren Erfahrungen an dieser Schule äußern, haben dies freiwillig auf der Grundlage meiner Anfrage an die Schule und einem grob strukturierten Fragebogen mit offenen Fragen zu ihren Erfahrungen getan. Tobias (er wollte nicht, dass sein Nachname genannt wird) besucht die 6. Klasse der Schule, Jan Hertel besucht die Oberstufe (12. Klasse).

Die Texte der Schüler wurden inhaltlich so übernommen, wie die Schüler sie angefertigt haben. Stilistische Änderungen wurden von ihnen genehmigt.

Tobias (6. Klasse) berichtet Folgendes:

Auf die Frage, was denn seines Erachtens die Besonderheiten der integrativen Schule sind, fällt ihm ein:

Eine integrative Schule ist eine Schule, an der behinderte und nicht behinderte Kinder gemeinsam unterrichtet werden. Das bedeutet, dass an unserer Schule in jeder Klasse mehrere Schüler mit irgendeiner Behinderung neben gesunden Kindern am Unterricht teilnehmen.

Es gibt an unserer Schule zwei Aufzüge, die nur von Körperbehinderten benutzt werden dürfen, und mehrere Rampen für Rollifahrer.

Im Sportunterricht wird auf die behinderten Schüler Rücksicht genommen – es werden Spiele angeboten, die auch für Rollikinder geeignet sind.

Außerdem gibt es behindertengerechte Toiletten und es wird Ergotherapie und Krankengymnastik angeboten. Ich habe z. B. am Mittwoch in der ersten Stunde Ergotherapie.

Ich finde diese integrative Schule sehr gut. Es macht mehr Spaß, auch mit gesunden Kindern in einer Klasse zu sein, weil es dann noch Kinder gibt, die mich schieben können. Außerdem können sie mir helfen, wenn mein Zivi mal krank ist.

Wäre er lieber zu einer Förderschule gegangen oder sieht er Vorteile des Förderschulbesuchs?

Ich habe mir nie gewünscht, auf eine Förderschule zu gehen. Wie gesagt, es macht mehr Spaß, auch mit gesunden Kindern in einer Klasse zu sein und auf einer Förderschule nehmen ja schließlich nur Schüler mit einer Behinderung am Unterricht teil. Ich war auch schon in einem integrativen Kindergarten und ich habe fast nur nicht behinderte Freunde.
Außerdem wäre ich auf einer Förderschule wahrscheinlich unterfordert. Ich hatte zwar eine Empfehlung für das Gymnasium, aber ich wollte unbedingt auf die MCS-Gesamtschule gehen, weil ich mich schon auf der MCS-Grundschule sehr wohl gefühlt habe und viele Freunde aus der Grundschule auch auf die Gesamtschule gehen.

Welche Rolle spielt seine Behinderung im Schulalltag?

Für mich spielt meine Behinderung in der Schule eine große Rolle, und ohne meinen Zivi käme ich gar nicht klar. Mit seiner Unterstützung habe ich keine Probleme im Schulalltag.
Gut klappt es z.B. in der Mittagspause, weil es eine eigene Mensa für die Förderkinder gibt, die „Kleine Mensa". Dort herrscht weniger Andrang als in der benachbarten „großen" Mensa. In der kleinen Mensa holt mir mein Zivi das Essen. Ich sitze auch da und esse dann mit meinem Zivi zusammen. Schön ist, dass immer ein Freund mich dorthin begleiten darf, auch wenn er nicht behindert ist.
Was man vielleicht verbessern könnte, sind die Türen in der Schule, besonders die von den Klassenräumen und von der großen und kleinen Mensa. Diese Türen fallen gleich wieder zu, wenn man den Türknauf loslässt. Man hat also so gut wie keine Chance, mit dem Rolli durch die Tür zu fahren. Deshalb finde ich, dass Türen mit automatischer Öffnung angebracht wären.
Außerdem könnte man einen weiteren Aufzug bauen, denn, egal zu welchem man geht, überall ist es rappelvoll. Es kommt auch schon mal vor, dass ich zu spät zum Unterricht komme, weil ich unten am Aufzug so lange warten muss, bis ich fahren kann.

Zum gemeinsamen Unterricht, der Unterstützung durch die Lehrer/innen und Mitschüler/innen äußert er:

Es klappt eigentlich in allen Fächern gut. Aber in Fächern wie Technik und Hauswirtschaft kann es schon mal zu Problemen kommen, da ich in Feinmotorik nicht so gut drauf bin.
Ich finde, alle Lehrer und Lehrerinnen, die ich an der MCS kenne, nehmen viel Rücksicht auf alle Behinderten. Es ist ja schließlich eine integrative Schule und da sollten Lehrer auf die Behinderten ja auch Rücksicht nehmen.
Mit meinen Mitschülern und Mitschülerinnen komme ich auch gut klar. Wenn mein Zivi mal krank ist, helfen mir Schüler, meine Sachen ein- und auszupacken, oder helfen mir bei anderen Dingen, die sonst mein Zivi macht. In den Pausen schieben mich meine Mitschüler. Ich finde immer jemanden, der das gerne macht. Mit einigen meiner Schulkameraden treffe ich mich auch nach der Schule oder am Wochenende entweder bei mir zu Hause oder ich gehe zu ihnen. Die allermeisten der Schüler, die ich kenne, nehmen viel Rücksicht auf mich. Es gibt keinen, mit dem ich Streit habe.

Wenn er der Schulleiter wäre, dann würde er ...

- ... einen weiteren Aufzug bauen lassen, damit nicht mehr so viel Gedränge an den anderen beiden herrscht,
- ... Türen anbringen, die sich auf Knopfdruck automatisch öffnen lassen, besonders vor den Klassenräumen und vor der großen und kleinen Mensa und
- ... einen Snoezelraum bauen lassen, zur Entspannung für diejenigen, die vielleicht schon genug in den Pausen getobt haben oder sich in der Mittagspause vom Unterricht ausruhen wollen.

Sein persönlicher Nachtrag aus dem Gespräch mit seiner Mutter über seinen Text:

Meine Mutter hat noch einen Verbesserungsvorschlag, den ich aber nicht teile: Sie meint, kleinere Klassen mit je 20 Schülern, davon 5 Behinderte, wären besser, weil es dann wohl nicht mehr so laut sei und sich die Lehrer mehr um jeden kümmern können. Ich finde es aber gut so, wie es ist mit 25 Kindern in der Klasse.

Jan Hertel (12. Klasse) schreibt Folgendes:

Für mich ist das Besondere unserer Schule, dass Behinderungen im Alltag der Schule und der Schüler, sowohl derer mit als auch derer ohne Behinderungen, immer präsent sind. Dies merke ich daran, dass ich überall herumlaufen kann, ohne von allen Seiten komisch angeguckt zu werden. Schätzen gelernt habe ich dies erst durch meinen Eintritt in die Oberstufe. In der Oberstufe gibt es bei uns nämlich eine Kooperation mit einem anderen nicht integrativen Schulzentrum in Bochum. Immer wenn ich dort über den Schulhof gehe, werde ich angestarrt und die Schüler zeigen mit dem Finger auf mich.
Ich habe zwar gelernt, damit umzugehen, und weiß auch, dass das eine normale Reaktion ist, da ich eine Einschränkung habe, die diese anderen nicht kennen. Dennoch werde ich von manchen auch angesprochen. Ich bin und war immer offen, über meine Behinderung zu sprechen, weil ich denke, dass ich ihnen etwas beibringen kann.
Die anderen Schüler haben dann etwas Lebenswichtiges gelernt: Toleranz und Offenheit gegenüber Neuem.
Das Besondere hoffentlich generell an integrativen Schulen, aber auf jeden Fall an unserer Schule, ist diese Möglichkeit in der Schulgemeinschaft zu leben, ohne von den meisten angeglotzt zu werden.
Aber, ich habe das Gefühl, dass Schüler mit Körperbehinderung besser integriert sind als Schüler mit beispielsweise geistigen Behinderungen.
Oft stellt sich die Frage, wenn dann mal Probleme in der Schule auftreten, ob es die richtige Schulform ist, oder ob nicht der Besuch einer Förderschule doch besser gewesen wäre.
Ich für mich kann die Frage nur so halb beantworten. Ich war nie auf einer Förderschule und kann deshalb nicht sagen, was ich an der Förderschule gelernt hätte und ob sie vielleicht besser gewesen wäre.
Ich weiß aber, ich bin sehr zufrieden in der Schule, habe meine starken Fächer und meine schwachen, wie jeder andere auch. Ich wurde schon immer und werde noch immer auf demselben Leistungsniveau unterrichtet wie meine Mitschüler. Der Unterschied zwischen mir und meinen Mitschülern ist, dass ich nicht so schnell laufen kann.

Das heißt: Ich konnte im Sportunterricht oder wenn wir im Mathematikunterricht zeichnen mussten, nicht dieselben Leistungen erbringen wie die anderen. Aber alle diese Probleme wurden so gelöst, dass ich im Rahmen meiner Möglichkeiten bewertet wurde, sodass ich keinen Nachteil den anderen gegenüber hatte. Daraus ziehe ich für mich die Konsequenz, dass ich nicht auf eine Förderschule hätte gehen sollen um einen größeren Erfolg zu haben.

Sehr häufig ist der gemeinsame Unterricht behinderter und nichtbehinderter Schüler ein Problem, weshalb ein Wechsel auf eine Förderschule in Betracht gezogen wird.

Dazu muss ich aber sagen: Damit hatte ich und habe immer noch kein Problem.

Diesen gemeinsamen Unterricht hatten wir in Fächern wie Kunst, Musik, Arbeitslehre und auch Sport. In den Fächern Kunst und Musik erlebte ich diesen gemeinsamen Unterricht als eine große Bereicherung, denn jeder hatte sehr gute Ideen und jeder hatte andere, sodass jeder jedem neue Inspirationen gegeben hat.

Im Fach Sport war ich ja ganz persönlich als Benachteiligter betroffen, da ich aufgrund meiner Behinderung, wie oben schon erwähnt, keine vergleichbare Leistung erbringen konnte.

Aber ich muss trotzdem sagen, ich habe den Unterricht geliebt, denn ich hatte immer Anreize an mir zu arbeiten, zu kämpfen und mich zu entwickeln.

Ich habe es immer verdrängt, aber trotzdem denke ich manchmal darüber nach, ob ich mich irgendwann einmal sportlich mit meinen Klassenkameraden messen kann. Und ich muss sagen, ich kann mich noch an manch einen fassungslosen Blick von Lehrern und Schülern erinnern, wenn ich dann mal alles gegeben habe und dann der Unterschied zwischen mir und den anderen gar nicht mehr ganz so groß war.

An ein Erlebnis kann ich mich ganz besonders gut noch erinnern: Wir haben mit der Klasse eine Wanderung gemacht. Wir sind von Lünen nach Dortmund gelaufen. Das sind sechzehn Kilometer gewesen. Meine Lehrer wollten, dass ich meinen Rollstuhl mitbringe. Aber dennoch hatte ich die Möglichkeit soviel zu laufen, wie ich kann.

Alle anderen, die gelaufen sind, haben mich immer weiter angespornt, weiter zu laufen. Der Ausflug war so richtig anstrengend, aber ich bin dreizehn Kilometer gelaufen. Das Beste darin war aber, dass ich selber nicht wirklich daran geglaubt habe, das schaffen zu können. Es schien aussichtslos. Aber ich habe es geschafft und dieser Gedanke gibt mir noch heute sehr viel, um mich selbst zu motivieren.

Ich glaube, dass ich dies auch nur geschafft habe, weil ich meine Mitschüler zur Motivation um mich hatte, deshalb bin ich überzeugt, dass sich auch im Sport dieser gemeinsame Unterricht gelohnt hat. Mir sind aus eigener Erfahrung keine Fälle bekannt, in denen das Konzept des gemeinsamen Unterrichts in Frage gestellt werden sollte.

Unterschiede zwischen Sekundarstufe I und der Oberstufe gibt es allerdings auch. Aufgrund des Zentralabiturs, das alle Schüler der Oberstufe als Ziel haben, gibt es nur noch gemeinsamen Unterricht. Die Möglichkeit, besonders benotet zu werden, wie ich es im Sport wurde, besteht nicht mehr. Aber deshalb konnte ich das Fach abwählen und habe außerdem noch eine Klausurzeitverlängerung. Damit komme ich sehr gut klar.

Das heißt, es hat sich was verändert in der Oberstufe, aber ich bin doch alles in allem sehr zufrieden mit dieser Veränderung. Dadurch, dass ich Sport abgewählt habe, bekomme ich hier nicht automatisch schlechte Noten, die mich möglicherweise in Probleme bringen können.

Außerdem kann ich sagen, dass ich mit meinen Lehrern sehr zufrieden bin. Ich habe zumindest keine Probleme mit ihnen wegen meiner Behinderung.

In der Unterstufe hatte ich manchmal das Gefühl, die Lehrer wollen über mich verfügen und meinten besser zu wissen, was besser ist für mich als ich. Dabei gibt es Bewegungen, wie zum Beispiel das Trampolin springen, das zwar für viele als basale Stimmulation sehr gut ist, für mich gilt aber, dass es meine Behinderung unter Umständen negativ beeinflussen kann.

Aber auch hier habe ich mit der Zeit gelernt, mich durchzusetzen. Je älter ich jedoch wurde, desto mehr hat das auch erwartungsgemäß geklappt. Jetzt in der Oberstufe habe ich absolut das Gefühl auf jeden Fall auf Augenhöhe mit allen anderen zu sein. So wie ich das wahrnehme, wird auf mich in der Schule genauso viel Rücksicht genommen wie auf meine anderen Mitschüler. Die einzige Ausnahme könnten Ausflüge darstellen, da hier ja die Gefahr besteht, dass ich den Anschluss verpasse und dann irgendwo „strande". Diese Gefahr ist aber sehr gut dadurch abgefedert, dass die Lehrer darauf achten, dass ich mitkomme. Aber auch ich und meine Mitschüler achten sehr gut auf einander.

Aus diesem Achten aufeinander resultiert natürlich nun, dass ich keine Probleme mit meinen Mitschülern habe, die auf meiner Behinderung gründen und die meine Mitschüler nicht auch haben könnten. Auch die oben beschriebenen Probleme an der Schule, mit der wir kooperieren, treten nicht mit den Schülern meines Kurses auf, sondern mit denen, die ich überhaupt gar nicht kenne.

Trotz allem muss ich leider sagen: Das war nicht immer so. Je älter meine Mitschüler werden, desto mehr respektieren sie mich, desto weniger Probleme habe aber auch ich, mich in neue Gruppen zu integrieren. Außerdem gehe ich selbst mit meiner Behinderung sehr offen um. Meine Theorie ist, dass ich deshalb auch sehr wenige Probleme mit der Behinderung habe, denn auch die Probleme waren früher nur ganz selten mit Schülern meiner Klasse.

Ich hatte schon in der Unterstufe, ich glaube in der sechsten Klasse, von meinen damaligen Lehrern die Möglichkeit bekommen, mich vor den Lehrern und Schülern in einer Stunde vorzustellen. Ich habe ein paar meiner bis dahin benutzten Hilfsmittel mitgebracht und habe mich den Fragen meiner Mitschüler gestellt.

Ich habe es geschafft die Schüler zu erreichen. Das Ergebnis war ein besseres Verhältnis zwischen mir und den Mitschülern und diese haben dabei sogar noch etwas gelernt. Ich habe „Behinderung zum Anfassen" geboten und habe so ganz einfach der Behinderung, dem Unbekannten, das Gefährliche genommen. Letztens, etwa sechs Jahre nach dieser Stunde, wurde ich noch darauf angesprochen, es sei wirklich interessant gewesen.

So eine Fragestunde habe ich nun auch schon einmal in einer fünften Klasse, die mich eingeladen hat, gemacht. Ich habe das Gefühl, dass auch diese Stunde ein voller Erfolg war.

Um die anfänglich aufgeworfene Frage zu beantworten, ob das Konzept der Integration geklappt hat, oder: ‚Heißt die Schule nur integrativ und es ist nicht integrativ drin?' habe ich diesen Text geschrieben. Ich komme zu dem Schluss, dass das Konzept aufgegangen ist. Wobei ich sagen muss, die Frage, ob man das Konzept noch optimaler umsetzen kann, kann ich leider nicht voll beantworten, auch wenn ich betroffen bin. Denn ich habe die Erfahrung gemacht, dass es nicht die eine perfekte Integration gibt. Jeder Betroffene hat andere Ideen, wie so ein Konzept der gelungenen Integration aussehen könnte. Deshalb finde ich es persönlich auch sehr wichtig, an einem solchen Projekt teilzunehmen. Denn die Meinung anderer Betroffener hilft vielleicht auch mir, in der Schule oder in der Freizeit auftretende Probleme für mich am besten zu lösen.

Ich glaube diese gelungene Integration sogar an einer Sache festmachen zu können. Wenn ich mich frage, was für eine Rolle meine Behinderung im Schulalltag spielt, kann ich glücklicherweise sagen: Sie spielt primär keine Rolle. Ich denke auch gar nicht immer daran, dass ich behindert bin. Das heißt, dass ich nicht immer daran erinnert werde, weil ich in der Klassengemeinschaft und der Schule akzeptiert und integriert bin.
Aber dennoch habe ich ein paar Dinge erlebt, die bei mir sehr gut waren, die man vielleicht zur Regel werden lassen sollte.
Als erstes fällt mir dafür erneut die oben genannte Stunde ein zur Präsentation der Behinderung und der Probleme, die damit einher gehen.
Mir fällt aber noch ein weiterer Ausflug ein, der mir gut gefallen hat und von dem ich denke, dass die Mitschüler hier sehr viel gelernt und auch sehr viel Spaß hatten.
Wir waren im CentrO in Oberhausen. Auf diesem Ausflug hatten wir meinen Rollstuhl mit und wir Schüler hatten die Aufgabe, uns in die Lage von Rollstuhlfahrern hineinzuversetzen, in dem wir überprüften, wie rollstuhlgängig dieses Einkaufszentrum ist. Das Ergebnis dieser Aufgabe war dann, dass das CentrO sehr schlecht mit dem Rollstuhl zu benutzen ist. Aber das Hauptergebnis war eigentlich noch ein ganz anderes: Alle haben durch dieses Rollenspiel spielerisch erfahren, was für Probleme eine Behinderung mit sich bringen kann. Dies hat die Schüler wirklich verändert. Auf dem Rückweg wurde ich dann schon ein paar Mal angesprochen, wie das denn für mich ist mit meiner Behinderung.
Das Ergebnis: Die Schüler haben etwas gelernt und ich war überglücklich, denn es gab ab diesem Tag wieder ein paar Menschen weniger, die immer doof hinter Menschen mit Behinderungen hergucken, da es etwas ist, das sie nicht kennen.

5.3 „Mir geht es nicht um irgendwas: entweder ich kann mit allen Kindern mitmachen oder ich gehe da nicht mehr hin!"

Alexandra Engel

Inklusion ist eine Herzensangelegenheit

Der Wunsch, dass das eigene Kind selbstverständlich Teil unserer Gesellschaft ist, ist ein emotional geprägter Wunsch. Das starke Engagement von Eltern für die Inklusion ihrer Kinder ist daher anders als das von Fachkräften und Wissenschaftlern ein stark emotional geprägtes. Das macht stark, aber auch besonders verletzlich. Im Dialog bekomme ich Feedback, auch konstruktive Kritik, werde ernst genommen und kann Gestaltungsvorschläge machen, gleichberechtigt mit entscheiden. Wenn ich für die Rechte meines Kindes kämpfen muss, ist die Macht häufig auf der anderen Seite oder es gibt einen Machtkampf. Das kostet Kraft und verletzt. Das Thema Inklusion aus Elternperspektive wird daher hier insbesondere auf die Frage zugespitzt: Wo muss ich für mein Kind kämpfen und wo gibt es einen konstruktiven Dialog zur Inklusion? Gelebte und gelungenere Inklusion im Alltag ist aus meiner Perspektive ein Alltag mit engagiertem Dialog, auch mit konstruktivem Streit, aber ohne Kraft raubenden und verletzenden Kampf.

Wo habe ich Handlungsspielräume zum Dialog und der Gestaltung von Inklusion und wo nicht?

Inklusionschancen sind abhängig von Lebenschancen: Für die Freizeit ist beispielsweise entscheidend, welche Freunde und Verwandte ich habe, ob es gemeinsame Hobbys geben kann, ob mein Einkommen ausreicht für meine Form der Teilhabe. Der Bereich familiärer Freizeit kann ein freudiger, aber auch ein leidiger sein: Gerne würde ich mit meinem Sohn wandern gehen. In der Form, in der ich das möchte, geht das nicht. Aber ich habe eine Wahl: Ich kann alleine wandern gehen oder mit Freunden, ich kann Wanderrouten suchen, die rollstuhlgerecht sind. Wie so oft im Leben muss ich mich mit dem Möglichen arrangieren. Behinderung ist dabei ein limitierender Faktor neben Anderen. Hier kann ich neben den Limits auch die Chancen sehen: Die Behinderung meines Sohnes hat dazu geführt, dass nun sehr, sehr nette Menschen Teil meines Lebens sind. Inklusion hat in der Freizeit die Chance, verhandelbar zu sein und mit meiner Kraft hergestellt werden zu können.

Im krassen Gegensatz dazu steht das derzeitige medizinische System: Kinder mit Behinderung sind eine Minderheit, für die das Recht nur schwierig für alle gleichermaßen gültige Maßstäbe definieren kann. Die Steuerungsmechanismen werden zunehmend pauschaler und individuelle Entscheidungsspielräume von Ärzten, Therapeuten und Krankenkassen beschnitten. Es folgt nicht gesundem Menschenverstand und Inklusion in das Gemeinwesen, wenn ich Windeln per

Internet im Allgäu bestellen muss und nicht meinen Sohn selber schicken kann, sie beim Drogeriemarkt um die Ecke kaufen zu gehen. Die Qualität medizinischer Behandlung steht im direkten Zusammenhang mit der sozialen Herkunft des Kindes. Das medizinische System ist mehr als exkludierend oder inkludierend: Es ist entmündigend. Was wiederum zur Exklusion führt und damit zum Kampf. Für einen gelungenen Dialog fehlen die Partner (siehe auch Artikel von Lelgemann zum Gesundheitswesen).

Inklusion ist eine Frage von Handlungsoptionen

An den Beispielen Freizeit und medizinischem System wird deutlich: Je stärker Strukturen festgelegt sind und je weniger Gestaltungs- und Verhandlungsspielräume bestehen, desto geringer sind die Chancen, gut für das eigene Kind sorgen zu können, und desto größer ist das Risiko von Exklusion. Das kostet Kraft, zwingt zum Kampf und verletzt.

Der größte, stark durch politisch entschiedene Bedingungen strukturierte Raum für alle Kinder und Jugendliche ist die Schule. Die eigenen Kinder darin zu begleiten, mit Schulstrukturen lebbare Arrangements zu treffen, kostet alle Eltern Kraft. Ähnlich wie im medizinischen System trifft das Schulsystem Kinder mit Behinderungen besonders hart: Was passiert, wenn ich nicht ins Schema des „Normalen" passe? Schule ist stark politisch und administrativ strukturierter Raum, aber über Inklusion entscheiden nicht nur Personalkapazitäten, Geld und rechtliche Bedingungen, wie folgende Beispiele aus dem Alltag zeigen sollen:

Es ist mal wieder so ein Abend, mein Sohn liegt im Bett und ruft: „Ich geh nicht mehr zur Schule!" Ich rufe genervt zurück: „Natürlich gehst du zur Schule!" Währenddessen hat der Vater gerade das Telefongespräch mit der Sportlehrerin beendet. Das schulinterne Fußballturnier ist ein Problem: Er hat mitgeübt, wie alle. Aber es ist ihm schnell vor Augen geführt worden: Jetzt, in Klasse 3, ist gut gemeint nicht mehr gut gemacht. Und dann kommt die Lehrerin und sagt: „Du musst den Ball mit der Fußspitze kicken!" Da war es aus. Da hat er sich mit dem Gesicht zur Wand auf die Bank gesetzt. Die Sportlehrerin ist überfordert und bittet den Schulassistenten um ein Angebot. Er sagt: „Was soll ich ihm den anbieten, hier ist doch gar kein Platz in der Turnhalle, wo ich was mit ihm machen könnte. Und außerdem, warum soll ich jetzt die Kastanien aus dem Feuer holen?" Das Kind sagt: „Mama, da habe ich mir den Arm vor meine Augen gehalten und leise geweint." Ich sage: „Mensch, in der Turnhalle, da findest du doch bestimmt was anderes, musst du dir was suchen oder nimm dein Diabolo mit." Und eigentlich denke ich, dass ich ihn nicht mehr zur Schule bringen will. Kind sagt: „Mir geht es nicht um irgendwas, entweder ich kann mit allen Kindern mitmachen oder ich gehe da nicht mehr hin!"

Das Problem: Unser Sohn, dritte Klasse, hat einen offenen Rücken, fährt draußen im Rollstuhl und kann drinnen mit Orthesen gehen. Und er kann den Ball eben nur mit der Fußinnenseite kicken, nicht mit der Fußspitze. Bis jetzt war Sport sein Lieblingsfach. Jetzt ist es schon viertel vor neun abends, Vater tut sein Bestes, Sohn davon zu überzeugen, dass er mit Optimismus am kommenden Tag zur Schule gehen könne: Die Sportlehrerin habe ihm versichert, sie würde sich etwas ausdenken. Der Abend ist gelaufen, wir fallen alle nur noch erschöpft ins Bett.

Kurz vor Ende des 2. Schuljahres: Erzieherschülerinnen haben der Schule kurz vor den Sommerferien die Organisation einer Waldwoche angeboten. Nach dem ersten Tag kommt unser Sohn weinend nach Hause: „Mama, ich habe 36 Stöcke für das Stockbrotbacken geschnitzt, aber wir sind doch nur 24 Schüler. Was Anderes konnte ich da nicht machen. Ich will da nicht mehr hin." Ich schaue mir die Situation im Wald selbst an und gerate, nachdem mein Sohn vor Erschöpfung zusammen gebrochen ist, in einen heftigen Streit mit der Lehrerin: Niemand hat bei der Planung der Waldwoche über die Behinderung des Kindes und deren Konsequenzen konzeptionell nachgedacht. Für ihn ist das Bewegen im Wald so, wie für uns Fußgänger der Tanz durch den Forst auf einem Zirkusball. Er braucht permanente Assistenz, hat keine Aufgabe bekommen und fühlt sich ohnmächtig.

Am kommenden Tag das schriftliche Zeugnis: „Er spielt gerne mit drei anderen Kindern. Die spielen aber auch gerne auf dem Klettergerüst. Dann muss er alleine spielen. Er sollte lernen, seinen Unmut darüber adäquat zu äußern." Hintergrund: Die seit über 20 Jahren integrative Schule hat im Rahmen der Schulhofneugestaltung ein riesiges Klettergerüst bekommen, das für körperbehinderte Kinder nur sehr eingeschränkt nutzbar ist. Alle Kinder spielen dort und mein Kind kann es nicht. Was heißt es in diesem Fall, den Unmut adäquat zu äußern: die Planer des Spielplatzes verantwortlich zu machen? Die Schulleitung zu fragen, ob sie das unter Inklusion versteht? Was ist da die adäquate Reaktion eines 8-jährigen Jungen?

Inklusion in der Schule ist eine Frage von Handlungskompetenz und konstruktivem Dialog

Diese Beispiele machen deutlich, dass Inklusion in der Schule ebenso vom Nachdenken, Verstehen und Wahrnehmen, wie von den gegebenen starken Strukturen abhängt. Ich wünsche mir, dass die Lehrerinnen und Lehrer mein Kind mit seinen Potentialen und Bedürfnissen wahrnehmen. Nicht wegdelegieren an die Sonderpädagogin und den Assistenten und stattdessen den aktiven Dialog suchen. Auf dieser Basis könnten sie inkludierende Handlungskompetenzen im Alltag verbessern.

Die Rolle der Schulassistenzen muss dabei im individuellen Fall gut geklärt werden: Uns liegt am Herzen, dass der Assistent vor der Tür bleibt und mein Kind ihn ruft, wenn er ihn braucht. Wenn immer jemand neben ihm sitzt, hat er keine Chance, selbstständig zu werden, weil er auch nicht selbstständig wahrgenommen wird. In anderen Fällen wird die Rolle anders zu definieren sein. Vom Sonderpädagogen erhoffe ich mir Unterstützung für mein Kind, im Sportunterricht, im planerischen Vorfeld bei der Konzeption von Ausflügen und Klassenfahrten, er soll kontrollieren, ob die Lautstärke in der Klasse mit der Hörbehinderung korrespondiert. Er soll den Rahmen schaffen für selbstständiges Lernen und dann eingreifen, wenn es mal nicht geklappt hat. Dann in Ruhe Dinge wiederholen. Er soll Anwalt meines Kindes sein und seine Kolleginnen und Kollegen sensibilisieren und fortbilden.

Mein Kind erkämpft sich stetig den Platz in dieser Schule. Und alle anderen Kinder sind eben selbstverständlich da und fühlen sich auch so. Mein Herz schmerzt, meinen Sohn kämpfen sehen zu müssen und ich freue mich, dass er zunehmend mehr lernt, Probleme im Dialog zu lösen, zu verhandeln statt zu kämpfen. Die Kommunikationskultur der Schule hat einen starken Einfluss darauf, ob die Probleme der Inklusion im Alltag lösbar sind oder ein Kind am Kampf zerbricht. Eine andere Mutter hat das bislang integrativ beschulte Kind in eine Realschule für Körperbehinderte umgeschult: Sie sagt: „Bei uns ist seitdem das Lachen wieder eingekehrt." Ich weiß, was sie meint: Er muss nicht mehr kämpfen.

Jetzt kämpft mein Sohn um seine Stellung in seiner Schulgesellschaft. Wenn er daran nicht zerbricht, vielleicht hat er dann auch gelernt für seinen Kampf um die Stellung in der Erwachsenengesellschaft? Ich hoffe, er lernt auf Dauer, seine Interessen zu vertreten, ohne kämpfen zu müssen. Er möchte Streitschlichter werden in der Schule und ich denke, dass eine Mediationsausbildung für ihn ein gutes Kapital sein könnte.

Die Rolle der Eltern im Schulkontext ist kompliziert: Als Mutter bin ich parteiisch, stelle Anforderungen und zeige auch, wenn ich sauer bin. Mal richtet sich das gegen das Handeln der Lehrerinnen und Lehrer, mal gegen Strukturen im Schulalltag, die festgefahren oder bürokratischer Unsinn sind. Dem Kindsvater wird das übrigens weniger übel genommen. Oft fehlt ein gelungener Dialog und auch ein geeigneter Rahmen dafür. Ich hoffe sehr, dass das Bild der Eltern als defizitäre Wesen, die im Umgang mit ihrem Kind ständig Fehler machen und insbesondere das Bild der zickigen Mutter bald der Vergangenheit angehört, denn: Eltern von Kindern mit Behinderung sind Experten ihrer Kinder. Sie können Fäden zusammen führen, die sonst niemand zusammen führen kann. Oftmals sind diese Kinder beglückt durch unterschiedliche Fachkräfte, denen es auch in der Schule gut täte, voneinander zu wissen. Wenn die Eltern das nicht zusammen bringen, tut es niemand.

Die bislang fehlende Kommunikationskultur und -struktur führt häufig zu Problemen. Ich scheue mich, nach Zusatzterminen zu fragen, weil mein Kind dann schon wieder „mehr" braucht als andere Kinder. Ich habe Angst, dass es der Lehrerin dann zu viel wird und mein Kind schließlich doch raus gemobbt wird. Meist ist das Kind dann in den Brunnen gefallen, wenn ich mich traue, anzurufen. Eine regelmäßige Kommunikation wäre Gold wert. Klare Ansagen zur Erreichbarkeit von Seiten der Lehrer helfen konkret weiter.

Forderung: Fortbildungen in Gewaltfreier Kommunikation, methodischem Handeln zur kreativen Problemlösung und Entscheidung für Inklusion

Was können wir tun? Lehrerinnen und Lehrer sowie Eltern nach dem Konzept der Gewaltfreien Kommunikation ausbilden. Das würde uns weiterbringen im Dialog um die Inklusion und geeignete Schritte dahin. Methodische Fortbildungen im Wahrnehmen, Verstehen und kreativer dialogischer Lösungssuche wären denkbar. Entscheidet sich eine Schulgemeinschaft für Inklusion, sind diese Fortbildungen kein Problem.

Diese Vorschläge für verändertes Alltagshandeln dürfen nicht darüber hinwegtäuschen, dass Inklusion in Schulen politisches Ziel sein muss und damit auch entsprechend strukturell und finanziell gefördert sein muss.

In den letzten Jahrzehnten waren es die Eltern von Kindern mit Behinderungen, die Innovationen vorangetrieben haben und die selbstbestimmt Leben Bewegung, in der Menschen mit Behinderung sich für ihre Rechte einsetzen und dabei auch für die Chancen unserer Kinder eintreten. Viele dort haben sich ihr Recht auf Bildung erfolgreich erstritten und arbeiten heute eigenständig, bezahlt und gewinnbringend für sich und unsere Volkswirtschaft. Das macht Hoffnung! Ich vermisse ein politisches Interesse an Inklusion und ein organisiertes schlagkräftiges Engagement von Seiten der Fachkräfte – einzelne sehr engagierte Lehrerinnen und Lehrer seien hier von der Kritik ausdrücklich ausgenommen.

Was ich sehe, ist die oftmals platte Diskussion über das Für- und Wieder von integrativer Beschulung oder Förderschule und das Hin- und Herschieben von Verantwortung und Zuständigkeit.

Die Frage ist doch letztlich, in welcher Gesellschaft wir leben möchten. Es ist die Frage nach Selektion, Segregation und deren Kriterien. Ich möchte nicht diskutieren, ob ein Kind mit Körperbehinderung die Regelschule besuchen darf und ein Kind mit Down-Syndrom nicht, weil es nicht zielgleich unterrichtet werden kann. Ich möchte, dass das die Eltern entscheiden.

Ich möchte Pluralismus im Schulsystem, weil Menschen nun mal verschieden sind und jeder nach seinem Willen glücklich werden soll. Ich möchte für mein Kind mit Behinderung so entscheiden können, wie ich es für mein Kind ohne Behinderung könnte. Und ich möchte, dass alle anderen Familien das auch können. Ich sehe, dass in unserem Ort die Kinder mit Behinderungen an Regelschulen nahezu alle Eltern haben, die eine akademische Bildung haben. Das ist kein Zufall! Unabhängige Beratung von Eltern mit Kindern mit Behinderung kann hier helfen!

Der Fehler im System liegt nicht am offenen Rücken meines Sohnes. Nur glaubt mein Sohn gerne, das Leid dieser seiner kleinen Welt wird durch seine Behinderung alleine verursacht. Er sieht und spürt, dass sein Wunsch, mitmachen zu wollen, oft ein Problem darstellt. Er glaubt, dass er mit seiner Behinderung das Problem sei und sieht als Kind eben nicht, dass das System kritikwürdig ist. Er wird gezwungen, damit zu leben, scheinbar „schuld“ zu sein, dass alles etwas schwieriger und komplizierter ist als erwartet. Auch deswegen muss er morgen wieder zur Schule, um mitzukriegen, dass auch andere Kinder Zoff miteinander oder mit den Lehrern haben, unabhängig von Behinderungen. Über Inklusion oder nicht entscheidet der gelebte Alltag vor Ort und das ist bekanntlich ein Prozess mit Höhen und Tiefen. Und wenn mein Sohn sein erstes Geld verdient, werde ich rückblickend sagen können, was für ihn und für mich ein guter oder schlechter Weg gewesen wäre oder ist.

Forderung: Bedingungslose Entscheidung für Chancengleichheit und gesellschaftliche Inklusion

Sie möchten wissen, wie das Fußballproblem vom Anfang gelöst wurde? Mein Sohn hat sich selbst die Brücke zur Inklusion gebaut: Er wachte morgens auf und sagte: „Mama, so wie die da spielen, gibt das Tote. Ich mache den Sanitäter." Er hat die Erste Hilfe Vorräte eingepackt und drei andere Kinder gefunden, die mitmachen wollten. Und noch vor der ersten Pause hat die Sportlehrerin das Okay der Schulleitung gehabt, dass er am Nachmittag Kühlpacks kaufen darf. Das Schulfußballturnier hatte also einen Sanitätsdienst und alle konnten mitmachen.

5.4 Mit dem Rollstuhl durch die Baustelle „Schule für alle"

Anmerkungen zur Integration/Inklusion von Schülerinnen, Schülern mit Körper- und Mehrfachbehinderungen in der Deutschschweiz

Susanne Schriber

Einführung

Es wird an den Schweizer Schulen gebaut, geplant, gehämmert, genagelt, renoviert und rekonstruiert, reintegriert; kurzum an den Schweizer Schulen sind allerorts große Reformprojekte und Umwälzungen an der Tagesordnung. Die Integration von Schülerinnen und Schülern mit besonderen Bedürfnissen in die Regelklassen ist seit etwa 10 Jahren wesentlicher Bestandteil der großen Reformen im Schulsystem. Gleichzeitig: Das Sonderschulsystem der Schweiz ist seit den 1970er Jahren ein hoch differenziertes System mit Angeboten für alle unterschiedlichen (kategorisierten) Behinderungsformen. Acht größere Schulen in der Deutschschweiz verstehen sich explizit als separatives, eigenständiges Tagessonderschulangebot für Schülerinnen und Schüler mit einer Körperbehinderung oft in Verbindung mit einer Mehrfachbehinderung.

Alle diese Tagessonderschulen für Körper- und Mehrfachbehinderte verfügen heute über eine mehr oder weniger ausgebaute Integrationsfachstelle (vergleichbar mit den ambulanten sonderpädagogischen Diensten in Deutschland). Es bestehen jedoch, da die Schulen unter kantonaler Hoheit stehen, große Unterschiede betreffend realisierter Integrations- und Inklusionspraxis. In einigen Kantonen besteht nach wie vor ein Integrationsverständnis im engeren Sinne, wonach Kinder mit motorischen Erschwernissen mit wenigen Stunden der sonderpädagogischen Begleitung (oder gar ohne eine solche) im Einzelfall und meist vor dem Hintergrund der Einzelinitiative von Eltern und Lehrpersonen integriert werden. Sie sind im Gesamtbildungssystem „Einzelfälle". In anderen Kantonen wiederum wird ein Verständnis der „Inklusion" gepflegt: Integration von Kindern mit Körperbehinderung; bis zu 50 % (und mehr) der gesamten Schülerinnen-, Schülerschaft der Sonderschule werden integrativ beschult mit einer systematischen sonderpädagogischen Begleitung durch die Sonderschule, Integration wird zum Regelfall. Wo diese vor dem Hintergrund einer gesetzlichen Grundlage erfolgt, welche die Regelschule in die Pflicht nimmt, kann von Inklusion gesprochen werden.

Die Verfasserin ist sich bewusst, dass die Begriffe und Inhalte Integration und Inklusion – gerade auch in internationaler Sicht – nicht eindeutig gegeneinander abgegrenzt bzw. eingegrenzt werden können, weder terminologisch noch semantisch, und theoretische Definitionsarbeiten dazu möglich wären (vgl. Bürli, 2009). Trotzdem wird an dieser Stelle aus Gründen der Vereinfachung auf ein reduktionistisch dichotomes Verständnis von Integration und Inklusion auf der Grundlage von Boban & Hinz (2003) zurückgegriffen: Integration wird verstanden als Aufnahme von Kindern mit speziellem Förderbedarf im Regelschulsystem, welches weder durch Gesetzesgrundlage noch durch Strukturen und Kulturen auf eine solche ausgerichtet ist, sie entspricht eher einem individuumszentrierten Ansatz, denkt in „Einzelfällen". Demgegenüber versteht sich Inklusion als „Regelfall", als Integration in ein Schulsystem, welches als solches durch Gesetz, Struktur und Kultur sich als „Schule für alle" versteht. Dieses Denken fühlt sich eher dem systemischen Denken verpflichtet, denkt in Kategorien der „Heterogenität". In der Schweiz treffen wir in unterschiedlichen Kantonen und Schulgemeinden beide Zugänge an, sprachlich wird oft nicht differenziert, so dass auch fortan die Begriffe parallel verwendet werden. Egal, welche Terminologie bevorzugt wird: Überall ist Integration/Inklusion eines der großen Themen gegenwärtiger Schulreformen. Was aber ist in der Schweiz der Hintergrund, das Fundament dieser großen „Integrationsbaustelle", wie sie sich im letzten Jahrzehnt entwickelte? Aus der Vielzahl von bildungs- und sozialpolitischen Aspekten sei im folgenden Abschnitt auf die Wesentlichen knapp verwiesen.

Eckpfeiler der Baustelle „Integration/Inklusion"

Wie in allen Ländern Europas kann die „Erklärung von Salamanca" (Unesco, 1994) – diese wurde auch durch die Schweiz ratifiziert – als Auftakt und Willensbekundung und Referenzrahmen für die integrative und inklusive Ausrichtung des Programms „Schule für alle" verstanden werden (vgl. Strasser, 2006, 6). Aktuell zeichnet sich zudem – getragen durch entscheidende Trägerorganisationen der Behindertenarbeit – eine Prüfung ab, inwiefern das UN-Übereinkommen die „Rechte von Menschen mit einer Behinderung" als interdisziplinärer Referenzrahmen verbindlicher Leitplanken und konkreter, normativer Grundlagen für die Heilpädagogik dienlich sein könnte, in welchem auch explizit das Recht auf inklusive Bildung (Artikel 24) formuliert ist. Dabei muss angemerkt werden, dass die 2008 in Kraft getretenen Rechte noch nicht von der Schweiz ratifiziert und unterzeichnet wurden (vgl. Wolfisberg, 2009).

Auf Eidgenössischer Ebene muss die „Neugestaltung des Finanzausgleichs und der Aufgabenteilung zwischen Bund und Kantonen" (NFA, 2004) als indirekter, jedoch mächtiger Wirkfaktor der „Integrationsbestrebungen" genannt werden. Auf das Jahr 2008 zog sich die Schweizerische Invalidenversicherung auf eidgenössischer Ebene nach langer Vorankündigung aus der Finanzierung der Sonderschulen zurück, die Bundessubventionen für die Sonderschulen entfallen, da die Finanzierung der Schulen, fortan also auch der Sondereinrichtungen, neu in die Verantwortung der Kantone und Gemeinden fällt. Der NFA hat zur Folge, dass die Sonderschulen neu gegenüber den Kantonen und Gemeinden Qualität und Legitimität zu erbringen haben, die Kantone ihrerseits die Sonderschulfinanzierung im Gesamtbild der Schulfinanzierung betrachten und fachliche, rechtliche, finanzielle Verantwortung übernehmen müssen.

Ebenfalls ins Jahr 2004 fällt auf eidgenössischer Ebene die Annahme des „Bundesgesetztes über die Beseitigung von Benachteiligung für Menschen mit Behinderung" (auch „Behindertengleichstellungsgesetz" genannt, BehiG), in diesem wird unter anderem formuliert: „Die Kantone fördern, soweit dies möglich ist und dem Wohl des behinderten Kindes oder Jugendlichen dient, mit entsprechenden Schulungsformen die Integration behinderter Kinder und Jugendlicher in die Regelschule" (BehiG, 2004, Art. 20, Abs. 2). Durch diese neuen Regelungen auf Bundesebene sind demnach die Kantone vermehrt gefordert, Integrationsbestrebungen aktiv anzugehen und behinderte Menschen haben eine gesetzliche Grundlage, ihre Rechte der Barrierefreiheit und Partizipation einzufordern.

In vielen großen Kantonen der Schweiz werden derzeitig durch neue *Volksschulgesetze* folgende Richtungen vertreten: Integrative Lösungen sind separierenden vorzuziehen, Separation bedarf der besonderen Begründung; Integration ist demnach nicht mehr nur individuelles Recht, sondern auch kollektive Pflicht; Ergänzende sonderpädagogische Maßnahmen sind zu kanalisieren, begrenzen sich beispielsweise auf die Angebote Früherziehung, Logopädie, Psychomotorik und Deutsch als Zweitsprache; die Sonderpädagogikstunden im Rahmen der Integration werden geregelt etwa im Rahmen von – je nach Kanton und Behinderungsform – 4 bis 8 Wochenlektionen.

Im Jahr 2007 wurde eine Interkantonale Vereinbarung über die Zusammenarbeit im sonderpädagogischen Bereich verabschiedet, demnach wäre kantonsübergreifend die integrative Lösung verbindlich einer separierenden vorzuziehen mit der Zusatzformulierung „unter Beachtung der Verhältnismässigkeit". Diese letztaufgeführte Zusatzformulierung dürfte einen großen Ermessensspielraum eröffnen. Das Konkordat tritt in Kraft, wenn zehn Kantone beitreten, eine in Kraftsetzung wird frühestens auf das Jahr 2011 erwartet (vgl. EDK, 2007).

Soweit die Gesetzesgrundlagen, die aus der Sicht der Verfasserin hauptverantwortlich für die „Inklusionsdynamik" sind. Wachgerüttelt wurden Bildungsverantwortliche aber auch durch Forschungsarbeiten zu Integration und Separation im internationalen Vergleich. Eine solche für die Schweiz bedeutungsvolle statistische Studie (Walter-Müller & Häfeli, 2005) fördert zutage, dass in der Schweiz rund 6 % aller Schülerinnen und Schüler an einer Schule mit besonderem Lehrplan unterrichtet wurden, wovon 4,5 % in Kleinklassen, 1,5 % in Sonderschulen. (Die Schülerinnen und Schüler mit einer Körperbehinderung sind – ohne nähere Aufschlüsselung – in den 1,5 % Sonderschulen zu finden). Die Bildungsverantwortlichen der Schweiz nehmen zur Kenntnis, dass sie im Bereich der Separation in Europa die Spitzenposition einnehmen. Mit der gleichen Studie konnte nachgewiesen werden, dass Migrationshintergrund, Wohnort, Sonderpädagogikangebot, Sozial- und Bildungsstatus der Eltern mitunter wichtigere Steuerungsfaktoren für die Separation sein können als pädagogische Indikationen (vgl. Walter-Müller & Häfeli, 2005; Sieber, 2006). Die insbesondere in den 1970er

Jahren vertretene Chancengleichheit kann demnach – nüchtern und realistisch eingeschätzt – in keiner Weise als gewährleistet gelten. Und aller Skepsis zum Trotz: Die Studien zum Bildungserfolg von Schülerinnen und Schülern mit insbesondere Lernbeeinträchtigung (Bless, 2002; Kronig et al., 2000) verweisen auf den größeren Lerngewinn der Schülerinnen und Schüler mit besonderem Unterstützungsbedarf im integrativen Schulsetting.

Es findet – übrigens schon seit mehreren Jahrzehnten – selbstverständlich auch in der Schweiz eine Wertediskussion statt, vertreten insbesondere durch Elternvereinigungen, Selbsthilfegruppen und normativ verpflichtete Theoriebildungen, welche Integration auch in der Regelschule einfordern, beispielsweise repräsentiert durch den in Zürich lehrenden Georg Feuser (vgl. Feuser, 1995). Sie alle vertreten letztlich eine gesellschaftliche Position, wonach die Selektion, die Sonderschule Reproduktion von Ungleichheit und Behinderung, demgegenüber die inklusive Pädagogik eine Humanisierung und Demokratisierung des Schulwesens und der Gesamtgesellschaft bedeutet.

Und schließlich sei zum Abschluss dieser Aufzählung erwähnt: Die Entwicklungen an den allgemeinen Volksschulen und als Folge auch in den Ausbildungsgängen zur Volksschullehrerin, zum Volksschullehrer zielen seit einigen Jahren in Richtung „Umgang mit Heterogenität“; sonderpädagogische Studieninhalte werden an Pädagogischen Hochschulen in Ansätzen bereits in der Grundausbildung vermittelt.

Nachdem die Grundpfeiler des Bauprojektes „Integration/Inklusion“ skizziert sind (Gesetzesgrundlagen zur Gleichstellung und Integration, Sonderschulbildungsstatistik, Wertediskussion und Umgang mit Heterogenität an Regelschulen), soll der Blickwinkel enger auf die Schulen für körper- und mehrfachbehinderte Kinder gerichtet sein.

Aus- und Rückwirkungen der Baustelle auf die Klientel im Sonderschulsystem

Schülerinnen und Schüler, die integriert die Schule besuchen, sind mehrheitlich administrativ einer Schule für körperbehinderte Kinder angegliedert und werden statistisch in der Sonderschulstatistik erfasst. Die Schülerinnen und Schüler mit Behinderung werden von den Integrationsstellen durch Fachpersonen der Schulischen Heilpädagogik, die in der Regel im Anstellungsverhältnis mit den Sonderschulen stehen, begleitet, in der bildungsverwaltungstechnischen Sprache im Kanton Zürich beispielsweise als „Integrative Sonderschulung, IS“ bezeichnet, in Abgrenzung zur „Integrativen Förderung, IF“, welche dem Regelschulsystem angegliedert ist und mehrheitlich für die Kinder mit besonderem Förderbedarf im Bereich des Lernens und des Verhaltens gedacht ist. Die Sonderschulen für Körper- und Mehrfachbehinderte werden demnach – der Terminus ist (noch) nicht verbreitet, zum Teil auch wenig beliebt – mehr und mehr zu „Kompetenzzentren“

oder einfach „Zentren", die nebst ihren Kerngeschäften neben der hoch spezialisierten Förderung im separativen Setting im Sinne von intraschulbezogenen Aufgaben zusätzlich interschulbezogene Aufgaben abzudecken haben wie die

- Fachberatungen von Klassenlehrpersonen im Regelschulsystem
- Fachinformationen und Weiterbildungsangebote für Klassenlehrpersonen, Fachpersonen anderer Spezialisierungen der Sonderpädagogik, Therapiefachpersonen
- Ausführung oder Vermittlung spezifischer Unterstützungen des Kindes vor Ort
- Vermittlung, Koordination von Fachpersonen zur Hilfsmitteladaption (z. B. Schreibsysteme, Unterstützte Kommunikation, Arbeitsplatzanpassung)
- Absicherung von Entlastungs- und Kriseninterventionsangeboten
- Abklärung des Förder- und Unterstützungsbedarfs
- Koordination von Schulischen Standortgesprächen.

Allein diese Aufzählung der neuen, zusätzlichen Aufgaben (ohne dabei Anspruch auf Vollständigkeit zu erheben), verweist darauf, welchem Wandel und welchen Herausforderungen sich die Sonderschulen im letzten Dezennium zu stellen haben.

Es zeichnet sich ab, dass die Sonderschulen mit ihrem separativen und integrativen Angebot zwar die strukturellen Voraussetzungen eines hoch durchlässigen Systems schaffen, in welchem ausschließliches und polares Denken zwischen „integrativ" und „separativ" hinfällig werden könnte. Andererseits geraten Sonderschulen auch zuweilen in ein spannungsgeladenes Verhältnis intern, indem sie gegenwärtig „Integration" und „Separation" oft als sich widersprechend bzw. konkurrenzierend erleben. Klagen und Befürchtungen seitens der Sonderschulen werden laut, wonach einerseits in den Sonderschulen immer mehr Schülerinnen und Schüler mit komplexen schwersten Behinderungen zurückbleiben, andererseits Kinder mit unspezifischen Entwicklungsstörungen, nicht so sehr im Bereich der Motorik, sondern der Wahrnehmung, des allgemeinen Lernens und der emotional-sozialen Entwicklung, zur Klientel gehören, was auf einen Effekt des verkappten Umgehens der Integrationsforderungen in den Bereichen Verhaltensauffälligkeiten, Wahrnehmungsstörungen und Lernbeeinträchtigungen zurück zu führen sein könnte. Das allerdings kann lediglich im Sinne einer Hypothese formuliert werden. Leider ist das körperbehindertenpädagogische Feld in der Schweiz betreffend Schülerinnen-, Schülergruppe statistisch und qualitativ in der Forschung ein wenig bzw. nicht bearbeitetes Feld, da bis anhin der Schwerpunkt „Motorik, Körperbehinderungen", nicht Spezialisierungsgegenstand in der Heilpädagogik bzw. in der Schulischen Sonderpädagogik war (vgl. Schriber, 2007). Es gälte überdies zu prüfen, wie weite die These des „Migrationseffektes" die Zahl der Schülerinnen und Schüler auch an Schulen für körperbehinderte Kinder trotz zunehmender Integration stabil hält: Dieser These folgend hat in den letzten zwei Jahrzehnten der Anteil von Kindern mit Migrationshintergrund an Sonderschulen deutlich zugenommen: Während an den Sonderschulen die Zahl der Kinder mit Schweizerpass konstant blieb, hat sich jene der Kinder ohne Schweizerpass verdoppelt (vgl. Bless, 2004, 51).

Ebenfalls im Sinne von hypothetischen Aussagen kann aufgrund von Praxisbeobachtungen vermutet werden, dass sich im letzten Jahrzehnt – also in etwa parallel zur Integrationsbaustelle – die Schülerschaft an Schulen für Körper- und Mehrfachbehinderte stark verändert hat und zwar in folgende Richtungen:

1. Vermehrte Integration, Abnahme von Kindern mit „leichten" bzw. eindeutigen primären Behinderungen, wie beispielsweise „Cerebrale Bewegungsstörungen", „Spina bifida" usw.
2. Vermehrte Aufnahme von Schülerinnen und Schülern mit schweren, schwersten und mehrfachen Behinderungen (z. B. Cerebrale Schädigungen infolge von Stoffwechselerkrankungen, Kinder im Wachkoma usw.) zum Teil in Verbindung mit schweren, schwersten kognitiven Beeinträchtigungen.
3. Zunahme von Schülerinnen und Schülern mit sehr hohem Pflegebedarf (z. B. Sondenernährung, Beatmung, Wachkoma).
4. Zunahme von Schülerinnen und Schülern mit Förderbedarf im Bereich der sozial-emotionalen Entwicklung; Zunahme der Bilder aus dem Kontext Schwere Wahrnehmungsstörungen, Autismusspektrum-Syndrom und Aufmerksamkeitsdefizit-(hyperaktivitäts)-Syndrom.
5. Insgesamt Zunahme von Zusatzbehinderungen, etwa im Bereich des Hörens, des Sehens und der Wahrnehmung, Zunahme von Störungen aus dem Autismus-Spektrum.
6. Zunahme von chronischen Erkrankungen (z. B. Niereninsuffizienzprobleme als Folge von schweren Autoimmunsystemerkrankungen).
7. Bis anhin seltenere Krankheits- bzw. Behinderungsbilder scheinen zuzunehmen (z. B. neuromuskuläre Erkrankungen wie Friedreichsche Ataxie u. a.).

Die Verfasserin geht also davon aus, dass Kinder und Jugendliche mit primären Körperbehinderungen wie Querschnittlähmung, Cerebralen Bewegungsstörungen, Knochenwachstumsstörungen etc. ihre Schulzeit eher integriert durchlaufen. Im Gegenzug dazu gestaltet sich der Schulalltag im separativen Bereich der Sonderschulen für Kinder mit Körper- und Mehrfachbehinderungen um ein Mehrfaches komplexer, die Gruppe der Schülerschaft wird hinsichtlich Behinderungsbilder und Bildungsvoraussetzungen heterogener, hinsichtlich der Förderungsintensität homogener. Dabei muss angemerkt werden, dass nicht nur die Umwälzungen in der Bildungslandschaft die Veränderung der Schülerschaft bewirken, sondern mit großer Wahrscheinlichkeit auch Erfolge der Medizin, insbesondere der Pädiatrie/Traumatologie und Neonatologie zu neuen oder häufiger anzutreffenden Schädigungsbildern gerade im Bereich der Schwer- und Schwerstbehinderungen führt.

Das bedeutet, dass an den Sonderschulen vermehrt Kompetenzen im Bereich der Förderung und Bildung von Schülerinnen, Schülern mit schwersten Behinderungen gefordert sind sowie im Umgang mit Verhaltensauffälligkeiten, Entwicklungsverzögerungen im Bereich des emotional-sozialen Verhaltens und der schweren Wahrnehmungsbeeinträchtigungen. Leider liegen auch zu diesen Aussagen und Beobachtungen betreffend veränderter Schülerschaft keine empirischen Befunde vor. Es darf aber angenommen werden, dass sich die Schweiz hier nicht zu sehr von Entwicklungen aus dem Nachbarland unterscheidet. Die Studie von Lelgemann, Fries (2009) belegt mittels deskriptiver Statistik oben genannte Aspekte. Die Hypothese über eine mögliche Wechselwirkung zwischen der veränderten Population an Schulen für Körper- und Mehrfachbehinderte mit den aktuellen Integrationsbestrebungen des Regelschulsystems müsste selbstverständlich einer sorgfältigen Untersuchung/Prüfung unterzogen werden.

Zum Zahlenverhältnis von Integration und Separation an Schulen für körper- und mehrfachbehinderte Kinder in der Deutschschweiz

Anlässlich der vorliegenden Bestandsaufnahme gelangte die Verfasserin mit einer einfachen Umfrage an die Schulleitungen der acht größten Tagesonderschulen, welche sich explizit als separatives Angebot für Körper- und Mehrfachbehinderte Kinder in der Schweiz definieren. Das Interesse galt der Frage, wie viele Schülerinnen und Schüler derzeitig (Januar 2010) integriert beschult und durch die Integrationsstellen der entsprechenden Sonderschulen für Körper- und Mehrfachbehinderte begleitet werden[1]:

Zusammengefasst wird etwas mehr als ein Drittel aller Schülerinnen und Schüler mit Körper- und Mehrfachbehinderung in der Deutschschweiz integriert beschult. Es geht in dieser kleinen Zusammenstellung nicht um ein „Ranking" der einzelnen Schulen, zu verschieden sind die kantonalen bildungspolitischen Voraussetzungen und Ausrichtungen zum Thema „Separation/Integration, Inklusion". Es zeichnet sich ein Bild ab, wonach die Gründung der meisten Integrationsfachstellen um die Jahrtausendwende angesiedelt ist, was mit den oben dargestellten sozial- und bildungspolitischen Fakten zum Hintergrund der Integration/Inklusion in der Schweiz in Verbindung gebracht werden kann, sicherlich aber auch mit dem angekündigten Rückzug der Invalidenversicherung aus der Sonderschulfinanzierung. Es wird nebenbei ersichtlich, dass die Gründung der acht Sonderschulen mehrheitlich um 1960 erfolgt und sicherlich nebst der Initiative von Eltern und Bildungsfachleuten in einem Zusammenhang mit der Invalidenversicherung gesehen werden kann, welche die Finanzierung der Sonderschulen wesentlich stützte. Demnach spielten auch damals ökonomische Aspekte eine zentrale Rolle im Bildungsangebot. Es kann kaum übersehen werden, dass Separations- und Integrationstendenzen nicht nur bildungsethische und heilpädagogische Anliegen sind, sondern immer wieder auch Ursprung oder Folge von Geldmitteln und bildungs-, sozialpolitischem Entscheiden sind. In welcher Weise hier die Wechselwirkungen zwischen Finanzen – Politik und Pädagogik eine Rolle

1 Allen Schulleitungen sei an dieser Stelle für das Zurverfügung-Stellen der Daten freundlichst gedankt.

Tab. 1: Integration, Separation an den 8 großen Tagesonderschulen für Kinder mit Körper- und Mehrfachbehinderungen (Stand: Januar 2010)

Name Sonderschule[2]	**Schüler-, Schülerinnen Total Separation + Integration**[3] **(100 %)**	**Schüler, Schülerinnen in Separation**	**Schüler, Schülerinnen In Integration**	**Schüler, Schülerinnen in Teilintegration**[4]	**Jahr Gründung der Sonderschule**	**Jahr Einrichtung Integrations-dienst**
CP-Schule Birnbäumen, St. Gallen (Daten: Sepp Sennhauser, Schulleiter)	86	50 (58 %)	36 (42 %)	0	1962	1998
CP-Schule, Maurerschule Winterthur (Daten: Melanie Fuchs, Schulleiterin)	110	62 (56 %)	33 (30 %)	15 (14 %)	1968 (1956)	1999 (2004)[5]
Schule für Körper- und Mehrfach-behinderte, SKB Zürich (Daten: Hans Lieberherr, Schulleiter)	105	74 (70 %)	31 (30 %)	0	1959	2001
Stiftung Rodtegg, Luzern (Daten: Judith Stocker, Schulleiterin)	101	70 (69 %)	30 (30 %)	1 (1 %)	1980 (1966)	2001
zeka, Zentren Körperbehinderte Aargau (Daten: August Schwere, Leiter ambulante Dienste)	303	149 (49 %)	154 (51 %)	0	1966	2000
zksk, Zentrum für körper- und sinnesbehinderte Kinder, Solothurn (Daten: Céline Ducommun, Schulleiterin)	63	50 (79 %)	12 (19 %)	1	1977	2006

Name Sonderschule[2]	**Schüler-, Schülerinnen Total Separation + Integration**[3] **(100 %)**	**Schüler, Schülerinnen in Separation**	**Schüler, Schülerinnen In Integration**	**Schüler, Schülerinnen in Teilintegration**[4]	**Jahr Gründung der Sonderschule**	**Jahr Einrichtung Integrationsdienst**
TSM, Schulzentrum, Basel (Daten: Thomas Flückiger, Rektor)	153[6]	99 (65 %)	54 (35 %)	0	1964	1996
Schulheim Rossfeld, Bern (Daten: Rolf Hostettler, Schulleiter)	114	52 (46 %)	62 (54 %)	0	1962	2000
Total	**1035**	**62 %**	**36 %**	**2 %**		

2 Die Reihenfolge der Aufzählung der Tagessonderschulen ist nach dem geographischen Kriterium Ost → West geordnet.

3 In dieser Erhebung ist nicht erfasst, ob die integrierten Schülerinnen und Schüler im engeren Sinne eine Körperbehinderung oder eine andere Beeinträchtigung haben. Es ist zudem nicht ersichtlich, wie hoch und nach welchem Bedarf der Integrationsunterstützungsbedarf ist: Es werden hauptsächlich drei Formen sein: Reine Beratung der Lehrpersonen im Regelschulsystem, Assistenzleistungen, Heilpädagogischer Förderunterricht. Exemplarisch: Das zeka, August Schwere, Leitung Ambulante Dienste nennt bei 92 Schülerinnen, Schülern „Beratung", bei 31 „Assistenz" und bei weiteren 31 „Heilpädagogischen Förderunterricht".

4 Teilintegration: Von Teilintegration wird gesprochen, wenn Schülerinnen, Schüler einen halben bis zu einem ganzen Wochentag in der Regelschule (oder umgekehrt in der Sondertagesschule) integriert werden. Laut Auskunft der Schulleiterin ist in dieser Teilintegration in mehrerer Hinsicht ein Gewinn zu sehen: Eltern und Schülerinnen, Schüler sind schulgemeindenahe verbunden, damit sozial besser integriert im Wohnquartier; sie erhalten laufend eine Vergleichsbasis und realistische Einschätzung der Schul- und Leistungsmöglichkeiten; bei Regelschullehrpersonen und -systemen wird ein Feld des Goodwills und ein Feld des „Integrationslernens" eröffnet; Sonderschule und Regelschule pflegen einen kontinuierlichen Austausch.

5 Im Jahr 2004 wird in der Stadt Winterthur eine Fachstelle für Integration eröffnet, die sowohl für die CP-Schule (Schülerinnen und Schüler mit Körperbehinderungen) wie auch für die Heilpädagogische Schule (Schule für Kinder mit geistigen Behinderungen) zuständig ist.

6 Das Schulzentrum TSM, Basel, bietet Schulbildung für Kinder mit Körper- und Sehbehinderungen an. (Die Abgrenzung ist allerdings nicht einfach, die Regel ist eher eine Mehrfachbehinderung im Sinne einer kombinierten Funktionsstörung). Neben den 153 Schülerinnen und Schülern mit Körperbehinderungen werden 102 Schülerinnen und Schüler als sehbehindert bezeichnet. Von den 102 sehbehinderten Kindern werden 96 integrativ beschult, 6 separativ. Das TSM hat demnach eine Gesamtschülerzahl von 255 Schülerinnen und Schüler.

spielen oder ob gar die derzeitige große Integrationsbaustelle Ausdruck primär eines Spardrucks der öffentlichen Hand sei, wie immer wieder auch mit Sorge formuliert wird, bedürfte erneut differenzierter Analysen.

Die Zahlen machen nicht sichtbar, wie viele der Schülerinnen und Schüler den allgemeinen Zielen des Rahmenlehrplans folgen, wie viele befreit sind von den Lernplanzielen und eine individuelle Förderplanung durch die Sonderschule erhalten. Es versteht sich von selbst, dass die Zahlen überdies nichts über die Qualität und den Erfolg, die optimale Lern- und Förderungssituation der Schülerinnen und Schüler in Integration aussagen, wie deren Schulbiographie insgesamt eingeschätzt werden kann, welche Faktoren als „Gelingensbedingung" bezeichnet werden können, was wohl in qualitativen Studien etwa vergleichbar jener von Uhrlau (2006) erfasst werden könnte. Noch wird in der Schweiz eine Tendenz wahrgenommen, dass der Übertritt in die Oberstufe als strukturelle und psychologische Barriere fungiert. Eisserle (2008) verfasste eine kleine qualitative Studie, wonach Belastungsfaktoren wie unzureichende Förderung im Bereich Selbständigkeit, mangelnde Erholungszeit durch die Mehrbelastung exklusiver Therapien, Identitätsfindung im Sinne einer Orientierung der spezifischen Ausdrucksfindung unter Peers mit ähnlichen Voraussetzungen, Norm- und Leistungsdruck, der mit jeder Schulstufe wächst, dazu führen, dass Schülerinnen, Schüler (wieder) an die Sonderschulen wechseln, meist beim Übertritt in die Oberstufe. Doch wie gesagt, auch diese Tendenzen dienen allenfalls der Hypothesenbildung für umfassendere Studien, in welchen auch Langzeitaspekte zu berücksichtigen wären.

Auf pragmatischer Ebene leisten verschiedene Instrumente wie beispielsweise der Index für Inklusion Hinweise für die Voraussetzungen von Integration/Inklusion (Hinz & Boban). Konkreter und für die alltägliche Praxis gedacht, spezifischer auf die Bedürfnisse körperbehinderter Kinder ausgerichtet, arbeiten Eisserle und Schriber (2010) in der Ausbildung mit „Gelingensbedingungen für die Integration von Schülerinnen und Schülern mit Körper- und Mehrfachbehinderungen" in Anlehnung an Lamontagne-Müller (2006) und Schöler (2009). Zurzeit formulieren sie dazu:

Eingangsvoraussetzungen
- Barrierefreiheit
- Zugänglichkeit im Schulhaus, Schulzimmer
- Räumliche Anpassungen

Spezifische körperbehindertenpädagogische Förderdimensionen
- Raumwahrnehmung
- Graphomotorik
- Selbständigkeit, Selbstorganisation

Zusammenarbeit (Eltern, Ergotherapie, Assistenz, Rollen der Integrationsbeteiligten)
- Hilfsmittel- und Arbeitsplatzanpassungen durch Ergotherapie
- Ressourcen Eltern

- Modelle der Kooperation zwischen Integrationsbeteiligten (Rollen, Assistenz, Beratung, Schulische Heilpädagogik, Regelschulsystem)

Einbindung Peergroup Einbindung in Hilfestellungen ja – nein, „Hilfssystem"
- Faktor Sicherheit
- Soziale Integration, Umgang mit Ausgrenzungstendenzen
- Besonderheiten Pubertät

Integrierte Sonderschulung-Vereinbarung Regelung von Dispensationen
- Nachteilsausgleich im informellen, nicht rechtlichen Sinne
- Umgang mit Situationen, die viel Mobilität erfordern
- Einsatz Persönliche Assistenz

Auch diese „Gelingensbedingungen" sind nicht validiert, sie könnten jedoch Grundlage für eine empirische Studie sein, die zum Ziel hätte, Gelingensbedingungen und auch derzeitig mögliche Grenzen bzw. „Belastungsfaktoren" für Kinder mit Körper- und Mehrfachbehinderungen und deren Systeme in Inklusions-/Integrationssettings zu eruieren.

Schlussgedanke

„Unter Integration ist die gemeinsame Unterrichtung von behinderten und nicht behinderten Kindern in Klassen des öffentlichen Schulsystems zu verstehen, wobei für Kinder mit besonderen Bedürfnissen begleitend zum Unterricht die erforderliche pädagogische, sonderpädagogische, therapeutische oder pflegerische Betreuung vor Ort unter Verzicht einer schulischen Aussonderung bereitgestellt wird. Integration ist eine pädagogische Massnahme, die bei gleichzeitiger Garantie einer adäquaten und individuellen Förderung aller Kinder im Hinblick auf ihre optimale gesellschaftliche Integration ergriffen wird" (Bless, 2004, 42 f.).

So weit so gut: Bis dieses Verständnis von „Integration" und die Utopie „Schule für alle" Realität wird, demnach auch die oben erwähnten zwei weiteren Drittel der Schülerinnen und Schüler der Sonderklassen für Kinder mit Körperbehinderungen, auch die Schülerinnen und Schüler mit schweren Verhaltensstörungen, psychosozialen Auffälligkeiten, mit mehrfachen schweren Behinderungen und mit ihnen alle Schülerinnen mit Hör- und Sehbehinderungen, mit geistigen Behinderungen und mit schweren Wahrnehmungsstörungen, mit schwersten Mehrfachbehinderungen in der Regelschule ausreichende heilpädagogische Unterstützung erhalten, hält sich die Verfasserin an ein pragmatisches Verständnis von „Sowohl-als-auch". Es werden in der konkreten Einzelsituation, für die Familie und das Schulsystem im Zweifelsfalle Vor- und Nachteile sorgfältig und kritisch gegenübergestellt, eine Lösung zwischen Regel-, Sonderschulsystem, Kind und Familiensystem gemeinsam gesucht und verantwortet.

Beim derzeitigen Stand der Baustelle „Integration, Inklusion/Separation" wäre es unklug, das bewährte, fachlich hoch spezialisierte System „Separation" zu diskreditieren, den Systemen fachliche und materielle Ressourcen zu entziehen, es sei denn, diese werden gezielt für die Integration genutzt, also ins Regelschulsystem „umgelagert". Es ist also dienlich, sich vom polaren Denken „Integration, Inklusion" – „Separation" zu lösen und Systeme mit fließenden Übergängen und Durchgängen zu schaffen. Bis sich das Regelschulsystem wirklich zu einer Schule für alle entwickeln kann, in welchem Kinder mit einer Körper- und Mehrfachbehinderung bei optimaler fachlicher Förderung ihren gleichberechtigten Platz haben, lohnt es sich bewährte Einheiten des Sonderschulsystems – wenn auch in den oben genannten Facetten der Wandlung und Öffnung – zu erhalten.

Niemand weiß genau, wie die Teilsysteme des großen Bauvorhabens „Inklusion/Integration" ihre Funktionen erfüllen werden, wie gut sich die gemeinsam zu verantwortende Aufgabe „Bildung, Schule, Unterricht, Förderung mit Blick auf größtmögliche Partizipation" erfüllen wird. Wir alle sind Zeuginnen und Zeugen, Mitgestalterinnen und Mitgestalter auf der großen Bildungsbaustelle. Niemand weiß, ob das Bauprojekt Bestand hat. Die Verfasserin selbst würde sich nicht wundern, wenn in einigen Jahren beispielsweise Betroffene und/oder deren Familien gewissermaßen als Schritt der Emanzipation und in Abgrenzung gegen den „Normalisierungszwang" mit dem Verweis auf ein differenzierendes Partizipationsverständnis ein Recht auf Separation geltend machen würden.

Diese „paradoxe, hypothetische Forderung" soll nicht unseren Optimismus, den Veränderungswillen und den ehrlichen, hohen Einsatz aller Beteiligten auf der Großbaustelle „Integration/Inklusion" schmälern, wohl aber uns wach halten, damit der Blick geschärft, das Denken weit ist, in den Bauplänen politische Sachzwänge und dogmatische Positionen zu erkennen und zu diskutieren, um argumentativ besonnen und barrierefrei durch die Baustelle „Integration/Inklusion – Schule für alle" in die nähere Zukunft zu rollen.

Literatur

BehiG (2004): Bundesgesetz über die Beseitigung von Benachteiligung für Menschen mit Behinderung (Behindertengleichstellungsgesetz, BehiG. http://www.admin.ch/ch/d/ff/2002/8223.pdf (Zugriff: 1. 2. 2010).

Bless, G. (2002): Zur Wirksamkeit der Integration. Forschungsüberblick, praktische Umsetzung einer integrativen Schulform, Untersuchungen zum Lernfortschritt (2. Aufl.). Bern.

Bless, G. (2004): Schulische Integration – Kritische Aspekte zu ihrer Realisierung innerhalb der Schweizer Bildungssysteme. In: Kummer Wyss, A. & Walther-Müller, P. (Hrsg.): Integration – Anspruch und Wirklichkeit. Luzern: Schweizerische Zentralstelle für Heilpädagogik, SZH, 41–56.

Boban, J. & Hinz, A. (2003): Index für Inklusion. Lernen und Teilhabe in der Schule der Vielfalt entwickeln. Martin-Luther-Universtität: Halle.

Bürli, A. (2009): Integration/Inklusion aus internationaler Sicht – einer facettenreichen Thematik auf der Spur. In A. Bürli, U. Strasser & A.-D. Stein (Hrsg.): Integration/Inklusion aus internationaler Sicht. Bad Heilbrunn, 15–61.

Eisserle, G. (2008).: Integration bis zum Ende der Primarschule und nicht weiter? Untersuchung zu den belastenden Faktoren beim Übertritt in die Oberstufe bei Kindern mit cerebralen Bewegungsstörungen. In: Schweizerische Zeitschrift für Heilpädagogik 4/2008, 36–42.

Eisserle, G. & Schriber, S. (2010): Gelingensbedingungen für die Integration von Schülerinnen und Schülern mit Körper- und Mehrfachbehinderungen. Zürich: Hochschule für Heilpädagogik. (Unveröffentlichtes Arbeitspapier).

Feuser, G. (1995): Behinderte Kinder und Jugendliche. Zwischen Integration und Aussonderdung. Darmstadt.

Häfeli, K. & Walther-Müller, P. (Hrsg.) (2005): Das Wachstum des sonderpädagogischen Angebots im interkantonalen Vergleich. Luzern.

Kronig, W.; Häberlin, U. & Eckhardt, M. (2000): Immigrantenkinder und schulische Selektion. Pädagogische Visionen, Theoretische Erklärungen und empirische Untersuchungen zur Wirkung integrierender und separierender Schulformen in den Grundschuljahren. Bern.

Lamontagne-Müller, L. (2006): Eine Schule für alle – auch für Kinder im Rollstuhl? Luzern.

Lelgemann, R. & Fries, A. (2009): Die Entwicklung der Schülerschaft an Förderzentren Körperliche und Motorische Entwicklung in Bayern. In: Zeitschrift für Heilpädagogik, 6, 213–223.

NFA (2004): Neugestaltung des Finanzausgleichs und der Aufgabenteilung zwischen Bund und Kantonen (NFA). http://www.efv.admin.ch/d/downloads/finanzpolitik_grundlagen/finanzausgleich/08_NFA-ueberblick.pdf (Zugriff: 1. 2. 2010).

Schöler, J. (2009): Alle sind verschieden: auf dem Weg zur Inklusion in der Schule. Weinheim.

Schriber, S. (2007): Kinder und Jugendliche mit Körper- und Mehrfachbehinderung. Besondere Bildungsbedürfnisse der Schülerinnen und Schüler – Besondere Ausbildungsbedürfnisse für Schulische Heilpädagoginnen und Heilpädagogen? In: Schweizerische Zeitschrift für Heilpädagogik, 11–12, 2007, 36–42.

Schweiz. Konferenz der kantonalen Erziehungsdirektoren (EDK) (2007): Interkantonale Vereinbarung über die Zusammenarbeit im sonderpädagogischen Bereich (2. Aufl.). Bern.

Strasser, U. (2006): Eine Schule für alle: Integration und Inklusion auch in der Schweiz? Eine Standortbestimmung. In: Schweizerische Zeitschrift für Heilpädagogik 3, 2006, 6–14.

Uhrlau, K. (2006): „Es war eine harte Schule!" Menschen mit Körperschädigungen ziehen Bilanz aus ihrer Schulzeit in der Allgemeinen Schule. Eine qualitative Studie auf systemtheoretischer Basis als Beitrag zu einer Individuum bezogenen Schulentwicklung. Oldenburg.

Unesco (1994): Die Salamanca Erklärung und der Aktionsrahmen zur Pädagogik für besondere Bedürfnisse. http;//www.unesco.ch/biblio-d/salamanca.htm.

Wolfisberg, C. (2009): Heilpädagogik und Menschenrechte. Zürich: Hochschule für Heilpädagogik (Unveröffentlichtes Referat anlässlich der Tagung von Hochschule für Heilpädagogik, pro infirmis und égalité handicap, 4. 12. 2009).

5.5 Spezifik in einer Pädagogik der Vielfalt – Schulische Inklusion körperbehinderter Kinder und Jugendlicher

Sven Jennessen

Einleitung

„Die Vertragsstaaten anerkennen das Recht von Menschen mit Behinderungen auf Bildung. Um dieses Recht ohne Diskriminierung und auf der Grundlage der Chancengleichheit zu verwirklichen, gewährleisten die Vertragsstaaten ein integratives Bildungssystem auf allen Ebenen und lebenslanges Lernen" – so die UN-Konvention zur Gleichstellung behinderter Menschen in Artikel 24. Der revolutionäre Kern dieser Aussage wird durch die von den deutschsprachigen Ländern abgestimmte Übersetzung, in der der Begriff *Integration* statt *Inklusion* verwendet wird, terminologisch über Bord geworfen und somit ein „rückwärtsgewandtes Signal gesetzt" (Degener 2009, 165). Bedeutet dies doch in konsequenter Verwendung des Integrationsbegriffs weiterhin die Anpassung des Kindes an das jeweilige Bildungssystem, wohingegen mit Inklusion die Anpassung des Bildungssystems an die Bedürfnisse und Fähigkeiten des lernenden Subjektes gemeint sein soll. Die Tatsache, dass auch vor Einführung des Inklusionsbegriffs schon von der Integrationsfähigkeit bzw. -unfähigkeit der Schule (z. B. Boenisch 1999, 349) statt von der des Kindes gesprochen wurde, weist auf terminologische Unschärfen der Begriffe Integration und Inklusion hin. Diese sind in der Einführung dieses Bandes bereits angesprochen worden. Im vorliegenden Beitrag erfolgt eine Orientierung an einem konsequent systemischen Inklusionsbegriff, ohne dass die grundsätzliche Diskussion über die Terminologie hier erneut geführt würde.

Mit der kritischen Feststellung zur Verwendung des Integrationsbegriffs ist die Bedeutung der UN-Konvention für das deutsche Bildungssystem jedoch nicht erschöpft. Vielmehr stellt diese einen wichtigen Meilenstein für bildungspolitische Inklusionsbemühungen dar, bedarf jedoch der systematischen Einordnung in die aktuelle (sonder-)pädagogische Debatte um Inklusion.

Entsprechend der inhaltlichen Fokussierung des Buches auf eventuelle spezifische Bedarfe körperbehinderter Schülerinnen und Schüler soll deren Perspektive im Kontext der Pädagogik der Vielfalt und der aktuellen Inklusionsdebatte in diesem Beitrag besondere Berücksichtigung finden. Hierbei ist jedoch anzumerken, dass eine konsequente Umsetzung des Inklusionsansatzes die gedankliche Aufspaltung in Gruppen ausschließt und somit ein grundlegendes Spannungsverhältnis zur Sonderpädagogik aufzeigt. Diese Feststellung „gilt jedenfalls so lange, wie diese sich über eine spezifische Klientel legitimiert" (Hinz 2009, 173). Dieses Spannungsverhältnis muss demnach in die Debatte um gelingende und misslingende Inklusionsprozesse aufgenommen und kritisch reflektiert werden, da eine absolute Auflösung desselben aktuell nicht möglich und grundsätzlich zumindest fraglich erscheint. Insofern stellt sich dieser Beitrag – wie viele andere dieses Buches auch – der Herausforderung, inklusiv zu denken und dennoch potentiell spezifische Bildungsbedürfnisse einer in sich heterogenen Personengruppe, die wir körperbehindert nennen (vgl. Ortland 2005, 14), zu thematisieren. Die zentralen Fragen dieses Beitrags lauten demnach:

- Wie spezifisch körperbehindertenpädagogisch muss ein inklusives Schulsystem gestaltet sein? *Und*:
- Wie können Schulen körperbehindertenpädagogische Expertise zum Wohle ihrer Schülerinnen und Schüler entfalten?

Der Blick auf die aktuellen Zahlen der schulischen Förderung von Kindern und Jugendlichen, bei denen sonderpädagogischer Förderbedarf im Bereich körperliche und motorische Entwicklung festgestellt wurde, zeigt für das Schuljahr 2007/2008, dass nur ca. 20 % dieser Schülergruppen in allgemeinen Schulen unterrichtet werden (vgl. Sekretariat der Ständigen Konferenz der Kultusminister der Länder der Bundesrepublik Deutschland 2009 a und 2009 b). Lelgemann & Fries stellen für das Bundesland Bayern außerdem fest, dass in der Integration verstärkt körperbehinderte Kinder und Jugendliche zu finden sind, „die aktiv am Unterricht der Allgemeinen Schule teilnehmen können und deutlich weniger Verhaltensauffälligkeiten zeigen“ (Lelgemann & Fries 2009, 222). Als Vergleichsgruppe fungieren die an einer Förderschule unterrichteten, körperbehinderten Kinder und Jugendlichen. Diese Zahlen weisen auf grundlegende Entwicklungserfordernisse hin, wenn die in der UN-Konvention festgelegten inklusiven Bildungsziele ernsthaft verfolgt werden sollen.

Im vorliegenden Text sollen Thesen über Bedingungen gelingender Inklusion aus einer vorrangig schulentwicklungsspezifischen Perspektive die Diskussion bereichern und weiterführende theoretische wie praktische Konsequenzen anregen. Zunächst erfolgt jedoch eine Systematisierung dieses inhaltlichen Schwerpunktes durch die Einordnung der Thematik in die konzeptionellen Überlegungen einer Pädagogik der Vielfalt.

Körperbehinderungen im Kontext einer Pädagogik der Vielfalt

Unter dem Etikett Diversity Studies werden eine Vielzahl unterschiedlichster Themen und Forschungsschwerpunkte zusammen geführt, die sich aus verschiedenen Perspektiven mit Aspekten von Vorurteilen, Ungleichheiten, Antidiskriminierung, Minderheiten, aber auch Gleichbehandlung und Gleichstellung auseinandersetzen. Hierbei ist die Liste möglicher Diversity Dimensionen fast unendlich lang, beinhaltet aber nahezu durchgängig die Aspekte Gender, Nationalität, Alter, Kultur, Religion, Behinderung und Ethnizität. Trotz der zunehmenden Bedeutung diversitärer Lebensformen, liegen bislang keine theoretischen Entwürfe vor, die ohne hierarchische Differenzierungen auskommen. So wird die Norm einer Gesellschaft durch eine als dominant zu bezeichnende Gruppe festgelegt. Für die weiteren Ausführungen scheint demnach die Feststellung relevant, dass diese sogenannte dominante Gruppe statistisch nicht einmal in der Mehrheit sein muss. „Sie besetzt aber die entscheidenden Positionen und prägt die Kultur einer Organisation – oder übertragen auf die gesellschaftspolitische Ebene: die Leitkultur eines Landes beziehungsweise einer Mehrheitsgesellschaft“ (Krell u.a. 2007, 10). In der Übertragung auf das Phänomen Körperbehinderung bedeutet dies, dass die dominante gesellschaftliche Gruppe ohne Körperbehinderung lebt und dieses Kriterium als ein Maßstab fungiert, nach dem abweichende oder gar defizitäre Zuschreibungen erfolgen. Für sämtliche gesellschaftliche Bereiche – und somit auch für den Bildungsbereich – beinhaltet diese Norm auch die Rechtfertigung sozialer Ungleichheit und/oder die Erwartung der Anpassung der dominierten Gruppen (beispielsweise im Sinne zielgleichen Unterrichts). Die Diversity Studies zielen darauf ab, „Ausgrenzungen und Diskriminierungen gegenzusteuern, die Qualifikationen und Potenziale der vielfältigen Menschen zu maximieren und ihr Zusammenleben reibungsloser zu gestalten“ (Krell u.a. 2007, 14).

Im Kontext dieser Zielrichtung befindet sich die Idee einer Pädagogik der Vielfalt oder auch Diversity Education, die den theoretischen Bezugsrahmen der schulischen Inklusion körperbehinderter Kinder und Jugendlicher darstellen kann. Kernelement einer Pädagogik der Vielfalt ist die „Wertschätzung der Vielfalt der Adressaten von Pädagogik“, die sich zum Beispiel als „starker antihierarchischer Impuls verbunden mit Freude an allem was ‚anders‘ ist (zeigt)“ (Prengel 2009, 105). Entgegen der in der schulischen Praxis häufig anzutreffenden Überzeugung, dass eine große Heterogenität der Schülerschaft vorrangig belastend ist und für Unterrichtsplanung und -durchführung eine Vielzahl von Problemen mit sich bringt, geht eine Pädagogik der Vielfalt davon aus, dass die divergierenden Begabungsprofile und Leistungsstände der Kinder und Jugendlichen vorrangig als bereichernd zu interpretieren sind. Dass sich diese Grundannahme nicht unmittelbar in der integrativen Schul- und Unterrichtspraxis widerspiegelt, zeigt sich beispielsweise dann, wenn innerhalb der Regelschulen Untergruppen zwischen Kindern mit und ohne sonderpädagogischen Förderbedarf gebildet werden und so eine erneute Separation stattfindet. Aber auch in Schulen für Schülerinnen und Schüler mit Körperbehinderungen selbst finden sich immer wieder Homogenisierungsbestrebungen, wenn beispielsweise Klassen oder Lerngruppen für schwerstbehinderte oder autistische Kinder und Jugendliche gebildet werden.

In Auseinandersetzung mit Diskriminierungs- und Separationserfahrungen zielen Intersektionalitätstheorien darauf ab, bewusst zu machen, dass Menschen immer gleichzeitig verschiedenen Gruppierungen angehören, die mit je unterschiedlichen Diversitätsdimensionen gefasst werden. „Für die Behindertenpädagogik ist dieser Ansatz weiterführend, weil er die vielfältigen, sich überschneidenden und einander beeinflussenden Differenzen, die auch das Leben von Menschen mit Behinderungen betreffen, aufmerksam macht und so dazu beiträgt, Pauschalisierungen zu vermeiden" (Prengel 2009, 107). Die Integrationspädagogin Prengel weist aber auch darauf hin, dass Diversity Education zwangsläufig die Auseinandersetzung mit Paradoxien impliziert, die sich nicht kurzfristig ausblenden oder umgehen lassen, sondern Denkanstrengungen erfordern, die auch Unvereinbares und Heterogenes grundsätzlich zulassen: „Bereicherung versus Leiderfahrung, Standardisierung versus Individualisierung und illusionäre Ideologisierung von Vielfalt versus Bemühen und partielle Annäherung an Vielfalt" (Prengel 2009, 109). Diese Paradoxien gilt es gerade angesichts der Diversitätsdimension Körperbehinderung nicht aus dem Blick zu verlieren, da sich hier Themen offenbaren, die die Lebenswirklichkeiten körperbehinderter Schülerinnen und Schüler häufig existenziell kennzeichnen und somit in der Gestaltung inklusiver Schulsettings Berücksichtigung finden müssen. Dies beinhaltet auch die Notwendigkeit im Kontext von Verschiedenheit ein Tertium Comparationis zu präzisieren, da ohne diesen sämtliche Gleichheits- und Differenzaussagen über humane Beziehungen pauschal und unsinnig werden (vgl. Prengel 2007, 56). Für die hier diskutierte Dimension körperliche und motorische Entwicklung bedeutet dies, spezifische Bedingungen inklusiven schulischen Lernens körperbehinderter Kinder und Jugendlicher zu konkretisieren, um daraus gleiche und verschiedene Anforderungen an schulische Lebens- und Lernprozesse abzuleiten. Das Wissen um diese spezifischen Bedingungen ist originär körperbehindertenpädagogisch und kennzeichnet zusammen mit einer entsprechenden Haltung gegenüber körperbehinderten Menschen und der Fähigkeit aus diesem Wissen adäquates Handeln abzuleiten, körperbehindertenpädagogische Kompetenz.

Diese Bedingungen lassen sich folgendermaßen kategorisieren:

Rahmenbedingungen:

- Barrierefreiheit
- Ergonomische Arbeitsplatzgestaltung
- Spezifische Hilfsmittel
- Räumliche, zeitliche und personelle Ressourcen für Pflege und Therapie
- Sonder- und allgemeinpädagogische Fachkräfte
- Flexible Organisationsformen des Schullebens
- Definierte Räume für Kooperation und Teamarbeit

(vgl. Ortmann 1999, 137; Schriber in diesem Band, 116).

Didaktische Besonderheiten/Förderdimensionen:

- Raumwahrnehmung
- Graphomotorik
- Selbständigkeit, Selbstorganisation
- Auseinandersetzung mit Behinderung (vgl. Ortland 2006), subjektiven Leiderfahrungen, je nach Krankheitsbild Sterben und Tod
- Zeitliche Dimensionen des Lernens
- Flexible Organisationsformen des Lernens

Schulethos:

- Commitment der Schulgemeinschaft über eine Pädagogik der Vielfalt
- Vereinbarung zum Umgang mit Ausgrenzung

Diese spezifischen Dimensionen des inklusiven Lernens körperbehinderter Schülerinnen und Schüler können nur skizzenhaften Charakter haben. Zu heterogen stellt sich alleine die Dimension Körperbehinderung dar und beinhaltet eine Vielzahl von Tertia Comparationis, die innerhalb dieser Gruppe von Menschen existieren und somit auch Vergleichsmomente zur dominanten oder Norm-Gruppe nur bedingt fassbar machen. So können körperbehinderte Menschen unter anderen Vergleichsmomenten als dem der körperlichen Entwicklung (z. B. Einkommen, Herkunft oder Nationalität) durchaus zur Norm-Gruppe einer Gesellschaft zählen.

Es stellt sich demnach vor allem die Frage, wie unter Berücksichtigung der oben genannten spezifischen Bedingungen des Lernens körperbehinderter Kinder und Jugendlicher körperbehindertenpädagogische Expertise im Kontext sonderpädagogischer Grundlagenkompetenz in inklusive Schulsettings einfließen kann. Dies eröffnet keine Legitimationsdebatte zu dieser Fachrichtung, sondern begründet im Gegenteil die erforderliche Kompetenz auf der Folie allgemeiner Sonderpädagogik und verwirklicht in einer Pädagogik der Vielfalt, die sämtliche Dimensionen körperlicher Diversität sehend, anerkennend, verstehend und wertschätzend im pädagogischen Alltag fach- und situationskompetent zu berücksichtigen vermag.

Aus dieser Grundannahme zum Verhältnis von Verschiedenheit und Gleichheit unter körperbehindertenpädagogischem Fokus lassen sich Thesen zur gelingenden Inklusion ableiten, die im Folgenden vorgestellt und diskutiert werden.

Thesen zur gelingenden Inklusion

These 1: *Die schulische Inklusion körperbehinderter Kinder und Jugendlicher benötigt körperbehindertenpädagogische Fachkompetenz auf der Basis sonderpädagogischer Grundlagenkompetenzen*

Die Frage spezifischer Förderbedürfnisse und Rahmenbedingungen hat in oben angeführter Skizzierung einiger relevanter Variablen gezeigt, dass trotz der Heterogenität der Personengruppe Kriterien identifizierbar sind, die das schulische Lernen und Leben beeinträchtigen oder auch erleichtern können. Um diese Variablen auch im Einzelfall diagnostizieren und die erforderlichen Konsequenzen initiieren zu können, ist körperbehindertenpädagogisches Wissen unabdingbar. Aktuell vorliegende Daten zur Schülerschaft an Schulen für Schülerinnen und Schüler mit Körperbehinderungen (vgl. Lelgemann & Fries 2009; Schriber in diesem Band) zeigen aber auch, dass die Schädigungsbilder der betroffenen Kinder und Jugendlicher immer spezifischer und in ihrer Prävalenz seltener werden. Als Konsequenz für die Ausbildung von Lehrkräften ist demnach zu empfehlen, dass als eine relevante körperbehindertenpädagogische Kompetenz die Fähigkeit gilt, auf der Grundlage allgemein sonderpädagogischer Fachkenntnis Wege der

Erschließung sehr spezieller, individueller Krankheitsbilder und Schädigungsformen gehen zu können. Diese ersetzt nicht die spezifischen Kenntnisse zu bspw. möglichen Förderbedürfnisse und Fördermöglichkeiten von Kindern und Jugendlichen mit Infantiler Cerebralparese, die immer noch die quantitativ bedeutsamste Gruppe körperbehinderter Heranwachsender bilden, erweitert aber den pädagogischen Blick und bedarf grundlegenderer körperbehindertenpädagogischer Kompetenzen. Als weitere Fachkompetenz gilt in diesem Zusammenhang auch das Wissen um psychosoziale Bedingungen des Lebens mit unterschiedlichen körperlichen Schädigungen, die auf diese bezogenen Copingstrategien und Wege der Unterstützung der Betroffenen. Inklusion aller körperbehinderten Schülerinnen und Schüler kann dann gelingen, wenn diese Expertise der Schule als Institution, den dort tätigen Lehrkräften und den betroffenen Schülerinnen und Schülern selbst unmittelbar zur Verfügung gestellt wird. Die Organisationsformen können hierbei variieren: vom dauerhaften Teamteaching bis hin zum kontinuierlich und zeitlich in adäquatem Umfang beratenden, regionalen Kompetenzzentrum.

These 2: *Schulische Inklusion körperbehinderter Schülerinnen und Schüler gelingt, wenn statt der in integrativen Systemen erforderlichen Kategorisierungen und somit Stigmatisierungen eine grundlegende Wachheit und diesbezügliche Kompetenz für spezifische Bedarfe besteht.*

Uhrlau stellt in ihrer qualitativen Studie u. a. fest, dass keiner ihrer integrativ beschulten körperbehinderten Interviewpartner im Rahmen der Schulbesuche physiotherapeutisch behandelt wurde. Außerdem wurden alle Betroffenen ohne die Feststellung eines sonderpädagogischen Förderbedarfes beschult (vgl. Uhrlau 2006, 103 f). Diese Tatsache war insofern hinderlich für das erfolgreiche Lernen der Schülerinnen und Schüler, als dass ihnen Nachteilsausgleiche verwehrt wurden, die ihnen rechtlich zugestanden und eine in vielerlei Hinsicht angenehmere und konfliktfreiere Schulzeit eröffnet hätten. Unser derzeitiges Schulsystem verlangt nach Kategorisierung und Stigmatisierung als Voraussetzung für die Gewährung spezifischer Formen der Begleitung, Förderung und Unterstützung. Dahingegen fokussiert eine inklusive Perspektive unter Berücksichtigung der Theorie heterogener Gruppen Ressourcen für Systeme, die wiederum gemeinsames und individuelles Lernen für alle ermöglichen sollen (vgl. Hinz 2002). Eine in diesem Sinne verstandene körperbehindertenpädagogische Kompetenz ist Bestandteil der Ressourcen, die allen Kindern einer Schule zur Verfügung gestellt werden und bedarf nicht der vorausgehenden Etikettierung einzelner. Eine solche Integrationspädagogik ist ein Schritt auf dem Weg zu einer Pädagogik für alle, „was nicht misszuverstehen ist, als eine Aufhebung der speziellen pädagogischen Disziplinen (wie Sozial-, Schul- oder Sonderpädagogik“ (Bundschuh, Heimlich & Krawitz 2007, 144). Bei ausreichender Bereitstellung körperbehindertenpädagogischer Ressourcen lassen sich hier vielfältige Benefits für alle Schülerinnen und Schüler konstatieren, wenn beispielsweise die Kenntnisse zur Interdependenz von Motorik, Wahrnehmung und Kommunikation in die Gestaltung von Schulleben und Unterricht Einzug halten.

These 3: *Schulische Inklusion körperbehinderter Schülerinnen und Schüler gelingt dann, wenn Schulen konsensuale Entscheidungen für pädagogische Vielfalt quer durch alle Beteiligtengruppen treffen.*

Schulische Inklusion bedarf langfristiger und begleiteter Schulentwicklungsprozesse. Diese Feststellung fußt auf der grundsätzlichen schulentwicklungsbezogenen Erkenntnis, dass elementare Innovationen in Einzelsystemen intensive diskursive Auseinandersetzungen benötigen, wenn sie nachhaltig und erfolgreich verlaufen sollen. Kastirke & Jennessen (2006) konnten dies beispielhaft in einer Studie zu schulischen Entwicklungsprozessen im Rahmen der Einführung einer neuen Schuleingangsphase in Nordrhein-Westfalen nachweisen. Auch hier stand ein veränderter Umgang mit heterogenen Lerngruppen im Fokus des bildungspolitischen Interesses, dem durch die Jahrgangsmischung der ersten beiden Schuljahre zu entsprechen versucht wurde. Verschärft wurde diese grundlegende Veränderung der Grundschullandschaft dadurch, dass alle Schulen per Erlass zu dieser Strukturmodifikation verpflichtet wurden und nur durch den Nachweis einer differenzierten schulischen Förderkonzeption auch weiterhin jahrgangsbezogen unterrichten konnten. Als förderliche schulinterne Prozesse zeigten sich in dieser Studie Variablen, die im Folgenden in leicht erweiterter Form für inklusive Schulentwicklungsprozesse als relevant eingeschätzt werden können:

- Selbstreflexive und theoretische Auseinandersetzung mit Diversität (z.B. Sielert u.a. 2009)
- Umfassende und rechtzeitige Information über die Rahmenbedingungen der angestrebten inklusiven Entwicklung
- Transparenz aller Entscheidungen und Prozesse nach innen und außen
- Klare Kommunikation von Spielräumen und Optionen für die Umsetzung der Innovation
- Themenbezogene Fort- und Weiterbildung für alle Lehrkräfte
- Netzwerkbildung von Schulen, die sich mit schulischer Inklusion körperbehinderter Kinder und Jugendlicher auseinandersetzen incl. der Möglichkeit gegenseitiger Hospitationen an den Schulen
- Evaluation der schulinternen Prozesse nach klaren Kriterien und transparenten Standards
- Themenbezogene Ansprechpartnerinnen und -partner während des Prozesses
- Professionelle fachliche Prozessbegleitung
- Klare Zuordnung von Kompetenzen und Entscheidungsbefugnissen
- Schaffung von strukturellen Freiräumen für die Schule

(vgl. Kastirke & Jennessen 2006, 290).

Unter Beachtung dieser Kriterien soll zunächst gewährleistet sein, dass die Entscheidung einer Schule für eine inklusive Schulentwicklung auf „breiter Ebene, eben von „unten“, getragen wird“, wie es die Pädagogen Tobias Jarzombek & Reiner Düchting in diesem Band aus eigenem Erleben dieses Prozesses beschreiben. Hierbei ist es erforderlich, dass tatsächlich eine große Mehrheit des Kollegiums dieser elementaren Entscheidung zustimmt. Problematisch gestalten sich inklusive Schulentwicklungsprozesse immer dann, wenn einzelne Pädagoginnen und Pädagogen die Begleitung und Unterrichtung von Kindern mit sonderpädagogischem Förderbedarf unter Verweis auf ihre allgemeinpädagogische Qualifizierung und dementsprechende Berufsmotivation ablehnen. Dies hat in der Regel separierende Strukturentscheidungen innerhalb der Einzelschule zur Folge, die dem systemischen Inklusionsgedanken widersprechen. In diesem Kontext wird auch deutlich, dass erfolgreiche Inklusionsprozesse maßgeblich von Teamentwicklungsprozessen mitgetragen und geleitet sind. Wurde in früheren Publikationen häufig auf die nicht unproblematische Zusammenarbeit zwischen den Lehrkräften mit allgemeinpädagogischer und sonderpädagogischer Qualifikation verwiesen (vgl. z. B. Böhm 2003; Dumke/Eberl 2002), scheinen in der aktuellen Praxis des gemeinsamen Unterrichts die hier fokussierten Problemfelder wie divergierende pädagogische Grundannahmen, ungeklärte Zuständigkeiten und Konkurrenzen an Brisanz verloren zu haben. Möglicherweise hat die zunehmende Routine des gemeinsamen pädagogischen Handelns auch Aspekte der gegenseitigen Bereicherung und Entlastung eröffnet, die die notwendigen Teamentwicklungsprozesse von der eher professionsspezifischen Ebene hin zu allgemeinen Fragen des professionellen Miteinanders lenken. So ist davon auszugehen, dass konzeptionelle Erneuerungen in Schulen immer mit einer Vielzahl von Befürchtungen, Ängsten und Widerständen einhergehen, der auf der anderen Seite Begeisterung und Engagement für die angestrebte Innovation gegenüberstehen. Diese gilt es in Teamentwicklungsprozessen – möglichst unterstützt durch externe Prozessmoderatoren – offen zu legen, auszuhalten und unter Vermeidung moralischer Bewertungen nach konsensualen Lösungen zu suchen (vgl. Jennessen & Kastirke 2004).

Zu beachten ist aber auch, dass die konsensualen Entscheidungen für die gemeinsame pädagogische Förderung behinderter und nicht behinderter Schülerinnen und Schüler nicht nur im Kollegium einer Schule zu fällen sind, sondern alle Beteiligten einbeziehen müssen. Aus systemischer Sicht wird die Einzelschule als System von Kulturüberschneidungen der drei Teilkulturen Lehrkräfte, Schülerinnen und Schülern und Eltern verstanden, die „über je eigene Regeln, Treffpunkte, Rituale, Gesprächsthemen etc. verfügen" (Göhlich 1998, 137). Dieses Verständnis von Schule impliziert eine signifikante Erweiterung des gängigen Verständnisses von Schulkultur, das beispielsweise im „Aufbau einer schulinternen Unterstützungskultur, möglichst quer durch Lehrer-, Schüler- und Elternschaft" (ebd. 145) zum Ausdruck kommt, die für den gelingenden Umgang mit Diversität unerlässlich ist.

Werden auch die *Schülerinnen* und *Schüler* frühzeitig und kontinuierlich in den (selbst-)reflexiven Diskurs über Diversität miteinbezogen, erhalten diese die Möglichkeit, Anderssein als alltägliche Normalität zu erfahren. Dies zeigt beispielsweise eine schulinterne Schülerbefragung an einer integrativen Gesamtschule, nach der die Schülerinnen und Schüler vermuten, dass die Aspekte Hautfarbe, Nationalität, Behinderung, Geschlecht und Sprache nicht als Ausgrenzungskriterien gelten, sondern Gruppenbildung eher von gemeinsamen Interessen und äußeren Erscheinungsmerkmalen abhängt (vgl. Heeger & Reinert 2006, 99). Weitere interessante Ergebnisse dieser Befragung sind, dass mehr Schülerinnen und Schüler der Integrationsklassen meinten, im Unterricht viel zu lernen, als dies in den Vergleichsklassen der Fall war und die Doppelbesetzung der Klassen durch Lehrkräfte, die allen Kindern und Jugendlichen zur Verfügung stehen, äußerst positiv bewertet wurde (vgl. ebd. 99 f). Dies weist darauf hin, dass die intensive Auseinandersetzung mit verschiedenen Diversitätsdimensionen bei den Schülerinnen und Schülern eine große Offenheit für Heterogenität bewirken kann und somit auch zu vermuten ist, dass Klassenklima und Unterrichtsatmosphäre nicht in einem solch gravierenden Maße von der Vorbildkompetenz der Lehrkraft abhängig ist, wie dies bei der fehlenden inhaltlichen Beschäftigung mit diesen Themen nachgewiesen werden konnte (vgl. z. B. Uhrlau 2006, 284). Wenn eine Schule ihre Schülerinnen und Schüler also darauf vorbereiten will, in einer zunehmend komplexeren und individualisierten Welt zu leben, „muss sie diese in das pluralistische Denken und die Diskussion einführen. Sie muss den Kult der Ordnung und des Einordnens, der immer zu einer Ghettobildung führt, an den Pranger stellen" (Maulini 2003, 17).

In der Beachtung der Teilkultur *Eltern* haben zum einen diejenigen Eltern wichtige Diskussions- und Entscheidungsanteile, deren nicht behinderte Kinder die Schule besuchen. Meist benötigen diese umfassende Informationen über die Auswirkungen gemeinsamen Unterrichts auf das soziale und leistungsfokussierte Lernen, um dann die inklusive Schulidee mittragen zu können. Ebenso bedarf es jedoch des intensiven Austausches mit Eltern behinderter Kinder und ihren spezifischen Wünschen, aber auch Kompetenzen bzgl. der Situation ihres Kindes. Hier ist ein gemeinsamer Prozess hilfreich, der sowohl für die besonderen Stärken, aber auch die Verletzlichkeiten der Eltern sensibilisiert und die Herausforderungen der Eltern zu verstehen hilft, wenn diese ihre körperbehinderten Kinder an der Allgemeinen Schule unterrichtet und begleitet sehen möchten: „Die eigenen Kinder darin zu begleiten, mit Schulstrukturen lebbare Arrangements zu treffen kostet alle Eltern Kraft" – so beschreibt eine betroffene Mutter ihre Perspektive (vgl. Engel in diesem Band).

Diese sehr pragmatischen prozessorientierten Gelingensbedingungen für die schulische Inklusion körperbehinderter Kinder und Jugendlicher haben lange Zeit in der Diskussion über die gemeinsame Beschulung eine nur marginale Rolle gespielt und wurden den Fragen nach räumlichen und personellen Ressourcen sowie methodisch-didaktischen Überlegungen untergeordnet. Erst seit die Erkenntnisse der Schulentwicklungsforschung und -theorie zunehmend auch für sonder- und inklusionspädagogische Themen genutzt werden, bereichert eine Perspektive die Diskussion, die in Kongruenz zum systemischen Inklusionskonzept den Blick auf die Schule als Ganzes mit ihren systemspezifischen Entwicklungsmöglichkeiten, Widerständen, Teilkulturen und Unterstützungsbedarfen lenkt. Auch Preuss-Lausitz merkt an, dass eine engere Anbindung der zukünftigen Integrationsforschung an die allgemeine heutige Schulforschungsdiskussion dazu verhelfen könnte, dass diese wissenschaftlich, schulpädagogisch und bildungspolitisch deutlicher wahrgenommen würde (vgl. Preuss-Lausitz 2006, 94). Diese schulentwicklungsspezifische Perspektive gilt es für zukünftige inklusionspädagogische Überlegungen noch stärker in den Diskurs einzubeziehen, da sie es vermag, die Gesamtkultur eines Einzelsystems unter bestimmten Fragestellungen zu beleuchten und bei Veränderungsprozessen explizit zu berücksichtigen.

Als hilfreiches Instrument für die Gestaltung derartiger Prozesse erweist sich zunehmend der in England entwickelte und von Boban & Hinz (2003) übersetzte Index für Inklusion. Unter Berücksichtigung der drei Dimension *Inklusive Kulturen schaffen, Inklusive Strukturen etablieren* und *Inklusive Praktiken entwickeln* beleuchten Schulen unter Einbeziehung aller beteiligten Gruppen unter Zuhilfenahme konkreter Indikatoren und Fragen ihre Schulsituation und entwickeln konkrete Handlungsschritte hin zu einer immer inklusiveren Praxis.

These 4: *Schulische Inklusion körperbehinderter Schülerinnen und Schüler gelingt, wenn im Sinne sozialökologischer Ansätze die Ebene außerhalb der Einzelschule Berücksichtigung findet.*

Die Auseinandersetzung mit Fragen des gemeinsamen Lernens von Schülerinnen und Schülern mit und ohne Körperbehinderungen wird in der Regel auf drei Ebenen geführt: der theoretischen, der bildungspolitischen und der institutionellen Ebene der Einzelschule. Unberücksichtigt bleiben meist Fragen des Sozialraums über die Einzelschule hinaus, die aber Wirkungen tragen in die schulischen Bildungsprozesse hinein und von Relevanz sind über diese hinaus. Uhrlau stellt anhand ihrer qualitativen Interviews integrativ beschulter Jugendlicher fest: „Die Schule verstand sich in keinem der Fälle als Bindeglied zur Öffentlichkeit. Das heißt, auf den außerschulischen Freizeitbereich der Kinder und Jugendlichen wurde konzeptuell kein Einfluss genommen" (2006, 103f). Inklusionsbemühungen körperbehinderter Kinder und Jugendlicher können aber auf Dauer nur erfolgreich verlaufen, wenn über den schulischen Tellerrand hinaus Partizipation am gesellschaftlichen Leben stattfinden kann. Schulpädagogen sollten sich bewusst sein, dass wahre Teilhabe nicht auf einzelne Lebensbereiche begrenzt sein kann, sondern umfassend und unteilbar ist. In diesem Sinne hat Schule hier einen inklusionspädagogischen Auftrag über ihren engen Sozialraum hinaus, für den die konzeptionellen Ideen ganztägiger Bildungseinrichtungen wertvolle Brücken bauen können, insofern diese regional eingebunden sind.

Eine anders akzentuierte, aber kontextual passende sozialökologische Perspektive vertritt Preuss-Lausitz, wenn er fragt: „Mit welchen Argumenten und Handlungen ‚vor Ort' wird gemeinsamer Unterricht unterstützt oder behindert? Wer sind die regionalen Behinderer oder Unterstützer? Welche Strategien sind von einzelnen Schulen (oder Personen) unternommen worden, welche sind warum erfolgreich oder gescheitert? Wie sind die Integrationsbewegung und die Integrationsforschung mit anderen bildungspolitischen Akteuren verbunden und welche Erfahrungen sind damit gemacht worden?" (2006, 92). Deutlich wird das Bemühen um Einbindung singulärer Inklusionsprozesse von Einzelschulen in die sie umgebenden Systeme – im Bewusstsein der Interdependenzen, in denen sich Schulen bewegen und die sowohl Chancen als auch Grenzen offenbaren.

Für die Inklusionsdebatte aus der Perspektive der Körperbehindertenpädagogik lassen sich die aufgeworfenen Fragen noch verschärfen. So kann hier zum einen nach der wissenschaftlichen („wissenschafts*ökologischen*") Einbindung des Faches in die allgemeine Inklusionstheorie und -diskussion gefragt werden. Inwieweit kann und muss sich die Spezifik körperbehinderter Schülerinnen und Schüler in der allgemeinen Inklusionsdebatte verankern, wiederfinden und positionieren, um die Spezifik in der Vielfalt zu thematisieren?

Zum anderen ist die sozialökologische Diskussion aber auch auf einer sehr pragmatischen Ebene notwendig, wenn beispielsweise die Barrierefreiheit vor dem Schulgelände endet, Therapiebedarfe für zeitliche und räumliche Separierungen sorgen oder Freizeitangebote nicht mit den Möglichkeiten und Ressourcen der Kinder und Jugendlichen kompatibel sind. Hier bedarf es einer Aufhebung der Trennung zwischen schulischer und außerschulischer Integration im Sinne wahrer Inklusion in Theorie und Praxis.

These 5: *Schulische Inklusion körperbehinderter Schülerinnen und Schüler gelingt, wenn das Spannungsfeld von Standardisierung vs. Individualisierung reflexiv bearbeitet wird.*

Die aktuelle Schulpädagogik erlebt sich in einem Dilemma. Auf der einen Seite steht die Forderung nach individualisiertem und autonomem Lernen, bei dem die Lehrkräfte als Manager und Arrangeure von Lernsettings eine stark zurück genommene Funktion einnehmen. Auf der anderen Seite sind Bildungsstandards zu beachten und einzuhalten, die zum Beispiel im Zuge immer wiederkehrender nationaler Vergleichstests – auch Lernstandserhebungen genannt – und internationaler Studien kontrolliert werden. Dieses Spannungsfeld verschärft sich dann, wenn von heterogenen Lerngruppen die Rede ist, in denen sich auch Schülerinnen und Schüler mit Körperbehinderungen befinden. So kann es je nach Art und Ausprägung einer Körperbehinderung durchaus möglich sein, dass die Bildungsziele eines Jahrgangs gar nicht oder nicht in der vorgesehen Zeit erreicht werden können. Wann aber sind die individuellen Ziele für die betroffene Schülerin oder den betroffenen Schüler von den gesetzten Standards abzukoppeln? Oder um es mit den Termini von Differenz und Zusammenfassung zu beschreiben: „Bei welchem Spezifitätsgrad muss man bei der Definition der Unterscheidungskategorien aufhören? Wo setzt man den Unterschied an, der endgültig den Unterschied macht?" (Maulini 2003, 12). Prengel sieht durch standardisierte Leistungsansprüche den Respekt vor den individuellen Lernprozessen der Kinder und Jugendlichen gefährdet und formuliert als pädagogische Aufgabe, „dass für jedes Kind im Interesse seiner Chancengleichheit bei Wahrung seiner Individualität so weit wie individuell möglich, sowohl die Annäherung an Bildungsstandards als auch die Entfaltung persönlicher Kreativität" (Prengel 2009, 110) anzustreben sei.

Im Rahmen ihrer kritischen Diskussion des Spannungsverhältnisses von Inklusion und Standardisierung sehen Seitz & Platte lediglich in den vorhandenen Kompetenzstufenmodellen der Bildungsstandards sinnvolle Kategorien für die Entwicklung von Differenzierungsmustern in unterschiedlichen Anspruchsniveaus (vgl. 2006, 126). Allerdings kritisieren die Autorinnen zu Recht, dass die Subjektseite der Aneignung in der pragmatischen Ausrichtung dieser Modelle unberücksichtigt ist, „denn sie bleiben weitgehend ohne Bezug zu den individuellen Lern- und Deutungsweisen verschiedener Kinder und den Prozessen des Lernens" (Seitz & Platte 2006, 128). Insofern sind Standardisierungen wenig geeignet, um aus ihnen heraus Differenzierungsmuster für inklusiven Unterricht zu generieren, sondern sind weitgehend als bildungspolitische Instrumente zu interpretieren.

Schlagen wir an dieser Stelle die Brücke zu den bereits erläuterten konzeptionellen Überlegungen einer Pädagogik der Vielfalt, ist das Etikettierungs-Ressourcen-Dilemma unübersehbar (vgl. auch These 2). Gelten die Begriffe Behinderung und sonderpädagogischer Förderbedarf als förderrechtlich relevante Begriffe, so führt die Definition als behindert zur „Zuerkennung einer Reihe von Nachteilsausgleichen. In der Schule ist die Definition eines Kindes als Kind mit sonderpädagogischem Förderbedarf Voraussetzung für die Finanzierung von zusätzlichen Lehrerstunden" (Lindmeier 2005, 136). Und sie ist auch eine Voraussetzung für die Gewährung von legitimen Abweichungen vom Leistungsstandard. Gerade die Einführung des Begriffs des sonderpädagogischen Förderbedarfs hatte jedoch die Vermeidung von Stigmatisierung zum Ziel, die „institutionell – über die Möglichkeit der Nichtaussonderung – und individuell – über die Zuschreibung von Bedürfnissen im Unterschied zu Behinderungskategorien" (Weisser 2005, 191) erfolgen kann. Es stellt sich aber die Frage, ob diese Anerkennung von individuellen Bedürfnissen, wie sie bei Lernprozessen im Kontext von Körperbehinderungen möglich sind, tatsächlich ohne Etikettierungsprozesse gelingen, solange hieran individuelle Ressourcen geknüpft sind.

Das skizzierte Spannungsverhältnis von Individualisierung vs. Standardisierung kann somit aktuell ausschließlich auf einer rein reflexiven Ebene bearbeitet werden. Hier gilt es einen „Blick grundlegender Anerkennung zu entwickeln, der zugleich die universellen Gemeinsamkeiten aller Schüler/innen, die kollektiven Unterscheidungen (...) und die unverwechselbaren, individuellen Besonderheiten – (...) (etwa in Bezug auf körperliche und motorischen Kompetenzen, S. J.) – aufzunehmen vermag" (Seitz & Platte 2006, 123). An dieser Stelle muss eine konsequente Anerkennung individueller Förderbedürfnisse *aller* Kinder und Jugendlichen erfolgen, in deren Kontext für spezifische Belange einer körperbehinderten Schülerin oder eines Schülers die jeweils differenziert diagnostisch zu erfassenden Nachteilsausgleiche bereit zu stellen sind.

Ausblick

Schulische Inklusion unter dem Blickwinkel körperbehinderter Kinder und Jugendlicher zu beschreiben und somit eine Diversitätsdimension als spezifische Ausgangslage des Lebens und Lernens zu betonen, ist ein Widerspruch in sich. Dennoch ist eine solche Perspektive erforderlich, wenn nicht einer Entwicklung Vorschub geleistet werden soll, in der die Anerkennung von Diversität eine Homogenisierung des

Andersseins zur Folge hat. Die Gruppe körperbehinderter Kinder und Jugendlicher ist jedoch in sich derart heterogen in Bezug auf die Ausprägungen der individuellen Körperbehinderungen und ihrer Auswirkungen auf das Lernen, die psychosoziale Situation und die darauf bezogenen Unterstützungsbedarfe, dass sich die themenbezogenen Diskurse immer entweder auf einer eher abstrakten Ebene oder der Ebene des individuellen Einzelfalls abspielen müssen.

Wird die Frage nach dem geeigneten Förderort für ein körperbehindertes Kind einzig an dem Grundsatz bemessen, dass „die beste Schule für ein bestimmtes Kind (...) dadurch gekennzeichnet (ist), dass sie ihm die Förderung gibt, die es braucht" (Haupt 2003, 44), verhindert dies eine systemische und somit inklusive Perspektive auf die Lebenssituation körperbehinderter Kinder und Jugendlicher. So geht es bei Bildungsprozessen um mehr als um Förderung. Es geht um uneingeschränkte Teilhabe. Hierbei müssen sämtliche Lebensbereiche Berücksichtigung finden, für die Schule eine wichtige Türöffnerfunktion durch Partizipation am Leben in der lernenden Gemeinschaft aller haben kann. Schulen können dies nicht per se leisten, sondern sie benötigen die Bereitschaft, das Wissen und die Ressourcen zur Entwicklung inklusiver Praktiken im Sinne aller Kinder und Jugendlicher. Dies impliziert eine Qualifikation der Pädagoginnen und Pädagogen, die sich „ebenso auf Fachkenntnisse und Handlungskompetenzen wie auf eine akzeptierende Grundeinstellung, die auch Kinder mit schwersten Beeinträchtigungen als lernfähig und heterogene Lerngruppen als produktiv für *alle* Kinder ansehen kann" (Hömberg 2003, 178), bezieht.

Die internationale Konvention über die Rechte von Menschen mit Behinderung hat hierfür den juristischen Rahmen gesteckt. So besagt ein Rechtsgutachten zur Wirkung der Konvention auf das deutsche Schulsystem, „dass die Verwehrung des Zugangs zu inklusivem Unterricht an der Regelschule im Einzelfall („Mikroebene") grundsätzlich als diskriminierender staatlicher Eingriff zu werten ist" (Riedel 2010, 3). Diese Feststellung kann und sollte Eltern und körperbehinderte Schülerinnen und Schüler selbst dazu ermuntern, ihren Bedürfnisse entsprechende inklusive Bildungswege einzuschlagen und wenn nötig einzuklagen. Um diese tatsächlich zu *erfolgreichen Bildungswegen* werden zu lassen, sind jedoch auf administrativer Ebene (Bildungspolitik), institutioneller Ebene (Schule) und individueller Ebene (Lehrkraft) inklusive Prozesse zu initiieren und zu unterstützen, die dann gewinnbringend zu werden versprechen, wenn jedes körperbehinderte Kind und jeder Jugendliche als Bereicherung für das Lernen und Leben aller verstanden wird.

Literatur

Boban, I. & Hinz, A. (2003): Index für Inklusion. Deutsche Übersetzung. Halle.

Böhm, O. (2003): Sonderpädagogische Kooperation ganz einfach oder: Ein Brief nach irgendwo? In: Zeitschrift für Heilpädagogik 11/2003, 469–476.

Boenisch, J. (1999): Schulische Integration körperbehinderter Kinder und Jugendlicher. In: Hansen, G. & Bergeest, H. (Hrsg.): Theorien der Körperbehindertenpädagogik. Bad Heilbrunn, 337–362.

Bundschuh, K., Heimlich, U. & Krawitz, R. (2007): Integrationspädagogik/Inklusive Pädagogik. In: Bundschuh, K., Heimlich, U. & Krawitz, R. (Hrsg.): Wörterbuch Heilpädagogik. 3. Aufl., Bad Heilbrunn, 141–144.

Degener, T. (2009): Menschenrechte und Behinderung. In: Dederich, M. & Jantzen, W. (Hrsg.): Behinderung und Anerkennung. Stuttgart, 160–169.

Dumke, D., Eberl, D. (2002): Bereitschaft von Grundschullehrern zum gemeinsamen Unterricht von behinderten und nichtbehinderten Schülern. In: Psychologie in Erziehung und Unterricht, 1/2002, 72–83.

Göhlich, M. (1998): Lehrer/innen, Schulkinder, Eltern. Zur Professionalisierung eines pädagogischen Bermuda-Dreiecks. Voß, R. (Hrsg.): SchulVisionen. Theorie und Praxis systemisch-konstruktivistischer Pädagogik. Heidelberg, 134–147.

Haupt, U. (2003): Körperbehinderte Kinder verstehen lernen. Auf dem Weg zu einer anderen Diagnostik und Förderung. 3. neu überarb. Auflage, Düsseldorf.

Hinz, A. (2002): Von der Integration zur Inklusion. In: Zeitschrift für Heilpädagogik 9/2002, 354–361.

Hinz, A. (2009): Inklusive Pädagogik in der Schule – veränderter Orientierungsrahmen für die schulische Sonderpädagogik!? Oder doch deren Ende? In: Zeitschrift für Heilpädagogik 5/2009, 171–179.

Hömberg, N. (2003): Kompetenz und Akzeptanz. Aspekte beruflicher Qualifikation bei Pädagog/innen, die Schülerinnen und Schüler mit schwersten Beeinträchtigungen in integrativen Klassen unterrichten. In: Fachverband für Behindertenpädagogik Landesverband Nordrhein-Westfalen e. V. (Hrsg.): Körperbehindertenpädagogik. Praxis und Perspektiven. Gladbeck, 177–191.

Heeger, M. & Reinert, M. (2006): Was halten Schülerinnen und Schüler vom Gemeinsamen Unterricht? In: Platte, A., Seitz, S. & Terfloth, K. (Hrsg.): Inklusive Bildungsprozesse. Bad Heibrunn. 97–100.

Jennessen, S. & Kastirke, N. (2004): Teams beraten Teams in sonderpädagogischen Arbeitsfeldern. In: Verband Sonderpädagogik (Hrsg.): Grenzen überwinden – Erfahrungen austauschen. Würzburg, 159–166.

Kastirke, N. & Jennessen, S. (2006) (Hrsg.): Die Neue Schuleingangsphase als Thema der Schulentwicklung. Hohengehren.

Krell, G., Riedmüller, B., Sieben, B. & Vinz, D. (2007): Einleitung – Diversity Studies als integrierende Forschungsrichtung. In: Krell, G., Riedmüller, B., Sieben, B. & Vinz, D. (Hrsg.): Diversity Studies. Frankfurt/Main, 7–16.

Lelgemann, R. & Fries, A. (2009): Die Entwicklung einer Schülerschaft an Förderzentren Körperliche und Motorische Entwicklung in Bayern. In: Zeitschrift für Heilpädagogik 6/2009, 213–223.

Lindmeier, B. (2005): Kategorisierung und Dekategorisierung in der Sonderpädagogik. In: Sonderpädagogische Förderung 50 (2005) 2, 131–149.

Maulini, O. (2003): Der Umgang mit Unterschieden. In: Journal für Schulentwicklung 4/2003, 8–18.

Ortland, B. (2005): Implikationen einer systemisch-konstruktivistischen Sichtweise für die Arbeit mit Menschen, die wir körperbehindert nennen. In: Zeitschrift für Heilpädagogik 4/2005, 14–21.

Ortland, B. (2006) (Hrsg.): Die eigene Behinderung im Fokus. Bad Heilbrunn.

Ortmann, M. (1999): Integrative Pädagogik bei Kindern und Jugendlichen mit Körperbehinderung. In: Myschker, N & Ortmann, M. (Hrsg.): Integrative Schulpädagogik. Stuttgart, 113–149.

Prengel, A. (2007): Diversity Education – Grundlagen und Probleme der Pädagogik der Vielfalt. In: Krell, G., Riedmüller, B., Sieben, B. & Vinz, D. (Hrsg.): Diversity Studies. Frankfurt/Main, 49–68.

Prengel, A. (2009): Vielfalt. In: Dederich, M. & Jantzen, W. (Hrsg.): Behinderung und Anerkennung. Stuttgart, 105–110.

Preuss-Lausitz, U. (2006): Die Bildungsperspektiven der integrativen Schule für alle. In: Platte, A., Seitz, S. & Terfloth, K. (Hrsg.): Inklusive Bildungsprozesse. Bad Heibrunn, 90–96.

Riedel, E. (2010): Gutachten zur Wirkung der internationalen Konvention über die Rechte von Menschen mit Behinderung und ihres Fakultativprotokolls auf das deutsche Schulsystem. URL: http://gemeinsam-leben-nrw.de/sites/default/files/Gutachten_Zusammenfassung_O.pdf

Seitz, S. & Platte, A. (2006): Unterricht zwischen Vielfalt und Standardisierung. In: Platte, A., Seitz, S. & Terfloth, K. (Hrsg.): Inklusive Bildungsprozesse. Bad Heibrunn, 122–131.

Sekretariat der Ständigen Konferenz der Kultusminister der Länder der Bundesrepublik Deutschland (2009 a): Sonderpädagogische Förderung in Allgemeinen Schulen 2007/2008. URL: http://www.kmk.org/fileadmin/pdf/Statistik/Aus_SoPae_Int_2007_Werte_01.pdf (02. 03. 2010)

Sekretariat der Ständigen Konferenz der Kultusminister der Länder der Bundesrepublik Deutschland (2009 b): Sonderpädagogische Förderung in Förderschulen 2007/2008. URL: http://www.kmk.org/fileadmin/pdf/Statistik/Aus_SoPae_2007_Werte.pdf (02. 03. 2010)

Sieler,U., Jaeneke, K., Lamp, F. & Selle, I. (2009): Kompetenztraining „Pädagogik der Vielfalt“. Weinheim.

Uhrlau, K. (2006): Es war eine harte Schule. Menschen mir Körperschädigungen ziehen Bilanz aus ihrer Schulzeit an der Allgemeinen Schule. Oldenburg.

Weisser, J. (2005): Bedürfnis und Bedarf: Radikale Dekategorisierung. Die politische Arena der Sonderpädagogik. In: Sonderpädagogische Förderung 50 (2005) 2, 187–207.

6 Wohnen/Arbeit

6.1 Inklusion beim Wohnen

Karin Baumgärtner

Begriffsbestimmung und Themeneingrenzung

Inklusion beim Wohnen behinderter Menschen meint aus meiner Sicht: Das Wohnen in einer eigenen Wohnung oder kleineren Wohngemeinschaft inklusive der selbst bestimmten Teilhabe am Leben in einer barrierefreien Gesellschaft, die Menschen mit Behinderungen als gleichberechtigte und vollwertige Menschen in ihrer Individualität anerkennt.

Dieser Beitrag basiert auf eigenen Erfahrungen als Leitung im Bereich Wohnen eines unterfränkischen Einrichtungsträgers für Menschen mit Körper- und Mehrfachbehinderungen. Er gibt bewusst ein institutionell und regional geprägtes Bild auf die Fragestellung der Inklusion beim Wohnen wieder, welches ich durch zahlreiche Gespräche mit Menschen mit Behinderung und Assistenten, die in gemeindeintegrierten ambulanten Wohnformen arbeiten, gewonnen habe. Die Ausführungen beziehen sich auf Menschen, die neben einer Körperbehinderung auch Lernschwierigkeiten haben.

Im Schwerpunkt soll es hier um die häufigste Form der Inklusion beim Wohnen von Menschen mit Körper- und Mehrfachbehinderung im institutionellen Bereich gehen, um das Ambulant Unterstützte Wohnen (im folgenden Text „Unterstütztes Wohnen"). Dies kann in der eigenen Wohnung oder einer Wohngemeinschaft erfolgen. Sowohl große Träger als auch kleinere Initiativen bieten zunehmend auch für Menschen mit höherem Hilfebedarf gemeindenahe Wohnformen an. Dies wird möglich, indem Verbundformen von Unterstütztem Wohnen und kleineren stationären Bereichen geschaffen werden. Es geht in diesem Artikel nicht um andere Inklusionsmöglichkeiten, wie die Individuelle Schwerstbehindertenbetreuung, das Persönliche Budget oder Formen des Arbeitgebermodells.

Ziele und Formen

Definierte Ziele im Unterstützen Wohnen sind das möglichst selbstbestimmte Leben, die Entwicklung eigener Fähigkeiten und Interessen, die Teilhabe an der Gesellschaft. Dies entspricht auch den Grobzielen von Heimgruppen. Der Unterschied ist, dass im Unterstützten Wohnen die pädagogische Unterstützung durch einen/eine Assistenten/in erfolgt, der/die nur für eine begrenzte Anzahl an Wochenstunden (häufig 5–10 Stunden pro Woche) zur Verfügung steht und dessen Schwerpunkt es ist, den Ausbau von Selbsthilfefähigkeiten zu unterstützen. Dieser Umfang der Betreuung reicht für Menschen mit höherem Hilfebedarf nicht aus, aber die Zusammenlegung von Assistenzstunden mehrerer im räumlicher Nähe wohnenden Menschen mit Behinderung ermöglicht es, dass abgesehen von der Nacht und der Zeit, in der die Bewohner arbeiten, fast durchgängig eine Person abrufbar und zeitweise vor Ort ist. Außerdem können zusätzlich pflegerische und hauswirtschaftliche Leistungen in Anspruch genommen werden. Damit können auch Menschen mit stärkeren Behinderungen betreut werden. Die Feststellung des individuellen Hilfebedarfs geschieht meist durch den Träger unter Einbeziehung des Umfelds. Hier wird von „Unterstützerkreisen" gesprochen, die auch Eltern, gesetzliche Betreuer und Freunde und Bekannte des Menschen mit Behinderung bei der Planung beteiligen. Diese können wichtige Bindeglieder, Initiatoren und Begleiter sein, damit der Mensch mit Behinderung am Leben in der Gesellschaft teilhaben kann.

Hier folgt ein Beispiel eines Auszugs aus einer stationären Wohnform (Heim) in das Unterstützte Wohnen. Es handelte sich um eine junge Frau mit Tetraspastik, rollstuhlbedürftig, die nach ihrer Schulzeit in einer Förderschule nahtlos in ein Erwachsenenwohnheim umzog. Die erste Hürde war die Entscheidung der Frau selbst, aus dem Wohnheim auszuziehen. Eigene Ängste lagen in der Ungewissheit, was auf sie zukommen wird, bedingt auch dadurch, dass diese Frau immer in größeren Gruppen gelebt hat. Es war hier notwendig, von manch einer Gewohnheit, die ein Wohnheim bietet (Essens- und Wäscheversorgung, jederzeit abrufbare Pflegedienste), Abschied zu nehmen und sich bewusst für eine eigenständigere Form der Selbstversorgung zu entscheiden.
Als nächstes war es wichtig, die Eltern zu überzeugen, die ihre Tochter lieber weiterhin im Wohnheim betreut gesehen hätten. Es bestand keine gesetzliche Betreuung, von daher grundsätzlich auch nicht die Notwendigkeit einer Einigung mit den Eltern. Die persönliche Bindung und die Hilfe durch die Eltern machte dies jedoch unabdingbar. Die Gewissheit, dass das eigene behinderte Kind über den eigenen Tod hinaus bis zum Lebensende umfassend und gesichert betreut wird, ist für die Angehörigen wichtig. Das Unterstützte Wohnen wird im Vergleich zur Sicherheit im Wohnheim als risikoreichere Lebensform angesehen. Am liebsten hätten Eltern eine Zusicherung, dass das Kind wieder auf den alten Wohnheimplatz zurückkommen kann, falls das Kind in der neuen Wohnung überfordert, gelangweilt, einsam oder unglücklich wäre. Nachdem der Kostendruck der Wohnheime jedoch hoch ist, können es sich diese nur begrenzt leisten, Plätze unbelegt zu lassen, um einen Auszug auf Probe in das Unterstützte Wohnen zu ermöglichen.
Als nächstes wurde ein barrierefreier, bezahlbarer Wohnraum gesucht, mit einem passenden Vermieter, der bereit war, die Wohnung an einen Rollstuhlfahrer zu vermieten. Die Miete darf eine gewisse Höhe nicht überschreiten, da sonst der Sozialhilfeträger diese nicht übernimmt. Leider ist barrierefreier Wohnraum rar und meist vergleichsweise teuer. Im beschriebenen Beispiel ist es gelungen: Die barrierefreie Wohnung wurde angemietet, die Bewohnerin hat die Entscheidung getroffen, die Eltern haben zugestimmt. Eine geeignete Mitbewohnerin wurde ausfindig gemacht, da die Miete für die Wohnung über dem refinanzierbaren Satz lag. Ein Vertrag mit einer Sozialstation über die benötigten Pflegeleistungen wurde geschlossen und eine Assistentin wurde

gefunden. Die Kostenträger hatten alle Anträge bewilligt. Ein durch eine Fachkraft durchgeführtes Verkehrstraining ermöglichte die Nutzung der öffentlichen Verkehrsmittel mit dem Elektrorollstuhl, was für die Fahrt zum Arbeitsplatz notwendig ist. Der Badbereich in der Wohnung wurde mit Haltegriffen versehen und behindertengerecht umgestaltet. Die Bewohnerin pflegt weiterhin Kontakte zu ihrer Familie und zu einem festen Freundes- und Unterstützerkreis. Sie ist in das Gemeindeleben der Pfarrei vor Ort eingebunden und nimmt an Veranstaltungen und Urlaubsreisen der Offenen Behindertenarbeit teil.
Für die Realisierung einer erfolgreichen Ambulantisierung sind kompetente und vertrauenserweckende Fachleute und Beratungsstellen notwendig. Diese müssen auch die zeitlichen Ressourcen haben, eine personenzentrierte Unterstützung anbieten, sowie umfassende Kenntnisse haben über die Hürden und Hindernisse, Erleichterungen und auch über Alternativen.

Bedarf und Einstellungen

Kleinere Wohnformen, auch für Menschen mit höherem Hilfebedarf, werden in unserem Lande trotz Hindernissen noch beträchtlich zunehmen. Die Altersstruktur der Menschen mit Behinderung in Deutschland wird in den nächsten Jahren einen deutlich steigenden Bedarf an stationären und ambulanten Plätzen erfordern. Neben der demographischen Entwicklung der Fallzahlen liegt dies meiner Meinung nach auch an der Einstellungsänderung der jetzigen Elternschaft.

Eltern möchten zunehmend ihre eigenen Bedürfnisse nach beruflicher und privater Verwirklichung nicht mehr wegen des Kindes mit Behinderung zurückstecken. Sie erkennen den Wert der Lebensqualität ihres erwachsenen Kindes in den Freundschaften, die ihr Sohn oder ihre Tochter in Wohngemeinschaften mit anderen Menschen erleben kann und den Aktivitäten, die dort gemeinsam stattfinden. Immer mehr Eltern möchten sich von ihren pubertierenden Heranwachsenden in einer der Normalität entsprechenden Art und Weise ablösen, und dennoch den Kindern eine lebenslange Stütze, jedoch im Hintergrund und für Krisensituationen sein. Aus diesem Grunde fordern immer mehr Eltern für ihre Kinder alternative Wohnformen und Projekte. Allerorts gibt es Eltern, die auch versuchen, neue Möglichkeiten mit anzustoßen und auch finanziell und ideell zu befördern. Häufig scheitern diese Versuche allerdings daran, dass selten Eltern zusammen finden, die über ihre Vorstellungen Einigung erzielen, aber auch daran, dass Eltern sehr oft kleine Wohneinheiten realisieren möchten, und dabei an die finanziellen Grenzen solcher Möglichkeiten stoßen. Gerade bei stark pflegebedürftigen oder verhaltensschwierigen Kindern wird den Eltern oft erst nach und nach bewusst, dass es neben den üblichen Wohn- und Pflegeheimen derzeit noch kaum Alternativen für ihre Söhne und Töchter gibt. Solange das Leben in der eigenen Wohnung oder Wohngemeinschaft für Menschen mit Mehrfachbehinderung nicht teurer sein soll als ein Wohnheimplatz in einer großen Einrichtung, werden inklusive Optionen für viele Menschen mit ständigem Betreuungsbedarf die Ausnahme bleiben. In diesem Zusammenhang ist aber auch der Hinweis wichtig, dass kein

Mensch mit Behinderungen in eine andere Wohnform gezwungen werden darf. Es muss eine Wahl- und Entscheidungsmöglichkeit bestehen. Wohnwünsche von Menschen mit Behinderung sollten auch von Kostenträgerseite individuell geprüft werden. Ablehnungen mit dem Hinweis auf „unverhältnismäßige Mehrkosten" können den Menschen mit Behinderung zum Objekt herabsetzen.

Grundsätzlich hilfreich bei Elternprojekten ist eine professionelle Begleitung, die den Idealismus und das Engagement der Eltern unterstützt und dieses als Ressource begreift.

Anforderungen an den Standort und die Hilfsangebote

Der Standort der Wohnung für Menschen mit Behinderung, insbesondere für Rollstuhlnutzer, muss bestimmte Kriterien erfüllen. Hierzu gehört vorrangig die Nähe zu einem barrierefreien Nahverkehrszugang. Die Infrastruktur bezüglich Einkaufsmöglichkeiten soll in unmittelbarer Nähe liegen, damit der Transport von Lebensmitteln mit dem Rollstuhl und das Bewältigen der Einkäufe nicht zum täglichen Kraftakt ausartet bzw. ein überhöhtes Maß an Organisation nötig macht. Vorteilhaft ist zudem, wenn sich auch ärztliche und therapeutische Dienste oder auch eine Sozialstation in der Nähe befinden.

Die Wohnung sollte nicht in sozialen Brennpunkten liegen, damit sich eine Rollstuhlfahrerin auch nachts ohne Begleitung nach Hause trauen kann.

Menschen mit Behinderung bevorzugen ein Einzelwohnen, das in Wohnhäusern angesiedelt wird, in denen mehrere Menschen mit Behinderung eine Wohnung gemietet haben, da hier die Kontaktaufnahme scheinbar leichter gelingt. Viele sehen einen Vorteil in der Nähe einer stationären Einrichtungen zu wohnen, über die eine Rufbereitschaft oder ein Hintergrunddienst im Sinne einer Absicherung besteht. Diese hat sich besonders für nächtliche Ausnahmesituationen oder auch für akute Krisen oder Notfälle als hilfreich erwiesen, da in den ambulanten Wohnformen nicht immer Mitarbeiter vor Ort sind.

Bezüglich der Freizeitgestaltung sind wünschenswert: Freizeittreffs und -gruppen, Vereine, Bildungsstätten (z. B. Volkshochschule), Büchereien, sowie Stätten kirchlicher Angebote, auch Angebote der Offenen Behindertenarbeit in der Nähe sind attraktiv. Deren besondere Struktur bietet einige Vorteile, die Menschen mit Behinderung als Grund für häufige Teilnahme nennen: Sie ist kostengünstig, unbürokratisch, integrativ und vergleichsweise unverbindlich, oft ist auch kurzfristige Teilnahme möglich.

Es versteht sich von selbst, dass die Wohnungsausstattung dem Bedarf des Mieters angepasst wird, selbst vermeintlich barrierefreie Wohnungen weisen beim näheren Hinsehen oft Hindernisse auf. Aufgrund der umfassenden Literatur zu diesem Thema möchte ich diesen Bereich hier aussparen.

Angesprochen auf die Schwierigkeiten des selbständigen Wohnens berichten behinderte Menschen, dass ihnen nicht nur die baulichen Barrieren zu schaffen machen, sondern es werden vielmehr die intellektuellen Hürden anschaulich beschrieben.

Selbst Menschen ohne Behinderung sind zunehmend mit Antragsformularen, Bankautomaten, Fernbedienungen, computergesteuerten Elektrogeräten, Fahrkartenautomaten, Gesetzestexten u. ä. überfordert. Dies ist bei Menschen mit Lernschwierigkeiten noch mehr der Fall. Es ist zu hoffen, dass durch die vielen hoch betagten Menschen hier zunehmend mehr Behörden, Firmen und Entwickler sich den Kopf über mehr Anwenderfreundlichkeit machen.

Menschen mit Behinderung sprechen über die Barrieren in den Köpfen der Mitmenschen: Unfreundliche Straßenbahnfahrer, denen das Einsteigen nicht schnell genug geht, eine Ablehnung der Aufnahme in einen Verein, unfreundliche Menschen in Restaurants und Kneipen, weil man sich nach einer Toilette erkundigt, der rückgängige Umsteigeservice der Deutschen Bahn. Beim selbständigen oder betreuten Wohnen treten diese Schwierigkeiten offener zu Tage, da hier die Menschen mit Behinderung häufiger alleine unterwegs sind.

Die AssistentInnen

Ob eine Inklusion beim Wohnen von Menschen mit stärkeren Behinderungen gelingt, hängt maßgeblich von der Kompetenz des Assistenten ab. Fachliche Anforderungen an diese sind die Beratung, Hilfe bei den Antragstellungen, Kontaktunterstützung zum Umfeld, Krisen- und Konfliktbewältigung, Empfehlungen von Bildungs- und Freizeitmöglichkeiten, Suche nach Arbeits- und Unterstützungsmöglichkeiten sowie die Förderung einer selbständigen Haushaltsführung. Folgende Fragen sind besonders wichtig: Welche Kontakte haben vorab schon bestanden, welche Unterstützung bieten Familie und Verwandtschaft, welche Beziehungen hat der Bewohner in der Werkstätte, mit wem und in welcher Art können am Abend und am Wochenende gemeinsame Aktivitäten stattfinden?

Ein weiteres Aufgabenfeld der Assistenten besteht aus meiner Sicht darin, den Boden zu bereiten, dass den Bewohnern von ihren Mitmenschen und der Gesellschaft mit Offenheit, Verständnis und Freundlichkeit begegnet wird. Man mag diese Form der „Lobbyarbeit“ im Sinne von Menschen mit Behinderung zwiespältig betrachten, wirbt man doch hier manchmal über die Köpfe der Menschen um Toleranz und Wohlwollen. Dennoch kann Öffentlichkeitsarbeit und Wissensvermittlung wichtig sein. Gerade beim Einzug, wenn sich anderen Hausbewohner mit dem Gedanken erst anfreunden müssen, Menschen mit Behinderung im Hause zu haben, sind aufklärende und fördernde Gespräche vonnöten, um Vertrauen zu schaffen und Bedenken zur Sprache zu bringen. Hier kann es hilfreich sein, wenn Bewohner und Assistent gemeinsam den persönlichen Kontakt mit anderen Hausbewohnern suchen. So lässt sich die Wahrscheinlichkeit erhöhen, dass die anderen Mietparteien bei Problemen das Gespräch suchen, wenn Schwierigkeiten zu bewältigen sind. Vielleicht wird der Mensch mit Behinderung auf Barrieren, Hindernisse, Vorbehalte, Abwehr stoßen. Sie sind hierbei auf die Begleitung ihrer

Assistenten angewiesen, bis sie eigene Konfliktlösungskompetenzen entwickelt haben

Chancen der Einstellungsveränderungen, hin zu mehr gesellschaftlicher Inklusion

Es stellt sich die Frage, ob Inklusion tatsächlich ein gesamtgesellschaftliches Anliegen ist oder doch eher ein pädagogisches Konstrukt der Behindertenhilfe.

Ist es der Gesellschaft tatsächlich ein Bedürfnis, Menschen die Teilhabe am Leben in der Gesellschaft zu ermöglichen oder zu erleichtern, auch jenen mit größeren Einschränkungen? Solange Menschen mit Mehrfachbehinderung immer noch häufig große Unsicherheiten und Ängste bei vielen Bürgern auslösen, bei manchen sicher auch unbewusste Abwehr und Widerstand, ist zu fragen, wie auf breiter Ebene ein selbstverständlicher, integrierender Umgang entstehen kann. Vielleicht ist der Vorstellung, dass eine ganze Gesellschaft vorurteilsfrei und mit offenen Armen Menschen mit Behinderung gegenübersteht, eine für Deutschland noch weit entfernte Vision. Es ist auch bei Fachleuten der Behindertenarbeit zu erleben, dass Inklusion kopfschüttelnd und resignativ als Modewort abgetan wird.

Was könnte einen Sinneswandel hin zu mehr gesellschaftlicher Zugewandtheit gegenüber behinderten Menschen auslösen? Eines scheint tatsächlich zu funktionieren: Menschen, die in der Kindheit und Jugend Kontakte zu behinderten Menschen hatten, haben dadurch Sicherheiten im Umgang und konstruktive Verhaltensmuster bezüglich behinderter Menschen erworben. So erleben wir beispielhaft, dass ein großer Teil von Freiwilligen Helfern, Auszubildenden und Ehrenamtlichen in sozialen Einrichtungen in ihrer Kindheit und Jugend integrative Erfahrungen gemacht haben. Viele hatten in Kindergarten und Schule Kontakte zu behinderten Menschen, etliche über die leider massiv rückläufige Jugendarbeit. Einige beschreiben, dass sie behinderte Menschen in der Nachbarschaft oder behinderte Geschwister haben. Zunehmend wird berichtet, dass diese Menschen sich bei der Pflege ihrer Großeltern engagiert haben und darüber eine sinnerfüllte Zufriedenheit erlebt haben.

Vielleicht verändert sich dadurch, dass Menschen zunehmend mit pflegebedürftigen und dementen Menschen zu tun haben, auch das Verständnis gegenüber Menschen mit Lernschwierigkeiten und mehrfach behinderten Menschen. Dann werden gemeindenah wohnende Menschen mit stärkeren Behinderungen von ihren Mitmenschen hoffentlich immer größere Offenheit, Interesse, Toleranz und Wohlwollen und tatsächlich Inklusion erleben.

6.2 Wohnen, Pflege und Arbeit – ein Erfahrungsbericht

Karl-Josef Faßbender

Es gab eine Zeit, in der Menschen mit Behinderungen, die auf Pflege angewiesen sind, nur wenige Alternativen hatten, ihr Leben in punkto Arbeiten und Wohnen nach ihren Bedürfnissen zu gestalten, geschweige denn sich für verschiedene Wohnangebote zu entscheiden. Wohnen bedeutete für diesen Personenkreis, entweder im Kreise der Familie versorgt zu werden oder in einem Heim zu leben. An eine berufliche Zukunft war für sie so gut wie nicht zu denken. Nur wenige, in der Regel größere Heime beziehungsweise Einrichtungen boten die Möglichkeit für Bewohner und zum Teil auch für außenstehende Menschen mit Behinderung, einer Tätigkeit nachzugehen.

Wohnen und Pflege

Als ich 1954 das Licht der Welt erblickte, stand mir genau dieses Schicksal bevor. In den ersten 22 Jahren wurde ich im familiären Umfeld gehegt, gepflegt und versorgt. Dies war notwendig, da ich wegen meiner Spinalen Muskelatrophie auf intensive Pflege und Assistenz angewiesen bin.

Aufgrund einer Rehabilitationsmaßnahme kam ich nach Bad Kreuznach in eine Einrichtung, die damals noch „Anstalt" genannt wurde. In diesem Heim (Stiftung Kreuznacher Diakonie Bad Kreuznach) beendete ich meine schulische Ausbildung und lernte die verschiedenen Facetten des Lebens in einer Einrichtung – in einem Heim – kennen. In Bad Kreuznach blieb ich insgesamt drei Jahre. Danach kam ich in ein Internat für Menschen mit einer Körperbehinderung nach Hürth bei Köln, um von hier aus die weiterführenden Schulen zu besuchen.
In diesem Internat (Dietrich-Bonhoeffer-Haus) wurde Anfang der 80-er Jahre ein Projekt durchgeführt, in dem Schüler die Möglichkeit bekamen, im Internat auf einem separaten Flur selbstständiges Wohnen zu erproben. Ziel dieser Maßnahme war, nach einem Jahr in eine eigene Wohnung ziehen zu können. Dieses selbstständige Wohnen wurde im ersten Jahr noch unter der Leitung des Internats durchgeführt. Danach lösten sich die „Schüler" komplett vom Internat ab. Dieses Konzept wurde später vereinzelt auch von anderen Einrichtungen angewandt.
Durch dieses Angebot erhielt ich die Möglichkeit, mich mit dem Leben außerhalb der familiären Umgebung und einer Einrichtung auseinander zu setzen. Nachdem die einzelnen Phasen des Wohnens unter der Leitung des Internats von mir durchlebt waren, musste die entscheidende Frage für mein selbstständiges Leben in einer eigenen Wohnung geklärt werden. Es war abzuklären, wie meine Pflege – meine tägliche Assistenz gesichert werden konnte.
Bisher lebten in der Bundesrepublik nur ein oder zwei Menschen mit einer Behinderung, die auf intensive Pflege angewiesen waren, in einer eigenen Wohnung. Somit gab es

keine Strukturen, auf die Menschen mit einer Pflegeabhängigkeit zurückgreifen konnten. Ende der 1970er Jahre wurde durch das Bundesamt für den Zivildienst ein neuer Tätigkeitsbereich für Zivildienstleistende, die Individuelle Schwerstbehinderten Betreuung (ISB), eingerichtet. In Hürth wurde 1981 eine ISB-Dienststelle gegründet. Bei diesem Dienst war ich im Rheinland der erste Klient mit einer 24stündigen Hilfe.

Durch das neue Tätigkeitsfeld für ZDLer, der ISB, wurde der Grundstein gelegt, schwerstbehinderten Menschen, die auf Pflege angewiesen waren, ein Leben in einer eigenen Wohnung und Selbstständigkeit etc. zu ermöglichen.

Ohne die Individuelle Schwerstbehinderten Betreuung hätten sich die vielfältigen und unterschiedlichen Assistenz- und Wohnangebote, die wir heute kennen, nicht entwickeln können. Maßnahmen wie die des Dietrich-Bonhoeffer-Hauses in Hürth und die Individuelle Schwerstbehinderten Betreuung zeigten den vermeintlichen Fachleuten, dass sehr schwer behinderte Menschen, die auch noch auf Pflege angewiesen sind, ohne weiteres in einem eigenen Haushalt wohnen können. Als in den siebziger Jahren vom Bundesamt für den Zivildienst die ISB eingeführt wurde, ging man davon aus, dass dieses Angebot nur für einen geringen Personenkreis zum Tragen kommen könnte. Die schon erwähnten vermeintlichen Fachleute und die damaligen Elternverbände für Menschen mit Behinderungen beäugten die ersten Versuche auf dem Weg zu mehr Selbstständigkeit und Selbstbestimmung mit Skepsis und Neugierde. Sehr schnell wurden von den Menschen mit Behinderungen die Angebote der ISB aufgegriffen und in den bundesrepublikanischen Alltag integriert.

Im Zuge der Selbstbestimmt-Leben-Bewegung, die unter anderem durch die Clubs Behinderter und ihrer Freunde, die Krüppelbewegung und die Interessenvertretung Selbstbestimmt Leben ins Leben gerufen und gefördert wurde, entwickelte sich das Konzept der Individuellen Schwerstbehinderten Betreuung von Menschen mit Behinderungen zum Arbeitgebermodell weiter. In diesem sind die Menschen, die auf Unterstützung angewiesen sind, für alle Angelegenheiten (Finanzen, Personalfragen etc.) rund um die Assistenz selbst verantwortlich.

Die letzten 30 Jahre haben sehr unterschiedliche Wohn- und Assistenzformen hervorgebracht. Sie reichen von Einrichtungen verschiedenster Couleur bis hin zum Arbeitgebermodell:

- Wohnen in der Familie mit in der Regel unzureichender familienentlastender Hilfe
- stationäre Unterbringung einschließlich der von dort initiierten betreuten Wohnmodelle
- Wohngemeinschaften mit ISB oder Sozialstation
- Servicehäuser mit integrierter Hilfe
- Einzelwohnen mit ISB oder Sozialstation
- Einzelwohnen durch das Arbeitgebermodell

Pflege und Wohnen ohne Einschränkungen jeglicher Art (finanziell etc.) sind wichtige Bedingungen für die Integration von Bürgern mit Behinderung, die auf

Assistenz angewiesen sind. Doch darf an dieser Stelle der Aspekt der Mobilität nicht vergessen werden, da sie Interaktionen mit der Bevölkerung erst möglich macht, und dies ist wiederum eine entscheidende Voraussetzung für die uneingeschränkte Teilnahme am öffentlichen Leben.

Hört man sich um und stellt die Frage, ob jemand, der alt oder behindert ist, in einem Heim leben möchte, wird man in der Regel die Antwort bekommen: Nein! Warum haben Heime einen so schlechten Ruf, dass man sich nicht vorstellen mag, dort zu wohnen?

Auch für mich ist die Vorstellung, in einem Heim zu leben, negativ besetzt. Etliche strukturelle Maßnahmen, wie Heimordnung, Leben nach Plan (feste Essenszeiten, Aufstehzeiten, Zubettgehzeiten etc.) und festgelegte Dienstpläne der Mitarbeiter usw. nehmen mir als Heimbewohner meine Selbstständigkeit und Selbstverantwortung. Niemals wäre es mir möglich gewesen, aus dem Heim heraus meine berufliche Integration umsetzen zu können. Niemals hätte ich aus dem Heim heraus meinen vielfältigen Interessen nachgehen können. Niemals hätte ich aus dem Heim heraus meine kleinen und großen Reisen antreten können. Kurz: Das System Heim hätte mich am eigenen Leben gehindert! Dies gilt für mich zumindest für die Heime, so wie sie heute zum großen Teil noch geführt werden. Ausgrenzend sind Einrichtungen, da sie für Außenstehende etwas haben, das nicht zum Kommen und Bleiben animiert. Auch befinden sich immer noch zu viele Heime zu weit außerhalb vom gesellschaftlichen Leben entfernt.

Ein Leben in einer Einrichtung ist voraussetzungslos, das heißt man benötigt keinerlei oder kaum Befähigungen, Eignungen, Fertigkeiten oder Begabungen. Anders sieht dies bei einem Leben in einer eigenen Wohnung aus, in diesem Fall benötigt man einige Voraussetzungen. Dies gilt für Menschen ohne Behinderung und besonders für Menschen mit einer Behinderung, die auf Hilfen angewiesen sind. Sie benötigen neben dem, das man sowieso rund um eine eigene Wohnung erledigen muss, zusätzliche Kompetenzen wie Anleitungskompetenz für Mitarbeiter, Personalkompetenz bezüglich der einzustellenden Mitarbeiter, Organisationskompetenz bezüglich des selbstgestalteten Tagesablaufes, Raumkompetenz bezüglich der Bestimmung, wo die Hilfe durchgeführt wird und Finanzkompetenz zur eigenen Bestimmung über die Verwendung der eigenen finanziellen Mittel. Um diese Kompetenzen für sich erwerben zu können, muss dem Betroffenen die Möglichkeit gegeben werden, dies alles auch zu erlernen.

Trotz der schon recht differenzierten Wohn- und Unterstützungsformen außerhalb von Heimen in der Bundesrepublik ist es immer noch nicht selbstverständlich, dass Menschen mit Behinderung, die auf Assistenz angewiesen sind, ihre Wohn- und Hilfeform selbst wählen können. Auch ist es immer noch ein Novum, dass dieser Personenkreis in einer eigenen Wohnung lebt.

Der Prozess, der nach Inklusion und einem selbstbestimmten Leben strebt, muss sich auch in einer entsprechenden Wohnform wieder finden. Dabei müssten wohl nicht alle Heime aufgelöst werden, denn „es gibt keine Wohnform, die für alle Menschen mit Behinderung passend ist. Die Anforderungen hängen sehr stark von den Wünschen der einzelnen ab und es muss die Aufgabe der Begleiter und des Gesetzgebers sein, für jeden die geeignete Wohnform zu finden bzw. zu schaffen" (Faßbender 2003, 34). Generell müssen alle Wohnformen in ihren Binnenstrukturen im Sinne der Inklusion und des selbstbestimmten Lebens gestaltet sein.

„Es sind drei Momente in den Wohn-/Pflegeformen, die (...) realisiert werden müssen:

1. Jedem (Menschen mit Behinderung) muss die Räumlichkeit zur Verwirklichung seiner Privatsphäre zur Verfügung stehen. „Die eigene Wohnung oder das eigene Zimmer ist für den Menschen von besonderer Bedeutung, da an diesem Ort z. B. die Bedürfnisse nach Geborgenheit, Schutz und Sicherheit erfüllt werden. (...) Darüber hinaus besteht hier die Möglichkeit, selber zu entscheiden, mit wem, wann und wie intensiv man soziale Kontakte haben möchte, was (...) die Autonomie der betreffenden Person fördert. Hinzu kommt, dass die Vertrautheit der eigenen vier Wände durch die persönliche Gestaltung der Räume oder auch aufgrund anwesender Personen (Partner o. ä.) wesentlich zum allgemeinen Wohlbefinden beiträgt"(Büchner 1998).
2. Die Pflegeleistungen müssen den aktuellen und individuellen Bedürfnissen Rechnung tragen. Das Pflegemodell, das an dem überholten Gedanken der Versorgung im Sinne von „satt – sauber – sicher" festhält, ist zugunsten eines Modells der persönlichen Lebensassistenz abzulösen, durch das der behinderte Mensch immer wieder von Neuem Horizonte seines Handelns entwickeln und verwirklichen kann.
3. Gerade für behinderte Menschen muss der Ort des Wohnens die größtmögliche Mobilität insbesondere durch den ÖPNV offerieren. Hierdurch erst kann der Betroffene an allgemeinen gesellschaftlichen Tätigkeiten teilnehmen (Faßbender 2003, S. 34 ff.).

Es muss selbstverständlich werden, dass generell Menschen mit Behinderungen im normalen Wohnumfeld in ihrer eigenen Wohnung beziehungsweise in ihrem eigenen Zimmer mit der Unterstützung, die sie benötigen, leben können. Sie müssen endlich zur Nachbarschaft gehören!

Arbeit

Infolge meiner Grunderkrankung konnte ich meinen Regelschulbesuch nicht beenden. Daher besuchte ich von 1976 bis 1984 verschiedene Schulen in Bad Kreuznach und Köln, um dort den Hauptschulabschluss, die mittlere Reife und das Abitur zu machen. Danach studierte ich an der Universität zu Köln Diplompädagogik. Nach meinem Studium konnte ich für mehrere Monate an der Universität zu Köln eine Arbeitsbeschaffungsmaßnahme durchlaufen. Danach arbeitete ich für rund zwei Jahre bei der Landesarbeitsgemeinschaft der Clubs Behinderter und ihrer Freunde e. V., an die sich mehrere Arbeitsverhältnisse an der Universität zu Köln anschlossen. Heute habe ich an der Universität eine unbefristete Vollzeitstelle.

Bevor ich das Abitur machte, suchte ich das Arbeitsamt auf, um mich bezüglich einer Ausbildungsstelle zu erkundigen. Hierfür ließ ich mich im ersten Schritt allgemein beraten, welche Berufsbilder für mich eventuell infrage kämen. Das Ergebnis dieser Beratung verlief so, wie ich es befürchtet hatte. Mir wurde empfohlen, eine kaufmännische Ausbildung anzustreben. Als ich wissen wollte, ob ich eine Banklehre machen könnte, wurde mir von Seiten des Amtes deutlich zu verstehen gegeben, dass jemand, der sehr schwer behindert ist, so wie ich, in keiner Weise eine solche Ausbildung machen könnte und auch keinen Ausbildungsplatz bei einer Bank finden würde. Zwei Gründe waren, dass die damals noch üblichen Verbuchungsmaschinen von mir nicht betätigt werden könnten und dass Rollstuhlfahrer nicht im Kundenbereich einer Bank eingesetzt werden würden. Mein Eindruck damals war, dass dies von Seiten des Arbeitsamtes, aus welchen Gründen auch immer, nicht gewollt war. Das Beratungsergebnis des Arbeitsamtes aufgreifend, bewarb ich mich bei einem medizinischen Verlag in Köln. Dieser suchte einen Menschen mit Behinderung, der eine Verlagskaufmannslehre absolvieren wollte. Nach dem Vorstellungsgespräch wurde mir deutlich gemacht, dass ich aufgrund der Schwere der Behinderung und meiner Pflegeabhängigkeit für den Ausbildungsplatz nicht infrage kam. Erfahrungen wie diese haben viele Menschen machen müssen, die eine ähnlich schwere Behinderung haben wie ich. Viel zu oft mussten und müssen Menschen mit einem relativ hohen Hilfebedarf Berufe erlernen, die sie überhaupt nicht ergreifen wollten. Jedoch hatten sie kaum eine Wahl, da sie oft nur in Sondereinrichtungen eine Ausbildung machen konnten. Die Palette der Ausbildungsangebote in den entsprechenden Einrichtungen war und ist sehr übersichtlich. Von Integration, geschweige denn von Inklusion, kann unter solchen Umständen im beruflichen Kontext keine Rede sein.
Seit Oktober 2000 haben Menschen mit Behinderungen einen persönlichen Rechtsanspruch auf Arbeitsassistenz. Damit wird ihnen eine Leistung zur Verfügung gestellt, mit der sie eine wahrhaftige Unterstützung bei der Bewältigung und Umsetzung der Aufgaben an ihrem Arbeitsplatz erhalten. Eine Leistung wie die der Arbeitsassistenz kann ein Instrumentarium sein, das zu mehr Integration und wohl auch zu mehr Inklusion führt.

Schlussgedanke

Inklusion ist ein utopischer Gedanke. Er wird es auch so lange bleiben, bis in allen Lebensbereichen und für jedes Glied der Gesellschaft bedingungslos eine barrierefreie Umwelt geschaffen wurde und bis sich in den Köpfen aller Bürger der Gedanke der Inklusion festgesetzt hat. Dies sind sicherlich Grundvoraussetzungen für Inklusion in unserer Gesellschaft. Ob dies sich umsetzen lässt, wage ich zu bezweifeln!

Bekannterweise stirbt die Hoffnung zuletzt, daher hoffe ich,

- „dass behinderte Menschen nicht mehr als finanzielle Last empfunden werden,
- dass Pflegeleistungen einkommensunabhängig gewährt werden,

- dass behinderte Menschen jederzeit unter den Wohn- und Pflegeformen frei wählen können,
- dass behinderte Menschen selbst in Einrichtungen soviel Assistenz erhalten, dass sie wirkliche Lebensqualität erfahren und nicht als am Leben zu erhaltender sozialer Ballast behandelt werden,
- dass sie am Ort ihrer Wahl leben können und
- dass eine barrierefreie Umwelt gepaart mit der nötigen Mobilität ihnen den Zugang zu sozialen Aktivitäten gewährt" (ebd. S. 36) sowie
- dass sich die Idee der Inklusion in immer mehr Lebensbereichen durchsetzt.

Um all dies umsetzen zu können, bedarf es keiner Sonntagsreden etc. Vielmehr müssen Taten folgen. Es ist notwendig, dass sich Theorie und Praxis fruchtbar ergänzen und sich gegenseitig unterstützen, um die Utopie der Inklusion in absehbarer Zeit Wirklichkeit werden zu lassen.

Literatur

Büchner, I. (1998): Wege zu einer selbstbestimmten Lebensführung für Menschen mit funktionellen Einschränkungen – Modelle guter Praxis in Europa. Hildesheim

Faßbender, K. J. (2003): Leben – selbstbestimmt? In: Josefs Gesellschaft e. V. (Hrsg.): Empowerment in der JG-Gruppe, Teilhabe fördern – Selbstbestimmt Leben. Dokumentation zum Kongress der JG Gruppe am 29. und 30. November 2002. Köln, 34–36.

Internetquelle

Homepage: http://berg.heim.at/anden/420 008/AKWohnen.htm (abgerufen am 20. 01. 2010)

6.3 In einer inklusiven Gesellschaft leben – Perspektiven und Anfragen

Reinhard Lelgemann

In der Diskussion über die Gestaltung inklusiver Lebensbedingungen liegt der Fokus häufig auf dem Bildungsbereich. Der Auftrag, inklusive Lebensbedingungen für Menschen mit Behinderung zu gestalten und abzusichern, umfasst jedoch alle gesellschaftlichen Handlungsfelder. Selbst wenn Inklusion, auch in diesem Band, oftmals als Vision beschrieben wird, so muss festgehalten werden, dass die UN-Konvention über die Rechte behinderter Menschen (BRK) als konkreter Auftrag zu verstehen ist, inklusive Lebensbedingungen zu gestalten.

In diesem Beitrag werden Aspekte angesprochen, die für die Entwicklung einer inklusiven Gesellschaft bedeutsam sind und die Partizipationsmöglichkeiten von Menschen mit einer körperlichen, insbesondere aber mehrfachen oder komplexen Beeinträchtigung erhöhen oder auch erschweren können. Konkretisiert werden diese Überlegungen vor allem für die Lebensbereiche Wohnen und Arbeiten. Hierbei werden ausgehend von der aktuellen gesellschaftlichen Situation zu Beginn des Jahres 2010 konkrete Entwicklungen, Probleme und Herausforderungen dargestellt, die für die nächsten Jahre relevant sein werden.

Zur aktuellen Situation

In den letzten Jahren sind die Rechte behinderter Menschen in beeindruckender Weise gestärkt oder gesichert worden. Zu nennen sind hier:

- Benachteiligungsverbot im Grundgesetz (Art. 3, Absatz 3, Satz 2),
- die Regelungen der Sozialgesetzbücher, insbesondere das Wunsch- und Wahlrecht im Sozialgesetzbuch (SGB) IX, § 9 oder das Persönliche Budget, § 17 im SGB IX,
- das Gesetz zur Gleichstellung behinderter Menschen (BGG),
- das Allgemeine Gleichbehandlungsgesetz (AGG),
- Gleichstellungsregelungen bzw. Behindertengleichstellungsgesetze in den Bundesländern sowie
- zahlreiche Verordnungen zur Sicherung der Teilhabemöglichkeiten.

Eine kritische Sicht auf die Umsetzung dieser Regelungen zeigt, dass zahlreiche Vorgaben nur für den öffentlichen Bereich gelten und auch dort noch unter einem Kostenvorbehalt stehen. Zudem werden die gesetzlichen Regelungen in vielen Fällen praktisch nicht berücksichtigt. Dies gilt häufig für z. B. neu erstellte öffentliche Gebäude und Räume (öffentliche Aufenthaltsräume wie Plätze und Parks) oder öffentliche Verkehrsmittel, es gilt in noch größerem Maß für private Träger und Einrichtungen. Zudem wird die Inanspruchnahme z. B. der freien Wahl des Wohnortes, der Wohn- bzw. Lebensform, wie sie im Grundgesetz und weiteren Gesetzen zugesichert wird, außer durch finanzielle Vorbehalte, die sich inzwischen von Bundesland zu Bundesland unterschiedlich darstellen, auch durch oftmals unklare und verwirrend vielfältige gesetzliche Regelungen bzw. Verordnungen erschwert. Frehe verwies in einem nicht veröffentlichten Vortrag am 02. 12. 2009 in Würzburg auf insgesamt zwölf unterschiedliche gesetzliche Grundlagen für die Inanspruchnahme von Assistenzleistungen, die es nicht nur Nutzern einfacher Sprache, sondern allen Menschen schwer machen, berechtigte Interessen anzumelden und durchzusetzen.

Konkrete Entwicklungen hin zu inklusiven Lebensmöglichkeiten

Lebensbereich: Wohnen

Auch wenn die Gestaltung einer individuellen Wohnsituation zunehmend möglich ist und körperbehinderte Menschen selbstständig bzw. mit Hilfe von Assistenzdiensten (siehe auch den Artikel von Faßbender in diesem Band) die von ihnen gewählte Wohnform oftmals realisieren können, stellt sich weiterhin das Problem der Wohnungssuche und des Lebens im öffentlichen Raum bzw. der Gemeinde. Sicherlich kann in größeren Städten inzwischen davon ausgegangen werden, dass genügend geeignete Wohnangebote zur Verfügung stehen, für kleinstädtische oder gar ländliche Regionen gilt dies nur begrenzt (siehe auch den Artikel von Baumgärtner in diesem Band). Es ist immer noch keine Selbstverständlichkeit, dass Wohnraum so neugebaut oder saniert wird, dass Barrierefreiheit grundsätzlich verwirklicht wird. Dies gilt umso mehr, wenn der Sozialraum genutzt werden soll und ein Besuch der nächstliegenden Kleinstadt oder der Innenstadt, um dort z. B. ein Kino zu besuchen, bereits daran scheitert, dass niederflurige Verkehrsmittel entweder überhaupt nicht verkehren oder nicht dann, wenn sie im Fahrplan angekündigt sind. Auch wird erst langsam erkannt, dass Barrierefreiheit von Wohngebäuden und öffentlichen Anlagen nicht nur Vorteile für Menschen hat, die einen Rollstuhl nutzen, weil sie körperbehindert sind, sondern auch für ältere Menschen, deren Zahl in den kommenden Jahren deutlich zunehmen wird.

Inklusion bzw. ein Leben in der Gemeinde ist aber nicht nur ein strukturelles Problem der Barrierefreiheit (siehe auch den Artikel von Sieger in diesem Band), sondern es ist auch ein Problem der Einstellung. Mit dem Begriff der ‚Einstellung' soll auf folgende zwei Beobachtungen aufmerksam gemacht werden:

Der Autor dieses Artikels ist tätig als Beauftragter für Studierende mit Behinderung oder chronischer Erkrankung. In diesem Kontext führt er immer wieder Gespräche mit Architekten, Bauabteilungen, Verantwortlichen bei Verkehrsbetrieben oder Mitarbeitern technischer Dienste. So häufig er inzwischen auch positive

Erfahrungen machen kann, so oft erlebt er aber auch, dass Verordnungen zur Barrierefreiheit, obwohl bekannt, nicht angewandt oder Absprachen vergessen werden; nicht weil gespart werden müsste, das gibt es auch, aber eher selten. Es hat eher den Anschein, dass diese Bereiche tatsächlich vergessen, ja aus dem Bewusstsein ausgeblendet werden.

Ein weiteres Phänomen bezieht sich auf die Beobachtung des Autors, dass gerade Menschen mit mehrfachen oder sehr schweren Behinderungen auch noch als Erwachsene häufig bei ihren Eltern wohnen bzw. leben (vgl. Lelgemann & Fries 2009). Es kann nur vermutet werden, dass die Wahl des elterlichen Wohn- und Lebensortes möglicherweise aus Sorge vor Überforderung des erwachsenen Kindes, einem Misstrauen gegenüber der Gesellschaft oder schlechten Erfahrungen erfolgt; sicherlich wissen Eltern um die spezifischen Unterstützungsbedürfnisse, vertrauen Anbietern weniger und sind froh, ein familiäres Angebot eröffnen zu können. Auf Seiten des erwachsenen Kindes kann angenommen werden, dass das „Umsorgtwerden" durchaus auch positive Aspekte enthält. Hinsichtlich der Kostenträger besteht sicherlich ein gewisses Einverständnis für diese persönlichen Regelungen; sparen sie doch Kosten. Im Ergebnis führt dieses persönlich gut verstehbare und subjektiv sinnvolle Verhalten aber dazu, dass ein Bedarf an notwendigem Wohnraum, Assistenz und Begleitung erwachsener Menschen mit Körper- und vor allem Mehrfachbehinderung in der Gesellschaft nicht wahrgenommen wird.

Beide Beobachtungen können hier nicht näher untersucht werden und stehen sicherlich nicht in direkter Verbindung. Es kann aber davon ausgegangen werden, dass das häufig noch selbstverständliche Leben im Elternhaus oder auch in speziellen Einrichtungen ein öffentliches „Nicht-Zur-Kenntnisnehmen", ja Vergessen, wie gerade für den Bereich der Barrierefreiheit illustriert, erleichtern.

Gerade für den Bereich des Wohnens ist das so genannte Individuelle Hilfeplangespräch deshalb ein wichtiges, noch nicht bundesweit zur Verfügung stehendes Angebot, welches seit wenigen Jahren erfolgreich im Landschaftsverband Rheinland entwickelt und angewandt wird. In einem Hilfeplangespräch werden die Wünsche des einzelnen Menschen zum Anlass genommen, einen individuellen Hilfeplan für den Bereich Wohnen, neuerdings auch Arbeiten, zu erstellen und die dafür notwendigen Kosten, ähnlich dem Persönlichen Budget, bereit zu stellen (vgl. Flemming 2010). Der Landschaftsverband entwickelte dieses Verfahren, um neue gemeindenahe Wohnformen zusätzlich zu den stationären Wohn- oder Komplexeinrichtungen, die gegenwärtig noch ein vielfach genutzter Lebensraum für erwachsene Menschen mit Körper- vor allem aber mehrfacher Behinderung sind (Bundesministerium 2006, 224), zu ermöglichen; dies nicht zuletzt auch, um die zukünftig zu erwartenden Kosten in diesem Bereich zu begrenzen.

Gleichzeitig haben einige Träger von Komplexeinrichtungen bereits Mitte der neunziger Jahre begonnen, sich neu zu strukturieren, um ebenfalls gemeindenahe, inklusive Lebensmöglichkeiten zu eröffnen. Zu nennen sind hier z.B. Hephata Mönchengladbach (Bundesverband 2008, 4), die Nieder-Ramstädter Diakonie (Koch 2009, 17), Leben mit Behinderung Hamburg (Koch 2009, 23) oder die evangelische Stiftung Alsterdorf (Schablon 2009, 47 ff.). Dies bedeutet vielfach die Umwidmung der vorhandenen, häufig renovierungsbedürftigen Bausubstanz oder sogar deren Abriss, die Weiterqualifizierung der Mitarbeiter und die Neuentwicklung grundlegender Konzeptionen.

Der Bundesverband evangelische Behindertenhilfe e. V. veröffentlichte 2008 ein Konzept zur Konversion von Komplexeinrichtungen in der Behindertenhilfe. Als wesentlich zu beteiligende und einzubeziehende Personengruppen und Institutionen werden benannt:

- die behinderten Menschen selbst,
- deren Betreuer,
- Angehörige,
- Mitarbeitende,
- und schließlich die Kostenträger (7 ff.).

Als zentral wird die frühzeitige Einbeziehung aller Beteiligten empfohlen, die Entwicklung, Erprobung und regelmäßige Anwendung partizipativer Strukturen auf allen Ebenen sowie die Ermöglichung assistierender Lebens- und Arbeitssituationen. Der Bereitschaft des Managements, eine Entwicklung hin zur Gemeinwesen-einbindung aktiv anzugehen, hat in diesem Prozess eine besondere Bedeutung (14 ff.). Hierzu gehört ebenfalls die Entwicklung und Benennung positiver Aspekte auf Seiten aller Beteiligten, auch der professionellen Mitarbeiter, da deren Bereitschaft zur Veränderung und Weiterentwicklung der Konzepte eine wesentliche Bedeutung für den Konversionsprozess haben. Zudem muss das Management des Trägers neue Verwaltungs- und Verfahrensabläufe entwickeln sowie das Finanz- und Gebäudemanagement komplett umstellen. Eine komplette Konversion wird unterschiedliche Wohnformen in einer Gemeinde ermöglichen (Einzel- und Paarwohnen, frei gewählte Wohngemeinschaften), immer aber auch bedenken, wie Menschen mit komplexem Unterstützungsbedarf einbezogen bzw. ausdrücklich berücksichtigt werden können (vgl. auch Zentrum 2008). Zudem wird empfohlen, den Sozialraum bereits im Vorfeld einzubeziehen und mögliche Netzwerke schon frühzeitig anzubahnen (Bundesverband 2008, 27 f.); schließlich kann ein unbegleiteter Umzug in eine Einzelwohnung auch zur verstärkten Isolation führen, wenn die sozialen Strukturen sich verändern oder sogar versagen (vgl. Dahme & Wohlfahrt 2009, 168).

Ähnliche Erfahrungen wurden dem Autor im persönlichen Gespräch mit Mitarbeitern eines großen niederländischen Anbieters berichtet. Nachdem z. B. in de Hartenberg, einer ehemaligen Komplexeinrichtung für Menschen mit mehrfacher Beeinträchtigung, bereits Anfang der achtziger Jahre begonnen wurde, gemeindenahe Wohnformen zu entwickeln, zeigte sich nach einigen Jahren, dass die reine Veränderung des Wohnortes nicht zu einer höheren Einbindung ins Gemeindeleben führte. In der Folge verblieben Menschen mit höherem Unterstützungsbedarf weiterhin in der nun deutlich kleineren Komplexeinrichtung oder zogen sogar in diese zurück. Erst nachdem assistierende Dienstleistungen und Begleitungsangebote sowie unterschiedliche Gemeinde-integrierte Wohnformen systematisch angeboten und, professionell unterstützt, entwickelt wurden, entstand eine dauerhafte Gemeinweseneinbindung.

Es ist überraschend und doch erklärbar (siehe die bereits angesprochenen Beobachtungen), dass andere Einrichtungsträger bzw. Elterninitiativen gleichzeitig deutlich spezialisierte Angebote auch in Zeiten der Diskussion über Inklusion entwickeln, die stark in Anspruch genommen werden. Beispiele hierfür stellen die zahlreichen anthroposophischen Angebote für Menschen mit mehrfacher Behinderung dar oder das als „Das Dorf" bezeichnete Angebot der Fliedner-Werke in Mülheim an der Ruhr.

Lebensbereich: Arbeit

Bereits in einer 1996 vom Autor durchgeführten Untersuchung (vgl. Lelgemann 1999) konnte gezeigt werden, dass auch körperbehinderte Menschen, die in hohem Maße auf unterstützende Hilfen bzw. Assistenzleistungen angewiesen waren, in sehr hohem Maße daran interessiert waren, einer als sinnvoll erlebten Arbeit nachzugehen, die möglichst in einem Betrieb des allgemeinen Arbeitsmarktes stattfinden sollte. Für Menschen mit einer Körperbehinderung, die erfolgreich Schulabschlüsse der allgemeinen bzw. weiterführenden Schulen abgelegt haben, sind entsprechend ihren Vorstellungen zahlreiche Tätigkeiten möglich, für deren Durchführung Unterstützungsleistungen, auch in Form von Arbeitsassistenz bereits zum gegenwärtigen Zeitpunkt in Anspruch genommen werden können (siehe auch den Artikel von Wolf in diesem Band), bzw. deren Berufsausbildung in Berufsbildungswerken (BBW) stattfindet, die inzwischen zahlreiche Übergangsprojekte entwickelt haben (vgl. Seyd, Schulz & Vollmers 2007). Schwieriger ist die Situation für Menschen mit Körper- und Mehrfachbehinderung, die kaum qualifizierte Abschlüsse erworben haben. Obwohl die zahlreich vorliegenden Forschungsberichte zur Arbeit der Integrationsfachdienste belegen, dass Nischenarbeitsplätze gefunden und dauerhaft besetzt werden können (vgl. Doose 2007), zeigt sich bei genauerer Betrachtung, dass körper- und mehrfachbehinderte junge Menschen häufig nicht einbezogen sind und ihre Vermittlung in reguläre Arbeitsverhältnisse sich deutlich schwieriger gestaltet.

Oftmals stellt die Aufnahme bzw. Tätigkeit in einer Werkstatt für behinderte Menschen (WfbM) die einzige bzw. leicht zu ergreifende Option dar. Diese Möglichkeit kann sicherlich als berufliches Tätigkeitsangebot begriffen werden, es kann aber nur begrenzt von einem Beitrag zur gesellschaftlichen Inklusion gesprochen werden. Auch im Lebensbereich Arbeit hat die Berücksichtigung des Wunsch- und Wahlrechts entsprechend § 9 des SGB IX eine wesentliche Bedeutung. Der in den letzten Jahren stattgefundene Ausbau der WfbM (vgl. Hirsch 2009) und der häufig zu beobachtende direkte Übergang junger körper- und vor allem mehrfachbehinderter Menschen nach Abschluss der Schulzeit in die WfbM wird seit vielen Jahren kritisch diskutiert. Dieser Automatismus unterstützt den Prozess der Inklusion nicht. Die Deutsche Akademie für Rehabilitation fordert deshalb in einer 2009 veröffentlichten Stellungnahme eine deutlich stärkere Berücksichtigung des

Wunsch- und Wahlrechts im Arbeitsbereich (Deutsche Akademie 2009, 82) und die Gesellschaft für Integration, Sozialforschung und Betriebspädagogik entwickelte bereits 2008 differenzierte Vorschläge zur Weiterentwicklung der Übergangsformen zwischen (Förder)-Schulen und Allgemeinem Arbeitsmarkt bzw. WfbM. So wird vorgeschlagen, die Verantwortung für die Durchführung der Fachausschusssitzungen von der WfbM auf andere Träger zu übertragen (Gesellschaft 2008, 394), regelmäßig Gespräche mit den Kandidaten zu führen (398) und die weiteren Angebote, wie Außenarbeitsplätze und Beratungstätigkeiten (395) stärker zu favorisieren. In beiden Dokumenten wird bewusst nicht die Auflösung der bestehenden Organisationsformen gefordert, da sie gegenwärtig einen wichtigen Beitrag bei der beruflichen Rehabilitation körper- und insbesondere mehrfachbehinderter Menschen leisten; es wird aber betont, dass sich WfbM und BBW gemeinsam mit Integrationsfachdiensten zu stärker dienstleistenden Unternehmen entwickeln müssen, in denen die Wünsche der behinderten Menschen eine wesentlich größere Aufmerksamkeit erfahren. Gegenwärtig erproben bereits einige BBW und WfbM derartig neue Konzepte. Sie entwickeln neue Formen von Langzeit-Betriebspraktika, gestalten Beratungs- und Kooperationsprozesse transparenter, öffnen sich dem ersten Arbeitsmarkt oder schaffen ein Netz aus vielfältigen Arbeitsmöglichkeiten in Arbeitsgruppen innerhalb und außerhalb der WfbM, Integrationsfirmen und Außenarbeitsplätzen mit Werkstattmitarbeiterstatus oder auch voll tariflich abgesichert. Um Inklusionsprozesse zu ermöglichen, wird es zukünftig zu einer höheren Beratungsnotwendigkeit kommen. Entscheidungen werden immer wieder neu reflektiert und nicht nur bezogen auf die Situation im gegenwärtigen Umfeld, sondern auch auf die Notwendigkeit der Vernetzung mit neuen Handlungspartnern, Familienangehörigen und Freunden systemisch reflektiert werden müssen. Ein Ausbau der begleitenden Beratungsdienste ist deshalb dringend geboten (Lelgemann 2009 a, 347).

Allerdings muss darauf aufmerksam gemacht werden, dass sich alle aktuellen Entwicklungen, Stellungnahmen und Forderungen vor allem auf Personen beziehen, die nicht als mehrfachbehindert oder schwerstbehindert beschrieben werden. Kritisch muss zudem einbezogen werden, dass eine zu erwartende und zu fordernde höhere Transparenz in Bezug auf die Angebotsstruktur beruflicher Angebote bzw. von Arbeitstätigkeiten in WfbM natürlich nur für diese gilt. Der allgemeine Arbeitsmarkt selbst ist nicht transparent, nicht inklusiv und sicherlich nur marginal daran interessiert, behinderten Menschen inklusive Arbeitsangebote mit einem Verdienst anzubieten, der ein selbstständiges Leben ermöglicht. Gerade größere oder mittelständische Betriebe werden eher schwerbehinderte Menschen beschäftigen, die im eigenen Betrieb erkrankten oder Opfer eines Betriebsunfalls wurden.

Wie eine Untersuchung der Arbeit von Integrationsfachdiensten von Kühn & Rüter zeigt, entstehen auch hier neue Zwänge, die vornehmlich durch die Arbeitsanforderungen des einstellenden Betriebes gegeben sind. Selbst Integrationsfachdienste, die keinem größeren Träger, wie einer WfbM, angehören, stehen unter dem Druck, Vermittlungserfolge vorweisen zu müssen, um sich abzusichern, und neigen dazu, die Interessen der Menschen mit Beeinträchtigungen deutlich geringer zu gewichten (Kühn & Rüter 2008, 131), um eine Vermittlung zu ermöglichen. Hier entwickeln sich neue Risiken, die zukünftig bedacht werden müssen.

Perspektiven für die kommenden Jahre

Wie andere europäische Staaten beweisen (siehe hierzu auch Artikel von Quandt in diesem Band) ist eine inklusivere Gesellschaft gestaltbar und möglich. Deshalb sind deutliche Anstrengungen aller beteiligten Personen und aller gesellschaftlichen Institutionen zu fordern. Die Entwicklung inklusiver Strukturen, die ein hohes Maß an gesellschaftlicher Präsenz und Partizipation körper- und mehrfachbehinderter Menschen ermöglichen, erfordert eine deutliche Berücksichtigung der individuellen Bedürfnisse. Eine inklusivere Gesellschaft wird vermutlich keine Gesellschaft sein, die ganz auf beschreibende und zur Nutzung besonderer Unterstützungsleistungen berechtigender Verfahren verzichten kann. Auch die BRK selbst ist eine derartige, den allgemeinen Menschenrechten verpflichtete besondere Erklärung, die gegenwärtig offensichtlich noch notwendig ist, um die Rechte behinderter Menschen weltweit abzusichern. Die Schaffung inklusiver Strukturen und die Sicherung des Wunsch- und Wahlrechts der Beteiligten können eben auch zu sich scheinbar widersprechenden Anforderungen führen. So werden besondere Einrichtungen für körper-, stärker aber noch mehrfachbehinderte Menschen vermutlich erhalten bleiben. Gleichzeitig aber wird der Wunsch nach einem Leben in der Gemeinschaft in allen gesellschaftlichen Bereichen, auch z. B. in den hier nur benannten der Mobilität oder Freizeitgestaltung, zu Veränderungen bzw. Öffnungen führen müssen. So werden sich spezielle Einrichtungen öffnen und aktiv einen Prozess der Gemeindeorientierung und der Absicherung von Informations- und Wahlangeboten anstreben müssen.

Es ist zu erwarten, dass sich Selbsthilfegruppen und Verbände, auch dort, wo sie selber Träger von Einrichtungen sind, tendenziell stärker in der Beratung und Begleitung behinderter Menschen und ihrer Angehörigen engagieren (Dahme & Wohlfahrt 2009, 170). Angebote, wie die Persönliche Zukunftskonferenz oder die Individuelle Hilfeplanung werden im Rahmen zunehmend eingesetzter Persönlicher Budgets intensiver genutzt werden. Hierbei wird auch die Beratung durch Menschen mit ähnlichen oder gleichen Schädigungen (Peerberatung) einen deutlich höheren Stellenwert bekommen. Eine zunehmend größere Bedeutung werden internet-basierte bzw. gleichzeitig lokal ermöglichte und persönlich erreichbare Beratungsangebote erhalten. Zunehmen werden sicherlich auch Möglichkeiten der Nutzung von Assistenz- oder auch Freiwilligendiensten, die hier nur erwähnt werden können. Ihre Inanspruchnahme erfordert spezifische Kompetenzen auf Seiten der Menschen mit Körper- bzw. Mehrfachbehinderung, erweitert andererseits aber auch die Möglichkeiten, ein aktives Leben in der Gemeinde bzw. der Gesellschaft zu führen (vgl. Lelgemann 2009 b). Auch wenn von Menschen mit Körperbehinderung selbst immer wieder gesagt wird, dass z. B. für die Arbeit als

Assistentin keine spezifischen Voraussetzungen erwartet werden, stellt sich zunehmend die Frage, wie die Qualität der Unterstützungsleistung auch dann gewährleistet bzw. überprüft werden kann, wenn behinderte Menschen diese selbst nur schwer beurteilen können. Dies gilt auch für die Qualität der Beratungsangebote.

Kritische Anfragen

Bei kritischer Betrachtung der inzwischen zahlreichen Veröffentlichungen zur Gestaltung inklusiver Lebensbedingungen fällt auf, dass oftmals Bedingungen reflektiert werden, die vor allem für Menschen mit weniger umfänglichen Beeinträchtigungen unterstützend wirken, die Selbstbestimmung und eine persönliche Lebensgestaltung ermöglichen. Bei Durchsicht der z. B. in diesem Artikel angesprochenen Texte zum Bereich der Weiterentwicklung der beruflichen Rehabilitation (Deutsche Akademie 2009) bzw. der WfbM (Gesellschaft 2008) fällt auf, dass insbesondere im zweiten hier behandelten Text Menschen mit komplexem Unterstützungsbedarf durchaus noch in der Analyse benannt werden, innerhalb der Thesen zur Weiterentwicklung der beruflichen Bildung aber nicht einmal mehr erwähnt werden. Dies gilt leider ohne Einschränkung auch für die Empfehlungen der Deutschen Akademie für Rehabilitation. Der Bundesverband für körper- und mehrfachbehinderte Menschen hat auf einer Tagung zur Weiterentwicklung des Schulwesens darauf aufmerksam gemacht, dass, bei aller Unterstützung der inklusiven Grundidee, zu fordern ist, die Situation schwerst behinderter ebenso wie mehrfach behinderter Menschen in jedem Fall zu berücksichtigen (Reimann & Müller-Fehling 2009, 25). Diese Forderung muss in Zukunft für alle Lebensbereiche gelten.

Folgende weitere Fragen oder kritische Aspekte, die sich insbesondere auf die Lebenssituation von Menschen mit mehrfachen Beeinträchtigungen bzw. komplexem Unterstützungsbedarf beziehen, sollen zum Abschluss des Beitrags nur benannt werden, ohne sie vertiefen zu können:

- Auf welche Weise werden Angehörige auf die deutliche Zunahme der Verantwortlichkeiten für Menschen mit mehrfacher oder schwerster Behinderung in einer zunehmend inklusiveren Gesellschaft vorbereitet? Wie werden sie im Alltag oder bei Überforderungssituationen durch staatliche Systeme unterstützt?
- Welche Beratungsangebote sind notwendig, wie werden sie finanziell abgesichert und konkret verwirklicht?
- Wie kann mit Situationen umgegangen werden, in denen persönliche Finanzmittel nicht zum Wohlbefinden der Person eingesetzt werden bzw. diese ausgenutzt werden? Wird es noch eine öffentliche Kontrolle oder Fürsorge geben? Wird sie noch möglich oder wird die Gesellschaft durch die Zahlung solcher „Teilhabe-Leistungen“ von ihrer Verantwortung entlastet sein?
- Bereits angesprochen wurden Fragen der Qualitätssicherung bei individuell organisierten Unterstützungsstrukturen. Auch hier müssen Menschen mit Körper- oder Mehrfachbehinderung weitestgehend einbezogen werden.

- In finanziell schwierigen Zeiten erscheint es durchaus vorstellbar, Kosten zu sparen, wenn die Nutzer der Unterstützungsleistungen diese individuell beantragen müssen und erhalten. Es ist deshalb dringend geboten, dass Interessenverbände bzw. Organisationen von behinderten Menschen und ihren Angehörigen sich hier, noch stärker als bereits geschehen, als Lobby verstehen.

Grundlegender ist darauf hinzuweisen, dass alle hier angesprochenen inklusiven Entwicklungen, unabhängig davon, ob sie den Lebensbereich Wohnen, Arbeit oder das sich Bewegen in öffentlichen Räumen betreffen, voraussetzen, dass unsere Gesellschaft eine Kultur der unterstützenden Anteilnahme entwickelt, in denen sich auch Menschen mit mehrfacher Behinderung im privaten und öffentlichen Raum sicher bewegen können und die Unterstützung bekommen, die sie wünschen.

Unsere Gesellschaft hat sich nach dem Zweiten Weltkrieg und dem Nationalsozialismus bewusst als sozial verpflichtete Marktwirtschaft neu organisiert. In den letzten Jahren mussten wir erfahren, dass soziale Kontrollmechanismen einem kaum gebremsten Wirtschaftswachstum geopfert wurden. Dies zeigte sich vor allem in Entwicklungen des Arbeitskräfteabbaus, des Ausbaus nicht sozialversicherungspflichtiger Tätigkeiten oder der Privatisierung öffentlicher Aufgaben. Die Tendenz, auch in den Bereichen der Jugendhilfe oder der Begleitung mehrfachbehinderter Menschen Personal abzubauen oder geringer qualifiziertes und deshalb preiswerteres Personal einzusetzen, könnte zukünftig – entgegen den erwünschten und angestrebten inklusiven Entwicklungen – zu erheblichen Problemen für Menschen führen, die, auch wenn sie autonomer leben wollen, auf Hilfen bzw. Begleitung angewiesen sind. Es ist deshalb von zentraler Bedeutung, auch in Zukunft ein gesellschaftliches Bewusstsein dafür zu erhalten, dass Verantwortung für Menschen in Not nicht immer bürgernah delegiert werden kann, dass zusätzlich staatlich abgesicherte Unterstützungssysteme erhalten bleiben müssen (vgl. auch Brandt 2009) und die Zahlung von Geldmitteln nur ein Bestandteil der öffentlichen Fürsorge sein kann. MacIntyre (2001), ein amerikanischer Philosoph, verwies vor einem Jahrzehnt darauf, dass eine Gesellschaft dann eine gute Gesellschaft sei, wenn sie sowohl anerkennt und rechtlich absichert, dass Menschen ihre Fähigkeiten entfalten und selbstbestimmt leben wollen, als auch, dass alle Menschen auf Hilfe angewiesen und abhängig sind. Mit Abhängigkeit ist eine soziale, zwischenmenschliche Abhängigkeit gemeint, die alle Menschen während ihrer Kindheit, bei Krankheit und im Alter betrifft, andere über die gesamte Spanne ihres Lebens hinweg.

Mit den oben benannten kritischen Fragen ist die Hoffnung verbunden, diese und andere Herausforderungen in den nächsten Jahren mit allen Beteiligten intensiv diskutieren zu können und Lösungen zu finden, die gemeindenahe Wohn-, Arbeits- und Lebensmöglichkeiten entsprechend den Wünschen aller Menschen mit Körper-, Mehrfach- oder Schwerstbehinderung selbstverständlich ermöglichen und absichern.

Literatur

Brandt, M. (2009): Hilfe zwischen Generationen. Ein europäischer Vergleich. Wiesbaden.

Bundesministerium für Familie, Senioren, Frauen und Jugend (2006): Erster Bericht des Bundesministeriums für Familie, Senioren, Frauen und Jugend über die Situation der Heime und die Betreuung der Bewohnerinnen und Bewohner. Berlin.

Bundesverband evangelische Behindertenhilfe e.V. (2008): Konzept zur Konversion von Komplexeinrichtungen in der Behindertenhilfe. Berlin.

Dahme, H.-J. & Wohlfahrt, N. (2009): Zwischen Ökonomisierung und Teilhabe. In: Teilhabe. 48, 4, 164–171.

Deutsche Akademie für Rehabilitation e.V. (2009): rehafutur: Stellungnahme der wissenschaftlichen Fachgruppe RehaFutur zur Zukunft der beruflichen Rehabilitation in Deutschland. Bonn.

Doose, St. (2007): Unterstützte Beschäftigung: Berufliche Integration auf lange Sicht. Marburg.

Flemming, L. (2010): Individuelle Hilfeplanung. In: Daut, V.; Kienle, D.; Lelgemann, R. & Rimroth, A. (Hgg.) (2010): Teilhabe und Partizipation verwirklichen. Neue Aspekte der Vorbereitung auf die nachschulische Lebenssituation körper- und mehrfachbehinderter Menschen. Oberhausen, 281–295.

Frehe, H. (2009): Die UN-Behindertenrechtskonvention: Eine juristisch-politische Perspektive. Bremen. Unveröffentlichte Power-Point-Präsentation.

Gesellschaft für Integration, Sozialforschung und Betriebspädagogik GmbH (2008): Entwicklung der Zugangszahlen zu Werkstätten für behinderte Menschen. Berlin.

Hirsch, St. (2009): Werkstätten für behinderte Menschen. In: Stein, R. & Orthmann Bless, D. (Hrsg.): Basiswissen Sonderpädagogik. Baltmannsweiler, 31–57.

Koch, S. (2009): Willkommen zuhause. In: Menschen. Das Magazin 4, 12–23.

Kühn, A. & Rüter, M. (2008): Arbeitsmarkt und Behinderung. Neue Anforderungen an die Soziale Arbeit. Hildesheim.

Lelgemann, R. (1999): Gestaltungsprozesse im Bereich beruflicher Rehabilitation für Menschen mit sehr schweren Körperbehinderungen als Herausforderung der Werkstätten für Behinderte und Tagesförderstätten. Aachen.

Lelgemann, R. (2009 a): Arbeitsfeld Soziale Arbeit in der beruflichen Rehabilitation und Integration. In: Buchkremer, Hj. (Hrsg.) (^{3}2009): Handbuch Sozialpädagogik. Ein Leitfaden in der sozialen Arbeit. Darmstadt, 341–351.

Lelgemann, R. (2009 b): Ein Leben mit Assistenz gestalten. In: Orthmann Bless, D. & Stein, R. (Hrsg.): Basiswissen Sonderpädagogik. Baltmannsweiler, 66–87.

Lelgemann, R. & Fries, A. (2009): Die Entwicklung der Schülerschaft an Förderzentren Körperliche und Motorische Entwicklung in Bayern – Ergebnisse einer Längsschnittuntersuchung und weiterer Untersuchungen in den Jahren 2004 bis 2008. In: ZfH, 60, 213–223.

MacIntyre, A. (2001): Die Anerkennung der Abhängigkeit – Über menschliche Tugenden. Hamburg.

Netzwerk Artikel 3. e.V. (2009): Übereinkommen über die Rechte von Menschen mit Behinderungen. Schattenübersetzung. Berlin.

Reimann, A. & Müller-Fehling, N. (2009): Eine neue Schule für alle. In: Das Band, 39, 6, 24–25.

Schablon, K.-U. (2009): Community Care: Professionell unterstützte Gemeinweseneinbindung erwachsener geistig behinderter Menschen. Marburg.

Schäfer, W. (2009): Eingliederungshilfe unter Kostendruck – Panikmache oder Anlass zum gemeinsamen Nachdenken und Handeln? In: Teilhabe. 48, 4, 171–175.

Seyd, W.; Schulz, K. & Vollmers, B. (2007): Verzahnte Ausbildung METRO Group mit Berufsbildungswerken (VAMB). Abschlussbericht der wissenschaftlichen Begleitung. Hamburg.

Zentrum für Planung und Evaluation Sozialer Dienste (ZPE) der Universität Siegen (2008): Selbständiges Wohnen behinderter Menschen. Individuelle Hilfen aus einer Hand. Abschlussbericht. Siegen.

6.4 Erwerbsarbeit unter dem Vorzeichen von Inklusion und UN-Behindertenrechtskonvention

Sebastian Wolf

Eine Tätigkeit im Arbeitsleben ist für behinderte Menschen von elementarer Bedeutung, sie ist die „Grundlage für eine selbstbestimmte und gleichberechtigte Teilhabe am Leben in der Gesellschaft" (Deutscher Bundestag 2004, 66). Da die Ratifizierung der UN-Behindertenrechtskonvention der Diskussion um das Konzept der Inklusion neuen Schwung gegeben hat, scheint es geboten, nun erste Zusammenhänge zwischen der von der Konvention proklamierten Leitidee einer inklusiven Gesellschaft und Arbeit zu skizzieren. Dies kann Hinweise für die Zukunft der professionalisierten Körperbehindertenpädagogik aufwerfen sowie Grundlage zur Erschließung neuer konzeptueller Perspektiven sein.

Erwerbsarbeit und ihre Bedeutung für Menschen mit Behinderung

Arbeit ist die „Tätigkeit, mit der sich der Mensch die Welt aktiv gestaltend erschließt" (Doose 2007, 169). Zwar fallen beispielsweise Kinderbetreuung, Nachbarschaftshilfe oder ehrenamtliches Engagement unter den Begriff der Arbeit, doch speziell Erwerbsarbeit ist ein zentraler Lebensbereich der Gesellschaft und entscheidet über den individuellen finanziellen Spielraum sowie sozialen Status (ebd.). Arbeit im Sinne von Erwerbsarbeit kann also verstanden werden als „planvoll organisierte und angestrengte Tätigkeit [. . .], die primär menschlicher Existenzsicherung und Bedürfnisbefriedigung dient" (Zwierlein 1997, 18). Neben dieser *manifesten* Funktion der Arbeit, hat Arbeit aber auch *latente* Funktionen (vgl. Jahoda 1983, 45 ff.); diese individuellen Potentiale sind z. B. die Strukturierung der Zeit, die Erweiterung sozialer Beziehungen und das Eingebundensein in kollektive Zielsetzungen (vgl. ausführlicher Bieker 2005 b, 15 f.).

Körperbehinderte Menschen erleben oftmals Abhängigkeit und Fremdbestimmung, sind in vielen Bereichen des täglichen Lebens mit Barrieren konfrontiert. Erwerbstätigkeit hingegen ist „der öffentlich sichtbare Beleg für Leistungsfähigkeit und Leistungsbereitschaft; statt ‚Defiziten' wird individuelles ‚Können' sichtbar" (Bieker 2005 b, 16). Die Abhängigkeit von öffentlicher Alimentierung wird durch Erwerbsarbeit vermindert oder vermieden; im Sinne der eigenen Identität ist hierbei entscheidend, dass das Einkommen im Gegensatz zur Sozialleistung nicht aufgrund der Beeinträchtigung, sondern aufgrund persönlichen Könnens bezogen wird. Durch Erwerbstätigkeit können behinderte Menschen ihre Fähigkeiten in den Mittelpunkt stellen und sich so einer drohenden Dominanz gesellschaftlicher Wahrnehmung über Defizite entgegenstellen. Durch tagtägliche Kontakte wird das

Risiko sozialer Isolation vermindert und soziale Integration gefördert; für behinderte Menschen wird das Leben durch Arbeit um einen weiteren Lebensort erweitert (vgl. Bieker 2005 b, 16; Hinz 2006, 6). Selbiges gilt besonders auch für Menschen mit schweren Körper- oder mehrfachen Behinderungen und wird von ihnen so erlebt (vgl. Lelgemann 2000, 20).

Arbeit hat also nicht nur immense Bedeutung hinsichtlich des finanziellen Spielraumes, der Identität und des Selbstwertgefühles eines Menschen, sie ist vielmehr auch „essentielles Scharnier der gesellschaftlichen Integration des Individuums und seines Bedürfnisses nach sozialer Zugehörigkeit" (Bieker 2005 a, 7). Es wird klar, dass die Möglichkeiten körperbehinderter Menschen, einer Erwerbsarbeit nachzugehen, einen entscheidenden Gradmesser für eine inklusive Gesellschaft darstellen werden. Haben sich die ersten tieferen Diskussionen von Seiten der Sonderpädagogik meist auf das Thema Schule und Bildung konzentriert, wird in Zukunft auch das Themenfeld Arbeit verstärkt Berücksichtigung finden müssen.

Erwerbsarbeit und Inklusion

Die UN-Behindertenrechtskonvention und ihre Ausführungen zum Themenkomplex Arbeit

Dass im Hinblick auf Inklusion derzeit hohe Aufmerksamkeit und Erwartungen das Bild bestimmen, ist vor allem der UN-Konvention über die Rechte von Menschen mit Behinderung zuzuschreiben: Gegen die immer noch vorherrschende Tendenz behinderte Menschen vom gesellschaftlichen Leben abzusondern, stellt sie die Leitidee einer inklusiven Gesellschaft. Von fachlicher Seite wird erwartet, dass sie die „Behindertenpolitik weltweit und auch in Deutschland langfristig verändern wird" (Bielefeldt 2010, 66).

Auf die Problematik der deutschen Übersetzung des englischen Begriffes ‚inclusion/inclusive' mit ‚Integration/integrativ' wurde bereits vielfach hingewiesen (vgl. Anhörung der Sachverständigen und Verbände in Deutscher Bundestag 2008, von Seiten des Deutschen Instituts für Menschenrechte Aichele 2008, 11–13); auch der Themenbereich Arbeit ist eine der vier betroffenen Stellen (Art. 24, Abs. 1 sowie Abs. 2 b und e; Art. 27, Abs. 1 UN-BRK). Da aber Inklusion „ohne Weiteres im Deutschen übernommen werden könnte" (Aichele 2008, 12) und für den rechtlichen Verpflichtungsumfang ausschließlich die authentischen Sprachfassungen verbindlich sind (ebd.), soll auch hier weiter von Inklusion gesprochen werden.

Was unter Inklusion en détail zu verstehen ist, ebenso worin die Differenz zum Begriff der Integration liegt, ist aktuell Bestandteil kontroverser Diskussionen und wird es noch einige Zeit bleiben. Daher wird hier bei den Vorstellungen der Konvention verblieben: In ihrem Sinne weist der Leitbegriff der Inklusion klar über das hinaus, was traditionell mit Integration gemeint ist (vgl. Aichele 2008, 12); vielmehr soll in allen gesellschaftlichen Bereichen „Behinderung als Bestandteil normalen menschlichen Zusammenlebens verstanden und akzeptiert werden" (Bielefeldt 2010, 67).

Die Vorgaben der Konvention zum Bereich Arbeit sind in Artikel 27 festgelegt; dieser kann dem Themenfeld der Solidaritätsrechte zugeordnet werden (vgl. Degener 2009b, 37). Absatz 1 verpflichtet die Vertragsstaaten – auf der Grundlage der Gleichberechtigung mit anderen – zur Anerkennung des Rechts von behinderten Menschen auf Arbeit. Dieses Recht schließt die Möglichkeit ein, den Lebensunterhalt durch Arbeit zu verdienen, welche in einem offenen, inklusiven und für Menschen mit Behinderung zugänglichen Arbeitsmarkt und -umfeld gewählt und angenommenen wird. Über die Anerkennung hinaus werden die Vertragsstaaten verpflichtet, diese Verwirklichung des Rechtes auf Arbeit durch geeignete Schritte zu sichern und zu fördern; hierzu zählt auch der Erlass von Rechtsvorschriften. All dies umfasst auch Menschen, die während der Beschäftigung eine Behinderung erwerben.

Die Buchstaben a–k des Absatzes 1 nennen exemplarisch, auf was die zu ergreifenden Maßnahmen zielen sollen: Auf ein Diskriminierungsverbot im Zusammenhang mit Beschäftigungen, welches auch Auswahl- und Einstellungsbedingungen sowie Weiterbeschäftigung und beruflichen Aufstieg mit einschließt (Buchstabe a). Weiter das gleiche Recht auf Chancengleichheit einschließlich des gleichen Entgelts für gleichwertige Arbeit sowie sichere und gesunde Arbeitsbedingungen (Buchstabe b). Auch soll gewährleistet werden, dass Menschen mit Behinderung gleichberechtigt mit anderen ihre Arbeitnehmer- und Gewerkschaftsrechte ausüben können (Buchstabe c). Darüber hinaus ist der wirksame Zugang zu Beratungsprogrammen, Berufsaus- und Weiterbildung zu ermöglichen, sowie Beschäftigungs- und Aufstiegsmöglichkeiten zu fördern; dies schließt Suche und Erhalt eines Arbeitsplatzes sowie den Wiedereinstieg mit ein (Buchstabe e, f). Durch die Unterstützung von Selbstständigkeit und Unternehmertum (Buchstabe f) und Beschäftigung im öffentlichen Sektor (Buchstabe g) wird die Förderung der Beschäftigung im privaten Sektor (Buchstabe h) ergänzt. Die geeigneten Strategien für letztgenanntes Ziel beinhalten Programme für positive Maßnahmen und Anreize. Über die Sicherstellung adäquater Vorkehrungen am Arbeitsplatz (Buchstabe i) hinaus soll das Sammeln von Arbeitserfahrung am allgemeinen Arbeitsmarkt (Buchstabe j) sowie Programme für berufliche Rehabilitation, Erhalt und Wiedereinstieg in den Arbeitsplatz gefördert werden (Buchstabe k).

Der zweite Absatz des Artikel 27 verpflichtet die Vertragsstaaten sicherzustellen, dass Menschen mit Behinderung nicht in Sklaverei oder Leibeigenschaft gehalten und vor Zwangs- oder Pflichtarbeit geschützt werden.

Welche Reaktionen hat nun aber der Artikel 27 bisher hervorgerufen? Der Paritätische Gesamtverband vermisst beispielsweise „Regelungen und Leistungen für behinderte Menschen, die aufgrund der Schwere ihrer Behinderung einer Arbeit bzw. sozialversicherungspflichtigen Beschäftigung auf dem allgemeinen Arbeitsmarkt nicht nachkommen können" (2008, 6). Er sieht hierbei klar den Bundesgesetzgeber gefordert, auch für diese Menschen „die für sie erreichbare Teilhabe am Arbeitsleben außerhalb und unabhängig von Wohnangeboten zu erhalten" (2008, 7).

Die Bundesvereinigung der Deutschen Arbeitgeberverbände e. V. (BDA) gibt sich eher verhalten gegenüber gesetzlichen Neuerungen, deren Ausgestaltung von vielen Seiten im Zuge der Konvention gerade erhofft wird. So sieht die BDA die Gefahr, dass „die in Deutschland bereits bestehende Überregulierung im Bereich des Behindertenrechts weiter verschärft würde" (2008, 20) und sich dadurch die Beschäftigungschancen behinderter Menschen letztendlich verringern.

Von rechtlicher Seite stellt Degener fest, dass Deutschland in den letzten Jahren mehrere Gesetze und Programme verabschiedet hat, die dem Ziel des Artikels 27 sehr nahe kommen. Hierzu zählt sie etwa Maßnahmen der unterstützten Beschäftigung oder Antidiskriminierungsvorschriften. Demgegenüber steht jedoch beispielsweise die nach wie vor überproportional hohe Arbeitslosenquote behinderter Menschen (vgl. 2009 a). Neben den grundlegenden Problemen, welche die Förderung der beruflichen Eingliederung auf Basis rechtlicher Garantien aufwirft (vgl. Wolf 2009, 113 ff.), darf zum jetzigen Zeitpunkt auch nicht vergessen werden, dass die Umsetzung der Konvention in nationales Recht noch aussteht. Auch wenn es von Seiten der Legislative bestritten wird (vgl. Fuchtel 2010, 28), „gibt es auch in der deutschen Rechtsordnung gesetzlichen Reformbedarf" (Degener 2009 b, 47). Jedoch befindet sich das Bundesministerium für Arbeit und Soziales auch ein Jahr nach der Ratifizierung laut Auskunft des Staatssekretärs Fuchtel lediglich in „konzeptionellen Überlegungen zum weiteren Vorgehen" (2010, 28). Die Regierung wird – von 2010 aus gesehen – erst „im nächsten Jahr das Gespräch mit allen Beteiligten suchen" (2010, 29), um dann wiederum zu beginnen „Aufgaben und Herausforderungen des Übereinkommens zu identifizieren und konkrete Schwerpunkte und Handlungsfelder für den Aktionsplan festzulegen" (ebd.). Zügige Neuerungen im nationalen Recht scheinen daher leider unwahrscheinlich.

Inklusive Arbeit und Werkstätten

Eines der großen Themen ist die Frage nach der zukünftigen Legitimität der Werkstätten für behinderte Menschen (WfbM). Der Stand der Diskussion lässt sich durch folgende Positionen umreißen: Einen Pol bilden beispielsweise Cloerkes/Felkendorff, welche in der WfbM ein „segregatives Arbeitsarrangement par excellence" (2007, 63) sehen. Auf der anderen Seite ist Trunk der Meinung, die Annahme, „man müsse mehr Eingliederung am allgemeinen Arbeitsmarkt ermöglichen, wenn man die soziale und berufliche Teilhabe Behinderter unterstützen will" (2010, 34), ginge „schlichtweg an der Realität vorbei" (ebd.).

Eine auflösende Klärung ist an dieser Stelle freilich nicht möglich. Klar ist jedoch, dass die Gefahr besteht, dass die WfbM in der Praxis einen Vorwand darstellt, für körperbehinderte Menschen die perspektivische Teilhabe am ersten Arbeitsmarkt zur Disposition zu stellen. So verwundert es kaum, dass in einer Studie in der Abschlussklasse einer Schule mit dem Förderschwerpunkt körperliche und motorische Entwicklung nur 2,6 % der Befragten angaben, später in einer WfbM arbeiten zu wollen (vgl. Moosecker 2005 a, 58).

Auf der anderen Seite muss gefragt werden, ob die WfbM nicht für manche Menschen mit Körperbehinderung eben doch ein gewähltes Arbeitsangebot bereitstellen könnte, welches als befriedigend, beeinflussbar und sinnvoll erlebt wird und v.a. in der Lage ist, die o.g. Funktionen von Arbeit zu erfüllen. Könnte die Anerkennung der Individualität im Hinblick auf Arbeit nicht auch bedeuten, nicht für alle dasselbe – den allgemeinen Arbeitsmarkt – in den Blick zu nehmen? Könnte der Übergang von der WfbM in den ersten Arbeitsmarkt nicht wie bei Schartmann/Rhode (2005) doch gelingen? Könnte es nicht – wie Moosecker meint – trotzdem lohnenswert sein, Schülern die WfbM in all ihren, im Vorurteil oft untergehenden, Facetten vorzustellen (vgl. 2005b, 65)? Gilt letztendlich für den Bereich der Arbeit in einer inklusiven Gesellschaft nicht auch schlichtweg das, was Bielefeldt in Bezug auf den Fortbestand der Förderschulen ausführt? „Schonräume muss es geben. Die inklusive Gesellschaft, auf die die Konvention zielt, muss eine Gesellschaft sein, in der [. . .] auch Nischen, Sofaecken und Ruhezonen existieren. Eine Gesellschaft ohne Schonräume wäre eine Horrorvorstellung. Es ist aber nicht einzusehen, dass man einen Teil der Bevölkerung – nämlich Behinderte – pauschal in die Schonräume einweist“ (2010, 68).

Inklusive Arbeit und sonderpädagogische Kompetenz

Der Anspruch auf inklusive Arbeitsarrangements ist nicht gleichzusetzen mit der Abschaffung sonderpädagogischer Unterstützung; vielmehr ist Körperbehindertenpädagogik als spezialisierte Kompetenz (vgl. Lelgemann 2009) mehr als früher gefordert. Hierzu ein Beispiel:

Entscheidend für die Möglichkeiten am ersten Arbeitsmarkt wird das Verhalten der Arbeitgeber – wiederum beeinflusst durch rechtliche Regularien – sein (die Möglichkeit der beruflichen Selbstständigkeit kann hier nicht diskutiert werden, nichtsdestotrotz sollte sie in der zukünftigen Diskussion keinesfalls außen vor bleiben); Überlegungen zu sonderpädagogischen Zielsetzungen im Hinblick auf zukünftige Möglichkeiten der Arbeit müssen eingedenk dieser Interdependenz angestellt werden. Ohne in diesem Rahmen Einzelfragen diskutieren zu können, kann davon ausgegangen werden, dass betriebswirtschaftlich eine Behinderung in erster Linie unter dem Gesichtspunkt eines etwaigen – finanziellen wie organisatorischen – Mehraufwands betrachtet wird. Dessen Beurteilung ist abhängig von – mitunter naiven – Vorstellungen über die Employability körperbehinderter Menschen, oft genug zu deren Ungunsten (vgl. Wolf 2009, 140 f.). Hier wäre es geradezu absurd, Inklusion als Anlass für den Abbau sonderpädagogischer Kompetenz anzuführen. Vielmehr scheint es fundamental, Vorurteile gegenüber körperbehinderten Menschen im Allgemeinen und ihrer beruflichen Leistungsfähigkeit im Speziellen abzubauen, um inklusiven Arbeitsarrangements eine Basis zu geben: Menschen mit einer Körperbehinderung können – wie jeder andere auch – wertvolle Mitarbeiter sein. Dabei kann die institutionalisierte Körperbehindertenpädagogik in Wissenschaft und (Schul)Praxis einen entscheidenden Beitrag leisten (vgl. Wolf 2009, 129).

Zwar lässt die UN-BRK auf eine verbesserte rechtliche Grundlage für inklusive Arbeitsverhältnisse hoffen, doch zeigt z. B. eine Analyse der Beschäftigungspflicht und Ausgleichsabgabe, dass Teilhabe behinderter Menschen am Arbeitsmarkt nicht alleine durch rechtliche Regularien zu erreichen ist (vgl. Wolf 2009, 95–106). Vielmehr scheint für Unternehmen die individuelle Qualifikation des behinderten Bewerbers „das entscheidende und nahezu alleinige Kriterium" (Jakobs 2007, 211) darzustellen. Zusätzlich zu den Vorgaben des Artikel 27 UN-BRK wird für die Aufnahme eines Arbeitsverhältnisses also weiterhin die individuell erlangte Bildung und Qualifikation entscheidend sein. Genau diese auf hohem Niveau abzusichern, ist genuines Anliegen der Körperbehindertenpädagogik.

Sonderpädagogische Kompetenz und ihr Beitrag zu neuen Konzepten

Ist einerseits deutlich, dass sonderpädagogische Professionalität auch in Zukunft vonnöten ist, muss gefragt werden, welche Konzepte mit Arbeit in einer inklusiven Gesellschaft kompatibel scheinen. Einen ersten Beitrag hierzu hat Hinz vorgelegt; seiner Meinung nach sind Arbeit und Inklusion nur in ein positives Verhältnis zu bringen

- „jenseits institutioneller Hilfeplanungen, und zwar mit dem Ansatz persönlicher Zukunftsplanung,
- jenseits gestufter rehabilitativer Strukturen, und zwar mit dem Ansatz unterstützter Beschäftigung,
- jenseits angebotsorientierter Strukturen, und zwar mit dem Ansatz des Sozialraumbudgets, jedoch auch
- innerhalb vorhandener Machtverhältnisse, und zwar mit Hilfe des Diversity Managements" (2006, 7).

Da eine umfassende Diskussion aller Ansätze hier nicht zu leisten ist, soll nur das – von pädagogischen Fachkreisen bisher weniger beachtete – Diversity Management angesprochen werden. Eine Änderung des unternehmerischen Einstellungsverhaltens hinsichtlich behinderter Arbeitnehmer ist durch rechtliche Vorgaben alleine kaum leistbar, vielmehr bedingt eine Änderung, dass diese (auch) mit einer Verbesserung des betriebswirtschaftlichen Ergebnisses einhergeht.

Im Einklang mit genuin betriebswirtschaftlichen Zielen macht sich das Diversity Management gezielt die Heterogenität der Mitarbeiter zunutze und kann hierdurch betriebswirtschaftliches Interesse und soziale Aufgaben in Einklang bringen: Auf Basis der Überzeugung, dass eine Belegschaft nur gut zusammenarbeiten kann, wenn jeder Einzelne entsprechend seiner Möglichkeiten gefördert und nicht aufgrund der Zugehörigkeit zu einer Minoritätengruppe benachteiligt wird, werden Menschen als Ressource statt als Kostenfaktor wahrgenommen (vgl. Paireder/Niehaus 2005, 26). Vielmehr ist die Heterogenität Chance für Image und Umsatz.

Obwohl Diversity Management als Chance zur Teilhabe behinderter Menschen gesehen werden kann, findet in heilpädagogischen Fachpublikationen bis dato kaum eine Auseinandersetzung hierzu statt (vgl. Niehaus 2006, 183). Gerade weil der Ansatz im engeren Sinne einen ökonomischen Zweck verfolgt und sich nicht speziell auf Menschen mit Behinderung fokussiert, bedarf es auch einer Reflexion von Seiten der Körperbehindertenpädagogik. Wie soll ein Unternehmen von sich aus von den Potentialen körperbehinderter Mitarbeiter überzeugt sein, wenn es selbst die Pädagogik soviel Kraft gekostet hat, sich vom Defizit auf die Kompetenz zu konzentrieren? Es gilt zügig den Weg vom „Quotenplatz zum begehrten Objekt des Diversity-Managements" (Petz 2008) zu beschreiten; um als ökonomisches Konzept auch vollständiges Potential für körperbehinderte Menschen zu entfalten, bedarf es aber eines sonderpädagogischen Beitrags (vgl. Wolf 2009, 130).

Fazit

Zusammenfassend wird deutlich, dass die Möglichkeiten körperbehinderter Menschen, einer Arbeit nachzugehen, einen wichtigen Gradmesser für eine inklusive Gesellschaft darstellen werden.

Die Behindertenrechtskonvention hat hierzu einen potentialreichen Zukunftsauftrag erteilt, welcher die rechtliche Basis abstecken wird. Inwiefern Deutschland seine Verpflichtungen aus dem Artikel 27 UN-BRK erfüllt, wird sich jedoch frühestens 2011 abschätzen lassen; dann muss der erste Staatenbericht dem Genfer Behindertenrechtsausschuss vorgelegt werden (vgl. Degener 2009 a).

Letztendlich sind rechtliche Vorgaben alleine jedoch kein Garant für adäquate Arbeitsverhältnisse in einer inklusiven Gesellschaft. Vielmehr ist die Vision einer inklusiven Gesellschaft auch Auftrag an die Körperbehindertenpädagogik. Als Ausblick auf zukünftige Weiterentwicklungen wurden exemplarisch intensivierte Anstrengungen auf dem Gebiet der Vorurteilsforschung sowie die Hinwendung zu neuen – auch nicht genuin pädagogischen – Konzepten genannt. Will sie zukünftige Entwicklungen auf dem Gebiet der Arbeit kritisch begleiten, bedingt dies auch eine Ausweitung (empirischer) Forschung im nachschulischen Bereich, wie dies beispielsweise Jenessen fordert (vgl. 2008). Soll die menschliche Vielfalt geachtet werden, gilt es jedoch, die gesamte Bandbreite an Arbeitsmöglichkeiten in den Blick zu nehmen; speziell auch die Werkstätten sind zu Innovationen herausgefordert, um sich in der Zukunft zu positionieren.

Literatur

Aichele, V. (2008): Die UN-Behindertenrechtskonvention und ihr Fakultativprotokoll. Ein Beitrag zur Ratifikationsdebatte. Policy Paper No. 9. Deutsches Institut für Menschenrechte. Online verfügbar unter http://www.institut-fuer-menschenrechte.de/uploads/tx_commerce/policy_paper_9_die_un_behindertenrechtskonvention_und_ihr_fakultativprotokoll.pdf, zuletzt geprüft am 28. 03. 2010.

Bieker, R. (2005 a): Einleitung zu Teilhabe am Arbeitsleben. In: Bieker, R. (Hrsg.): Teilhabe am Arbeitsleben. Wege der beruflichen Integration von Menschen mit Behinderung. Stuttgart, 7–10.

Bieker, R. (2005 b): Individuelle Funktionen und Potentiale der Arbeitsintegration. In: Bieker, R. (Hrsg.): Teilhabe am Arbeitsleben. Wege der beruflichen Integration von Menschen mit Behinderung. Stuttgart, 12–24.

Bielefeldt, H. (2010): Menschenrecht auf inklusive Bildung. Der Anspruch der UN-Behindertenrechtskonvention. In: VHN, Jg. 79, H. 1, 66–69.

Bundesministerium der Justiz (2008): Gesetz zu dem Übereinkommen der Vereinten Nationen vom 13. Dezember 2006 über die Rechte von Menschen mit Behinderungen sowie zu dem Fakultativprotokoll vom 13. Dezember 2006. BGBl. Jg. 2008, Teil II, Nr. 35.

Bundesvereinigung der deutschen Arbeitgeberverbände (2008): Stellungnahme zur öffentlichen Anhörung von Sachverständigen am 24. November 2008 in Berlin zum Gesetzentwurf der Bundesregierung. In: Deutscher Bundestag (Hrsg.): Materialien zur öffentlichen Anhörung von Sachverständigen am 24. November 2008 in Berlin zum Gesetzentwurf der Bundesregierung. Zusammenstellung der schriftlichen Stellungnahmen. Ausschussdrucksache 16(11)1186, 19–20.

Cloerkes, G.; Felkendorff, K. (2007): Institutionalisierung von Behinderung. In: Cloerkes, G. (Hrsg.): Soziologie der Behinderten. Eine Einführung. 3. neu überarb. u. erw. Aufl. Heidelberg, 39–87.

Degener, T. (2009 a): Die UN-Behindertenrechtskonvention – „Ein moralischer Kompass für die Behindertenpolitik". In: ZB Online, H. 3. Online verfügbar unter http://www.integrationsaemter.de/webcom/show_zeitschrift.php/_c-560/_nr-401/_p-2/i.html, zuletzt geprüft am 28. 03. 2010.

Degener, T. (2009 b): Welche legislativen Herausforderungen bestehen in Bezug auf die nationale Implementierung der UN-Behindertenrechtskonvention in Bund und Ländern. In: Behindertenrecht, H. 2, 34–51.

Deutscher Bundestag (2004): Bericht der Bundesregierung über die Lage behinderter Menschen und die Entwicklung ihrer Teilhabe. Drucksache 15/4575.

Deutscher Bundestag (Hrsg.) (2008): Materialien zur öffentlichen Anhörung von Sachverständigen am 24. November 2008 in Berlin zum Gesetzentwurf der Bundesregierung. Zusammenstellung der schriftlichen Stellungnahmen. Ausschussdrucksache 16(11)1186.

Doose, S. (2007): Arbeit und Behinderung. In: Schnoor, H. (Hrsg.): Leben mit Behinderung. Eine Einführung in die Rehabilitationspädagogik anhand von Fallbeispielen. Stuttgart, 169–180.

Fuchtel, H. J. (2010): Antwort auf die schriftliche Frage der Abgeordneten Dr. Ilja Seifert. In: Deutscher Bundestag (Hrsg.): Schriftliche Fragen mit den in der Woche vom 18. Januar 2010 eingegangenen Antworten der Bundesregierung. Drucksache 17/494, 28–29.

Hinz, A. (2006): Inklusion und Arbeit – wie kann das gehen? In: impulse. Informationsblatt der Bundesarbeitsgemeinschaft für Unterstützte Beschäftigung, H. 39, 3–12.

Jahoda, M. (1983): Wieviel Arbeit braucht der Mensch? Arbeit und Arbeitslosigkeit im 20. Jahrhundert. 2. Auflage. Weinheim.

Jakobs, A. (2007): Der Einfluss des Behindertenrechts auf die Personalpolitik von Unternehmen. Theoretische Analysen und empirische Befunde. Hamburg.

Jenessen, S. (2008): Der Mensch als primärer Akteur. Forschungsperspektiven der sozialen Rehabilitation bei Körperschädigungen. In: Jenessen, S. (Hrsg.): Leben geht weiter. Neue Perspektiven der sozialen Rehabilitation körperbehinderter Menschen im Lebenslauf. Weinheim, 28–42.

Lelgemann, R. (2000): Zur Bedeutung von Arbeit für Menschen mit sehr schweren Körperbehinderungen. In: impulse. Informationsblatt der Bundesarbeitsgemeinschaft für Unterstützte Beschäftigung, H. 15, 18–20. Online verfügbar unter http://www.bag-ub.de/impulse/download/impulse15.pdf, zuletzt geprüft am 28. 03. 2010.

Lelgemann, R. (2009): Körperbehinderung zwischen Spezialisierung und Inklusion. In: Spuren, H. 2, 24–33.

Moosecker, J. (2005 a): Berufswahlvorbereitung an der Schule für Körperbehinderte. Ergebnisse einer Befragung. In: Moosecker, J.; Pfriem, P. (Hrsg.): Körperbehinderte Schüler an der Schwelle ins Arbeitsleben. Neue Wege und Herausforderungen in der schulischen Berufswahl- und Lebensvorbereitung. Aachen, 47–60.

Moosecker, J. (2005 b): Skizze einer „potentialunterstützenden und realitätsfokussierenden Berufswahlvorbereitung" an der Schule für Körperbehinderte. In: Moosecker, J.; Pfriem, P. (Hrsg.): Körperbehinderte Schüler an der Schwelle ins Arbeitsleben. Neue Wege und Herausforderungen in der schulischen Berufswahl- und Lebensvorbereitung. Aachen, 61–78.

Niehaus, M. (2006): Exlusion verhindern, Inklusion stärken. Ansätze zur Teilhabe am Erwerbsleben. In: Platte, A.; Seitz, S.; Terfloth, K. (Hrsg.): Inklusive Bildungsprozesse. Bad Heilbrunn/Obb., 178–185.

Paireder, K.; Niehaus, M. (2005): Diversity Management als betrieblicher Integrationsansatz für (ausländische) Mitarbeiter/innen mit Behinderung. In: Heilpädagogik online, H. 1, 5–33. Online verfügbar unter http://www.heilpaedagogik-online.com/2005/heilpaedagogik_online_0105.pdf, zuletzt geprüft am 01. 04. 2010.

Paritätischer Gesamtverband (2008): Stellungnahme zur öffentlichen Anhörung von Sachverständigen am 24. November 2008 in Berlin zum Gesetzentwurf der Bundesregierung. In: Deutscher Bundestag (Hrsg.): Materialien zur öffentlichen Anhörung von Sachverständigen am 24. November 2008 in Berlin zum Gesetzentwurf der Bundesregierung. Zusammenstellung der schriftlichen Stellungnahmen. Ausschussdrucksache 16(11)1186, 6–7.

Petz, A. (2008): Vom Quotenplatz zum begehrten Objekt des Diversity Managements. In: Behinderte Menschen, H. 3/4, 46–51.

Schartmann, D.; Rohde, K.-P. (2005): Der Übergang von der WfbM in den allgemeinen Arbeitsmarkt. Rheinische Erkenntnisse. In: impulse. Informationsblatt der Bundesarbeitsgemeinschaft für Unterstützte Beschäftigung, H. 34, 14–15.

Trunk, W. (2010): Eingliederung oder Teilhabe? Werkstätten für behinderte Menschen im Spannungsfeld von Politik und Praxis. In: Behindertenrecht, H. 2, 34–39.

Wolf, S. (2009): Berufliche Integration (körper)behinderter Menschen. Staatliche Förderung privatwirtschaftlicher Arbeitsnachfrage. Oberhausen.

Zwierlein, E. (1997): Leben ohne Arbeit – Eine Alternative?! In: Niehaus, M.; Montada, L. (Hrsg.): Behinderte auf dem Arbeitsmarkt. Wege aus dem Abseits. Frankfurt/Main, New York, 18–27.

Lebensthemen

7 Kommunikation

7.1 Ich spreche mit den Augen

Kathrin Lemler

Mein Name ist Kathrin Lemler und ich studiere Erziehungswissenschaften an der Universität zu Köln. Dort lebe ich in einem Studentenwohnheim. Mein Freund und meine Familie wohnen in der Nähe von Koblenz, sodass ich an den Wochenenden nach Rheinland-Pfalz pendele. Aufgrund einer Infantilen Cerebralparese sitze ich im Rollstuhl, spreche über einen Sprachcomputer, den ich über meine Augen steuere und bin auf 24-Stunden-Assistenz angewiesen.

Ich möchte in diesem Artikel meinen Weg zu einem (fast) normalen Leben schildern. Für mich war es ein langer – oft nicht einfacher Weg von einer Förderschule, über eine integrative Gesamtschule, hin zum Gymnasium und schließlich zur Universität. Hierbei möchte ich den Aspekt der Unterstützten Kommunikation in den Vordergrund stellen. Im Laufe der Jahre standen mir immer bessere Möglichkeiten der Verständigung zur Verfügung: Begonnen bei einer Bliss-Mappe, einem Delta-Talker mit Scanning und schließlich MyTobii, einer Augensteuerung mit einer speziell für mich programmierten Software. Die Entwicklung meiner kommunikativen Möglichkeiten ist der Grund dafür, dass ich bis heute in dieser Form am Bildungssystem teilnehmen, meine Fähigkeiten entwickeln und somit ein aktives Mitglied unserer Gesellschaft sein kann.

Ich wurde am 14. Juli 1985 in Lahnstein geboren. Bei meiner Geburt erlitt ich Sauerstoffmangel, woraufhin die Mediziner zunächst nur von einer Entwicklungsverzögerung sprachen. Erst mit 1½ Jahren stand die Diagnose fest und man äußerte, dass ich wahrscheinlich niemals Laufen und Sprechen lernen würde. Schon damals war ich ein sehr fröhliches und lebhaftes Kind. Ich lachte viel und meine Augen schauten wach umher. Ich gluckste, wenn meine Mutter mit mir Quatsch machte, hörte ihr aufmerksam zu, wenn sie mir Geschichten erzählte. So zeigte ich ihr schon damals, dass ich glücklich und zufrieden war. Aus meinem Blick, aus der wachen Art und wie ich die Dinge in meiner Umgebung anschaute, schlossen meine Eltern, dass ich sie verstand. Vielleicht war es am Anfang ja nur die Hoffnung, die besonders meine Mutter antrieb. Jedenfalls setzte meine Mutter kurzer Hand voraus, dass ich dazu in der Lage war, mit ihr zu kommunizieren. Schon sehr bald lernte ich, wie ich mich mit meinen Blicken verständigen konnte. Auch über ein Ja-Nein-System (Kopfnicken bedeutete Ja, Kopfschütteln bedeutete Nein) konnte ich Personen aus meinem näheren Umfeld schon einfache Dinge deutlich machen. Und dabei konnte ich äußerst energisch sein!

Mit zwei Jahren ging meine Mutter mit mir zu einer Logopädin. Zunächst ging es nur darum, durch Artikulationstraining meine Sprechfähigkeit zu verbessern.

Schnell stießen wir da an Grenzen. Über ein A für Ja und ein Ei für Nein kam ich einfach nicht hinaus. Zum Glück war meine Logopädin, Birgit Dröge, sehr offen für neue Methoden. Sie hatte bereits etwas von Unterstützter Kommunikation gehört. Nur zur Erinnerung: Wir schrieben das Jahr 1987! Zusammen mit Frau Dröge erlernte ich das Bliss-System. Dieses System wurde von einem Herrn Bliss entwickelt, der ursprünglich eine Weltsprache erfinden wollte. Ein Bliss-Symbol steht für ein bestimmtes Wort. Nach und nach wurde meine Symbolsammlung immer größer. Endlich konnte ich auch über Dinge sprechen, die nicht in meiner unmittelbaren Umgebung waren. Dazu zeigte ich einfach auf meine Symbole. Und trotzdem: manchmal reichten die Bliss-Symbole nicht aus. Ich wollte doch so viel mehr sagen und vor allem fragen. Denn ich war ein sehr neugieriges Kind!

1992 wurde ich in die Regelklasse der Förderschule mit dem Förderschwerpunkt körperliche und motorische Entwicklung in Neuwied-Engers eingeschult. Integration bei meiner schweren Behinderung war für meine Eltern unvorstellbar und daher gar kein Thema. Ich verständigte mich anfangs nur mit meiner Bliss-Mappe. Leider hatten die Lehrer und Lehrerinnen oft nicht genügend Zeit herauszubekommen was ich sagen wollte. Auch fiel meine Förderstunde, in der ich eigentlich neue Symbole hätte lernen sollen, ständig aus. Meine Förderlehrerin musste stattdessen immer andere LehrerInnen in Mathematik und Deutsch vertreten. Die Vorteile an dieser Schule waren grundsätzlich die behindertengerechten Räumlichkeiten. Die Hilfsmittelversorgungen und Therapien liefen während der Schulzeit. Es war schon ein besonders geschützter Raum um Fähigkeiten zu entwickeln und zu trainieren. In kleinen Klassen gab es eine intensive Unterstützung durch die Lehrer. Man gab mir die Zeit Dinge auszuprobieren. Man legte Wert auf Geduld, Ausdauer und Eigenverantwortlichkeit und stärkte so mein Selbstvertrauen. Jedoch fühlte ich mich nach einiger Zeit geistig unterfordert, da ich intellektuell schwächere, aber körperlich überlegene Mitschüler hatte. Außerhalb der Schule fand ich keine Freunde, da ich eigentlich den ganzen Tag in der 20 Kilometer entfernten Schule verbrachte. Trotz Förderschul-Status fehlten den LehrerInnen damals Kenntnisse im Bereich Unterstützte Kommunikation. Das bedeutete: Meine Förderung im Bereich Unterstützte Kommunikation kam von zu Hause und die Schule tolerierte unsere Aktivitäten, aber bis auf einzelne Ausnahmen mit wenig eigenem Engagement.

Schon bald lernte ich allerdings Lesen und Schreiben. Eines Tages besuchte meine Mutter eine Veranstaltung von Isaac (Gesellschaft für Unterstützte Kommunikation e.V.). Isaac ist ein weltweiter Verein, der sich um die Belange von nicht oder kaum sprechenden Menschen bemüht. Von dieser Veranstaltung brachte mir meine Mutter eine Buchstaben-Tafel mit. Diese Buchstaben-Tafel nutze ich bis heute. Mit meiner Familie, meinen Freunden und meinen AssistentInnen ist dies die schnellste und effektivste Art der Verständigung. Diese Buchstaben-Tafel funktioniert über ein Blicksystem. Für den Buchstaben K z.B. muss ich einmal nach oben Mitte und einmal nach unten Mitte blicken. Von diesem Zeitpunkt an konnte ich mit meiner Buchstaben-Tafel so gut wie alles sagen. Die einzige Voraussetzung war, dass mein Gesprächspartner Zeit und Geduld brauchte. Das hieß: Ich war in der Kommunikation immer noch abhängig von anderen Menschen.

Auf einer integrativen Ferienfreizeit lernte ich andere nicht sprechende Kinder kennen, die bereits einen Sprachcomputer hatten. Im Juli 1995, zwei Tage vor meinem zehnten Geburtstag, bekam ich meinen ersten Sprachcomputer. Der Delta-Talker funktioniert über das Symbol-System Minspeak. Um ein Wort zu sagen, musste ich eine Dreier-Kombination von Symbolen auswählen. Dazu lief ein Lichtpunkt über die Felder und ich musste am richtigen Feld einen Kopfschalter drücken. Es ist sicher leicht nachvollziehbar, wie zeitaufwendig dies für mich war. Jedoch gab mir der Talker das erste Mal in meinem Leben Unabhängigkeit. Ich brauchte nicht warten, bis jemand Zeit zum Buchstabieren hatte. Ich konnte selbst sprechen!

Heute denke ich, dass es für mich wohl der richtige Weg war, erst in der Förderschule anzufangen. Ich glaube, dass ich viele Dinge an einer Regelschule nicht gelernt hätte. Zum Beispiel Elektro-Rollstuhl fahren, weil mir die Zeit zum Ausprobieren von Hilfsmitteln gefehlt hätte.

Nach der fünften Klasse bekam ich von meinem Klassenlehrer Herrn Schneider eine Gymnasialempfehlung. Es stellte sich aber als schwierige Angelegenheit heraus eine passende Schule für mich zu finden. Als 12-Jährige wollte ich noch nicht in ein Internat. In der Nähe gab es das integrative Wilhelm-Remy-Gymnasium, Bendorf. Doch nach einem Vorstellungs-Vortrag vor dem Lehrerkollegium folgte eine Ablehnung. Besonders der Direktor hatte enorme Zweifel: zu viele Schwierigkeiten und zu hohe Anforderungen für mich. Diese Skepsis wurde in erster Linie durch den Aspekt meines Nicht-Sprechen-Könnens hervorgerufen. Erst nachdem zusätzliche Lehrerstunden genehmigt und die Schulaufsichtsbehörde meine Aufnahme befürwortete, kam einen Tag vor Schulbeginn doch noch eine Zusage. Aber da diese Aufnahme auf Druck erfolgte, blieben auf unserer Seite Unsicherheit und Zweifel. War nicht eine Schule, in der mehr Offenheit und grundsätzliche Bereitschaft vorhanden waren, besser geeignet?

Nach positiven Erfahrungen während eines 14-tägigen Probeschulbesuchs entschied ich mich für eine „ganz normale“ Schule: die Konrad-Adenauer-Schule, Regionalschule in Vallendar. Dort war ich im Jahr 1998 die erste behinderte Schülerin. Ich wurde in dieser Zeit von meinem Integrationshelfer begleitet. 2002 erreichte ich dort als Klassenbeste die Mittlere Reife. Die Verständigung mit meiner Buchstaben-Tafel ging auch dort am schnellsten. Anfangs war mein Integrationshelfer der Dolmetscher, später konnten auch einige Mitschülerinnen auf diese Art mit mir sprechen. Außerdem hatte ich weiterhin den Delta-Talker. Da der Talker doch für den normalen Schulalltag viel zu langsam war, sah ich mich nach Alternativen um. Durch Zufall bekam ich Kontakt zur Universität Koblenz-Landau. Jörn Garbe, der damals dort Informatik studierte, schrieb auf der Basis seiner Diplomarbeit eine spezielle Software für mich. Manchmal muss man einfach die richtigen Leute treffen! Sein Programm heißt Eric (Efficient Reduced Input Communication) und ich nutze es bis heute. Eric funktioniert im Prinzip wie das T9-System bei Handys. Ich schreibe quasi auf einer mehrdeutigen Tastatur.

Im Hintergrund des Programms läuft ein großes Lexikon mit und schlägt mir Wörter vor. Eric war damals für mich ein riesiger Fortschritt! Endlich war ich nicht mehr auf Symbole angewiesen und konnte genau die Worte benutzen, die ich wollte. Trotz meiner Kopfschalter ging die Verständigung mit Eric relativ schnell.

Nicht nur meine kommunikativen Möglichkeiten entwickelten sich weiter. Auch bildungstechnisch ging es voran: diese Schule war endlich eine intellektuelle Herausforderung, die Spaß machte und richtige Selbstbestätigung vermittelte. Ich hatte nette Mitschüler, die mich als ganz normal akzeptierten. Es gab auch Mitschüler, mit denen ich nicht zurecht kam. Normal, oder? Für mich ist das richtige Inklusion. Wichtig waren die besonders engagierte Schulleiterin und die LehrerInnen. Für sie waren schon damals Unterrichtsmethoden wie Gruppenarbeit und Differenzierung selbstverständlich. Außerdem habe ich seitdem keinen ständig wechselnden Zivildienstleistenden. Die Genehmigung eines Sozialarbeiters als Integrationshelfer, der sowohl mit meiner körpereigenen Kommunikation vertraut war, als auch Übung im Umgang mit meiner Buchstaben-Tafel und mit meiner elektronischen Kommunikationshilfe hatte, war Voraussetzung für das gute Funktionieren. Es war auch keine Ganztagsschule und somit genoss ich erstmals freie Nachmittage. Es entwickelten sich auch in der Freizeit Kontakte mit Gleichaltrigen. Ich erlebte herrlich Normales; beispielsweise Zelten, Kino, Einkaufen, die Kommunikation mit Gleichaltrigen. Der Nachteil an dieser Schule war, dass Hilfsmittelanpassungen und Therapien wieder völlig an Zuhause hängen blieben. Aus dieser Zeit gibt es eine erwähnenswerte Geschichte aus der Praxis. Meine Freundin Chrissi, die meine Buchstaben-Tafel konnte, wurde mal gefragt, was sie am liebsten mit mir macht. Sie antwortete wie aus der Pistole geschossen: „Quasseln!" Heute arbeiten einige meiner Freundinnen aus dieser Zeit im sozialen Bereich. Ich denke, ich bin daran nicht unschuldig. Insgesamt war es an der Regionalen Schule in Vallendar eine sehr schöne Zeit, in der ich viele Erfahrungen in der „normalen" Welt machen konnte.

Nach Abschluss der Mittleren Reife wechselte ich 2002 in die elfte Klasse des integrativen Gymnasiums Bendorf. Statt des Integrationshelfers hatte ich von diesem Zeitpunkt an AssistentInnen. Solange ich noch zur Schule ging, wurden meine AssistentInnen komplett von der Kreisverwaltung bezahlt. Nachdem ich in Vallendar bewiesen hatte, dass ich leistungsfähig war, startete ich nun einen Versuch am Bendorfer Gymnasium. Jetzt hatte der Direktor des Gymnasiums ja gar keine andere Wahl. Mit diesem guten Zeugnis musste er mich aufnehmen! Dieses integrative Gymnasium hatte ein engagiertes Team von SonderpädagogInnen, KrankengymnastInnen und einigen LehrerInnen, das sich um die Besonderheiten und Probleme der körperbehinderten SchülerInnen kümmerte. Schon in der ersten Zeit lernte ich ein paar besonders nette, einfallsreiche und kompetente LehrerInnen kennen.

Das erste halbe Jahr hatte ich mit einigen schlechten organisatorischen Rahmenbedingungen zu kämpfen. Trotzdem fiel mein Halbjahres-Zeugnis gut aus. Aber das ging mir an die Substanz. So konnte ich nicht weitermachen. Ich brauchte unbedingt eine Reduzierung der Wochenstunden-Anzahl. Auch mit einem mehr an Zeit für die Kursarbeiten war mir nicht geholfen. Es ist viel schwerer auf meine Art einen Text zu verfassen. Vergleichbare Leistungen hieße für mich: Ein Nichtbehinderter schreibt ebenfalls wie ich mit meiner Kommunikationshilfe. Auch darf er sich bei einer Lektüre keine Bemerkungen an den Rand schreiben und muss einem anderen erklären, wie der in Mathematik die Formeln schreiben soll. So hätten die anderen keine Chance. Zusammen mit den LehrerInnen und mit der Schulaufsichtsbehörde haben wir schließlich eine individuelle Lösung für mich gefunden. Ich konnte mein Abitur in sechs, statt in drei Jahren, absolvieren. In den ersten drei Jahren habe ich nur die Hälfte meiner Kurse belegt. Im Januar 2005 wurde ich nur in diesen Fächern geprüft.

Noch im gleichen Jahr bekam ich über die Universität Koblenz-Landau Kontakt zu Cogain (Communication by Gaze Interaction). Cogain ist ein Netzwerk von Einrichtungen, Firmen und Universitäten, die Augensteuerungen für behindere Menschen testen und entwickeln. Ich lernte viele nette Menschen kennen und entdeckte die Augensteuerung als optimale Ansteuerungsmöglichkeit für mich. Ich war von dieser Art den Computer zu bedienen so angetan, dass ich einfach eine Augensteuerung haben musste. Meine jetzige Augensteuerung heißt „My Tobii" und funktioniert folgendermaßen: Im unteren Teil des Bildschirms ist eine Kamera eingebaut und verfolgt meine Pupillen. Ich muss einfach eine gewisse Zeit einen Punkt auf dem Bildschirm fixieren und das Feld wird ausgelöst. Seitdem bediene ich meine Software Eric über die Augen. Jörn hat sein Programm nochmals angepasst und optimal auf die Augensteuerung zugeschnitten. Jetzt kann ich noch schneller und mit weniger Anstrengung kommunizieren.

Im März 2008 schloss ich mein Abitur mit der mündlichen Prüfung ab. Bereits lange vor meinem Abschluss wusste ich in welche berufliche Richtung ich gehen will. Ich möchte mich der Unterstützten Kommunikation widmen. Ich bin davon überzeugt, dass ich meine eigenen Erfahrungen mit Fachwissen verbinden kann und ich damit die Möglichkeit habe, andere Menschen bei ihrer Suche nach geeigneten Kommunikationsalternativen zu unterstützen. Vor diesem Hintergrund habe ich mich zu einem Studium der Erziehungswissenschaften entschieden. Schnell war auch der Standort klar: die Universität zu Köln. Ich hatte ein halbes Jahr um mir eine Wohnung und genügend AssistentInnen zu suchen. Ein ganz neuer Lebensabschnitt begann. Im September 2008 zog ich nach Köln. Ich hatte ein Zimmer in einem Studentenwohnheim gefunden, die Finanzierung meiner AssistentInnen stand und ich war immatrikuliert. Am Anfang war alles anders und neu. Besonders die Organisation meines Alltags mit acht AssistentInnen ist manchmal eine echte Herausforderung. Meine AssistentInnen haben häufig eine Ausbildung im sozialen Bereich. Ich bin ihr Chef, denn sie sind direkt bei mir angestellt. Meine AssistentInnen übernehmen die Tätigkeiten, die ich nicht allein ausführen kann. Sie tun nur das, was ich ihnen sage. Deshalb sind sie auch keine Betreuer, sondern meine Assistenten! Ganz wichtig ist es für mich, dass meine AssistentInnen schnell meine Art der Verständigung lernen. Nur so können sie mich im Alltag qualitativ hochwertig unterstützen.

Nach all meinen bisherigen Erfahrungen ist die Unterstützte Kommunikation letztendlich der Ausgangspunkt dafür, dass ich über meinen Alltag unabhängig und selbstbestimmt verfügen kann. Ich bestimme, wann ich lerne, ich kann entscheiden, wann ich mich mit Freunden treffe und ich kann sagen, was ich einkaufen und kochen möchte. Zurzeit unterscheidet sich mein Leben fast nicht von dem anderer Frauen in meinem Alter. Ich studiere in einer Großstadt, verabrede mich gern mit Freundinnen zum Plaudern im Café, verreise sehr gern und lerne dabei viele nette Menschen kennen und habe konkrete Vorstellungen, was meine Zukunft betrifft. Nur auf einen Unterschied bestehe ich: Ich spreche nicht mit meinem Mund, sondern mit meinen Augen!

Für mich war es ein langer, oft holpriger Weg von einer Förderschule bis hin zur Universität. Häufig trauten mir Leute nicht zu, dass ich mit einer derart schweren Behinderung in der Lage wäre, einen Abschluss zu erreichen. Von diesen Menschen habe ich mich nie entmutigen lassen. Im Gegenteil: solche Menschen haben meinen Ehrgeiz immer nur noch bestärkt. Ich dachte dann: ‚So, und jetzt erst recht!' Dann habe ich aber zum Glück auch Menschen getroffen, die an mich und meine Fähigkeiten geglaubt haben. Sie haben immer nach individuellen Möglichkeiten für mich gesucht: um meine Kommunikation zu verbessern; um das bestehende System auf meine Bedürfnisse abzustimmen und mir dadurch die Teilhabe am gesellschaftlichen Leben zu ermöglichen. Ohne diese Unterstützung, ohne die ständige Entwicklung meiner Kommunikationsmöglichkeiten, würde ich heute bestimmt kein so selbstbestimmtes Leben führen können. Ich würde in einem Wohnheim für behinderte Menschen leben und in einer Werkstatt Adressenlisten abschreiben. Dies möchte ich mir lieber nicht weiter ausmalen!

Leider habe ich in Deutschland noch nicht von vielen erfolgreichen Bildungswegen von Menschen mit schweren Behinderungen, die zusätzlich noch auf Unterstützte Kommunikation angewiesen sind, gehört. Das finde ich sehr schade! Ich wünsche und hoffe, dass dies sich in naher Zukunft ändert. Ich wünsche mir, dass es nichts Besonderes mehr ist, dass ein nicht sprechendes Kind schon früh eine Form der Verständigung findet. Ich wünsche mir, dass alle Kinder die Chance haben, eine gute Bildung zu erhalten, auch wenn sie auf Unterstützte Kommunikation angewiesen sind, und ich wünsche mir, dass jedes nicht sprechende Kind in die Gesellschaft integriert wird. Denn ich finde, dass Kommunikation ein Grundbedürfnis jedes Menschen ist. Wir müssen alles daran setzen, dieses Grundbedürfnis jedem zu ermöglichen. Eine gut funktionierende Kommunikation ist die Voraussetzung für die Teilnahme an der Gesellschaft.

7.2 Unterstützt kommunizierende Menschen inklusive?

Zum schwierigen Verhältnis von Anspruch und Wirklichkeit inklusiver Grundsätze für Menschen, die unterstützt kommunizieren

Andreas Seiler-Kesselheim

Einleitung

„Nichts ist schädlicher für die Entwicklung des Selbst, als von reichhaltigen sozialen Erfahrungen ausgegrenzt zu werden" (Jantzen 2002, 365).

Dieses Zitat soll hier stellvertretend für die Diskussion über Grundsätze der Inklusion stehen. Allerdings eröffnet es bestenfalls den Diskurs über dieses Thema, keinesfalls können damit schon die vielfältigen Fragen, Probleme und Sichtweisen als beantwortet, gelöst oder gar umfassend beschrieben betrachtet werden.

Die Diskussion um die volle gesellschaftliche Anerkennung von Menschen, die nicht einer gewissen Norm entsprechen, ist nicht neu. Sie wird auch nicht nur im Bereich der Rehabilitationswissenschaft und -pädagogik gestellt, sondern betrifft vielfältige gesellschaftliche Gruppierungen, die ausgegrenzt werden bzw. sich ausgegrenzt fühlen.

Wenn wir aber den Blick auf Menschen richten, die wir als behindert bezeichnen, dann beginnen die Schwierigkeiten schon bei der Benennung. Alleine die Bezeichnung „behindert" mit in ihren vielfältigen Variationen und Erweiterungen ist eine Unterscheidungskategorie, die zumindest problematisch ist. Auf der einen Seite ist es (noch) bestehender gesellschaftlicher Konsens, dass hier Menschen aufgrund individueller Erschwernisse eine besondere Unterstützung zur Bewältigung ihres Lebens benötigen, auf der anderen Seite wirkt diese Unterscheidung in vielen gesellschaftlichen Kontexten stigmatisierend, ausgrenzend und nicht selten abwertend. Innerhalb der ICF (vgl. Schuntermann 2009) wird dieser Zusammenhang dadurch thematisiert, dass zwischen einer Schädigung, einer daraus folgenden möglichen Beeinträchtigung und einer Behinderung unterschieden wird. Der Begriff der Behinderung wird dabei konsequent als soziale Konstruktion verstanden, deren Ursache in einer Wechselwirkung von individuellen mit gesellschaftlichen Aspekten besteht. In diesem Sinne beinhaltet der Behinderungsbegriff immer wesentlich auch ein *Behindert-werden* als soziales Phänomen und nicht nur ein *Behindert-sein* im Sinne des Merkmals einer Person (vgl. Hollenweger 2009, 179 f.). Wenn ich also in der Folge von „(schwer)behinderten Menschen" rede, dann liegt dieser Wortwahl das eben skizzierte Verständnis von „Behinderung" zugrunde. Und nach diesem Verständnis ist die scheinbar weniger stigmatisierende Variante

„Mensch mit Behinderung" ebenfalls zumindest problematisch, denn sie leistet einem Verständnis von „Behinderung" als personenbezogenem Merkmal Vorschub, ohne die innerhalb der ICF getroffenen Unterscheidungen entsprechend aufzugreifen.

Inklusion für Menschen, die unterstützt kommunizieren – aber wie?

Für den Kontext des Fachgebietes der Unterstützten Kommunikation ergeben sich, unabhängig von grundsätzlichen begrifflich-theoretischen (vgl. Wansing 2009, 65–73), sozialwissenschaftlichen (vgl. Bürli 2009, 15–61) oder rehabilitationspädagogischen (vgl. Theunissen 2006, 8–16) Erörterungen, nochmals eigene Fragestellungen, die mit den spezifischen Bedürfnissen von Menschen zu tun haben, die (noch) nicht (oder nicht mehr) über die Fähigkeit verfügen, Lautsprache zur Kommunikation mit ihrer Umwelt zu nutzen (als Grundlegung vgl. Lage 2006, Renner 2004). Man könnte auch sagen – die vor der Herausforderung stehen, ohne (oder mit eingeschränkter) Lautsprache an den üblichen vielfältigen gesellschaftlichen Kontexten und deren Angeboten teilzuhaben.

Die besondere Herausforderung besteht nun aber nicht nur darin, dass ein für diese Teilhabe essentieller Entwicklungsbereich umfassend und dauerhaft geschädigt ist, sondern darüber hinaus in der Heterogenität des Personenkreises (vgl. Lage 2006, 91–96, v. Tetzchner/Martinsen 2000, 79–106). Fornefeld (2007, 39–53) weist völlig zu recht darauf hin, dass viele Menschen mit umfassenden, schweren Schädigungen schnell aus unserem Blick geraten können, weil sie sich allzu leicht der Vorstellung von „gesellschaftlicher Normalität" entziehen. Womit wir mitten im Thema wären! Denn Menschen, die auf unterstützte Kommunikation angewiesen sind, fordern uns heraus. Sie benötigen auf vielfältige und sehr unterschiedliche Weise personale, mediale und technische Unterstützung, damit sie mit anderen Menschen wirklich „Gemeinschaft herstellen" können, denn nichts anderes bedeutet der Begriff „Kommunikation" seinem lateinischen Ursprung nach. Auf der einen Seite ist diese Unterstützung also notwendig und muss zur Verfügung gestellt werden. Auf der anderen Seite darf sie nicht in einer Weise dargeboten werden, die eine gesellschaftliche Teilhabe (oder das Herstellen von Gemeinschaft) erschwert bzw. sogar verhindert.

Daraus ergibt sich meiner Ansicht nach, dass der Begriff der Inklusion alleine nicht geeignet ist, dieses Dilemma aufzulösen. Denn er bezeichnet zunächst einmal eine „Sehnsucht nach der Veränderung der Praxis" (Hollenweger 2009, 184) und kein Programm zur Veränderung derselben. So wünschenswert es auch sein mag, Gesellschaft als eine solidarische, gleichberechtigte und sich gemeinsam verantwortende zu denken, so naiv wäre es anzunehmen, die notwendigen Veränderungsprozesse verwirklichten sich gleichsam von selbst. Damit verliert der Begriff Inklusion keinesfalls seine visionäre Kraft, es bedarf allerdings einer weiteren Klärung, wie sie denn verwirklicht werden kann. Im Konkreten bedeutet dies, zu fragen, wie beispielsweise ein Kind mit schweren motorischen Schädigungen und ohne die Fähigkeit, Lautsprache zu entwickeln innerhalb eines inklusiven Schulsystems so unterrichtet werden kann, dass Teilhabe ermöglicht und Behinderung vermieden wird.

Hollenweger (2009, 185) zieht daraus die Schlussfolgerung:

„Konzeptionen von Behinderungen, die hier anschlussfähig bleiben, würden sich nicht primär auf Schädigungen oder Krankheiten beziehen, sondern diese nur dann berücksichtigen, wenn sie diese Verwirklichungschancen zukünftiger Partizipation und die Fähigkeitsräume tatsächlich direkt beeinträchtigen oder bedrohen. Der Begriff der Partizipation zur Umschreibung des aktuellen Fähigkeitsraumes, welcher einem Kind zur Verfügung steht, sollte für die Einschätzung der Anspruchsberechtigung oder des Bildungsbedarfs mehr Bedeutung erhalten als irgendwelche Defizite oder Symptome – ob beim Bildungssystem oder beim Kind diagnostiziert."

Im Folgenden wird also der Begriff der Partizipation benutzt, um zu entwickeln, unter welchen Bedingungen Grundsätze inklusiver Bildung und Erziehung für Menschen, die unterstützt kommunizieren, umgesetzt werden können.

Partizipation als pädagogische Maxime

„Partizipation bezieht sich darauf, dass bzw. ob ein Individuum in eine Lebenssituation involviert ist, und sie kann als starker Indikator für das Lernen in und die Teilhabe an einer sozialen Gemeinschaft gesetzt werden" (Lage 2007, 372).

Folgt man diesem Gedankengang, ergeben sich für die inhaltliche Ausgestaltung des Inklusionsbegriffs gleich mehrere Vorteile.

Zum einen sind die Begriffe Partizipation und Teilhabe sowohl im deutschen Sozialrecht (vgl. SGB IX) als auch im internationalen Sprachgebrauch (vgl. ICF der WHO) mittlerweile Standard zur Beschreibung des Zusammenhangs zwischen körperlichen oder gesundheitlichen Einschränkungen und deren Kontextfaktoren.

Zum anderen vermeiden die beiden Begriffe eine vorschnelle Stigmatisierung für das Feld der ‚Behinderungen', denn sie fragen nicht zu allererst nach dem ‚Nicht-Vorhandensein' bestimmter Qualitäten, sondern nach den Möglichkeiten der Kompensation. Etwas problematisch erscheint allerdings das sprachliche Konstrukt der *funktionalen Gesundheit* als Oberbegriff, in das sämtliche Ätiologien unseres traditionellen Behinderungsbegriffs eingehen. Somit wäre nach der ICF eine Person *funktional gesund*, wenn „sie ihr Dasein in allen Lebensbereichen, die ihr wichtig sind, in der Weise und dem Umfang entfalten kann, wie es von einem Menschen ohne gesundheitsbedingte Beeinträchtigung der Körperfunktionen oder -strukturen oder der Aktivitäten erwartet wird (Konzept der Partizipation [Teilhabe] an Lebensbereichen)" (ICF 2005, 4). Dies entspricht nicht unserem bisherigen Verständnis von Behinderung, denn es charakterisiert diese als Krankheit und etikettiert damit wiederum auf andere, nicht weniger bedenkliche Weise.

Insofern wäre es sinnvoll, den Begriff der *funktionalen Gesundheit* lediglich als Arbeitsbegriff zu benutzen, um neue stigmatisierende Effekte zu vermeiden.

Allerdings liegt ein weiterer Vorteil meines Erachtens auf der Hand. Wenn innerhalb des Konzeptes der *funktionalen Gesundheit* Partizipation zur Leitidee erhoben wird, dann ist eine Unterscheidung zwischen allgemeiner Pädagogik und Behindertenpädagogik (mit all ihren begrifflichen Unterscheidungen und berufsspezifischen Ausprägungen) obsolet. Dann ist es Aufgabe jeglicher Pädagogik, Möglichkeiten der Teilhabe zu erschließen und zu verbessern. Auf diese Weise ist Pädagogik, auch begrifflich, eine Pädagogik der Vielfalt, die sich als gesamtgesellschaftliche Aufgabe versteht und die durch die konsequente Beschreibung von Partizipationsmöglichkeiten entsprechende professionelle Kenntnisse und Fähigkeiten vorhalten muss (vgl. Hinz 2006, 10).

Allerdings ist auch damit bestenfalls der Rahmen gesetzt, in dem unterstützt kommunizierende Menschen Teilhabe erfahren können. Denn für die konkrete Umsetzung von Möglichkeiten der Partizipation ist es notwendig, weitere Unterscheidungen vorzunehmen. Lage (2007, 373) schlägt vor, „Partizipation als ein „multidimensionales Konstrukt sowohl anhand von Persönlichkeitsmerkmalen und Person-Umwelt-Interaktionen als auch von Umweltfaktoren auf der gesellschaftlichen und soziologischen Ebene" zu betrachten.

Ich werde also in der Folge die individuelle Ebene, die sozial-interaktive Ebene und die gesellschaftliche Ebene des Partizipationsbegriffs, bezogen auf unterstützt kommunizierende Menschen, näher beleuchten.

Die individuelle Ebene von Partizipation

Für gelingende Prozesse der Teilhabe von unterstützt kommunizierenden Menschen ist eine fundierte Kenntnis des Fachgebietes und seiner Grundlagen unabdingbar. Dies gilt nicht nur bezogen auf die unterschiedlichen Formen, Methoden oder Techniken (vgl. Kristen 2002, 60–102; Lage 2006, 70–91), sondern insbesondere im Hinblick auf die entwicklungspsychologischen Grundlagen von Interaktion, Kommunikation und Sprache (vgl. Bruner 2002; Tomasello 2006; Tomasello 2009).

Tomasello (2006, 127 f.) fasst seine grundlegenden Überlegungen folgendermaßen kurz zusammen: „Wir müssen daher ausdrücklich die theoretische Tatsache anerkennen, dass sprachliche Referenz ein *sozialer* Akt ist, bei dem eine Person versucht, die Aufmerksamkeit einer anderen Person auf etwas in der Welt zu fokussieren. Und wir müssen ebenfalls die empirische Tatsache anerkennen, dass sprachliche Referenz nur in einem Kontext sozialer Interaktionen verstanden werden kann, die ich Szenen gemeinsamer Aufmerksamkeit nennen werde." Dem Konzept der gemeinsamen Aufmerksamkeit (joint attention) kommt dabei eine zentrale Bedeutung zu. Ab dem Alter von ca. 9 Monaten beginnen Säuglinge ihre Aufmerksamkeit sowohl auf die Manipulation mit Gegenständen, als auch die Interaktion mit anwesenden Personen zu richten. Damit bekommen Handlungen eine völlig neue Qualität, denn in diesem „referentiellen Dreieck von Kind, Erwachsenem und Gegenstand" (Tomasello 2006, 84) vollziehen sich die Grundlagen symbolischer Repräsentation von Welt (vgl. Lage 2006, 111). Im Kontext der Unterstützten Kommunikation bekommen diese Erkenntnisse deshalb solche Bedeutung, da sich häufig aufgrund entwicklungsbedingter Beeinträchtigungen die frühen Interaktionen zwischen Kind und erwachsener Bezugsperson nicht regelgeleitet entwickeln können. Dies tritt insbesondere dann ein, wenn Interaktionsbemühungen des Kindes gar nicht oder falsch gedeutet werden. Damit wächst die Gefahr, dass grundlegende Entwicklungspotentiale nicht erkannt, übergangen und vernachlässigt werden (vgl. Grove/Porter/Bunning/Olsson 1998).

Erst wenn wir die oben skizzierten Grundlagen wirklich verstanden haben, werden wir die unterschiedlichsten Ausgangsbedingungen von Menschen, die auf unterstützte Kommunikation angewiesen sind, entsprechend in pädagogisches Handeln umsetzen können. Ich will dies an einem Beispiel aus der Praxis konkretisieren. Nicht selten wurde schwer behinderten Kindern in der Förderschule mit dem Förderschwerpunkt körperliche und motorische Entwicklung die Fähigkeit zu kommunizieren abgesprochen. Fragte man etwas genauer nach, so stellte sich heraus, dass meist die Signale des Kindes nicht richtig interpretiert wurden und somit das Entwicklungspotential falsch eingeschätzt wurde. Damit einher ging meist eine wenig sinnvolle (im schlimmsten Falle gar keine) pädagogisch-didaktische Planung von unterrichtlichen Maßnahmen, so dass diese Kinder von Anfang an nicht im Sinne einer Steigerung ihrer Möglichkeiten zur Teilhabe unterrichtet wurden (vgl. Rothmayr 2001, 120 f.).

Aber auch im weiteren Verlauf individueller Entwicklungsgeschichten bedarf es ständiger Rückkopplungen an entwicklungspsychologische Grundlagen. So ist die Fähigkeit, Schriftsprache zu gebrauchen ein wesentlicher Indikator für gesellschaftliche Teilhabe (vgl. Sachse 2005, 210–225). Erst wenn hier das Bewusstsein wächst, dass nicht eine körperliche Schädigung alleinige Ursache für eine Behinderung ist, sondern dass diese erst dadurch (mit) verursacht wird, dass zentrale Entwicklungsmöglichkeiten nicht oder erst viel zu spät in Angriff genommen werden, werden mehr unterstützt kommunizierende Kinder früher mit entsprechenden Lernanlässen konfrontiert.

Wir benötigen also auf dieser Ebene der Partizipation eine theoriegeleitete und sich ständig evaluierende Praxis, um individuelle Entwicklungspotentiale angemessen zu beschreiben und systematisch Lernen zu initiieren (vgl. Antener 2003).

Die sozial-interaktive Ebene von Partizipation

Die Fähigkeit, angemessen zu kommunizieren und symbolische Formen der Verständigung zu entwickeln, hängt allerdings nicht alleine von den individuellen Fähigkeiten und Kenntnissen von Menschen ab. Denn Lernen findet immer in einem sozialen Kontext statt. Üblicherweise bedienen sich Entwicklungsprozesse dabei typischen, grundgelegten Interaktions- und Kommunikationsmustern, die in der Ausformung und intensiven Nutzung von ‚Sprache' (dem Sprachverstehen und dem Sprachgebrauch) münden (vgl. Reimann 1993).

Unglücklicherweise ist bei Menschen, die auf Unterstützte Kommunikation angewiesen sind, gerade dieser Bereich so beeinträchtigt, dass er nur zum Teil für weitere Entwicklungsprozesse genutzt werden kann. Dies hat zur Konsequenz, dass im gesamten Prozess der Begleitung von unterstützt kommunizierenden Menschen grundlegende Fragen von Beziehungsgestaltung thematisiert werden müssen, denn bevor das Lernen über Inhalte, Methoden oder Techniken beginnen kann, müssen die Grundlagen der Kommunikation als „symbolische Interaktion" (Linke/Nussbaumer/Portmann, 2004, 197f.) gelegt werden. Hierzu bedarf es eines umfangreichen Theorie-Praxis-Transfers. Zum einen ist es notwendig, sprachwissenschaftliche und sprachphilosophische Erkenntnisse in das Fachgebiet der Unterstützten Kommunikation zu integrieren, zum anderen müssen Erfahrungen aus der Praxis im Lichte unterschiedlicher theoretischer Modellannahmen reflektiert werden.

Im Gegensatz zu eher nativistischen oder behavioristischen Theorien der Aneignung von Sprache verweisen interaktionistische Modelle (vgl. Bruner 2002, Tomasello 2009) konsequent auf die soziale Ausrichtung des Spracherwerbs.

„Menschliche Kommunikation ist somit ein grundlegend kooperatives Unternehmen, das am natürlichsten und reibungslosesten im Kontext eines wechselseitig vorausgesetzten, gemeinsamen begrifflichen Hintergrunds (1) und wechselseitig vorausgesetzter, kooperativer Kommunikationsmotive (2) funktioniert" (Tomasello 2009, 17).

Wenn man nun annimmt, dass bei Menschen, die auf Unterstützte Kommunikation angewiesen sind, gerade der reibungslose Verlauf der Kommunikations- und Sprachentwicklung beeinträchtigt ist, dann wird klar, welch immense Bedeutung einer beziehungsgestaltenden und -reflektierenden Praxis zukommt.

Gestützt werden diese interaktionstheoretischen Modellvorstellungen sowohl aus der Linguistik als auch aus der Sprachphilosophie. Linguistisch bedeutsam sind hier insbesondere Theorien, die die Bedeutung einer Aussage nicht alleine aus der expliziten Bedeutung der Worte ableiten (vgl. Grice 1979) und die Relevanz von Aussagen in einem gemeinsamen Ko-Konstruktionsprozess hervorheben (vgl. Sperber/Wilson 1995). Auch innerhalb der Sprachphilosophie wurde zunehmend die Abbildtheorie von Sprache in Frage gestellt und die Bedeutung des Kontextes herausgestellt. Die Bildmetapher der Sprache wird hier durch die des Sprachspiels ersetzt und es wird deutlich herausgestellt, dass der Sprachgebrauch eine Handlung ist, die ein Geschehen weniger abbildet, als in einem schöpferischen (Sprech-)Akt erzeugt (vgl. Austin 1998, Searle 2000, Wittgenstein 2001).

Bezogen auf die Partizipation von Menschen, die unterstützt kommunizieren, bedeuten diese vielfältigen theoretischen Erkenntnisse die Notwendigkeit, kommunikativ-sprachliches Lernen in einem kooperativ ausgerichteten und beziehungsgestaltenden Rahmen stattfinden zu lassen. Sowohl die grundlegenden kommunikativen Funktionen menschlicher Entwicklung als auch sämtliche Formen symbolischer Aneignung von Welt müssen damit in einem möglichst inklusiven und professionell aufbereiteten Kontext stattfinden.

Die gesellschaftliche Ebene von Partizipation

Wie schon erwähnt, existieren mittlerweile sozialpolitische Rahmenvorgaben, die es prinzipiell ermöglichen auf der Ebene gesellschaftlicher Umsetzungen im Sinne einer umfassenden Teilhabe von unterstützt kommunizierenden Menschen zu handeln.

Leider kann von einer weitgehenden Realisierung in den unterschiedlichsten Kontexten (vorschulisch, schulisch, nachschulisch und außerschulisch) noch keine Rede sein.

So muss immer noch Folgendes konstatiert werden:

- Professionelle Kenntnisse und Fähigkeiten im von mir angesprochenen Ausmaß sind für die meisten Berufsgruppen eher noch die Ausnahme (vgl. Seiler-Kesselheim 2008).
- Die Teilhabe an inklusiv ausgerichteten Bildungsprozessen wird insbesondere durch unser eher starres System der Förderschulen erschwert.
- Die Chancen auf Teilhabe am Arbeitsmarkt sind dadurch weitgehend eingeschränkt, da die entsprechend notwendigen Schulabschlüsse zu selten erreicht werden können.
- Es existieren kaum Beschäftigungsmöglichkeiten für unterstützt kommunizierende Menschen, für die aufgrund ihrer umfassenden Schädigung ein Schulabschluss eine zu hohe Hürde darstellt.
- Durch die weitgehend getrennt organisierte vorschulische und schulische Bildung ist die Teilhabe von unterstützt kommunizierenden Menschen an gesellschaftlich üblichen Freizeitangeboten kaum möglich, das es nahezu keine inklusiv ausgerichteten Peer-Groups gibt.

Mindestens diese groben Aspekte gilt es in den Blick zu nehmen, wenn über umfassende gesellschaftliche Teilhabe von unterstützt kommunizierenden Menschen nachgedacht wird. Es ist allerdings auch keine Frage, dass noch wesentlich umfassender und genauer in die unterschiedlichen gesellschaftlichen und institutionellen Kontexte hineingeschaut werden muss, als hier lediglich angedeutet werden konnte.

Erste Ansätze von gesellschaftlichen Veränderungsprozessen lassen sich gleichwohl schon feststellen:

- Unterstützte Kommunikation als Fachgebiet hat sich mittlerweile im Kanon der Rehabilitationspädagogik durchaus etabliert und entfaltet langsam seine Auswirkungen in unterschiedlichen Bereichen der Aus- und Weiterbildung.
- ISAAC-GSC, Gesellschaft für Unterstützte Kommunikation e. V. (www.isaac-online.de) leistet durch sein Weiterbildungsprogramm für unterstützt kommunizierende Personen, die so genannte Co-Referentenausbildung, einen wesentlichen Beitrag zur außerschulischen Qualifizierung dieses Personenkreises.
- In einem von der EU geförderten Qualifizierungsprojekt GiWA (Grundbildung in Wirtschaft und Arbeit) wurden sieben unterstützt kommunizierende Per-

sonen für unterschiedliche berufliche Tätigkeiten qualifiziert (www.giwa-grundbildung.de/). Momentan arbeiten die Projektpartner ISAAC-GSC und Impulse GmbH an einem Konzept für die berufspraktische Umsetzung.

Zusammenfassung und Ausblick

Ich habe in meinem Beitrag versucht aufzuzeigen, dass das Thema „Inklusion" für Menschen, die auf Unterstützte Kommunikation angewiesen sind, außerordentlich bedeutsam ist. Allerdings bedarf es eines professionell gefassten und ausgerichteten Referenzrahmens, durch den konkretisiert werden kann, auf welcher Ebene inklusive Prozesse in Gang gesetzt, verstärkt und reflektiert werden.

Für diese Rahmung wurde der Begriff der Partizipation als multidimensionales Konstrukt in drei unterschiedlichen Schwerpunktsetzungen genutzt, so dass sowohl auf einer individuellen, einer sozial-interaktiven als auch einer gesellschaftlichen Ebene die Herausforderungen benannt werden konnten.

Dennoch bleiben auch zum Abschluss etliche Fragen offen.

Nicht zuletzt ist auch jetzt noch nicht geklärt, wie wir eine weitgehende Teilhabe für Menschen ermöglichen, deren individuelle Lebensbedingungen aufgrund schwerster somatischer Beeinträchtigungen so fragil und unsicher sind, dass sie vielfältige Rückzugsräume und besondere Ansprache und Pflege benötigen. Auch viele dieser Menschen benötigen Unterstützte Kommunikation und dürfen in diesem Diskurs keinesfalls außer Acht gelassen werden (vgl. Fornefeld 2007, 49).

Weiterhin muss noch deutlicher herausgestellt werden, dass Menschen, die im Laufe ihres Lebens in Folge eines Unfalls oder einer schweren Erkrankung ihre Fähigkeit, Sprache zu gebrauchen und/oder zu verarbeiten, verloren haben, in einen Diskurs über gesellschaftliche Teilhabe eingebunden werden müssen. Oft genug brechen hier Freundeskreise, Arbeitsverhältnisse, ganze Lebensbezüge von einem auf den anderen Tag weg, ohne dass diese Auswirkungen in genügendem Maße gesellschaftliche Relevanz erhalten. Dies gilt im Übrigen auch für altersbedingte Erkrankungen, wie beispielsweise Demenz, mit ihren Auswirkungen auf den Sprachgebrauch und das Sprachverständnis, durch die wir ebenfalls herausgefordert sind, gesellschaftliche Teilhabe umfassend zu diskutieren und entsprechende Lösungen zu finden.

Dies alles wird nur zu erreichen sein, wenn eine breit angelegte Netzwerkarbeit zwischen Selbsthilfeorganisationen, Verbänden, Forschungs- und Ausbildungsstätten, Kostenträgern, Leistungerbringern und Hilfsmittelfirmen erfolgt, in die die politisch verantwortlichen Mandatsträger aus Kommunen, Ländern und dem Bund eingebunden werden. Und es muss innerhalb unserer Gesellschaftsform diskutiert werden, auf welchen Grundlagen wir uns zukünftig weiterentwickeln wollen. Nicht nur im Hinblick auf ideelle Werte, sondern auch bezogen auf die finanzielle Ausstattung der Bildungs- und Sozialpolitik.

Inklusion bedarf gesellschaftlicher Akzeptanz und eines breiten gesellschaftlichen Konsenses. Sonst bleibt es eine hohle Phrase, dass es „normal ist, verschieden zu sein“ (von Weizsäcker 1993).

Literatur

Antener, G. (2003): Interventionsmodelle der Unterstützten Kommunikation. In: von Loeper Literaturverlag/ISAAC – Gesellschaft für Unterstützte Kommunikation e. V. (Hrsg.): Handbuch der Unterstützten Kommunikation. Karlsruhe.

Austin, J. L. (1998): Zur Theorie der Sprechakte. Ditzingen.

Bruner, J. (2002[2]): Wie das Kind sprechen lernt. Bern.

Bürli, A. (2009): Integration/Inklusion aus internationaler Sicht – einer facettenreichen Thematik auf der Spur. In: Bürli, A./Strasser, U./Stein, A.-D. (Hrsg.): Integration/Inklusion aus internationaler Sicht. Bad Heilbrunn, 15–61.

Fornefeld, B. (2007): Was geschieht mit dem Rest? Anfragen an die Behindertenpolitik – Teil 1. In: Dederich, M./Grüber, K. (Hrsg.): Herausforderungen. Mit schwerer Behinderung leben. Frankfurt a. M., 39–53.

Grice, H.-P. (1979): Sprecher-Bedeutung, Satz-Bedeutung, Wort-Bedeutung. In: Meggle, G. (Hrsg.): Handlung, Kommunikation, Bedeutung. Frankfurt, 85–112.

Grove, N./Porter, J./Bunning, K./Olsson, C. (1998): See what I mean: Interpreting the meaning of communication by people with severe and profound intellectual disabilities: Theoretical and methodological issues. In: Journal of Applied Research in Intellectual Disabilities, Vol 12, No. 3, 109–203.

Hinz, A. (2006): Inklusion und Arbeit – wie kann das gehen? In: Impulse 39, 3/2006, 3–12.

Hollenweger, J. (2009): Konzeptionen von Behinderungen und ihre Wirkungen im Kontext Schule. In: Bürli, A./Strasser, U./Stein, A.-D. (Hrsg.): Integration/Inklusion aus internationaler Sicht. Bad Heilbrunn, 177–187.

Jantzen, W. (2002): Identitätsentwicklung und pädagogische Situation behinderter Kinder und Jugendlicher. In: Sachverständigenkommission 11. Kinder- und Jugendbericht: Band 4: Gesundheit und Behinderung im Leben von Kindern und Jugendlichen. Deutsches Jugendinstitut, München 2002, 317–394.

Kristen, U. (2002[4]): Praxis Unterstützte Kommunikation. Düsseldorf.

Lage, D. (2006): Unterstützte Kommunikation und Lebenswelt. Eine kommunikationstheoretische Grundlegung für eine behindertenpädagogische Konzeption. Bad Heilbrunn.

Lage, D. (2007): Was wie wo welche Party? Wie lehren und lernen wir Partizipation? In: Sachse, S./Birngruber, C./Arendes, S. (Hrsg.): Lernen und Lehren in der Unterstützten Kommunikation. Karlsruhe, 372–387.

Linke, A./Nussbaumer M,/Portmann, P.-R. (2004[5]): Studienbuch Linguistik. Tübingen.

Rothmayr, A. (2001): Pädagogik und Unterstützte Kommunikation. Karlsruhe.

Renner, G. (2004): Theorie der Unterstützten Kommunikation. Berlin.

Sachse, S. (2005): Unterstützte Kommunikation und Schriftspracherwerb (Literacy). In: Sachse, S./Birngruber, C./Arendes, S. (Hrsg.): Lernen und Lehren in der Unterstützten Kommunikation. Karlsruhe, 210–225.

Searle, J. R. (2000): Sprechakte. Frankfurt am Main.

Seiler-Kesselheim, A. (2008): Beratungsangebote in der Unterstützten Kommunikation. Praxis – Forschung – Weiterentwicklung. Karlsruhe.

Schuntermann, M. F. (2009³): Einführung in die ICF. Landsberg.

Sperber, D./Wilson, D. (1995²): Relevance: Communication und Cognition. Oxford.

Tetzchner, S. v./Martinsen, H. (2000): Einführung in die Unterstützte Kommunikation. Heidelberg.

Theunissen, G. (2006): Inklusion. Perspektiven für die Behindertenarbeit unter Berücksichtigung des Wohnens und Lebens in der Gemeinde von Menschen mit Lernschwierigkeiten und mehrfachen Behinderungen. In: Fachdienst der Lebenshilfe, 2/2006, 8–16.

Tomasello, M. (2006): Die kulturelle Entwicklung des menschlichen Denkens. Frankfurt am Main.

Tomasello, M. (2009): Die Ursprünge der menschlichen Kommunikation. Frankfurt am Main.

von Weizsäcker, R. (1993): Ansprache bei der Eröffnungsveranstaltung der Tagung der Bundesarbeitsgemeinschaft „Hilfe für Behinderte" im Gustav-Heinemann-Haus in Bonn. http://www.dvbs-online.de/horus/1993–3-2014.htm, letzter Zugriff: 12. 04. 2010, 11:35.

Wansing, G. (2009): Ist Inklusion eine geeignete Zielperspektive für die Heil- und Sonderpädagogik? Diskussionsimpulse aus der Systemtheorie. In: Bürli, A./Strasser, U./Stein, A.-D. (Hrsg.): Integration/Inklusion aus internationaler Sicht. Bad Heilbrunn, 65–73.

Wittgenstein, L. (2001): Philosophische Untersuchungen. Kritisch-genetische Edition. Frankfurt am Main.

8 Progredienz

8.1 Ich bin glücklich – 'tschuldigung!

Dorothee Kienle

Ich glaube, mein bisheriges Leben (mit einer Muskeldystrophie) kann als gelungene Inklusion bezeichnet werden – und zwar ohne dass die Beteiligten mit diesem Wort etwas anfangen können. Ich bin ein Glückskind.

Warum mein Leben gelungene Inklusion verkörpert? Weil ich es so erlebe.
Ist das eine gute oder eine schlechte Antwort? Ist es dann eine schlechte Antwort, wenn nur ich es so erlebe und von außen evtl. jemand sagt: „Du stehst doch am Rande, du hast an so vielem keinen Anteil!"? Oder ist es immer eine gute Antwort, weil es um das Wohlbefinden des Einzelnen geht? Wer bestimmt, wann Inklusion gelungen ist? Und wer bestimmt, ob gelungene Inklusion ein gutes Leben bedeutet?

Mein Leben war gut und ist gut!

Ich war in einem Regelkindergarten, der die Worte Inklusion und Integration nicht kannte. „Fangen spielen" war aufgrund der großen Anstrengung beim Laufen nicht gerade mein Lieblingsspiel und ich habe mich, wenn es mir zu wild herging, zu den Kindergärtnerinnen zurückgezogen; das waren aber auch schon alle Ausnahmen, die weder ich noch andere so erlebt haben – es war einfach so.

Ich kam in die Regelgrundschule (auf eine andere Idee wären meine Eltern zu diesem Zeitpunkt auch gar nicht gekommen). Unser Klassenzimmer war im Erdgeschoss. Beim Wechsel in das Obergeschoss trug einer meiner Schulkameraden/innen meine Büchertasche. Schulsport war für mich – wie für die meisten anderen Kinder auch – eine tolle Abwechslung und in meinem Zeugnis stand „Im Sportunterricht hat sie viel Mut bewiesen." Für mich und für die anderen war es selbstverständlich, dass ich keine Noten in diesem Fach bekomme (wie schön, dass das selbstverständlich sein kann!). Ebenso war es selbstverständlich, dass ich bei allem mitmachte und beim Trainieren von Laufstrecken eben weniger lief (es bleibt klar, dass mir Ballsportarten lieber waren und ich dabei meistens Torfrau war). Der Schulbusfahrer hat jeden Tag zusätzlich direkt vor unserem Haus gehalten – ohne dass meine Eltern oder ich irgendetwas gesagt hatten. Leider muss aus juristischer Sicht dieses unkomplizierte und zuvorkommende Verhalten des Busfahrers als für ihn gefährlich eingestuft werden. Wenn mir etwas beim Ein- oder Aussteigen passiert wäre, hätte der Busfahrer juristisch große Probleme bekommen können, da er an einer nicht-offiziellen Haltestelle gehalten hat. Da kann man nur an Politiker und Juristen appellieren, offenere und flexiblere Gesetze zu formulieren und zu verabschieden, die solch ein zuvorkommendes Verhalten unterstützen und nicht im Zweifelsfall bestrafen oder komplizierte und so auch kostspieligere Lösungen (wie z. B. einen zusätzlichen Abholdienst) erfordern.

In der Grundschulzeit, in der die meisten meiner Klassenkameraden sich in Sportwettkämpfen mit Schülern aus anderen Klassen/Schulen beweisen konnten, wollte mein Lehrer mir diese Chance auf einem anderen Gebiet geben: Lesen. Er schlug mich als Vertreterin der Klasse bei einem Lesewettkampf vor mit dem Hinweis, dass ich an Sportwettkämpfen nicht teilnehmen könnte, und da ich gut lesen würde, wäre es doch toll, wenn ich diesen Part übernehmen könnte. Ich war überhaupt nicht begeistert, ich fand das unfair, nur weil ich im Sport nicht an den regulären Wettkämpfen teilnehmen konnte, muss ich doch nicht automatisch in was anderem als Vertreterin starten – es soll die oder der starten, die/der am besten ist! Aus heutiger Sicht sage ich, dass dies versuchte Integration war, nicht gelebte! Das machte und macht für mich den Unterschied an Lebensqualität und Selbstverständlichkeit: Ich will nicht bewusst integriert werden mit meiner Behinderung, ich will dazugehören als Dorothee, die als ein Charaktermerkmal eine Behinderung hat, die manche Tätigkeiten schwierig und manche auch unmöglich macht.

Im Verlauf der 4. Klasse war klar für mich, dass ich anschließend auf das Gymnasium gehe – wie die anderen mit den gleichen Noten auch. Das wohnortnahe Gymnasium war nicht barrierefrei. Aber der Eingang war ebenerdig, meiner Klasse wurde ein Klassenzimmer im Erdgeschoss zugeteilt und schon waren alle – nie da gewesenen Probleme – erledigt. Wenn Wege von einem Zimmer zum anderen weit wurden, haben meine Kameradinnen mich auf dem Rücken getragen. Im Sportunterricht und beim Schwimmen habe ich die ersten Jahre wie selbstverständlich mitgemacht. Ich durfte sogar beim jährlichen Völkerball-Turnier unserer Schule mit eigenen „Dorothee-Regeln“ mitmachen. Was mich heute noch wundert: Es gab keinen Einzigen, der sich über diese Extra-Regeln aufgeregt oder geärgert hat – *keinen*. Es war für alle selbstverständlich! Genauso war es mit allen Aktivitäten, die irgendwie machbar waren. Ich war überall dabei und es kam zu manchen kuriosen Situationen, bei denen meine Eltern (und teils auch Lehrer/innen) oft sehr froh waren, sie nicht direkt miterlebt zu haben: Zugfahrten, bei denen eine Baustelle direkt vor dem Ausstieg war und wir nach Weiterfahrt des Zuges den Rollstuhl aus der Tür geworfen und mit mir auf dem Rücken einer Freundin raus gesprungen sind; ein Klassenausflug, auf dem ich mit dem Rollstuhl hinten im Kofferraum des VW-Busses saß; eine wilde Rollstuhlfahrt einen Berg hoch, an dem ich sozusagen als Anhänger hinten am Traktor hing; viele Rollstuhlfahrten durch Wälder über Wurzeln, steile Hügel mit Schotter hoch oder auch durch Flüsse etc.

Ab der 7./8. Klasse wurde mein Allgemeinzustand sehr schlecht (aufgrund einer stark ausgeprägten Skoliose), ich war teils mehr zu Hause als in der Schule. Die Frage ist, was passiert wäre, wenn Operationen meinen Allgemeinzustand nicht stark verbessert hätten. Ich denke, dass für mich dann ein Schulwechsel in einen Schonraum, in dem meine Leistungsminderung Raum gehabt hätte, angebracht und sinnvoll gewesen wäre. Denn mit einer aufgrund körperlicher Probleme so

eingeschränkten Konzentrationsfähigkeit und Ausdauer, wäre der Besuch eines Regel-Gymnasiums meines Erachtens nicht sinnvoll gewesen. Außer Enttäuschungen über die eigene Leistungsfähigkeit wäre wahrscheinlich nicht viel geschehen. Ich nehme an, dass für mich Schwerpunktsetzungen wichtig gewesen wären, dass ich mich gefordert, aber nicht ständig überfordert gefühlt hätte. Viel Zeit zum Erholen wäre nötig gewesen. Ich denke, ich hätte mir dann jemanden gewünscht, der mir erklärt, dass ich nicht zu faul und nicht zu blöd bin, um noch mitzuhalten, sondern dass meine Behinderung meine Alltagskraft gemindert hat, so dass ich weniger Zeit am Tag habe, um mich anstrengen zu können.
Das Gymnasium war für mich immer ein Ort, an dem man eine bestimmte Leistung bringen muss, die ich dann nicht mehr hätte bringen können. Ich wollte immer mit den gleichen Maßstäben gemessen werden wie alle anderen, denn den gleichen Abschluss, die gleichen Noten will ich auch nur bei gleicher Leistung. Gleiche Leistung ist schwer zu definieren. Sport gehört auch zur Leistungserbringung für das Abitur, genauso wie die Fähigkeit, in einer bestimmten Zeit gewisse Leistungen zu bringen. Wo eine Grenze ziehen?

Im Zeitraum der 8. Klasse wurde ich operiert, weshalb ich diese Klasse auch wiederholt habe. Durch die Operationen hat sich mein Allgemeinzustand stark verbessert und ich sitze seitdem dauerhaft im Rollstuhl. So habe ich auch angefangen, mich in Behindertensportgruppen zu betätigen: Basketball und Tanzen. In der 11. Klasse war ich kaum zu Hause: Viel Schule, sonntags Tanzen in Ludwigsburg, montags in Würzburg, Basketball am Mittwoch, Blaskapelle am Freitag, Klavier und Bratsche am Dienstag, Orchester und Chor am Montag, Tanzauftritt am Samstag und viermal in der Woche Krankengymnastik. Aber ich habe es geliebt – ich habe meine Kraft gelebt. Klar, die Kollegstufe kam und wie viele anderen auch, musste ich das meiste von meiner Liste streichen und mich ganz aufs Abitur konzentrieren, um das gut zu meistern, denn ich wollte Medizin studieren. Mein Abitur in den Händen zu halten, war für mich einer der schönsten Momente in meinem Leben, weil ich es mir als Ziel gesteckt hatte und bis zum letzten Tag nie gewagt hatte, zu hoffen, es tatsächlich zu erreichen. Aber ich hatte es erreicht mit einem Schnitt, der fürs Medizinstudium genügt hat – ich habe einen Studienplatz bekommen und nie angefangen, Medizin zu studieren. Warum? Weil es falsch gewesen wäre.

Es war ein harter Kampf mit mir selbst, aber das, was ich als Medizinerin hätte machen wollen, hätte ich nie machen können, weil ich zu schwach gewesen wäre und bin. Es hätten sich mehr Leute um mich kümmern müssen als um den Patienten. Ich hätte zu so vielen Dingen Hilfe gebraucht, das ist für mich nicht das, was ich unter Arbeit für mich verstehe. Es gibt Menschen, die sind auf Arbeitsassistenz angewiesen. Dann ist das auch in Ordnung. Aber nicht, wenn es auch anders geht. Und es geht anders bei mir, wenn ich mich auf das Mögliche beschränke! Ich habe Pädagogik studiert und mit dem Diplom abgeschlossen – und das war genau richtig. Ich habe heute zwei Arbeitsstellen, die mich vollauf erfüllen und deren Anforderungen ich erfüllen kann. Ich lebe meine Arbeit, weil sie meinem Herz und dem, was ich für sinnvoll halte, entspricht. Ich habe vor allem das Gefühl, die Arbeit gut zu leisten, weil ich die letzten Jahre wirklich dafür gearbeitet habe (und nicht, weil evtl. ein bestimmter Personenschlüssel erreicht werden musste). Engagement zahlt sich aus, nicht, weil ich eine Stelle bekommen habe, sondern weil es mich glücklich macht!

Es gibt immer wieder Punkte, an denen ich behinderungsbedingt Hilfe brauche (z.B. etwas von hier nach dort heben). Aber dies betrifft erstens nicht meine Hauptarbeit und zweitens ist es in beiden Organisationen eine Selbstverständlichkeit, dass ich Unterstützung erhalte, genauso wie es für mich selbstverständlich ist, dass ich unterstütze, wo ich kann. Und das ist für mich Inklusion: Respekt voreinander und vor der Unterstützung des anderen. Für mich ist es nicht selbstverständlich, dass der andere mir hilft, aber es ist für mich selbstverständlich zu helfen. Ich halte das auch für die richtige Einstellung – für jeden Menschen, egal ob mit oder ohne Behinderung. Ich bin erzogen worden als normales Kind, das nicht besonders gut laufen kann. Ich denke, dass ich Glück hatte und immer tollen Menschen begegnet bin, aber auch, dass meine Eltern mir einen angemessenen Umgang mit meiner Behinderung beigebracht haben: meine Behinderung als Selbstverständlichkeit. Als Selbstverständlichkeit für mich, nicht für den anderen. Zu einem guten Leben gehört für mich Engagement für das eigene Leben, Herz für das, was man tut, und ein guter Mit-Mensch zu sein. Und ein bisschen Risikobereitschaft gehört auch dazu; auch Akzeptanz des Risikos zu scheitern. Das gehört zu jedem Leben, findet vielleicht im Leben eines Behinderten (v.a. bei Progredienz) öfter statt, kann aber meines Erachtens gerade da als nicht charakterlich, sondern fortschrittsbedingt im Bezug auf die Behinderung gesehen werden.

Mit dem Nachlassen der eigenen Fähigkeiten klar zu kommen ist schwierig. Man will soviel und kann so wenig – da hilft auch alles Engagement nicht. Mir persönlich hilft nur (gerade in sehr kraftlosen Momenten) das Gefühl oder besser die Hoffnung, gut gehandelt und gelebt zu haben und gerade gut zu leben. Ich bin nicht dafür, dass man nur an heute denkt, aber ich bin dafür, dass man im Heute lebt. Vielleicht treffe ich manchmal falsche Entscheidungen (ganz sicher sogar), aber ich treffe Entscheidungen, die sich für mich heute als richtig darstellen. Ich weiß nicht, was morgen sein wird, wenn ich kaum mehr Kraft habe. Aber ich weiß, dass meine Vergangenheit und Gegenwart blendend aussehen, ich weiß, dass ich glücklich bin und genieße, was ich tue und lebe.

Ich lebe meine Freizeit mit Behinderten und Nicht-Behinderten so, wie ich es mir krafttechnisch leisten kann und will. Freunde akzeptieren, dass ich Unternehmungen nicht machen möchte, die mich zu viel Kraft kosten oder die für sie zu viel Aufwand wären, und ich schicke sie alleine dahin. Das ist es wohl am meisten, was vor allem ich als Behinderte lernen muss/te: Inklusion und vor allem gutes Leben bedeuten nicht, so sein zu müssen wie die anderen. Es kann nicht bedeuten, immer das Gleiche zu tun, zu können und vor allem wollen zu müssen wie viele andere. Es bedeutet für mich, das tun zu können, was gut für mich ist und was ich gerne möchte, solange es anderen nicht schadet. Ich muss so sein, damit ich sinnvoll lebe und glücklich bin. Dazu gehören sicherlich bei jedem Menschen bestimmte Aspekte wie Freunde, Arbeit (in welcher Hinsicht auch immer), Partnerschaft etc. Aber auf welche Art, in welchem Maß und bei bestimmten Dingen auch zu welchem Zeitpunkt ist sehr individuell. Akzeptanz ist hier wohl das Schlüsselwort und die Fähigkeit, zwischen Akzeptanz und Ignoranz zu unterscheiden: Jeder braucht mal von seinen Freunden den Hinweis, dass das wohl nicht der richtige Weg ist. Menschen mit Behinderung (vielleicht auch gerade mit progredienten Erkrankungen) brauchen vielleicht eher jemanden, der nachfragt, warum dieser Weg gewählt wurde.

Menschen werden nicht geboren, um gleich zu sein und ein einfaches Leben zu haben, sondern um Mensch zu sein – so meine persönliche Sicht. Mensch sein ist nicht einfach, weder für Behinderte noch für Nicht-behinderte. Für mich bedeutet es vor allem, Mit-Mensch zu sein und seinem Leben den Sinn zu geben, der einen als Menschen glücklich macht – tatsächlich glücklich. Manchmal begegnen mir (vorzugsweise ältere) Menschen mit den Worten „Ach, Sie Arme!“. Was meinen die nur? Ich bin glücklich – 'tschuldigung!

8.2 Progredient kranke Kinder und Jugendliche – Skizzen zu Bedingungen gelingender schulischer und nachschulischer Förderung

Volker Daut

Im Zentrum dieses Beitrages stehen die Bedingungen für eine gelingende schulische und nachschulische Förderung einer relativ kleinen Gruppe von Menschen mit so genannten progredienten Erkrankungen. Es kann hier nicht auf die Diskussion um Begriffe, Inhalte und Umfang von Integration und Inklusion eingegangen werden. Vielmehr sollen im Folgenden besondere Problemlagen progredient erkrankter Menschen in den Blick genommen werden, die bei der Verwirklichung eines uneingeschränkten Zugangs zu Bildung und Teilhabe beachtet und durch entsprechende Maßnahmen begleitet werden müssen. Wie später noch gezeigt wird, besuchen diese Schülerinnen und Schüler zu einem großen Teil bereits seit vielen Jahren Allgemeinbildende Schulen. Weitgehend unerforscht ist die Situation dieser Menschen nach der Schulentlassung.

Gemeinsame Merkmale fortschreitender Erkrankungen sind:

- Unheilbarkeit,
- fortschreitender Kräfteverfall und/oder Abbau körperlicher Funktionen,
- Zunahme von Abhängigkeit von anderen Menschen und auch technischen Geräten, oft bei gleichzeitig zunehmendem entwicklungsbedingtem Selbständigkeitsstreben,
- erhöhter Zeitbedarf durch die bestehenden Einschränkungen und/oder die notwendigen therapeutischen Maßnahmen,
- unterschiedlichste Grade emotionaler Verunsicherungen in bestimmten Lebensabschnitten, oft beeinflusst durch den Krankheitsverlauf,
- reduzierte Lebenserwartung.

Viele dieser fortschreitenden Erkrankungen sind sehr selten. Die folgenden Ausführungen gelten für alle fortschreitend erkrankten Kinder und Jugendlichen, auch wenn hier vor allem auf die beiden häufigsten progredienten Erkrankungen Bezug genommen wird:

- Die Cystische Fibrose, die in deutschsprachigen Ländern meist mit dem Begriff Mukoviszidose bezeichnet wird. Man schätzt, dass in Deutschland zwischen 6000 und 8000 Menschen mit Mukoviszidose leben; jährlich werden ca. 300 Kinder mit dieser Erkrankung geboren.
- Die Duchenne Muskeldystrophie (DMD), eine neuromuskuläre Erkrankung in deren Verlauf sich die Skelettmuskulatur auflöst. Hier schätzt man, dass zwischen 1500 und 3000 Menschen mit DMD in Deutschland leben und dass etwa 100 Neuerkrankungen pro Jahr hinzu kommen.

Der Rahmen dieses Beitrages lässt es nicht zu, auf die besonderen Lebensbedingungen von Menschen mit diesen fortschreitenden Erkrankungen näher einzugehen. Für einen Überblick sei an dieser Stelle auf Daut (2010a und 2005) verwiesen.

Zur Situation

Es lassen sich kaum genaue Angaben darüber machen, wie viele Schülerinnen und Schüler mit den hier genannten progredienten Erkrankungen sich auf die jeweils verschiedenen Schularten verteilen. Auch für die Zeit nach der Schulentlassung gibt es keine verlässlichen Zahlen. Bei den Kindern und Jugendlichen mit Cystischer Fibrose/Mukoviszidose kann, allerdings lediglich auf Grund von Erfahrungswerten, angenommen werden, dass die meisten von ihnen Allgemeinbildende Schulen besuchen; nur ein kleiner Teil geht in Förderschulen. Entsprechendes kann auch für die berufliche (Aus-)Bildung angenommen werden. Genaue Zahlen hierzu fehlen jedoch. Für die Gruppe der muskelkranken Schüler können zwei Studien Aufschluss über die Art der von ihnen besuchten Schulen geben. So existiert eine ältere Studie (Februar 1996), die Haupt in Zusammenarbeit mit der Deutschen Gesellschaft für Muskelkranke durchführte. Sie organisierte eine bundesweite Befragung von Eltern mit Kindern mit Muskeldystrophien. Insgesamt 316 Kinder, Jugendliche und Erwachsene beteiligten sich an der Fragebogenaktion. Darunter waren 198 Schüler im Alter zwischen 6 und 21 Jahren, von denen wiederum 182 eine progressive Muskeldystrophie vom Typ Duchenne hatten. Haupt (1996, 24) stellt fest: „Rund 60 % der Schüler besuchen Regelschulen – zum Teil mit besonderen Hilfen für die Integration. 40 % besuchen eine Sonderschule, zumeist eine Schule für Körperbehinderte." Eine aktuelle Studie, die an den Förderzentren Körperliche und Motorische Entwicklung in Bayern durchgeführt wurde zeigt, dass dort die Anzahl der Schüler mit Muskelerkrankungen nur leicht gesunken ist, vergleicht man die aktuell ermittelten Zahlen mit denen einer Untersuchung von Haupt aus dem Jahr 1982 an den damaligen Schulen für Körperbehinderte in Rheinland-Pfalz: Damals hatten 7,1 % der Schüler eine Muskelerkrankung; aktuell sind es in Bayern je nach Schuljahr zwischen 3,41 % und 6,14 % (vgl. Lelgemann & Fries 2009, 217f.). Hier fehlen genaue Zahlen, um verlässliche Aussagen für das ganze Bundesgebiet treffen zu können. Die nachschulische Situation dieser Menschen ist bisher unerforscht. Eine aktuelle Studie ist geplant und soll noch in 2010 begonnen werden (Daut 2010b).

So lässt sich zurzeit nur die sehr vage Aussage treffen, dass aufgrund der wenigen vorliegenden und auch zum Teil älteren Zahlen ein vermutlich großer Teil der hier angesprochenen Kinder und Jugendlichen mit progredienten Erkrankungen Allgemeinbildende Schulen besucht.

Die nachschulische Lebenssituation von Menschen mit progredienten Erkrankungen lässt sich noch weniger eindeutig beschreiben. Lange Jahre war es so, dass die meisten Menschen mit progredienten Erkrankungen eine stark reduzierte Lebenserwartung hatten. In einigen Fällen trifft dies auch heute noch zu. Allerdings lässt sich beobachten, dass eine zunehmende Zahl von Menschen mit verschiedenen fortschreitenden Erkrankungen in den letzten Jahren wesentlich älter wird, als noch in den meisten Fachveröffentlichungen beschrieben wird. Dies gilt insbesondere für Menschen mit den beiden hier angesprochenen Krankheitsbildern. So gibt es inzwischen Frauen und Männer mit Mukoviszidose, die das fünfte und sogar sechste Lebensjahrzehnt erreichen; Vergleichbares gilt offenbar auch zunehmend für Männer mit Duchenne Muskeldystrophie (vgl. Daut 2010 a, 27 ff.). Sowohl in der Praxis als auch in der Wissenschaft ist dies noch kaum bekannt; es scheint so zu sein, dass man bisher eher Einzelfälle annimmt.

Spezielle Bedingungen und deren Berücksichtigung im pädagogischen Alltag

Im Folgenden werden zentrale Lebensbedingungen fortschreitend erkrankter Menschen beschrieben, die wesentliche Anforderungen an Fachkräfte verdeutlichen können.

Nicht nur die Betroffenen selbst, sondern auch die Menschen in ihrem direkten sozialen Umfeld sehen sich mit besonderen Lebensaufgaben konfrontiert. Wie diese erlebt werden und in welcher Weise die beteiligten Personen damit umgehen hängt von in jedem Einzelfall unterschiedlichen Bedingungen ab. In den verschiedenen Krankheitsphasen kann es bei den betroffenen Menschen und deren Angehörigen zu Entwicklungsaufgaben kommen, die von außen gesehen ähnlich erscheinen, individuell jedoch sehr unterschiedliche Ausprägungen haben können. Dies bezieht sich sowohl auf das individuelle Erleben selbst als auch auf die jeweiligen Verhaltensstrategien in der Auseinandersetzung damit. Die Bewältigung dieser Lebensaufgaben kann durch eine zum Dialog bereite Begleitung von beständigen, zugewandten und respektierenden Bezugspersonen nachhaltig befördert werden. Einige wichtige Entwicklungsaufgaben progredient erkrankter Menschen fallen in die Schulzeit, führen möglicherweise zu emotionaler Verunsicherung und können so auch nachhaltig die Qualität der Schulleistungen beeinflussen. Wie dies aus der Retrospektive von jungen Männern mit Duchenne Muskeldystrophie gesehen wird, verdeutlicht folgendes Zitat:

„M.: [. . .] die einfachste Erklärung is' [. . .] allein das Unterbewusstsein wenn das einfach beschäftigt ist durch andere Dinge, dann is' man einfach abgelenkter und so und deswegen sind auch, scheinen auch manche ja also mit Duchenne eben einfach im Lernen etwas retardiert zu sein. Was sie *tatsächlich* eigentlich gar nicht sind. Nur sind sie einfach anders beschäftigt noch, man muss ja gleichzeitig lernen, das Lernen und gleichzeitig lernen sich mit seinem Körper, der anders is', umzugehen. (IP M, Nr. 292)“ (Daut 2005, 98 f.)

Weitere inhaltlich ähnliche Aussagen von anderen Gesprächspartnern finden sich ebenda. Allein diese Beispiele zeigen wie wichtig die Qualität der pädagogischen Begleitung in der Schule für Schüler mit progredienten Erkrankungen ist.

Aber auch für die nachschulische Lebensphase können Bedingungen beschrieben werden, die, werden sie vom Umfeld nicht entsprechend berücksichtigt, zu Krisen führen können.

Der Rahmen dieses Beitrages lässt eine ausführliche Darstellung der Entwicklungsaufgaben fortschreitend erkrankter Menschen nicht zu, weshalb hier nur einige wesentliche Aspekte herausgestellt und skizziert werden können. Diese sind von großer Bedeutung für die Lebensqualität und den weiteren Lebensweg und sind daher auch für die schulische Förderung und die nachschulische Situation von großer Bedeutung:

Fortschreitende Veränderungen bei körperlichen Funktionen sowie die möglicherweise daraus resultierende emotionale Verunsicherung erfordern eine einfühlsame Begleitung und Unterstützung sowohl der betroffenen Kinder, Jugendlichen und Erwachsenen als auch von deren Angehörigen. Hierzu gehört zunächst die achtsame Begleitung durch den emotionalen Schmerz, durch die Wut über das eigene Schicksal. Um dies zu verstehen und langfristig annehmen zu können, brauchen alle Beteiligten ehrliche Informationen über die Erkrankung und deren Verlauf im jeweiligen Lebensalter. Es ist möglich, dass diese Form der Unterstützung während des ganzen Lebens immer wieder notwendig wird; sehr wahrscheinlich mit unterschiedlichen Ausprägungen und auch mit abnehmender Intensität. Die im Folgenden geschilderten Beispiele sind zwar auf die Situation von Kindern und Jugendlichen bezogen, können jedoch auch mit entsprechenden Modifikationen auf das Leben erwachsener Menschen mit progredienten Erkrankungen transferiert werden. Lehrkräfte sind in wichtigen Lebensabschnitten bedeutsame Begleiter, die einen großen Einfluss auf die Entwicklung von Kindern und Jugendlichen haben können. Die Qualität der Beziehung und die zeitliche Dauer sind hierbei von Bedeutung. So können z. B. Lehrerinnen und Lehrer zu Vertrauenspersonen werden, die deshalb auch, in Absprache mit der Familie, über eine bestehende progrediente Erkrankung informieren und die Auseinandersetzung damit unterstützen. Ganz gleich auf welche Weise das Wissen um die Erkrankung vermittelt wird, die Informationen müssen nicht nur altersentsprechend sein, sondern auch zur jeweils aktuellen Situation des Kindes und seiner Familie passen; d. h. die Antwort sollte weder zu wenig beinhalten, noch sollte z. B. gleich mit Beginn der Diagnosestellung das ganze Krankheitsbild mit all seinen Auswirkungen beschrieben werden. Wenn die Kinder Fragen stellen, sollten diese möglichst genau beantwortet werden, nicht ausweichend, aber auch nicht mehr Informationen als gefragt. Stellen sie keine Fragen, muss behutsam informiert werden und man muss erspüren oder sich immer wieder versichern, ob noch mehr Informationen gewünscht werden. Maßgeblich für Zeitpunkt und Umfang dieser Informationen sind die Wünsche und Bedürfnisse der Kinder und Jugendlichen selbst. Hier liegt eine große Verantwortung der Begleiter, müssen sie doch in der Lage sein, die oft nicht eindeutigen Signale der Kinder und Jugendlichen richtig zu verstehen. So kann auch das vermeintliche Ausbleiben von Signalen bereits als ein solches verstanden werden. Eigenschaften von Schülerinnen und Schülern, die mit Begriffen wie „still“, „geduldig“ oder Ähnlichem beschrieben werden, können Ausdruck sein von Einsamkeit, Traurigkeit oder sich allein gelassen Fühlen. Aber auch hinter einem „Klassenclown" kann sich ein bedürftiges Kind verbergen, das durch zugewandte und achtsame Fachkräfte emotional stabilisierende Unterstützung erfahren kann.

Eine weitere nicht zu unterschätzende Schwierigkeit kann entstehen, wenn die Begleiter selbst in der Begegnung und Zusammenarbeit mit diesen Menschen und deren Angehörigen Irritationen erfahren. Es kann z. B. schwierig sein, die eigenen Bedürfnisse von denen der Kinder, Jugendlichen und Erwachsenen zu unterscheiden. Es kann passieren, dass eine Lehrkraft über den Verlauf und die Prognose einer progredienten Erkrankung erschrickt oder verunsichert ist. Möglicherweise entsteht der Eindruck, die Auseinandersetzung mit dem früheren Lebensende stelle ein zentrales Problem dieser Kinder und Jugendlichen dar, das dann auch dringend mit ihnen besprochen werden müsse. Aber ist das wirklich auch immer das Bedürfnis der betroffenen Kinder und Jugendlichen? Eine qualitative Studie zeigt, dass eine reduzierte Lebenserwartung zwar das Leben dieser Menschen prägt und beeinflusst, aber trotzdem nicht permanent im Vordergrund steht. Bei Menschen, die eine ihnen prognostizierte Lebenserwartung deutlich überschritten haben, scheint dies sogar noch deutlich ausgeprägter zu sein (vgl. Daut 2005, 154 ff. und 101).

Sie, aber auch alle anderen ihnen nahe stehenden Menschen, werden unter Umständen für eine längere Zeitspanne immer wieder Phasen durchleben, in denen sie verzweifelt, wütend, tief traurig sind. Auch hierbei unterstützen zugewandte Begleiter dadurch, dass sie diese mitunter intensiven emotionalen Schwankungen aushalten. Hilfreich kann es auch sein, Raum zu schaffen, in dem diese Gefühle bei Bedarf unbewertet ausgelebt werden dürfen; denn nur was wirklich gefühlt wird, kann heilen. Wie eine mögliche Unterstützung bei Kindern aussehen kann ist an anderer Stelle ausführlicher beschrieben (vgl. Daut 2001, 438 ff.).

Werden Emotionen negiert, nicht zugelassen oder unterdrückt, können die damit verbundenen Verletzungen nicht heilen. In ungünstigen Fällen können sich so eher negative oder verbitterte Lebenseinstellungen entwickeln, die ein selbstbestimmtes Leben und soziale Teilhabe erschweren. „Verarbeitungsprozesse gelingen eher mit kompetenter Begleitung: die Auseinandersetzung mit traumatischen Erfahrungen, mit der eigenen Behinderung oder chronischen Erkrankung, ggf. auch mit der verkürzten Lebenserwartung oder dem nahenden Tod." (Haupt 2009, 89/90)

Ein weiterer wesentlicher Aspekt im Lebenslauf progredient erkrankter Menschen ist die Zunahme von Abhängigkeit durch körperliche und motorische Veränderungen im Zusammenhang mit der jeweiligen Erkrankung. Dies geschieht nicht selten zu Zeiten, in denen entwicklungsbedingt das Selbstständigkeitsstreben zunimmt. Bislang selbsttätig zu bewältigende Verrichtungen können nun nicht mehr ohne fremde Hilfe oder technische Geräte erledigt werden; dies ist nicht immer leicht zu akzeptieren, schon gar nicht, wenn dadurch gravierende Veränderungen durch die Erkrankung nicht mehr ignoriert werden können, die Einschränkungen somit sehr viel deutlicher zu Tage treten. Dies kann sich im Verhalten der betroffenen Menschen in unterschiedlicher Weise ausdrücken und reicht von depressiven bis hin zu aggressiven Verhaltensweisen. Hierauf muss auch in Schule, Ausbildung und Beruf reagiert werden. Notwendiger Unterstützungsbedarf muss rechtzeitig erkannt werden, die Bereitstellung von Geräten und Hilfen organisiert werden, sodass diese immer und überall ganz selbstverständlich verfügbar sind und auch eingesetzt werden können.

Auch Pflegemaßnahmen, die durch das Fortschreiten der Erkrankung erforderlich werden, müssen organisiert werden. Dies kann in der Schule nicht an die Eltern delegiert werden. Die Schule selbst ist hier in der Pflicht, das notwendige Personal (Erzieherinnen, Erzieher, Pflegekräfte) zur Verfügung zu stellen. Eine Regelung über so genannte Integrationshelfer, finanziert durch die Sozialverwaltung, ist sehr kritisch zu sehen; denn dies kann letztendlich wieder zu einer „Sonderrolle" der so versorgten Kinder und Jugendlichen führen, die sich mit einer solchen „privaten Begleitung" von den anderen Mitschülern abheben.

Im Gegensatz hierzu steht die Situation am Arbeitsplatz. Hier erhöht der Einsatz von Assistenten sicher die Akzeptanz bei Arbeitgebern und Arbeitskollegen, die wohl in den meisten Fällen ohne eine solche Regelung kaum gegeben wäre. All dies sind Voraussetzungen für erfolgreiches und ungestörtes Lernen und Arbeiten und somit Grundlage für eine gelingende weitere Entwicklung. „Lernen mit belastenden Erfahrungen in Begegnungen umzugehen, mit erlebten gesellschaftlichen Vorurteilen, mit übergriffiger Fremdbestimmung ist ein wichtiger Förderbereich. Es ist notwendig, Selbstbestimmung und Kooperationsfähigkeit zu unterstützen für die eigene Lebensgestaltung und im Umgang mit behinderungsbedingter Abhängigkeit" (Haupt 2009, 89).

Menschen mit progredienten Erkrankungen haben in der Regel einen erhöhten Zeitbedarf durch die bestehenden Einschränkungen und/oder die notwendigen therapeutischen Maßnahmen; auch sind sie manchmal schneller ermüdbar. Diese Tatsache muss nicht nur in der Schule, im Unterricht berücksichtigt werden, sondern erst recht in der Ausbildung und im Beruf. Dies kann gelingen, wenn die individuellen Besonderheiten jedes Einzelnen weitgehend berücksichtigt werden. Es müssen z. B. nicht immer alle die jeweils gleiche Anzahl von Übungsaufgaben oder -tätigkeiten erledigen. Ein motorisch langsamer Schüler bzw. Auszubildender beherrscht unter Umständen neue Lerninhalte auch mit wenigen Aufgaben. Außerdem kann es durch die Erkrankung notwendig sein, auch während der Unterrichts- und Arbeitszeiten regelmäßige Ruhepausen einzulegen oder therapeutische Maßnahmen durchzuführen; dies kann z. B. bedeuten, dass regelmäßig

- etwas gegessen und/oder getrunken oder
- eine Atmungsunterstützung eingestellt werden muss,
- eine Umlagerung vom Rollstuhl in einen Stehständer erfolgen muss,
- Medikamente eingenommen oder
- noch andere Unterstützungen organisiert und durchgeführt werden müssen.

Die Schule muss personell, aber auch räumlich entsprechend ausgestattet sein, um diese Bedingungen gewährleisten zu können, damit auch progredient erkrankte

Schüler uneingeschränkt und ihren Bedürfnissen entsprechend am Unterricht teilnehmen können. Auch der Ausbildungs- und Arbeitsplatz muss entsprechend gestaltet sein, was jedoch in der Regel von der Arbeitsagentur finanziell unterstützt wird. Die oben erwähnte Unterstützung durch Assistenten kann eine Berufsausübung unter Umständen erst möglich werden lassen. Hier können die Integrationsfachdienste in Anspruch genommen werden.

Durch die bereits beschriebene Zunahme des Lebensalters muss vor allem der Aspekt der Vorbereitung auf die nachschulische Lebenssituation für diese Menschen ganz neu bewertet werden. Die Begleitung dieser Menschen sollte das Leben selbst sowie seine Gestaltung in den Fokus nehmen. Noch viel zu sehr wird in Praxis und Theorie der Aspekt der begrenzten Lebenserwartung betont. Ein wichtiges Thema, gewiss! Aber darüber darf die Zuwendung zum Leben, das Leben selbst, nicht in den Hintergrund treten.

Die Konsequenzen, die hieraus gezogen werden müssen sind vielfältig und betreffen alle Lebensbereiche:

- Fachkräfte, die mit progredient kranken Menschen zusammenarbeiten, sollten ihre eigenen Haltungen und Einstellungen zu den Lebensperspektiven dieser Gruppe von Menschen überdenken und anpassen. Beziehungen und gemeinsames Lernen und Arbeiten gestalten sich anders, wenn längere Lebensperspektiven in den Blick genommen werden.
- Die Vorbereitungen auf das Leben dieser Menschen sind weit über die Schulzeit hinaus durch alle Fachkräfte in den Blick zu nehmen, neu auszugestalten und zu organisieren. Hierzu gehören auch fundierte Informationen über alle Möglichkeiten, die eine aktive Teilhabe und ein selbstbestimmtes Leben sichern, wie z. B. das persönliche Budget, Organisation von Assistenz, Schaffung entsprechender Ausbildungs- und Arbeitsplatz-Angebote, Barrierefreie Wohn- und Freizeit-Angebote.
- Der eventuell größere Beratungsbedarf von Eltern progredient erkrankter Kinder und Jugendlicher ist zu berücksichtigen. Sie sind damit konfrontiert, ihre Lebensplanungen zu überdenken, weil sich durch die höhere Lebenserwartung die familiären Bedingungen verändern. Trotz aller Freude über ein möglicherweise längeres Leben ihres Kindes sorgen sie sich um die für sie selbst dadurch verlängerte Einbindung in dessen Leben.

Die Förderung der sozialen Kontakte muss gegebenenfalls unterstützt werden. Im günstigsten Fall werden notwendige Hilfen und Rücksichtnahme durch Einsicht erreicht, die sich auf umfassende Informationen stützt. Für Menschen mit progredienten Erkrankungen sind immer wieder Ausnahmen von Regelungen nötig, die in Schule, Ausbildung oder am Arbeitsplatz sinnvollerweise aufgestellt wurden. Einige Beispiele wurden weiter oben bereits erwähnt. Verständnis und Akzeptanz können dadurch aktiviert werden, dass Mitschüler, Arbeitskollegen und Lehr- und Ausbildungskräfte über die Notwendigkeit dieser Ausnahmen Kenntnis erhalten. Der folgende Gesprächsausschnitt mit einem Erwachsenen mit Duchenne Muskeldystrophie, der über seine Erfahrungen in einer einzelintegrativen Maßnahme an einer Gesamtschule berichtet, zeigt einige dieser genannten Aspekte:

„A.: Ja und dann wurde ich auch teilweise gehänselt oder so. Runter gemacht, irgendwie. Ich mein, ich bin dann auch in 'ne Klasse gekommen, wo, wo so Problemklasse war, wo es sowieso immer schwierig war.

D.: Und hast du dich unterstützt gefühlt von irgendjemand in der Zeit, dort? Oder musst du sage', diese Lehrer dort haben

A.: Also von den Lehrern her war's, war's in Ordnung. Bis dass teilweise manche halt net eingesehen haben, dass ich da irgendwie, also irgendwie Rücksicht nehmen müssen mit dem Tempo und so und da war ich eigentlich, eigentlich dann so behandelt worden praktisch wie die anderen Mitschüler auch. Gabs eigentlich kaum Unterschiede. Irgendwie war's auch schon schon gut, teilweise, weil ich das halt mitgekriegt hab, wie das halt so normal läuft" (Daut 2004).

Dieses Beispiel macht auf einen weiteren wichtigen Punkt aufmerksam: Menschen mit Behinderung oder progredienter Erkrankung eignen sich selbstverständlich nicht als „soziales Lernmedium". Verhaltensprobleme in einer Klasse lassen sich nicht dadurch lösen, dass man einen Mitschüler mit einer fortschreitenden Erkrankung (oder einer anderen Schädigung) in die Klasse setzt, in der Hoffnung dadurch das Sozialverhalten der problematischen Schüler positiv beeinflussen zu können. Entsprechendes gilt für den Arbeitsplatz, für die Zusammensetzung von Produktions- und Arbeitsteams.

Ein weiterer, oft nicht bedachter wichtiger sozialer Aspekt ist die Möglichkeit, sich mit anderen Menschen mit der gleichen Schädigung oder Erkrankung auszutauschen. Solche Kontakte verhelfen zu der Erfahrung, nicht alleine zu sein, lassen erkennen, wie andere ihr Leben unter ähnlichen Bedingungen gestalten, geben Anregungen eigene Wege zu wagen und können so zur Ausformung von Selbstwertbewusstsein und Identität beitragen (vgl. Daut 2005, 105 ff. und 132; Uhrlau 2006, 287 f.; Haupt 2009, 90).

Zusammenfassung und Fazit

Bisher wurden einige wesentliche Bedingungen beschrieben, die progredient erkrankten Menschen das Lernen und Arbeiten ermöglichen, Teilhabe und selbstbestimmtes Leben vorbereiten helfen und ermöglichen. Die hieraus sich ergebenden Anforderungen für deren Umsetzung ergänzten diese Ausführungen. Können diese besonderen Anforderungen, auf den jeweiligen Einzelfall abgestimmt, umgesetzt werden, so ist eine wichtige Voraussetzung für ein selbstbestimmtes Leben erfüllt.

Konsequenzen für Aus- und Weiterbildung von Lehrkräften sind unvermeidlich, wenn inklusive Bildungsansprüche in der Praxis reüssieren sollen. Auch für die Begleitung aller Beteiligten in Ausbildung und Berufstätigkeit braucht es Konsequenzen. Hierbei geht es besonders um eine „zwischen Persönlichkeit, natürlicher Autorität, Authentizität, Empathiefähigkeit und vorurteilsbewusster – nicht vorurteils*freier* – Einstellungsbildung“ (Uhrlau 2006, 283). Dies ist gewiss ein hoher Anspruch, dessen Erfüllung jedoch notwendig erscheint, sollen aktive Teilhabe und Partizipation im gesamten Lebensverlauf befriedigend erfüllt werden können.

Literatur

Daut, Volker (2001): Besonderheiten im Verhalten lebensbedrohlich erkrankter Kinder – Möglichkeiten der unterstützenden Begleitung. In: Die neue Sonderschule, 46. Jg., Heft 6, 436–444.

Daut, Volker (2004): Interviews mit jungen Männern mit Duchenne Muskeldystrophie. (Unveröffentlichte Transkriptionen)

Daut, Volker (2005): Leben mit Duchenne Muskeldystrophie. Eine qualitative Studie mit jungen Männern. Bad Heilbrunn.

Daut Volker (2010 a): Zur Notwendigkeit der Entwicklung beruflicher Bildungsangebote für Menschen mit progredienten Erkrankungen. In: Daut, Volker; Kienle, Dorothee; Lelgemann, Reinhard; Rimroth, Annette (Hrsg.): Teilhabe und Partizipation verwirklichen. Neue Aspekte der Vorbereitung auf die nachschulische Lebenssituation körper- und mehrfachbehinderter Menschen. Oberhausen, 26–38.

Daut, Volker (2010 b): Forschungsprojekt: Schulische und nachschulische Perspektiven von Männern mit DMD (in der Planungsphase).

Haupt, Ursula (1996): Schulische Integration geht nicht ohne Hilfen und Helfer – Eltern muskelkranker Schüler berichten über ihre Erfahrungen. In: Muskelreport 4/1996, 23–25.

Haupt, Ursula (2009): Integrierte Förderung. In: Stein, Roland & Orthmann Bless, Dagmar (Hrsg.): Schulische Förderung bei Behinderungen und Benachteiligungen. Baltmannsweiler, 85–109.

Lelgemann, Reinhard & Fries, Alfred (2009): Die Entwicklung der Schülerschaft an Förderzentren Körperliche und Motorische Entwicklung in Bayern – Ergebnisse einer Längsschnittuntersuchung und weiterer Untersuchungen in den Jahren 2004 bis 2008. In: Zeitschrift für Heilpädagogik 60, 213–223.

Uhrlau, Katrin (2006): „Es war eine harte Schule“ – Menschen mit Körperschädigungen ziehen Bilanz aus ihrer Schulzeit in der Allgemeinen Schule. Oldenburg.

9 Komplexität

9.1 Simon oder der Weg zur Inklusion

Jacqueline Erk

Morgenkreis im integrativen Kindergarten. 30 Kinder sitzen auf Teppichen im Kreis, um den Tag mit Kerzenlicht und Gesang gemeinsam zu beginnen. Unter ihnen sitzt Simon, auf einem Kissen, seine Bezugserzieherin Gabriele als Stütze im Rücken. Was für alle in dieser Runde selbstverständlich ist, nämlich in der Achtung der Verschiedenheit aller miteinander zu leben und zu lernen, ist gesellschaftlich noch lange nicht anerkannt. Auch für Simon, der sich durch Mimik, Gestik und Laute verständigt und selbständig sitzen kann, begann der Weg anders.

Als er 2 1/2 Jahre alt war, sahen sich seine Eltern sowohl den integrativen Kindergarten als auch die schulvorbereitende Einrichtung (SVE) eines Zentrums für körperbehinderte Menschen an. Für die Mediziner, die Simon damals betreuten, schien es aufgrund der Beeinträchtigung nur den Weg in die Sondereinrichtung zu geben. Die Zweifel der Eltern wurden mit Schweigen beantwortet. Die Befürchtung, Simon könnte in einem integrativen Kindergarten überfordert sein, zumal er seine Bedürfnisse nur schwer äußern kann und das Argument der Entlastung der Familie durch die Sondereinrichtung, ließ die Eltern Simon in der SVE anmelden. Da Simon am Morgen gern lange schlief und die Eltern ihm die 6.40 Uhr startende Busfahrt ersparen wollten, brachten sie Simon selbst in die Einrichtung. Dabei wurde ihnen deutlich, dass in der kleinen Kindergruppe, zu der Simon gehörte, kaum ein Kind laufen oder sprechen konnte. Spontane Kontakte unter Kindern, gegenseitige Anregungen und Herausforderungen beschränkten sich auf ein Minimum. Diese Tatsache beunruhigte die Eltern zunehmend. Während eines gemeinsamen Urlaubs und einem darauf folgenden Kuraufenthalt kam Simon intensiv in Kontakt mit anderen Kindern. Das Interesse ihres Sohnes an diesen Kontakten und die Unkompliziertheit, mit der die Kinder Simon begegneten, bewegten die Eltern sehr. Und da war er wieder, der Wunsch eingebunden in das Wohnumfeld, Teil der Gemeinschaft aller zu sein.

Wieder zu Hause fand ein langes Gespräch mit der Leiterin des integrativen Kindergartens statt und im darauf folgenden Herbst wurde Simon im Kindergarten willkommen geheißen. Was sich hier so leicht liest, war für die Eltern mit enormen Anstrengungen verbunden. In der schulvorbereitenden Einrichtung der Sonderschule war die Versorgung mit Hilfsmitteln, in Simons Fall einem angepassten Therapiestuhl, unkompliziert und selbstverständlich gewährleistet. Da dieser Stuhl der Sondereinrichtung gehörte, mussten die Eltern einen neuen Stuhl bei den zuständigen Ämtern beantragen. Die Kostenübernahme dafür wurde abgelehnt und es folgte ein aufreibender Kampf der Eltern, der erst nach 12 Monaten gerichtlicher Auseinandersetzung positiv für Simon entschieden wurde. Von Chancengleichheit für Menschen mit Behinderung sind wir, wie dieses Beispiel zeigt, noch weit entfernt. Inzwischen war Simon im integrativen Kindergarten gut angekommen. Um die Eingewöhnungsphase für ihn sinnvoll gestalten zu können, hatten eine Erzieherin und die im Kindergarten tätige Physiotherapeutin Simon zu Hause besucht. So konnte man sich gegenseitig kennenlernen und allein das beantwortete viele Fragen. Erstmals fühlten sich die Eltern bei diesem Besuch als Spezialisten für ihr Kind anerkannt. Ihre Wünsche, Hoffnungen und Erwartungen wurden ebenso ernst genommen wie ihre Ängste und Befürchtungen. Auch dem Bedürfnis der Eltern, die therapeutische Betreuung ihres Sohnes im Kindergarten gewährleistet zu wissen, wurde dabei entsprechend Beachtung geschenkt. Das interdisziplinäre Team des Kindergartens steht in der Verantwortung, den besonderen Bedürfnissen von Kindern mit Beeinträchtigung nach inklusiven Maßstäben Rechnung zu tragen. Obwohl Simon nicht das erste Kind mit schwerer Beeinträchtigung in diesem Kindergarten war, ist die Gestaltung des gemeinsamen Alltags keine Routine. So gilt es, sich immer wieder neuen Herausforderungen zu stellen und mit allen Beteiligten Schritt für Schritt den inklusiven Weg zu beschreiten.

Am sichersten von allen gehen die Kinder diesen Weg. Ohne Vorbehalte und Vorurteile kommen sie als neue Kindergartenkinder in dieses Haus. Was sie dort vorfinden, womit sie konfrontiert werden und was sie erleben, ist fortan ihre Normalität. Für die Kinder sind Mimik, Gestik und Laute die Sprache von Simon und mit viel Engagement und Empathie treten sie in Dialoge mit ihm. Sie kennen sehr genau seine Möglichkeiten und Vorlieben. So wird er gern in den Kindermassagesalon oder zum Kinderfriseur eingeladen, genießt dort seine Behandlung und lässt auch keinen Zweifel daran, wann es für ihn genug ist. Mit Unterstützung durch seine Bezugserzieherin oder andere Kinder bewegt sich Simon durch den Alltag. Unterschiedliche Funktionsräume bieten den Kindern vielfältige Möglichkeiten aktiv zu werden. An den zahlreichen Entscheidungsprozessen wird Simon, wie alle anderen auch, mit entsprechender Unterstützung beteiligt. Auf die Frage, ob Simon sich wohl für den großen oder den kleinen Spaziergang am Vormittag entscheidet, springt sogleich ein Kind an seine Seite. „Der Simon will bestimmt nur den kurzen Spaziergang, weil es heute so sehr kalt ist und wenn er in seinem Wagen sitzt, friert er doch schnell“. Angesichts der Anteilnahme dieses Kindes und der immer wieder beklagten sozialen Kälte in unserer Gesellschaft, müssen wir fragen, wann uns diese zutiefst menschliche Fähigkeit, sich aufeinander zu beziehen, eigentlich abhanden kommt. In inklusiven Bildungseinrichtungen wird deshalb die Vielfalt ins Zentrum der pädagogischen Überlegungen gestellt. In Zusammenarbeit mit den Therapeuten und Fachdiensten von außen wird die pädagogische Arbeit im Team kontinuierlich reflektiert und die Umgebung durch professionelles Wissen, Ideenreichtum und Engagement den jeweiligen Bedürfnissen der Kinder angepasst. Simon hat in einem der Räume eine Nische zum Ausruhen und Zurückziehen. Dort werden dann gemeinsam mit anderen Kindern Bücher angeschaut, Geschichten gelesen, oder Simon macht einfach ein Schläfchen, weil seine Tagesform es erfordert.

Rückblickend ist die bisherige Zeit im integrativen Kindergarten für Simons Eltern eine große Bereicherung. Wenn sie im Wohngebiet mit Simon einkaufen oder spazieren gehen, wird Simon von Kindern aus dem Kindergarten begrüßt, die Eltern tauschen ein paar Worte und man wünscht sich einen schönen Tag. Was für manchen banal erscheinen mag, ist für Simon und seine Eltern Lebensqualität, um die sie ringen müssen. Sie wissen, wie sich die Angst vor Isolation und Ausgrenzung anfühlt und wie stärkend es ist, ein gleichberechtigter Teil der Gemeinschaft aller zu sein. Die Offenheit, Transparenz und vor allem die Lebendigkeit im integrativen Kindergarten wirken auf Simons Eltern bis heute einladend und wohltuend. Dabei konnten sie als Eltern auch Unzufriedenheit und Kritik offen äußern und mit dem Team konstruktive Lösungen entwickeln. Simon ist in dieser Zeit gewachsen und das nicht nur körperlich. Er hat eine starke Persönlichkeit entwickelt und im Dialog mit ihm lässt er keinen Zweifel daran, was er will und was ihm nicht gefällt. Im selben Maß, wie der Kindergarten Simon bereichert, ist Simon eine Bereicherung für alle anderen. Er habe unseren Alltag entschleunigt, erzählt seine Bezugserzieherin. Mit seiner Form der Kommunikation hat er eine Sensibilität eingefordert, die sich als Qualität im Miteinander aller niederschlägt. In einem Kindergarten wie diesem, wird eine inklusive Kultur entwickelt, deren Reichtum die Vielfalt ist. Jeder ist wirksam in der Gemeinschaft und wird gleichzeitig von ihr getragen. So sitzt Simon im Morgenkreis, eingerahmt von zwei Kindern, die genau wissen, dass ihre Schultern ihm Halt geben. Im Vertrauen auf diese Stütze kann Simon ohne Therapiestuhl auf einem Kissen, im Kreise aller, den neuen Tag begrüßen.

Wir alle stehen in der Verantwortung, kommende Generationen bei der Bildung solidarischer Gemeinschaften zu unterstützen. Dabei geht es in erster Linie um die Wahrnehmung und Anerkennung von Verschiedenheit. Getrennte Lebenswelten, wie sie durch das deutsche Bildungssystem geschaffen werden, leisten keinen Beitrag dazu. Wir brauchen Bildungseinrichtungen, die ohne Ausgrenzungsstrategien allen Kindern und Jugendlichen die Chance geben, gemeinsam zu wachsen. Nicht zuletzt die UN-Behindertenrechtskonvention beschreibt die gleichberechtigte Teilhabe aller Menschen als Menschenrecht. Zur Verwirklichung dieses Rechts müssen, gerade im Blick auf Artikel 24 der Konvention, die reichhaltig zur Verfügung stehenden Ressourcen und Kompetenzen in die Entwicklung eines inklusiven Bildungssystems fließen. So hoffen, mit Blick auf seine Schulzeit, auch Simons Eltern, dass ihr Sohn Teil der Gemeinschaft, in der er lebt, bleiben kann und dabei die Unterstützung erhält, die er braucht.

9.2 Einfach dazugehören – Auf der Suche nach der Normalität

Beate Bettenhausen

Nach vier Monaten auf der Intensivstation hatte ich den dringenden Wunsch, endlich etwas ganz Normales mit meinem neugeborenen Sohn zu machen. Bis dahin, und eigentlich bis heute, war unser Leben als frischgebackene Familie von medizinischen Notwendigkeiten und dem Tagesrhythmus der Klinik geprägt. Gleich nach seiner Geburt hatte Sebastian Atemprobleme, er musste künstlich beatmet werden und wurde auf die Intensivstation der Kinderklinik verlegt. Dort wurde neben einer unbekannten Chromosomentranslokation eine Verengung der Luftröhre festgestellt, deren Folgen uns alle zukünftig in Atem halten sollten.

Sebastian ist unser erstes und einziges Kind. Mein Mann und ich hatten also keine Erfahrungen mit dem Alltag mit einem Neugeborenen, aber so hatten wir uns den Start ins Familienleben sicher nicht vorstellt. Nachdem Sebastian ein Tracheostoma (Luftröhrenschnitt) bekommen hatte, konnte er selbstständig atmen und endlich nach Hause entlassen werden. Wir waren daraufhin Tag und Nacht damit beschäftigt, zähes Sekret aus seinen Atemwegen abzusaugen, bei Bedarf Sauerstoff zu geben und ihn notfalls mit dem Ambubeutel zu beatmen. Außerdem musste er in regelmäßigen Abständen über die Magensonde Nahrung und Flüssigkeit erhalten, und gleichzeitig versuchten wir, ihm das Essen beizubringen. Fahrten in die Klinik, zu Ärzten und Therapeuten bestimmten die außerhäuslichen Aktivitäten und ein unregelmäßiger Schlaf-Wach-Rhythmus hielt uns zusätzlich auf Trab. Wickeln, Baden, gelegentliche Spaziergänge und die Freude über das Lächeln unseres Sohnes zählten zu den wenigen Dingen, die uns mit „normalen“ Familien verbanden.

Babygruppe

Als ich den Eindruck hatte, der Alltag habe sich zumindest ein wenig eingespielt, wollte ich mit Sebastian also unbedingt etwas „Normales“ unternehmen. Kurz entschlossen meldete ich uns beim nahe gelegenen Geburtshaus für eine der dort angebotenen Babygruppen an. Diese spontane Idee erwies sich als ein echter Glücksgriff. Sebastian und ich wurden herzlich in der Gruppe aufgenommen und nachdem wir zu Beginn über Sebastians Besonderheiten geredet hatten, gehörten wir einfach dazu. Sebastian lag mit den anderen Babys auf dem Boden, schaute sich um und versuchte, Spielzeug zu greifen, und ich sprach mit den Müttern über alles, was uns bewegte, von durchwachten Nächten über Hautprobleme bis zu lustigen Begebenheiten mit unseren Kindern. Trotz aller Verschiedenheiten teilten wir doch viele Freuden und Sorgen. Im Vergleich dazu fühlte ich mich in einer Gruppe von Müttern mit behinderten Kindern, die im Rahmen der Frühforderung angeboten wurde, nie so recht wohl und verstanden.

Rückblickend war die Babygruppe im Geburtshaus wohl unsere erste Erfahrung mit Inklusion, auch wenn ich dieses Wort damals gar nicht kannte. Allerdings waren in der Gruppe viele Eltern mit einschlägigem Hintergrund: zwei angehende Heilpädagoginnen, eine Krankenschwester sowie Ergo- und Physiotherapeuten. Das hat sicher zum Erfolg dieser inklusiven Begegnungen beigetragen. Zu einigen der Familien haben wir noch heute Kontakt, auch wenn uns inzwischen 600 Kilometer trennen und die Lebenssituationen in Bezug auf unsere Kinder inzwischen doch recht verschieden sind. Ich habe aus dieser Gruppe die Erfahrung mitgenommen, dass für ein Miteinander und einen gelungenen Erfahrungsaustausch persönliche Sympathien und ähnliche Haltungen entscheidender sein können als äußerliche Übereinstimmungen wie z. B. die Tatsache, ein behindertes Kind zu haben.

Kindergarten

Als Sebastian 3½ Jahre alt war, zogen wir von Köln nach München, und das hieß zunächst, ein neues Netzwerk aus Ärzten, Kliniken, Therapeuten und Pflegedienst aufzubauen. Wichtig war uns darüber hinaus, für Sebastian einen Platz in einem Kindergarten zu finden, damit er mit anderen Kindern Kontakt hatte und nicht mehr nur zuhause betreut wurde. Ausgestattet mit einer langen Liste von Einrichtungen, darunter auch einige integrative Kindergärten, machte ich mich auf die Suche. Während der telefonischen Anfragen erlebte ich zum ersten Mal, dass ich gezwungen war, meinen Sohn bestimmten Kategorien zuzuordnen – und dass er in keine dieser Kategorien so richtig zu passen schien. Mal standen bauliche Gegebenheiten im Weg, mal war Sebastians nicht altersgerechte geistige Entwicklung ein Hindernis. Dass Sebastian wegen seiner Atemproblematik und der zahllosen epileptischen Anfälle von einer Kinderkrankenschwester begleitet werden musste, erleichterte die Suche nicht. Die wenigen Einrichtungen, die bereit gewesen wären, ihn aufzunehmen, hatten lange Wartelisten.

Schließlich erhielt Sebastian doch noch einen Platz in einer schulvorbereitenden Einrichtung für körperbehinderte Kinder. Eine rundum tolle Einrichtung mit vielfältigen Angeboten, hervorragender Ausstattung und engagierten Mitarbeitern. Vielleicht hatten wir Sebastian mit der Fülle von Veränderungen, der neuen Umgebung und der Umstellung auf den Kindergartenalltag überfordert. Jedenfalls verschlechterte sich sein gesundheitlicher Zustand über lange Zeit deutlich. Insgesamt besuchte Sebastian die SVE drei Jahre bis zu seiner Einschulung. In seiner Gruppe war er der Einzige, der nicht sprechen, nicht essen und sich nicht selbst fortbewegen konnte und vor allem in seiner geistigen Entwicklung lag er im Vergleich zu den anderen weit zurück. Er war bei allen Aktivitäten dabei, brauchte aber oft eine andere, intensivere Unterstützung als die anderen Kinder. So machten wir die

Erfahrung, dass es sogar in einer besonderen und auf spezielle Bedürfnisse ausgerichteten Einrichtung schwierig sein kann einfach dazuzugehören, wenn die Unterschiede zu groß sind.

Schule

Mit Beginn der Schulpflicht konnte Sebastian endlich in die Förderschule und Heilpädagogische Tagesstätte für mehrfach behinderte Kinder aufgenommen werden, die er noch heute besucht. Wir haben uns dort von Anfang an sehr gut aufgehoben gefühlt. Sebastian wurde so angenommen wie er ist und keine seiner Eigenschaften oder Bedürfnisse bedeutete eine besondere Schwierigkeit. Die Schulbegleitung durch eine Kinderkrankenschwester war zwar im Hinblick auf die Finanzierung kritisch und wurde dadurch immer wieder in Frage gestellt, aber Leitung und Mitarbeiter der Schule waren gewillt, diese für alle neue Situation gut zu gestalten und ein Miteinander von Pädagogik und Krankenpflege zu entwickeln.

Nach mehreren Vorgesprächen hatten wir gar nicht mehr nach anderen Schulen gesucht und wären auch nicht auf den Gedanken gekommen, nach integrativen Schulformen zu fragen. Und wir wären wohl kaum fündig geworden. Sebastian hat während seiner bald endenden Schulzeit eine erstaunlich positive Entwicklung durchlaufen. Seit einigen Jahren ist er gesundheitlich stabil, sehr aufmerksam und selbstbewusst, wach und aktiv, nimmt gerne am sozialen Leben teil, kommuniziert mit verschiedenen Hilfsmitteln und kann auch besser mit fremden Situationen umgehen – zumindest solange vertraute Personen an seiner Seite sind. Er überrascht uns ständig mit neuen Fähigkeiten. Wie seine Entwicklung mit einer inklusiven Beschulung verlaufen wäre, ob er dieselben oder andere ebenso wertvolle Fähigkeiten entwickelt hätte, lässt sich natürlich nicht sagen. Ohne eine individuelle Förderung, die notwendige Ausstattung und erfahrene Pädagogen ginge es aber ganz sicher nicht.

Aufgrund des großen Einzugsbereichs der Förderschule beschränken sich die Kontakte zu Schulkameraden natürlich auf die Anwesenheitszeiten in der Schule und Tagesstätte. An unserem Wohnort kennt er keine Gleichaltrigen und hat keine Freunde. Durch die exklusive Beschulung hat er viel gelernt und sich gut entwickelt, aber ist andererseits nicht an seinem Wohnort integriert.

Konfirmation

Eine Einladung der Kirchengemeinde zur Konfirmationsvorbereitung war ein willkommener Anknüpfungspunkt zur Lebenswelt gleichaltriger Nichtbehinderter. Wir hatten bis dahin wenig Kontakt zur örtlichen Gemeinde, wollten Sebastian aber gerne hier im Ort konfirmieren lassen. Vielleicht würde der Konfirmationsunterricht Sebastian neue, sein Leben bereichernde Perspektiven eröffnen. Die praktische Umsetzung erwies sich als schwieriger als gedacht. Bauliche und organisatorische Hürden ließen sich noch recht leicht überwinden, aber es stand vor allem die Frage im Raum, ob und wie Sebastian an den Angeboten teilnehmen könne, ob er z. B. lesen könne (was er tatsächlich kann, wenn auch nicht so wie andere). Zum Glück erklärte sich eine engagierte Religionspädagogin bereit, ihn in ihre Gruppe aufzunehmen, und bezog ihn und die begleitende Krankenschwester mit viel Einfühlungsvermögen und Kreativität in den Unterricht ein. Dennoch ist ein echtes Dazugehören nicht wirklich gelungen, aber das war natürlich auch nicht das Ziel der Konfirmationsvorbereitung. Oft zweifelte ich, ob Sebastian mit der Situation überfordert war und ich möglicherweise auf seine Kosten meinen Wunsch nach Integration verwirklichte. Und sicher war es auch für die anderen Jugendlichen, die zuvor keine Berührung mit dem Thema Behinderung hatten und mitten in der Pubertät waren, nicht einfach.

Am Ende standen eine sehr schöne Konfirmationsfeier mit vielen lieben Gästen und die Erfahrung, dass Inklusion auch an Orten, an denen Gemeinschaft und nicht Leistung im Vordergrund steht, nicht ohne weiteres zu verwirklichen ist.

Freizeit und Urlaub

Für Freizeitaktivitäten außerhalb von Schule und Tagesstätte bleibt unter der Woche angesichts des abendlichen Pflegeprogramms kaum Zeit. In unserer Nähe gibt es zudem nur wenige Angebote, die in Frage kommen könnten, wie z. B. eine integrative Freizeitgruppe. Eine aktive Mitwirkung im Sportverein oder in der Musikschule scheidet wohl eher aus, und zu einigen Gebäuden wie Jugendzentrum oder VHS führen Treppen. Über eine Gruppe von Eltern mit behinderten Kindern haben jedoch nicht nur wir, sondern auch Sebastian viele Freunde gefunden, darunter Kinder mit unterschiedlichsten Behinderungen und Geschwisterkinder in allen Altersstufen. Sebastian trifft seine Freunde ab und an zu verschiedenen Freizeitaktivitäten und feiert mit Ihnen Geburtstage. Allerdings sind wir als seine Eltern immer dabei, was sicher nicht altersentsprechend ist, sich aber aufgrund der stets notwendigen medizinischen Versorgung nicht vermeiden lässt.

Inzwischen fahren wir auch regelmäßig mit Sebastian in Urlaub, anfangs zu dritt oder mit den Großeltern und seit einigen Jahren am liebsten zusammen mit anderen Familien mit behinderten Kindern. Dafür ist eine enorme Vorbereitung nötig, da wir alle lebenswichtigen Gerätschaften und Materialen mitnehmen müssen. Auch die Suche nach einer rollstuhlgerechten Unterkunft gestaltet sich mit Sebastians zunehmender Größe und Gewicht immer schwieriger. Gerade im Urlaub machen wir jedoch ausgesprochen schöne Erfahrungen und werden in aller Regel von Gastgebern und anderen Gästen sehr gut aufgenommen. Vermutlich trägt die entspannte Atmosphäre und die Offenheit für Neues im Urlaub dazu bei, dass sich leichter Kontakte schließen lassen. Gemeinsam mit befreundeten Familien fühlen wir uns dabei sicherer und können uns gegenseitig unterstützen.

Dabei ist uns durchaus bewusst, dass Absaugen, Magensonde und Rollstuhl auf andere Menschen sehr befremdlich oder sogar abschreckend wirken können, auch wenn diese Dinge für uns inzwischen so selbstverständlich wie Naseputzen oder Piercings geworden sind. Doch vor allem im Ausland erleben wir oft, dass man Sebastian ganz unkompliziert begegnet und manche Hindernisse unkompliziert aus dem Weg räumt. Und dann kann es geschehen, dass Sebastian beim Grillabend mit einem gleichaltrigen nicht behinderten Jungen zusammensitzt und sich beide in Sebastians Klick-Sprache angeregt unterhalten und einen Riesenspaß zusammen haben. Solche inklusiven Begegnungen würden wir gerne viel, viel häufiger erleben. Damit ein gleichberechtigtes Miteinander in allen Bereichen unserer Gesellschaft möglich wird, müssen sicher alle Beteiligten, auch wir, noch viel mehr Mut, Offenheit und Kreativität aufbringen und aufeinander zugehen.

9.3 Inklusion von Menschen, die mit mehrfachen Behinderungen leben

Barbara Ortland

In den nachfolgenden Ausführungen soll die Lebenssituation von Menschen, die mit mehrfachen Behinderungen leben, in den Blick genommen werden. Es sind Menschen im Fokus, die neben ihrer starken motorischen Beeinträchtigung gravierende kognitive Einschränkungen und ggf. Sinnesbehinderungen als Ausgangsbedingungen ihres Lebens aufweisen. Dies soll durch die Bezeichnung des Lebens mit mehrfachen Behinderungen ausgedrückt werden und stellt zunächst nichts anderes dar als die fragmentarische Bezeichnung ihrer körperlichen Voraussetzungen. Es wird damit keine Aussage über die Lebensqualität der betroffenen Menschen gemacht. Dies kann auch nicht geschehen, da das Empfinden von Lebensqualität zum einen nicht an intakte körperliche Voraussetzungen gebunden und zum anderen immer eine subjektive Einschätzung des eigenen Wohlbefindens darstellt ist, wie dies z. B. Schäfers (2008) ausführlich diskutiert.

Auf der Grundlage einer systemisch-konstruktivistischen Perspektive (vgl. Ortland 2005) soll eine Beschreibung der potentiellen Erfahrungen von Menschen, die mit mehrfachen Behinderungen leben, versucht werden. Diese dienen als Grundlage für die Annäherung an ihre mögliche Konstruktion von Wirklichkeit, um daraufhin Perspektiven zu diskutieren, die zu inklusiven Lebensbedingungen als Möglichkeiten der ‚Enthinderung' ihrer Lebenswelten führen können (vgl. Ortland 2007).

Eine systemisch-konstruktivistische Perspektive auf Behinderung

Aus systemisch-konstruktivistischer Perspektive wird Behinderung nicht mehr als ein Kennzeichen einer Person gesehen, sondern als eine Relation verstanden, und zwar als eine Relation zwischen der als behindert bezeichneten Person und ihrer Umwelt (vgl. Walthes 2003, Ortland 2005, 2007). Diese relationale Auffassung von Behinderung hat Walthes in folgender Definition zum Ausdruck gebracht: „Behinderung ist der nicht gelungene Umgang mit Verschiedenheit" (2003, 49).

So sind mehrfache Behinderungen, an dieser Stelle analog zur Ebene der Körperfunktionen und -strukturen der ICF verstanden, aus einer systemisch-konstruktivistischen Perspektive Bedingungen, die ein Mensch in eine Situation seines Lebens einbringt. Ob der Umgang mit diesen Bedingungen in der subjektiven Bewertung positiv verläuft, ist abhängig von den an der Situation Beteiligten. Alle sind durch entsprechend individuell, sozial und strukturell zu erbringende Anpassungsleistungen für das Gelingen oder Misslingen der Kommunikations- und Interaktionsprozesse und deren Bewertung verantwortlich.

An einem Beispiel sei dies verdeutlicht: Eine spastische Tetraplegie, die eine zentrale Störung der Bewegungskoordination darstellt und sich in einer Erhöhung des Muskeltonus in allen Extremitäten sowie Rumpf, Hals und Kopf zeigt, ist häufig verbunden mit einer Dysarthrie, d.h. kaum vorhandener Lautsprache und kann ebenso mit Lernschwierigkeiten gekoppelt sein. Einen Menschen mit diesen Voraussetzungen würden wir aus förderpädagogischer Perspektive als mehrfachbehindert oder schwerstbehindert bezeichnen. Aus systemisch-konstruktivistischer Perspektive sind diese Lebensvoraussetzungen zunächst noch keine Behinderung. Sie sind andere Ausgangsbedingungen des Lebens als die der Mehrheit der Menschen und haben andere Bewegungs-, Wahrnehmungs- und Kommunikationsmöglichkeiten zur Folge. Wie der betroffene Mensch seine Ausgangsbedingungen bewertet, ob er z.B. subjektiv darunter leidet, dass ihm bestimmte Dinge nicht möglich sind, ist seine individuelle Einschätzung und Bewertung, die es zu berücksichtigen und zu akzeptieren gilt.

Diese Ausgangsbedingungen werden dann zu einer Behinderung, wenn sich

a) die Lebensumstände dieses Menschen so darstellen, dass er soziale und strukturelle Bedingungen erlebt, die in ihren Anpassungsleistungen und Fremdbewertungsprozessen seine besonderen Voraussetzungen nicht berücksichtigen und somit der Umgang mit Verschiedenheit nicht gelingt. Dies kann sich in Bezug auf die Anpassungsleistungen z.B. in mangelnder Hilfsmittelversorgung, unzureichenden, nicht individuell abgestimmten Kommunikationsangeboten, unangemessenen Lernangeboten oder isolierenden Lebensbedingungen zeigen. Mangelnde Anpassungsleistungen zeigen sich in den vielfältigen Formen der Fremdbestimmung, die Menschen, die mit mehrfachen Behinderungen leben, täglich erleben. Bewertungsprozesse, die sich bei diesem Personenkreis deutlich als Abwertungsprozesse beschreiben lassen, zeigen sich z.B. in der Diskussion um ihr Lebensrecht, in der Frage, ob sie als Schüler/innen integrationsfähig sind sowie in Diskussionen, die Leitprinzipien der Rehabilitation wie Normalisierung, Selbstbestimmung, Empowerment usw. für Menschen, die mit mehrfachen Behinderungen leben, für nicht umsetzbar halten (vgl. Fornefeld 2008).
b) Die Ausgangsbedingungen können auch als Behinderung erlebt werden, wenn der betroffene Mensch für sich zu einer negativen Selbstbewertung seiner Lebensvoraussetzungen kommt. Selbstbewertung und Fremdbewertung stehen dabei in einem interdependenten Verhältnis. Shakespeare (2007), der selbst mit einer Körperbehinderung lebt, ist diesbezüglich der Auffassung, dass diese veränderten Lebensvoraussetzungen für den Betroffenen nicht ‚neutral' sein können: „But even in the absence of social barriers or oppression, it would still be problematic to have an impairment, because many impairments are limiting or difficult, not neutral" (ebd., 41, zit. nach Lelgemann 2010, 43).

Das ‚Problem' des nicht gelingenden Umgangs mit Verschiedenheit in Form der mangelnden Anpassungsleistungen und der negativen Bewertungsprozesse haben in der Begegnung mit Menschen, die mit mehrfachen Behinderungen leben, alle Beteiligten. Menschen, die (anscheinend) ohne Behinderungen leben, erleben die

Begegnung (hoffentlich) auch als nicht gelingend. Es betrifft sie jedoch in der Regel nicht existentiell, da ihnen genügend andere Beziehungsmöglichkeiten zur Verfügung stehen. Menschen, die mit mehrfachen Behinderungen leben, sind jedoch existentiell auf diese förderlichen Anpassungsleistungen und positiven Bewertungsprozesse angewiesen. Nur so werden ihnen Entwicklungs-, Lern- und Lebensmöglichkeiten eröffnet.

Subjektive Wirklichkeitskonstruktionen: der Versuch einer Annäherung

Da wir mit Menschen, die mit mehrfachen Behinderungen leben, oft nicht in einen für beide Seiten eindeutigen, konsensuellen Dialog eintreten können, gibt es keine Berichte über ihre Perspektive auf ihr Leben. So erfolgt der Versuch einer Annäherung an ihre Wirklichkeitskonstruktion in einem ersten Schritt über autobiografische Berichte von Menschen, die ‚nur' körperbehindert sind. Diese Texte zeigen auf, dass Menschen, die mit Körperbehinderungen leben, die körperlichen Voraussetzungen ihres Lebens selbst durchaus nicht als Behinderung bewerten (z. B. Saal 1994, Faßbender/Schlüter 2006, Lapper 2005, Ratke 2009). Dies ist mir wichtig zu betonen, da weiterführend gerade schwere und mehrfache Formen der Schädigungen häufig mit Leid gleichgesetzt werden und es somit zu Abwertungsprozessen des Lebens der betroffenen Menschen kommt. „Ein glückliches Leben mit sichtbar schwerster Behinderung ist folglich (...) für einen Nichtbehinderten kaum nachvollziehbar" (Hahn/Ratke 2009, 246).

Diese Divergenz von Selbstbewertung und Fremdbewertung beschreibt Fredi Saal sehr eindrücklich: „Da ich ‚so geboren' (mit einer körperlichen Schädigung, Anm. B. O.) wurde, wie andere vielleicht mit roten Haaren oder mit blauen Augen geboren wurden, habe ich mich niemals anders gefühlt als andere Leute; als ganz und gar ‚normal'" (1994, 28). Allerdings zeigen seine weiteren Ausführungen, dass diese Selbstbewertung von anderen Menschen nicht geteilt wurde und die Fremdbewertungen erst den Prozess der negativen Bewertung seiner eigenen Lebenssituation auslösten. „Doch diese anderen Leute erzählten mir immer wieder, ich sei ‚behindert', darum nicht normal – und das sei schlimm! Und als sie es mir lange genug erzählt hatten, glaubte ich es ihnen. Schließlich waren sie in der Mehrzahl" (1994, 28 f).

Martina Schlüter, die eine frühkindliche Hirnschädigung in Form einer Ataxie mit Spastik hat, beschreibt in ihren autobiografischen Reflexionen über ihre Schulzeit: „Ich habe mich zum Zeitpunkt meiner Schulzeit nie als behindert gefühlt. Es gab zwar Dinge, die ich gar nicht oder langsamer konnte, aber für die in meinem System bedeutsamen Fakten wurden immer Lösungen gefunden, die mich und mein Umfeld zufrieden stellten" (Faßbender/Schlüter 2006, 69). Aus heutiger Perspektive betont sie: „Mir war und ist dabei wichtig zu betonen, dass mein Leben nicht von Leid geprägt ist, sondern bei allen Kämpfen, die es durchzustehen gilt, bin ich grundlegend sehr zufrieden und glücklich" (ebd. 70). Aus diesen Beschreibungen wird zum einen wiederum die Relationalität von Behinderungserfahrungen sehr deutlich, aber zum anderen auch die große Abhängigkeit der Menschen mit Körperbehinderung von den Unterstützungsleistungen ihrer Umwelt und von gelingenden Sozialkontakten.

Menschen, die mit mehrfachen Behinderungen leben, haben im Gegensatz zu den beiden angeführten Autoren durch ihre stark veränderten kommunikativen, kognitiven und motorischen Möglichkeiten viel weniger, aufgrund ihrer Lebensbedingungen sogar oft keine Optionen, sich sichernde, entlastende und produktive Unterstützungssysteme aus eigener Kraft zu bilden. Sie leben in Abhängigkeits- und Machtstrukturen, die alle Bereiche ihres Lebens betreffen.

Es soll nun ein Versuch der Annäherung an die potentiellen Erfahrungen von Menschen, die mit mehrfachen Behinderungen leben, unternommen werden, die deren mögliche Grundlage für ihre Konstruktion von Wirklichkeit sind. Dies geschieht mit dem Ziel, sich ihrer Lebenssituation anzunähern und daraus ableitend die Bedeutsamkeit der Realisierung inklusiver Lebensbedingungen zu betonen.

Um Missverständnissen vorzubeugen: Es geht *nicht* um die Begründung, warum inklusive Lebensbedingungen *auch* für Menschen mit mehrfacher Behinderung zu fordern sind. Diesbezüglich gehe ich davon aus, dass für alle Menschen die gleichen Rechte auf Inklusion und Teilhabe bestehen, wie es die UN-Konvention deklariert. Es ist allerdings zu berücksichtigen, dass es keinen Personenkreis gibt, für den die Realisierung inklusiver Lebensbedingungen so häufig in Frage gestellt und ihre ‚Integrierbarkeit' angezweifelt wird (vgl. Fornefeld 2008).

Die Annäherung an die Lebenswelt von Menschen mit mehrfacher Behinderung hat zum Ziel, die hohe Notwendigkeit, die Dringlichkeit und die Bedeutsamkeit der Realisierung von Inklusion voran zu treiben.

Erfahrungen von Menschen mit mehrfacher Behinderung könnten Folgende sein:

- Kein oder mangelndes Verstehen der eigenen Mitteilungen durch andere, da die basalen Kommunikationswege (z. B. Körperspannung, Unruhe, Schwitzen etc.) nicht wahrgenommen oder missverstanden werden.
- Unzureichende Kommunikationsangebote durch andere auf ihnen verständlichen Mitteilungswegen bzw. mangelnde Zeit für gelingende Kommunikation (vgl. Klauß/Lamers/Jantz 2006).
- Keine, mangelnde oder nicht passende Sozialkontakte (vgl. Seifert 2007, Markowetz 2007) zu Menschen mit und ohne Behinderungserfahrungen.
- Segregierende Lebensumstände als Normalfall (vgl. Fornefeld 2008, Hinz 2007, Fröhlich/Heinen/Lamers 2007).
- Mangelnde Befriedigung der existentiellen Grundbedürfnisse, wie z. B. Fröhlich (2008) sie beschreibt, d. h. z. B. Hunger und Durst werden unzureichend erkannt (vgl. Maier 2006), Schmerzen werden nicht bemerkt und behandelt

(vgl. Maier-Michalitsch 2009), Lageveränderungen erfolgen zu selten oder gar nicht.
- Eigene Wünsche nach Bewegung, Abwechslung oder nach Ritualen, Strukturierung von Zeit und Raum sowie Sicherheit spendender Umgebung (räumlich, zeitlich, personell) werden nicht oder ungenügend umgesetzt.
- Entwicklung, Lernen sowie Bildungsprozesse werden ihnen nicht zugetraut und es erfolgen keine oder unzureichende diesbezügliche Angebote (vgl. Fornefeld 2003, Wieczorek 2007).
- Verunsicherte Bezugspersonen, bei denen die Verunsicherung eher Handlungen und Angebote verhindert als ein Ausprobieren und flexible Angebote hervorbringt.
- Erleben von sexueller Neutralität, die sich z. B. in geschlechtsneutraler Kleidung und Frisur, in geschlechterunsensibler Pflege und im Intimität missachtenden Umgang realisiert (vgl. Ortland 2008).
- ...

Diese Aufzählung erhebt keinen Anspruch auf Vollständigkeit und könnte noch in vielen Punkten für Menschen, die mit mehrfachen Behinderungen leben, fortgeführt werden. Ebenso gibt es sicherlich Betroffene, die in einigen ihrer Lebenszusammenhänge andere Erfahrungen machen, weil Bezugspersonen sich um wirkliches Verstehen bemühen und in der Ernsthaftigkeit der Begegnung auch vor schwierigen Themen nicht Halt machen (vgl. Droste/Stuttkewitz 2009).

Es wird deutlich, dass im Zusammenleben und Lernen die begleitenden Personen (in unterschiedlichem Ausmaß) auf der individuellen, der sozialen sowie der strukturellen Ebene mehrfach behindernd wirken. Sie sind mehrfach behindernd Könnende und haben damit sowohl die Möglichkeit als auch die Verantwortung, die Enthinderungspotentiale für Menschen, die mit mehrfachen Behinderungen leben, wahrzunehmen und auszuschöpfen (vgl. Ortland 2007). Enthinderung zu realisieren bedeutet, die Anpassungsleistungen optimal an die individuellen Ausgangssituationen des Lebens der Beteiligten anzupassen und negative Bewertungsprozesse zu minimieren.

Die Forderung nach inklusiven Lebenszusammenhängen und der Verwirklichung von Teilhabe ist der Weg, der die Minimierung von Behinderungserfahrungen realisierbar erscheinen lässt. Über Inklusion kann die Normalisierung der Lebensbedingungen von Menschen, die mit mehrfachen Behinderungen leben, vorangetrieben und Teilhabe realisiert werden. Hierzu gibt es mittlerweile etliche Denk-, Erklärungs- und Handlungsansätze sowie Forschungsergebnisse (vgl. Hinz 2007).

Im Folgenden wird auf der Grundlage des „Index für Inklusion" (Boban/Hinz 2003) eine Fokussierung auf die Lebenssituation von Menschen, die mit mehrfachen Behinderungen leben, exemplarisch für den schulischen Bereich versucht. Für Kindertageseinrichtungen haben Booth, Ainscow und Kingston (2006) ebenso einen Index für Inklusion entwickelt. Diese beiden Manuale sind weiterhin Grundlage für die Bestrebungen der Montag Stiftung Jugend und Gesellschaft, einen kommunalen Index für Inklusion zu entwickeln (www.montag-stiftungen.com).

Wege der Enthinderung für Menschen, die mit mehrfachen Behinderungen leben: Der Index für Inklusion

Der „Index für Inklusion – Lernen und Teilhabe in der Schule der Vielfalt entwickeln“ (Boban/Hinz 2003) wurde von Hinz und auch Boban an etlichen Stellen in der Fachliteratur vorgestellt und diskutiert (Hinz 2008). Es ist auch ihr Verdienst, dass dieses Manual, das in England von Tony Booth und Mel Ainscow entwickelt wurde, ins Deutsche übersetzt und verbreitet wurde. Dieses gut handhabbare und umsetzbare Material ist für alle Schulen, und in dessen Weiterentwicklung auch für andere Institutionen, eine Chance, im Rahmen der Selbstevaluation den eigenen Weg zu einer Schule für alle zu beginnen oder zu überprüfen. Boban und Hinz betonen die Variabilität im Einsatz: „Wir machen also ausdrücklich Mut, den *Index* in unterschiedlicher Weise zu nutzen und für die eigene Situation und Bedarfe zu modifizieren“ (Boban/Hinz 2003, 3). An späterer Stelle wird noch einmal hervorgehoben: „Jede Nutzung, die die Reflexion über Inklusion fördert und zur Verbesserung der Teilhabe aller SchülerInnen an Kulturen, Unterrichtsgegenständen und Gemeinschaften ihrer Schulen führt, ist legitim und willkommen“ (ebd. 9).

Der Index deckt sich in seiner Perspektive auf Menschen, die mit Behinderungen leben, mit dem in diesem Beitrag dargestellten theoretischen Ansatz. Durch die Verwendung des Begriffes ‚Hindernisse für Lernen und Teilhabe‘ anstatt des ‚sonderpädagogischen Förderbedarfs‘, wird der Fokus explizit auf die behindernden Lebens- und Lernbedingungen und nicht auf die entsprechende Person gelegt. So kann die Aufmerksamkeit darauf gelenkt werden, „was für die Verbesserung von Erziehung und Bildung für alle Kinder getan werden muss“ (ebd. 12). Der Blick auf die Behinderungen in der Umwelt beinhaltet z. B. auch diskriminierende Haltungen oder institutionelle Praktiken.

Die institutionelle Analyse anhand des Index für Inklusion umfasst drei Dimensionen: Inklusive Kulturen schaffen, Inklusive Strukturen etablieren und schließlich Inklusive Praktiken entwickeln. Diese drei Dimensionen sind unterteilt in verschiedene Bereiche, für die es Indikatoren und Fragen zur konkreten Überprüfung der Inklusion in der jeweiligen Schule gibt (vgl. Boban/Hinz 2003, Hinz 2008).

Exemplarisch soll nun aufgezeigt werden, inwiefern auch die besonderen Unterstützungsbedarfe von Menschen, die mit mehrfachen Behinderungen leben, durch den Index berücksichtigt werden können bzw. wie Fragen in Bezug auf ihre Lebenssituation expliziert werden sollten.

Exkurs: Basale Selbstbestimmung als Lebens- und Lernziel

Als grundlegendes (schulisches) Ziel für Menschen, die mit mehrfachen Behinderungen leben, kann die Realisierung von Selbstbestimmung benannt werden. Selbstbestimmung ermöglicht Mitbestimmung bei der Gestaltung inklusiver Lebensbedingungen. Die folgenden Ausführungen zur Basalen Selbstbestimmung nach Weingärtner (2005) sind m. E. eine hilfreiche Grundlage, um anschließend den Index für Inklusion in exemplarischen Aspekten für Schüler/innen, die mit mehrfachen Behinderungen leben, differenzierter zu betrachten.

Weingärtner (2005) entfaltet in seiner Dissertation den Ansatz der Basalen Selbstbestimmung für Menschen mit schwerer geistiger Behinderung, die seines Erachtens mit dem üblichen Anspruch an Selbstbestimmung nicht zu erreichen bzw. überfordert sind. Durch den Ansatz der Basalen Selbstbestimmung ermöglicht er eine „ideelle Integration", die langfristig zu einer gesellschaftlichen Integration beiträgt (ebd. 138). Sein Konzept ist in Rahmenbedingungen eingebettet, durch deren Explikation er verdeutlicht, warum ein neues Verständnis von Selbstbestimmung vonnöten ist. Zu diesen „besonderen Ausgangsbedingungen" (ebd. 102) der Gruppe Menschen mit schwerer geistiger Behinderung gehören nach Weingärtner folgende fünf Aspekte:

‚Mehr' an Fremdbestimmung: Menschen mit schwerer geistiger Behinderung erleben ein hohes Maß an Fremdbestimmung, das sich nach Weingärtner vierfach begründen lässt: Die meisten Institutionen fördern mit ihren festen Strukturen zusätzliche Fremdbestimmung. Durch die Orientierung an Leitbildern aus Therapie und Pädagogik wird die pädagogische Tätigkeit, die Selbstbestimmungspotentiale realisieren hilft, abgewertet. „Einen Anteil für dieses ‚Mehr' an Fremdbestimmung ist der individuellen Schädigung (...) als solcher zuzuschreiben" (ebd. 104). Und schließlich ist ein hohes Maß an Fremdbestimmung durch die hohe Abhängigkeit im pflegerischen Bereich bedingt.

Notwendige Anerkennung von Selbstbestimmung durch andere: „Selbstbestimmung ist bei Menschen mit schwerer geistiger Behinderung unabdingbar auf die Anerkennung durch andere angewiesen" (ebd. 106). Nur wenn die Bezugspersonen bereit und fähig sind, tragfähige kommunikative Strukturen aufzubauen, die Verstehen ermöglichen, können die Wünsche nach Selbstbestimmung erkannt und realisiert werden. Maßstab ist für Weingärtner, „wenn seine Äußerungen und Wünsche so viel Berücksichtigung finden, wie die von Menschen ohne Behinderung im gleichen Alter" (ebd. 107).

Machtgefälle: Menschen mit schwerer geistiger Behinderung erleben Abhängigkeitsverhältnisse, in denen nicht nur ein Mehr an Fremdbestimmung vorherrscht, sondern in denen die Macht zwischen Betreuer und Menschen mit Behinderung so dauerhaft ungleich verteilt ist, dass das Machtgefälle auch zu Machtmissbrauch führen kann. Nur durch ständige Reflexion der Abhängigkeitsverhältnisse und des eigenen Handelns kann langfristig eine Begegnung auf „Augenhöhe" erreicht werden, die wiederum die Grundlage für Selbstbestimmung ist.

Dynamische Balance zwischen Selbstbestimmung und Fremdbestimmung: das Leben von allen Menschen bewegt sich zwischen realisierten Selbstbestimmungsmöglichkeiten und notwendigen bzw. unumgehbaren Fremdbestimmungen. Demgemäß ist der Selbstbestimmungsbegriff relativ und es ist Ziel, eine dynamische Balance zwischen Selbstbestimmung und Fremdbestimmung für alle Menschen herzustellen.

Selbstbestimmung und Beziehungen: „Letztendlich ist die Selbstbestimmung bei Menschen mit schwerer geistiger Behinderung nur innerhalb einer personalen Beziehung möglich" (ebd. 112). Sie bietet den „personalen und emotionalen Boden, auf dem Selbstbestimmung gedeihen kann" (ebd. 112). Weingärtner betont hier explizit, dass neben den Beziehungen zwischen Bezugspersonen und Menschen mit Behinderung die Beziehungen zwischen den Menschen mit schwerer geistiger Behinderung stärker in den Blick kommen sollten.

Im äußeren Rahmen dieser fünf Aspekte bewegt sich nun die inhaltliche Ausgestaltung des Ansatzes der Basalen Selbstbestimmung. Weingärtner versucht, Selbstbestimmung auf einer sehr konkreten Handlungsebene fassen zu können. Basale Selbstbestimmung umfasst den Aspekt des Selbstentscheidens, des Erfahrens der eigenen Wirkung sowie die Selbsttätigkeit. Durch die Bezeichnung „Basal" betont Weingärtner, „dass dieses Konzept der Selbstbestimmung

- auf Menschen mit schwerer geistiger Behinderung ausgerichtet ist,
- weitgehend voraussetzungslos ist und
- ein grundlegendes Verständnis von Selbstbestimmung bezeichnet" (ebd. 118).

Weingärtner führt sehr überzeugend aus, dass dieses basale Verständnis von Selbstbestimmung aus diesen drei genannten Komponenten (Selbstentscheiden, Erfahren der eigenen Wirkung und Selbsttätigkeit) die Lebensrealität von Menschen mit schwerer geistiger Behinderung deutlich aufnimmt und Selbstbestimmung ermöglicht.

Diese basale Erfahrungs- und Lernebene ist nun Grundlage für die exemplarische Erweiterung des Index für Inklusion.

Der Index für Inklusion – ein differenzierter Blick

Als Gliederungsebenen für die nachfolgende differenziertere Betrachtung werden die drei Dimensionen des Index eingesetzt und beispielhaft die Indikatoren aus der Konkretisierung aufgenommen und weitergedacht.

Dimension A: Inklusive Kulturen schaffen

Indikator A.1.2: Die Schüler/innen helfen einander

Schüler/innen, die mit mehrfachen Behinderungen leben, sind in allen Lebensbereichen auf Hilfe und Unterstützung angewiesen. Wie können also Formen der Hilfe durch andere Schüler/innen geschaffen werden, die freiwillig und gerne erfolgen und die die betroffenen Schüler/innen nicht zu einem Objekt werden lassen? Wie können in geeigneter und angemessener Form den Mitschüler/innen die notwendigen Informationen über Unterstützungsbedarfe und Hilfsmöglichkeiten vermittelt werden, so dass die Realisierung von Selbstbestimmung immer noch Ziel der Unterstützung bleibt?

Hömberg (2007) beschreibt in den Ergebnissen aus dem Berliner Landesschulversuch zur „Integration von Kindern mit geistiger Behinderung und Kindern mit schwerer Mehrfachbehinderung" (ebd. 57) folgende Schwierigkeit: „Für den Personenkreis der Schüler(innen) mit schwerster Behinderung ergab sich eine Problematik oft dann, wenn ihre nonverbalen Signale, die unerwünschte Zuwendung zurückweisen sollten, von den Mitschüler(innen) ignoriert wurden" (ebd. 62).

So ergibt sich hier die Frage, wie die Mitschüler/innen für die Mitteilungswege der betroffenen Kinder und Jugendlichen so ausreichend sensibilisiert werden können, dass ihre Wünsche, Bedarfe und Ablehnungen wahrgenommen, ernst genommen und in nachfolgenden Handlungen berücksichtigt werden. Das Lernen am Vorbild der beteiligten Mitarbeiter/innen ist sicherlich ein geeigneter Weg, der aber durch gezielte Selbsterfahrungsübungen (vgl. Vorschläge in Rothmayr 2008) der Mitschüler/innen sowie Informationen über Mitteilungswege und Verstehensmöglichkeiten immer wieder ergänzt und individuell aktualisiert werden muss. Hier entsteht ein Spagat zwischen der Unterstützung unbefangener Begegnung von Kindern oder Jugendlichen untereinander und der Anleitung zu förderlichen Verstehensbedingungen, die die betroffenen Schüler/innen nicht zu einem Objekt der Wissensvermittlung werden lassen. Bei dieser Suche nach geeigneten Wegen ist auch die Frage förderlichen Verhaltens der häufig eingesetzten individuellen Lernhelfer oder Assistenten/innen der Schüler/innen, die mit mehrfachen Behinderungen leben, zu stellen. Deren durchgehende Anwesenheit bei den betroffenen Schüler/innen kann ein Hindernis für unbefangene und durch Zuneigung geprägte Kontakte durch die anderen Kinder oder Jugendlichen sein. Eine entsprechende Reflexion des Spannungsfeldes von notwendiger Unterstützung und pädagogischer Zurückhaltung ist hier notwendig.

Indikator A.1.4: Mitarbeiter/innen und Schüler/innen gehen respektvoll miteinander um

Hinz (2007 a) beschreibt Menschen, die mit mehrfachen Behinderung leben, „gemessen an den herrschenden gesellschaftlichen Normen" (ebd. 18) als eine Provokation, „zumal dann, wenn es um jene Normen geht, mit denen üblicherweise Schule verbunden wird“ (ebd. 18). „Dabei ist die entscheidende Ebene der Auseinandersetzung die der psychischen Abwehr, mit der eine neue, zusätzliche Schublade für bestimmte Menschen entsteht“ (ebd. 18). Auch Hömberg (2007) berichtet im Rahmen des Schulversuches von Gefühlen der Abwehr bei den Mitarbeiter/innen vor allem in Bezug auf die Pflege und Versorgung der Schüler/innen. Kompetente Anleitung in diesem Bereich in der Verbindung mit Supervision ohne moralischen Druck schien hier der geeignete Weg zu sein. Hömberg beschreibt weiterhin das dauerhaft individuelle und verhandelbare Lernen der betroffenen Schüler/innen als eine berufliche Herausforderung gerade für die Grundschullehrer/innen.

Diese aufgeführten Gefühle der Provokation, Abwehr und Verunsicherung in der Arbeit mit den Schüler/innen, die mit mehrfacher Behinderung leben, müssen in einer inklusiven Institution thematisiert werden können, ohne dass daraus Insuffizienzgefühle bei den betroffenen Mitarbeiter/innen entstehen. Dies erfordert ein vertrauensvolles und wertschätzendes Klima unter den Mitarbeiter/innen. Die Möglichkeit zur Supervision sollte dementsprechend ein festes Angebot sein. So kann auch der Entwicklungsprozess in der Begleitung der betroffenen Kinder und Jugendlichen, den Hömberg (2003) in Anlehnung an Hetzner und Podlesch (1992) beschreibt, professionell gestaltet werden. Folgende Phasen werden benannt: Distanz und Abwehr, Betroffenheit, allmähliche Öffnung, Annahme der Aufgabe, unbefangenes Handeln, Verunsicherung und Zweifel, Stabilisierung. Alle Phasen bewegen sich in dem Spannungsfeld zwischen fachlichem Kompetenzzuwachs und Reflexion bzw. einfühlsamer Begleitung als Gelingensbedingungen. Entsprechende Fortbildungsangebote für die Mitarbeiter/innen in der Arbeit mit diesen Schüler/innen sind ebenso unverzichtbare Maßnahmen einer inklusiven Institution.

Indikator A.1.5: Mitarbeiter/innen und Eltern gehen partnerschaftlich miteinander um

Aus den im Index für Inklusion in diesem Indikator aufgeführten Fragen wird deutlich, dass die Mitarbeiter/innen der Schule den Wunsch verwirklichen sollen, möglichst wertschätzend und akzeptierend mit den Eltern, deren Expertentum und deren Sorgen umzugehen. Die Situation von Eltern, deren Söhne oder Töchter mit einer mehrfachen Behinderung leben, ist in der Regel sehr stark durch die Lebenssituation des betroffenen Kindes belastet. In Erfahrungsberichten von Eltern wird deutlich,

- dass sie häufig bei Kindern, die nachts umgelagert, abgesaugt oder anderweitig versorgt werden müssen, durch den permanenten Schlafmangel entkräftet sind: „Die häufigen Schlafstörungen, mein verändertes – oberflächlicheres – Schlafverhalten führen bei mir zu einem andauernden Schlafmangel. Ich fühle mich eigentlich nie mehr ausgeschlafen und frisch“ (Bienert 2008, 137);

- dass die Essenssituationen, auch bei Kindern mit Sondenernährung (Sarimski 2010), oft als sehr belastend erlebt werden: „Wir kamen einigermaßen über die Runden, bis mein Sohn anfangen sollte, mit dem Löffel zu essen. Damit begann die Katastrophe. Er ließ den Löffel gar nicht erst an den Mund. Er spuckte, war sehr unruhig und wollte einfach nicht essen" (Lukaschewitz 2006, 108);
- dass die Wahrnehmung von Schmerzen beim eigenen Kind und die mühsame Suche nach deren Ursachen sehr belastend und Kräfte zehrend sind: „Diese Phase wird deutlich von Schmerzen gekennzeichnet. Die Suche und Zuordnung der möglichen Ursache, die langen Schreiattacken und der Schlafmangel setzen den Eltern zu" (Witte 2009, 177);
- dass sie durch eine lebensverkürzende Erkrankung des Kindes emotional stark belastet sind: „Weil ich weiß, wie wichtig sie sich sind, und weil ich mir ziemlich sicher bin, dass Roland und Sandra um ihr Sterben wissen, habe ich dazu viele Fragen und Ängste. (...) Die Sorge, wie ich erkennen kann, was mein Kind in der Zeit des Abschiednehmens braucht, bleibt" (Stuttkewitz 2009, 15).

Die Lebenssituation dieser Eltern ist durch veränderte und stärkere Belastungsfaktoren gekennzeichnet als die anderer Eltern. Diese gilt es im Blick zu haben, wenn es zu einem vertrauensvollen Miteinander im Kontakt kommen soll. So votiert auch Sarimski (2010), „den Alltagsbelastungen der Familien einen angemessenen Raum zu geben" (ebd. 19).

Die Zusammenarbeit mit Selbsthilfeverbänden in der näheren Umgebung (wie es z.B. unter *C.2.4. Die Ressourcen im Umfeld der Schule sind bekannt und werden genutzt* mit im Blick sein sollte) sowie die Unterstützung des Austauschs der Eltern untereinander durch das Angebot von Gesprächskreisen oder schulinternen Informationsabenden sind hier förderliche Angebote.

Dimension B: Inklusive Strukturen etablieren

Indikator B.1.6: Die Schule organisiert Lerngruppen so, dass alle Schüler/innen wertgeschätzt werden

Die hier an die Institution gestellten Fragen lassen grundsätzlich Lerngruppen zu, die auch für Schüler/innen, die mit mehrfacher Behinderung leben, individuelle Lernbedarfe berücksichtigen. Konkret stellt sich hier die Frage, ob die individualisierten Lernbedarfe der betroffenen Schüler/innen genügend im Blick sind und sich in der Zusammenstellung der Lerngruppen abbilden. Wird die zeitweise Notwendigkeit von Einzelfördersituationen in einem angemessenen Verhältnis zu gemeinsamen Lernsituationen berücksichtigt (vgl. Markowetz 2003)? Kennen sich die Mitarbeiter/innen mit entsprechenden diagnostischen Materialien und Förderansätzen für Einzel- und Gruppenangebote aus?

Indikator B.2.2: Fortbildungsangebote helfen den Mitarbeiter/innen, auf die Vielfalt der Schüler/innen einzugehen

Hömberg (2007) beschreibt in ihren Ausführungen zu dem Berliner Schulversuch die Notwendigkeit von Fortbildungsangeboten für die Mitarbeiter/innen, die sowohl „die Möglichkeiten zur Auseinandersetzung mit der Situation schwerster Behinderung bieten (als auch) Kenntnisse zu den [Lern-]bedürfnissen von Schüler[inne]n mit SMB vermitteln und Handlungskompetenzen zur Umsetzung spezifischer Lernangebote bzw. zur Adaption und Strukturierung üblicher Lernangebote im Gemeinsamen Unterricht vermitteln" (ebd. 70 f.). Die Etablierung inklusiver Strukturen bildet sich durch Angebote dieser spezifischen Fortbildungen für Mitarbeiter/innen ab.

Indikator B.2.5: Die Unterstützung für Schüler/innen mit Deutsch als Zweitsprache wird mit der Lernunterstützung koordiniert

Analog zur Anerkennung der besonderen Lernbedarfe für Schüler/innen, die Deutsch als Zweitsprache erlernen, sollten an einer inklusiven Institution alle Möglichkeiten der sprachersetzenden oder sprachunterstützten Möglichkeiten ebenso mit der für die Schüler/innen erforderlichen Lernunterstützung koordiniert werden. Für Schüler/innen ohne oder mit eingeschränkter Lautsprache ist die Etablierung aller Möglichkeiten im Bereich der Unterstützten Kommunikation auf wissenschaftlich hohem Niveau ein unverzichtbarer Bestandteil angemessener Lernunterstützung. Förderung im Bereich der Unterstützten Kommunikation sollte den gleichen Stellenwert haben wie Deutsch als Zweitsprache.

Dimension C: Inklusive Praktiken entwickeln

Indikator C.1.3: Der Unterricht entwickelt ein positives Verständnis von Unterschieden

Die gleichwertige Behandlung von Sprachen und Kommunikationswegen wird hier als ein Indikator genannt. Für Menschen, die mit mehrfachen Behinderungen leben, ist hier zu fragen, ob alle Möglichkeiten im Bereich der Unterstützten Kommunikation im Kollegium bekannt sind und individuell ausgeschöpft werden. Es ist förderlich, durch Spezialisten an der Schule oder entsprechende Fortbildungen im Kollegium die entsprechende Fachkompetenz zu vermitteln.

Werden Lernangebote so ausgerichtet, dass die Schüler/innen auch basale Formen der Kommunikation, wie z. B. Hennig (2008) oder Mall (2008) sie beschreiben, einsetzen und weiterentwickeln können? Werden diese Kommunikationsformen als gleichwertig anerkannt und die Schüler/innen fachkompetent in der Weiterentwicklung unterstützt?

Weiterhin ist zu fragen, ob das Verhältnis von Pflege und Unterricht angemessen gesehen, aufgenommen und individuell diskutiert wird. Werden die Bildungsmöglichkeiten, die in Pflege liegen, erkannt und als Unterrichtsangebot weiterentwickelt (vgl. Schlüter 2009)? „Eine Pflege, die entsprechende pädagogische Ziele enthält, deren Durchführung geplant ist und die so gestaltet wird, dass sie beim Schüler bzw. bei der Schülerin Lernen bewirkt, ist demzufolge Unterricht“ (Schlichtung 2010, 9). Darüber kann sich jedoch nur ein Teil des Bildungsangebotes für die Schüler/innen, die mit mehrfachen Behinderungen leben, realisieren.

Indikator C.1.4: Die Schüler/innen sind Subjekte ihres eigenen Lernens

Die aufgeführten Lebensbedingungen der Eltern sind auch gleichzeitig belastende Lebensbedingungen der Schüler/innen, die häufig durch Schlafmangel, Mangelernährung oder Schmerzen gekennzeichnet sind. Diese erschweren Lernprozesse. Wird dies angemessen im Lernarrangement berücksichtigt? Gibt es in der Institution für die Betroffenen Rückzugsmöglichkeiten? Wird genügend Zeit, Ruhe und fachkompetente Unterstützung für Mahlzeiten berücksichtigt? Wird dieser andere Lernrhythmus im Vergleich zu den anderen Schüler/innen als gleichwertig anerkannt?

Abschluss

Der Index für Inklusion bietet für die Realisierung inklusiver Lebensbedingungen für Menschen, die mit mehrfachen Behinderungen leben, eine sehr gute Grundlage, um deren spezifische Lern- und Lebensbedarfe in den Blick zu nehmen und spezifische institutionelle Veränderungen einzuleiten. Dessen konkrete Weiterentwicklung in Bezug auf diese Personengruppe konnte exemplarisch an einigen Stellen aufgezeigt werden. Die Inklusion von Menschen, die mit mehrfacher Behinderung leben, erfordert eine solche Spezifizierung inklusiver Lebensbedingungen. Der Ansatzpunkt liegt in den Köpfen aller Beteiligten und hier in der Übernahme von Verantwortung für Enthinderungspotentiale.

Literatur

Bienert, K. (2008): Die Nacht zu Hause: Einblicke in die familiäre Situation. In: Maier-Michalitsch, N. (Hrsg.): leben pur – Schlaf bei Menschen mit schweren und mehrfachen Behinderungen. Düsseldorf, 134–139.

Boban, I.; Hinz, A. (2003): Index für Inklusion. Lerne und Teilhabe in der Schule der Vielfalt entwickeln. Halle-Wittenberg.

Booth, T.; Ainscow, M.; Kingston, D. (2006): Index für Inklusion (Tageseinrichtungen für Kinder). Lernen, Partizipation und Spiel in der inklusiven Tagesstätte entwickeln. Frankfurt.

Droste, E., Stuttkewitz, P. (2009): „Wir müssen aushalten, dass vieles offen bleibt". Wie kommunizieren lebensverkürzend erkrankte Kinder über ihren eigenen Tod? In: Deutscher Kinderhospizverein (Hrsg.): Leben mit Grenzen. Beiträge zur Kinderhospizarbeit. Wuppertal, 40–52.

Faßbender, K.; Schlüter, M. (2006): Perspektiven betroffener Wissenschaftler. In: Ortland, B. (Hrsg.): Die eigene Behinderung im Fokus. Theoretische Fundierungen und Wege der inhaltlichen Auseinandersetzung. Bad Heilbrunn, 68–81.

Fornefeld, B. (2003): Immer noch sprachlos? Zur Bedeutung des Dialogs in der Erziehung und Bildung von Menschen mit schwerer Behinderung. In: Klauß, T.; Lamers, W. (Hrsg.): Alle Kinder alles lehren ... Grundlagen der Pädagogik für Menschen mit schwerer und mehrfacher Behinderung. Heidelberg, 73–88.

Fornefeld, B. (2008): Menschen mit Komplexer Behinderung. Selbstverständnis und Aufgaben der Behindertenpädagogik. München.

Fröhlich, A. (2008): Basale Stimulation – das Konzept. Düsseldorf.

Fröhlich, A.; Heinen, N.; Lamers, W. (2007): Frühförderung von Kindern mit schwerer Behinderung. Texte zur Körper- und Mehrfachbehindertenpädagogik. Düsseldorf.

Hahn, M., Ratke, P. (2009): Über die schwierige Realisierung von Empathie mit Menschen, die als schwer behindert bezeichnet werden. In: VHN, 78 Jg., Heft 3, 244–250.

Hennig, B. (2008): Spielerische Dialoggestaltung mit schwerst mehrfachbehinderten Kindern – Förderung kommunikativer Kompetenzen von Anfang an. In: Leyendecker, C. (Hrsg.): Gemeinsam Handeln statt behandeln. Aufgaben und Perspektiven der Komplexleistung Frühförderung. München/Basel, 185–192.

Hetzner, R.; Podlesch, W. (1992): Aufnahme eines Kindes mit schwerer Mehrfachbehinderung in die Vorklasse. Erfahrungen der Flämig-Grundschule Berlin. In: Hinz, A. u. a. (Hrsg.): Schwerstbehinderte Kinder in Integrationsklassen. Marburg/Lahn, 14–17, 50–52.

Hinz, A. (2007) (Hrsg.): Schwere Mehrfachbehinderung und Integration. Herausforderungen, Erfahrungen, Perspektiven. Oberhausen.

Hinz, A. (2007 a): Elementare Unterstützungsbedürfnisse als Herausforderung an Inklusive Pädagogik. In: Ders. (Hrsg.): Schwere Mehrfachbehinderung und Integration. Herausforderungen, Erfahrungen, Perspektiven. Oberhausen, 15–41.

Hinz, A. (2008): Inklusion – historische Entwicklungslinie und internationale Kontexte. In: Hinz, A.; Körner, I.; Niehoff, U. (Hrsg.): Von der Integration zur Inklusion. Grundlagen – Perspektiven – Praxis. Marburg, 33–52.

Hömberg, N. (2003): Kompetenz und Akzeptanz ... Aspekte beruflicher Qualifikation bei Pädagogen/innen die Schülerinnen und Schüler mit schwersten Beeinträchtigungen in integrativen Klassen unterrichten. In: Fachverband für Behindertenpädagogik, Landesverband NRW e. V. (Hrsg.): Körperbehindertenpädagogik. Praxis und Perspektiven. Gladbeck, 177–191.

Hömberg, N. (2007): Ergebnisse aus dem Berliner Landesschulversuch. In: Hinz, A. (Hrsg.): Schwere Mehrfachbehinderung und Integration. Herausforderungen, Erfahrungen, Perspektiven. Marburg, 57–74.

Klauß, T.; Lamers, W.; Janz, F. (2006): Die Teilhabe von Kindern mit schwerer und mehrfacher Behinderung an der schulischen Bildung – eine empirische Erhebung. Download unter: URN: http://nbn-resolving.de/urn/resolver.pl?urn=urn:nbn:de:bsz:16-opus-67 905">urn:nbn:de:bsz:16-opus-67905 URL: http://www.ub.uni-heidelberg.de/archiv/6790/">http://www.ub.uni-heidelberg.de/archiv/6790, Download vom 17. 03. 10

Lapper, A. (2005): Autobiografie einer Optimistin. München.

Lelgemann, R. (2010): Körperbehindertenpädagogik. Didaktik und Unterricht. Stuttgart.

Lukaschewitz, E. (2006): Eindrücke aus einem Familienalltag. In: Maier, N. (Hrsg.): Leben pur – Ernährung für Menschen mit schweren und mehrfachen Behinderungen. Düsseldorf, 108–109.

Mall, W. (2008[6]): Kommunikation ohne Voraussetzungen mit Menschen mit schwersten Beeinträchtigungen – ein Werkheft. Heidelberg.

Maier, N. (2006) (Hrsg.): Leben pur – Ernährung für Menschen mit schweren und mehrfachen Behinderungen. Düsseldorf.

Maier-Michalitsch, N. (2009) (Hrsg.): Leben pur – Schmerz bei Menschen mit schweren und mehrfachen Behinderungen. Düsseldorf.

Markowetz, R. (2003): Maßnahmen der Inneren Differenzierung und Individualisierung im kooperativen Unterricht nach dem Außenklassenmodell in Baden-Württemberg. In: Lamers, W.; Klauß, T. (Hrsg.): ...alle Kinder alles lehren! – Aber wie? Theoriegeleitete Praxis bei schwer- und mehrfachbehinderten Menschen. Düsseldorf, 153–186.

Markowetz, R. (2007): Freizeitassistenz – Lebensqualität für Menschen mit schwerer Mehrfachbehinderung. In: Hinz, A. (Hrsg.): Schwere Mehrfachbehinderung und Integration. Herausforderungen, Erfahrungen, Perspektiven. Oberhausen, 151–161.

Ortland, B. (2005): Implikationen einer systemisch-konstruktivistischen Sichtweise für die Arbeit mit Menschen, die wir körperbehindert nennen. In: Zeitschrift für Heilpädagogik 1, Jg.56, 14–20.

Ortland, B. (2007): „Wie werden aus Menschen mit Behinderung Menschen ohne Behinderung?" – eine Frage der Verantwortung?! In: Vierteljahresschrift für Heilpädagogik und ihre Nachbargebiete 76, Heft 2, 94–101.

Ortland, B. (2008): Behinderung und Sexualität. Grundlegung einer behinderungsspezifischen Sexualpädagogik. Stuttgart.

Ratke, P. (2009[2]): Karriere mit 99 Brüchen. Vom Rollstuhl auf die Bühne. München.

Rothmayr, A. (2008[2]): Pädagogik und Unterstützte Kommunikation. Eine Herausforderung für die Aus- und Weiterbildung. Karlsruhe.

Saal, F. (1994): Leben kann man nur sich selber. Texte 1960–1994. Düsseldorf.

Sarimski, K. (2010): Erlebte Alltagsbelastung bei Sondenernährung und Mehrfachbehinderung im frühen Kindesalter. In: Teilhabe 1, Jg. 49, 15–20.

Schäfers, M. (2008): Lebensqualität aus Nutzersicht. Wie Menschen mit geistiger Behinderung ihre Lebenssituation beurteilen. Wiesbaden.

Schlichtung, H. (2010): Zum Verhältnis von Pflege und Unterricht – Ist Pflege Unterricht oder ergänzende Versorgungsleistung? In: Teilhabe 1, Jg. 49, 9–14.

Schlüter, M. (2009): Pflege als pädagogische Aufgabe im Bildungsprozess von Schülerinnen und Schülern an Förderschulen mit dem Förderschwerpunkt Körperliche und Motorische Entwicklung. In: Zeitschrift für Heilpädagogik 6, Jg. 60, 224–230.

Seifert, M. (2007): Assistenz im Bereich des Wohnens. In: Hinz, A. (Hrsg.): Schwere Mehrfachbehinderung und Integration. Herausforderungen, Erfahrungen, Perspektiven. Oberhausen, 162–167.

Shakespeare, T. (2007[2]): Disability Rights and Wrongs. London.

Stuttkewitz, P. (2009): Roland und Sandra. In: Deutscher Kinderhospizverein (Hrsg.): Leben mit Grenzen. Beiträge zur Kinderhospizarbeit. Wuppertal, 10–15.

Walthes, R. (2003): Einführung in die Blinden- und Sehbehindertenpädagogik. München.

Weingärtner, C. (2005): Selbstbestimmung und Menschen mit schwerer geistiger Behinderung. Tübingen.

Witte, H.(2009): Schmerzen: Dableiben – Aushalten – Mittragen. Eine Herausforderung für Kinder, Eltern und Pflegende. In: Maier-Michalitsch, N. (Hrsg.): Leben pur – Schmerz bei Menschen mit schweren und mehrfachen Behinderungen. Düsseldorf, 167–182.

Wieczorek, M (2007): Zur aktuellen schulischen Situation von Kindern mit schwerster Behinderung. In: Haupt, U.; Wieczorek, M. (Hrsg.): Brennpunkte der Körperbehindertenpädagogik. Stuttgart, 110–127.

Gesundheitsversorgung und Barrierefreiheit

10 Gesundheitsversorgung

10.1 Welche Möglichkeiten therapeutischer Versorgung birgt die Inklusion? Die Sicht einer Ergotherapeutin

Gabriele Rudo

Einführung

Wenn ich die UN-Menschenrechtskonvention lese, denke ich, ich träume! Es kommt mir so unwirklich vor. Hat da tatsächlich jemand hingehört, wenn behinderte Menschen mitteilen, was sie sich wünschen?

Aber wie viele Meilen sind wir von der Umsetzung entfernt! Wie mühsam und schwierig ist es, sich als behinderter Mensch in unserer Gesellschaft zurechtzufinden oder gar autonom zu leben! Immerhin ist der wichtige Schritt der Konvention gemacht und jetzt liegt auch viel an uns.

Im Laufe meiner Tätigkeit als Ergotherapeutin an einer Förderschule, in ergotherapeutischer Praxis, in der Frühförderung und in der Ausbildung von Ergotherapeuten sammelte ich die verschiedensten Erfahrungen im Hinblick auf die Integration vor allem von behinderten Kindern und Jugendlichen. Als besonders positiv erlebte ich die Entwicklung, den behinderten Menschen und seine Eltern in die Therapieplanung einzubeziehen bzw. mich an seinen Wünschen bzw. Zielvorstellungen zu orientieren. Dies stellt hohe Ansprüche an mein Einfühlungsvermögen, an die Reflexionsfähigkeit meines eigenen Verhaltens und an meine Fähigkeit therapeutische Interventionen transparent zu machen. Mein therapeutisches Handeln muss sich im Alltag des behinderten Menschen auswirken und messen lassen.

Aber wie können wir es schaffen, behinderte Menschen nicht nur gleichwertig zu sehen, sondern gleichberechtigt mit ihnen zu leben? Hier scheint mir ein vielschichtiger gesellschaftlicher Prozess nötig zu sein, zu dem jeder beitragen kann und muss. Der Einzelne ist ebenso gefordert wie die Gesellschaft. Ohne „Umdenken“ und ohne entsprechende politische und finanzielle Veränderungen ist eine Entwicklung im Sinne der Inklusion nicht denkbar.

Ich mache den Versuch einer Beschreibung des „Ist-Zustandes“, wie die Unterstützung durch Heil- und Hilfsmittel für den einzelnen behinderten Menschen organisiert wird, und stelle anschließend Veränderungsvorschläge im Sinne der Inklusion dar.

Wie ist die therapeutische Unterstützung behinderter Kinder und Erwachsener aktuell organisiert?

Behinderte Kinder und Erwachsene benötigen vielfältige Unterstützung in ihrer Selbständigkeit, um am gesellschaftlichen Leben teilhaben zu können. Diese kann nur individuell geplant und umgesetzt werden. An dem Entscheidungsprozess über die Frage, welche Unterstützung notwendig ist, sind üblicherweise Eltern, Kinderärzte, Fachärzte, Erzieher, Lehrer, Krankenkassen, Sanitätshäuser u. a. beteiligt. Jede Fachkraft teilt dem behinderten Menschen oder dessen Eltern bzw. Angehörigen seine eigene Einschätzung mit. Oft fühlen sich Eltern mit einer Entscheidung allein gelassen oder überfordert. Sollen Sie dem Rat des Arztes folgen oder dem des Orthopädiemechanikers, dem des Therapeuten oder dem des Lehrers?

Das Hauptaugenmerk der Fachleute richtet sich neben der Erhebung der Fähigkeiten des Kindes oder des behinderten Erwachsenen auf die Frage „Was klappt nicht?" – z. B. bei den Vorsorge-Untersuchungen durch den Kinderarzt, bei der Spiel- und Sprachbeobachtung in der Kindergartengruppe oder im Schulunterricht etc. Diese Frage stellt den Motor dar, der die Organisation von Unterstützung in Gang setzt.

Barrieren bei der Verordnung von Heil- und Hilfsmitteln

Um sich im Alltag mit größtmöglicher Selbständigkeit zurechtzufinden, benötigen viele behinderte Menschen Heilmittel wie Physiotherapie, Ergotherapie, Logopädie etc. ebenso wie Hilfsmittel. Um deren Finanzierung müssen heute noch viele Eltern, erwachsene Behinderte, Therapeuten etc. auf verschiedenen Ebenen ringen.

1. Ärzte stellen oft sehr zögerlich entsprechende Verordnungen aus, in der Sorge, ihr Budget könne überschritten werden.
2. Behinderte Menschen benötigen oft lebenslange therapeutische Unterstützung. Auch Eltern von schwerstmehrfachbehinderten Kindern müssen heute noch alle 5–10 Wochen eine neue ärztliche Verordnung für diese Heilmittel einholen, die nur nach einer Vorstellung des Kindes beim Arzt erfolgen kann. Dieser hohe zeitliche und organisatorische Aufwand für Eltern, Kinder und Ärzte ist eine starke Belastung für alle Betroffenen und widerspricht meines Erachtens dem Inklusionsgedanken.
3. Nach den aktuellen Heilmittelrichtlinien muss nach einer bestimmten Anzahl von Behandlungen die „Ausnahme des Regelfalls" durch den Kinderarzt schriftlich begründet werden, um z. B. die Finanzierung der Ergotherapie durch die Krankenkasse weiterhin zu sichern. Diese Hürde ist aus meiner Sicht für behinderte Menschen unnötig.
4. In den aktuellen Heilmittelrichtlinien ist vorgesehen, dass einmal pro Regelfall eine Beratung zur Integration ins häusliche Umfeld erfolgen kann im Umfang

von drei Therapieeinheiten und je nach Krankenkasse zzgl. der anfallenden Fahrtkosten.

5. Durch das Zwischenschalten des medizinischen Dienstes der jeweiligen Krankenkasse verzögern sich Genehmigungen z. B. von Hilfsmittelversorgungen um viele Wochen, da das entsprechende ärztlich verordnete Hilfsmittel auf seine Notwendigkeit und seine Finanzierbarkeit hin geprüft wird. Dabei wird in der Regel das Prinzip verfolgt „einfach und kostengünstig". Individuelle Anpassungen können z. T. nicht erfolgen, da z. B. das entsprechende erprobte Lagerungsmaterial nicht im Hilfsmittelkatalog aufgenommen ist und keine „Hilfsmittelnummer" besitzt. So kommt es selten zu individuell angepassten und bewährten Versorgungen, sondern zu mangelnder Qualität des Hilfsmittels, zu unzureichendem Service im Falle von Änderungen und Reparaturen (da ja z. B. das günstigere Sanitätshaus gewählt wurde, welches aber weit entfernt liegt) und damit für den behinderten Menschen zu zusätzlichen Frustrationen. Also eben nicht zur Unterstützung seiner Eigenaktivität!
6. Es besteht oft wenig Zusammenarbeit und Vertrauen zwischen Vertretern der Krankenkassen auf der einen Seite und Fachleuten der Sanitätshäuser, behandelnden Ärzten, Therapeuten und Eltern auf der anderen Seite, die das Kind schon lange kennen und viele Erfahrungen gesammelt haben, welche Unterstützungen sich bewährten.
7. Immer wieder scheitern Versorgungen wie z. B. von orthopädischen Schuhen auch daran, dass Eltern den Eigenanteil nicht finanzieren können.

Veränderungen, die im Sinne des Inklusionsgedanken notwendig erscheinen

1. Behinderte Menschen müssen die Heil- und Hilfsmittel erhalten, die ihre Eigenaktivität und ihre Selbständigkeit kurzfristig oder nachhaltig unterstützen.
2. Die Gesellschaft hat Heil- und Hilfsmittel über die Krankenkassen mit zu finanzieren.
3. Alle an diesem Prozess der Organisation von Unterstützung beteiligten Personen wie Eltern, Ärzte, Vertreter der Krankenkassen, Fachleute der Sanitätshäuser, Therapeuten, Erzieher, Lehrer etc. sollten eng zusammenarbeiten.
4. Eine umfassende Information und ein Umdenken der behandelnden Ärzte sind von Nöten, indem sie das Recht des behinderten Kindes oder Erwachsenen auf entsprechende Unterstützung ernst nehmen und einfordern.
5. Hilfsmittelkataloge müssen erweitert werden um Hilfsmittel und Lagerungsmaterial, die sich über einen längeren Zeitraum im Alltag bewährt haben. Individuelle Lösungen müssen möglich sein.
6. Eine Änderung der Heilmittelverordnung wäre in einigen Punkten dringend notwendig:
   – „Beratung zur Integration ins häusliche Umfeld" muss so oft wie nötig erfolgen und von den Krankenkassen finanziert werden, da z. B. bei der Integra-

tion von behinderten Kindern in Regeleinrichtungen ein hohes Maß an Beratung der zuständigen Erzieher und Lehrer ermöglicht werden muss. Hier sind insbesondere die behandelnden Therapeuten gefordert. Sie kennen die Kinder und Eltern aus der Einzeltherapiesituation meist gut. Über die Zusammenarbeit mit dem behandelnden Arzt, Sozialpädiatrischen Zentren etc. kann eine gute „Rückkoppelung" erfolgen. Eine angemessene Qualifizierung der Beratungsfähigkeit der Therapeuten ist jedoch unerlässlich. Die Dokumentation dieser Beratungen sollte selbstverständlich erfolgen und finanziert werden.
- Behinderte Kinder und Erwachsene sollten lebenslang Heil- und Hilfsmittel erhalten, die medizinisch und therapeutisch notwendig sind zur gleichberechtigten Teilhabe am gesellschaftlichen Leben.

Versuch einer Umsetzung von Veränderungen, mit dem Ziel der gleichberechtigten Teilhabe am gesellschaftlichen Leben

Inklusion meint: „Wie kann es klappen, dass der behinderte Mensch in seinem persönlichen und gesellschaftlichen Umfeld zurechtkommt?" Damit ist also nicht nur gemeint, das zu verändern, was den behinderten Menschen stört. Vielmehr ist seine Eigenaktivität und Autonomie zu unterstützen. Diese Blickrichtung ist nicht neu. Neu ist das Recht des behinderten Menschen auf die Umsetzung.

In der sozialen Arbeit haben sich seit langem sog. „Hilfeplangespräche" etabliert und sind nicht mehr wegzudenken. Frühförderungen, Sozialpädiatrische Zentren, Fördereinrichtungen etc. arbeiten z. T. in ähnlicher Weise, wenn sog. „Runde Tische" oder „Helferkonferenzen" einberufen werden.

Um herauszufinden, welche Unterstützung das jeweilige behinderte Kind oder der behinderte Erwachsene benötigt, mit dem Ziel gleichberechtigt am gesellschaftlichen Leben teilhaben zu können, müssten aus meiner Sicht regelmäßig gemeinsame Gespräche im Sinne von „Heilmittelplangesprächen (HMPG)" stattfinden. Sie könnten von den Krankenkassen einberufen werden. Gesprächsteilnehmer sollten der behinderte Mensch bzw. dessen Eltern oder Angehörigen, ein verantwortlicher Pädagoge (Erzieher, Lehrer), die behandelnden Therapeuten, ggf. eine Fachkraft aus dem zuständigen Sanitätshaus, ein Vertreter der Krankenkasse etc. und der behandelnde Arzt sein. Im Rahmen eines solchen Gesprächs könnte es

- zu einer gemeinsamen Planung der angemessenen Unterstützung für einen bestimmten Zeitraum kommen.
  Welche Unterstützung durch Therapien und Hilfsmittel wünscht sich der Betroffene bzw. seine Eltern, um mehr am gesellschaftlichen Leben teilhaben zu können?
  Welche Ziele verfolgen Therapeuten mit dem gewünschten Heilmittel?
  Was soll das gewünschte Hilfsmittel bewirken?
  Was ist technisch umsetzbar?

Was ist finanzierbar?

- zu gemeinsamen Festlegungen kommen, an deren bestmögliche Umsetzung sich alle Gesprächsteilnehmer gebunden fühlen sollten.
- zur Beantragung und Genehmigung der o. g. Heil- bzw. Hilfsmittel kommen.
- zur schriftlichen Fixierung der Gesprächsergebnisse kommen, die allen Beteiligten in Form eines Protokolls ausgehändigt werden sollten.
- zur *Terminierung* des nächsten HMPG (nach 6–24 Monaten) kommen.

Vorteile der Heilmittelplangespräche (HMPG)

Durch HMPG im o. g. Sinne könnten die Betroffenen bzw. deren Eltern stark entlastet werden. Ihnen werden wiederholte Vorstellungen beim Arzt, das Ausfüllen von komplizierten Anträgen, Ratlosigkeit bei der Entscheidung „Was braucht mein Kind?“ u. v. m. erspart. Vielmehr könnten sie sich positiv unterstützt fühlen und den Entscheidungsprozess mitverfolgen.

Durch Heilmittelplangespräche kann es sicher zu Einsparungen von unnötigen Untersuchungen und Fehlplanungen kommen, da die enge Vernetzung aller, des Betroffenen und der Helfer, eine viel gezieltere und direktere Unterstützung nach sich ziehen kann.

Lange Wege und Wartezeiten bzgl. der Genehmigung können zugunsten der Betroffenen vermieden werden.

Voraussetzungen für das Gelingen von Heilmittelplangesprächen

- Die Feinfühligkeit aller ist gefragt! Alle Gesprächsteilnehmer sollten um Sachlichkeit einerseits und um ein hohes Einfühlungsvermögen andererseits bemüht sein. Die Nähe zum Betroffenen und eine kompetente Gesprächsführung können dies begünstigen.
- Die Gesprächsteilnehmer sollten nicht „nur“ ganzheitlich, sondern vor allem alltagsnah und zielorientiert denken und dieses transparent machen. Hier sind entsprechende Fortbildungen der Fachleute anzustreben, in denen die Erfassung von Wünschen/Zielen der Betroffenen, die Formulierung von Handlungszielen und die „Umfeldberatung“, Elterncoaching etc. erlernt werden.
- Die Gesprächsteilnehmer sollten bereit sein, ein weitaus größeres Maß an Verantwortung zu tragen als sie es bislang tun.
- Die Gesprächsteilnehmer benötigen viel Kooperationsfähigkeit und „Teamgeist“.
- Die Zeit für Heilmittelplangespräche muss für alle Professionellen finanziert werden.
- Die Gesprächsteilnehmer sollten in der Lage sein realistische Grenzen zu akzeptieren (persönlicher, technischer oder finanzieller Art).

Ausblick

Ich habe versucht, die UN-Konvention für behinderte Menschen als Grundlage zu nehmen für Veränderungen in der Organisation von Unterstützung für den einzelnen behinderten Menschen, die aus meiner Sicht als Ergotherapeutin erforderlich sind. Dies stellt nur einen kleinen Teil in der gesamten Umsetzung der „Inklusion" dar.

So blieben z. B. die Einschränkungen der gleichberechtigten Teilhabe am gesellschaftlichen Leben durch die vielen nicht behindertengerechten öffentlichen Gebäude, Einrichtungen und öffentlichen Verkehrsmittel unberücksichtigt.

Auch die inhaltliche Weiterentwicklung der einzelnen Heilmittel wie Physio- und Ergotherapie und Logopädie fanden hier keine Berücksichtigung. Sie stellen aber eine gute Möglichkeit dar, die Autonomie des behinderten Menschen durch die Entwicklung seiner Selbstwirksamkeit und seiner Handlungsfähigkeit zu stärken.

10.2 Gegenwart und Perspektiven eines (derzeit nicht) inklusiven Gesundheitswesens

Reinhard Lelgemann

Der Begriff der ‚Inklusion' wird in der gegenwärtigen Diskussion vor allem im pädagogischen Bereich verwandt. Wenn es um Inklusion im schulischen, vorschulischen oder berufsbildenden bzw. Arbeitsbereich geht, wird vor allem die Idee bzw. das Vorhaben angesprochen, Menschen mit Beeinträchtigung nicht mehr etikettieren zu müssen. Unsere Gesellschaft soll allen Menschen ein für sie persönlich bedeutsames Bildungsangebot ermöglichen. Die UN-Konvention der Rechte von Menschen mit Behinderung (BRK) weist mit ihren differenzierten Ausführungen aber daraufhin, dass Inklusion eine leitende Gestaltungsperspektive ist, die mehr als den Bildungsbereich und mehr als das Kindes- und Jugendalter umfasst.

Ausgehend von desillusionierenden persönlichen Erfahrungen und wissenschaftlichen Erkenntnissen des Autors bzgl. der Sicherung therapeutischer Angebote in der schulischen Integration und der Versorgung mit Hilfsmitteln erwachsener Freunde, soll untersucht werden, wie sich die gesundheitliche Versorgung körperbehinderter Menschen gegenwärtig gestaltet und wie diese in einer inklusiven Gesellschaft gestaltet sein soll. Um dem Leser ein Bild der aktuellen Situation der medizinischen Versorgung erwachsener Behinderter zu ermöglichen, wird die heutige Lage knapp skizziert werden. Ein Blick auf die in der BRK geforderte inklusive Gesundheitsversorgung wird die Differenz zwischen dieser rechtlichen Forderung und der momentanen Realsituation aufzeigen. So werden Chancen und Risiken einer inklusiven Gesellschaft für die gesundheitliche Versorgung erwachsener Menschen mit Behinderung sichtbar.

Für den Bereich der therapeutischen Versorgung formulierte Saal bereits 1980, dass die wesentliche Funktion der für ihn notwendigen Therapien darin besteht, „*seine* Fähigkeiten zu üben", um ihm ein möglichst selbstbestimmtes Leben zu ermöglichen, nicht um ihn zu einem anderen Menschen zu machen (Saal 1980, 151); eine Bedeutung, die elementar ist und deren Entzug die Möglichkeit, das eigene Leben aktiv zu gestalten, massiv beeinflusst. Die von Saal betonte Bedeutung für ein selbst gestaltetes Leben gilt sicherlich ebenso für individuell und selbstbestimmt ausgewählte und akzeptierte Hilfsmittel, die ein eigenständiges Leben ermöglichen, unabhängig davon, ob diese der Fortbewegung, der Stabilisierung, der sprachlichen Kommunikation, dem Hören oder Sehen dienen (Daut 2009, 206 f.). Über die notwendige therapeutische Versorgung und individuell angepasste Hilfsmittel hinaus ist zu fragen, wie ein Gesundheitssystem gestaltet werden kann, das Teilhabe und Partizipation aktiv unterstützt und absichert.

Gesundheitswesen und Hilfsmittelversorgung in Zeiten der Gesundheitsreform

Unsere Gesellschaft wird älter und in den Augen vieler damit kränker. Eine ältere Gesellschaft kostet – so wird angenommen – mehr Geld als eine jüngere, ist weniger aktiv, benötigt Hilfen und Betreuung. Es muss gespart werden und in der bundesrepublikanischen Diskussion bedeutet dies, dass vor allem am Patienten gespart werden muss. So hat das GKV-Wettbewerbsstärkungsgesetz den Zweck, den gesetzlichen Krankenkassen neue Sparoptionen zu eröffnen (Aktionsbündnis 2009, 3). In der Folge nahmen die Berichte über unangemessene Behandlungen von Patienten zu. Gemeinsam geplante, persönlich angepasste Rollstühle werden ausgetauscht, da die neue Firma ein anderes Fabrikat anbietet, Inkontinenzhilfen bzw. Windeln werden in großen Mengen sowie hin und wieder falsch zugesandt, preiswerte Lösungen werden gesucht und Patienten, die aufgrund einer chronischen Erkrankung oder fortdauernden körperlichen Beeinträchtigung auf speziell angepasste und langfristig ermittelte Hilfsmittel angewiesen sind, auf diese Weise entmündigt; unabhängig davon, ob sie Mitglied einer gesetzlichen oder privaten Krankenkasse sind. Therapien werden nicht mehr in der notwendigen Anzahl oder überhaupt nicht mehr verordnet, wenn die Angehörigen eines mehrfachbehinderten Menschen nicht gelernt haben sich durchzusetzen oder der deutschen Sprache bzw. des schriftsprachlichen Ausdrucks mächtig sind.

Hinzukommt, dass das deutsche Gesundheitswesen nur in sehr begrenztem Rahmen auf die spezifischen Bedürfnisse körper-, mehrfach- oder geistigbehinderter erwachsener Menschen oder von Menschen, die unterstützt kommunizieren, eingerichtet ist. Aktuell, im Frühjahr 2010, lassen sich folgende Entwicklungen skizzieren:

- Erwachsene Menschen mit Behinderungen finden in den Regelsystemen des Gesundheitssystems zumeist keine kompetenten Ansprechpartner.
- Der Druck zur Einsparung von Personal- und Sachkosten hat deutlich zugenommen.
- Zeiträume, die notwendig sind, um in einen Dialog mit mehrfach oder spezifisch behinderten Menschen zu treten, werden finanziell nicht berücksichtigt.
- In Einrichtungen der stationären Krankenversorgung nehmen die Aufenthaltszeiten der Patienten ebenso ab wie die des Personals. Verstärkte Fluktuation, die Anstellung von Teilzeitkräften oder nicht der deutschen Sprache mächtigen Mitarbeiterinnen erschweren es Menschen mit Orientierungsproblemen zusätzlich, notwendige Behandlungen einzufordern, zu verstehen, mit zu entscheiden oder sich zu orientieren (vgl. Seidel 2009).
- Schmerzen oder frühe Krankheitszeichen werden oftmals nicht selbst wahr- und aufgrund vielfältiger Faktoren nicht zur Kenntnis genommen (vgl. Gatzke 2009).

- Hilfsmittel müssen in komplexen Verfahren beantragt werden; ihre Auslieferung erfolgt häufig nicht zeitnah und spezifische Veränderungen müssen intensiv durchgesetzt werden.
- Es gibt kaum angepasste Angebote für Menschen mit Behinderungen, die wohnortnah und kurzfristig in Anspruch genommen werden können (gilt sowohl für allgemein-medizinische als auch für Angebote zur Zahnbehandlung oder andere spezifische Probleme) (vgl. Kaschke 2010, 266).
- Oftmals fehlt ein auf mehrfach oder spezifisch behinderte Menschen bezogenes Fachwissen. Festgehalten werden muss zudem, dass dieses Wissen in Deutschland bisher kaum Gegenstand der Arzt- bzw. Facharztausbildung ist und dringend eingerichtet werden muss (vgl. Nicklas-Faust 2009).
- Ein unkomplizierter Arzt- oder Facharztbesuch wird durch zahlreich vorhandene architektonische Barrieren erschwert.

Dies alles hat umso mehr Bedeutung, wenn komplexe Beeinträchtigungen vorliegen. Martin (2010, 257) macht darauf aufmerksam, dass in Universitätskliniken z. B. nur selten Menschen mit einer schweren Infantilen Cerebralparese behandelt werden, und vermutet, dass die behandelnden Allgemeinärzte möglicherweise keine Notwendigkeit für eine Überweisung sehen. Betont werden muss zudem, dass die benannten Schwierigkeiten nicht nur für behinderte Menschen gelten, sondern zunehmend ebenso für die Gruppe der „älteren Alten", die sich nicht mehr oder nur mit großen Schwierigkeiten selber versorgen können und nicht in einer Heimeinrichtung leben.

Schimmelpfeng-Schütte macht in einem am 04. Februar 2010 gehaltenen Vortrag darauf aufmerksam, dass sich die mit einem Krankenhausaufenthalt verbundenen Probleme noch einmal verstärkt haben, seitdem seit 2009 das fallgruppenbezogene Vergütungssystem der stationären Krankenhausleistungen bundesweit eingeführt sei (1). Möglichkeiten der Beantragung außerordentlicher Untersuchungs- und Behandlungsabläufe, die durchaus möglich sind, werden nur in geringem Maße beantragt (9).

Die in diesem Feld tätigen Mediziner und Therapeuten empfehlen bzw. fordern für die medizinische Versorgung behinderter Menschen:

- die Verfügbarkeit konstanter multidisziplinärer und damit kontinuierlich tätiger Teams,
- zumindest aber eine enge Kooperation zwischen Ärzten, therapeutischen und weiteren Fachkräften (vgl. Fricke 2009),

wobei darauf hingewiesen wird, dass eine medizinische oder therapeutische Behandlung immer patientenzentriert, kontinuierlich und kultursensibel sein muss, vorhandene Barrieren jeder Art wahrnehmen und möglichst beseitigen sollte.

Angesichts dieser Situation stellt Gatzke (2009) fest, dass die zu erwartende weitere Dezentralisierung bisheriger Wohnmöglichkeiten eine Herausforderung bedeutet, und er fragt, wie in einer inklusiven Lebenssituation der heute immer noch erschwerte Zugang zu medizinischen Leistungen, vor allem bei Mitgliedern der gesetzlichen Krankenkassen, in Zukunft ermöglicht und erleichtert werden kann; insbesondere dann, wenn mehrfach behinderte erwachsene Menschen keine Angehörigen mehr haben und kommunikativ beeinträchtigt sind.

UN-Konvention: Perspektiven eines inklusiven Gesundheitswesens

In der BRK werden im Artikel 25 wesentliche Aussagen zur Gesundheitsversorgung getroffen. So „erkennen die Vertragsstaaten das Recht von Menschen mit Behinderungen an, das erreichbare Höchstmaß an Gesundheit ohne Diskriminierung aufgrund von Behinderungen zu genießen" (Netzwerk 2009, 24). Hierzu sollen alle geeigneten Maßnahmen getroffen werden, die den Zugang zu gender-sensiblen Gesundheitsdiensten, die Menschen mit Behinderungen eine unentgeltliche oder erschwingliche Gesundheitsversorgung in derselben Bandbreite und von derselben Qualität wie allen anderen Menschen auch, ermöglichen (Art. 25 a in Netzwerk 2009, 24). Darüber hinaus

„b) bieten die Vertragsstaaten die Gesundheitsleistungen an, die von Menschen mit Behinderungen speziell wegen ihrer Behinderungen benötigt werden, soweit angebracht, einschließlich Früherkennung und Frühintervention, sowie Leistungen, durch die, auch bei Kindern und älteren Menschen, weitere Behinderungen möglichst gering gehalten oder vermieden werden sollen;
c) bieten die Vertragsstaaten diese Gesundheitsleistungen so gemeindenah wie möglich an, auch in ländlichen Gebieten" (Art. 25 in Netzwerk 2009, 24).

Ebenso werden die Angehörigen der Gesundheitsberufe verpflichtet, behinderten Menschen die gleichen Versorgungsleistungen wie allen anderen Menschen zukommen zu lassen (Art. 25 d), diese nicht zu diskriminieren (Art. 25 e) oder ihnen spezifische medizinische Leistungen vorzuenthalten (Art. 25 f).

Im Artikel 26, der sich mit der Gestaltung von umfassenden Habilitations- und Rehabilitationsleistungen beschäftigt, wird in Absatz 3 festgehalten, dass „die Vertragsstaaten ... die Verfügbarkeit, die Kenntnis und die Verwendung unterstützender Geräte und Technologien (fördern), die für Menschen mit Behinderungen bestimmt sind, für die Zwecke der Habilitation und Rehabilitation" (Netzwerk 2009, 25). Dies erläutert noch einmal die bereits in Artikel 4, Absätze g und h getroffene Allgemeine Verpflichtung, nach der die Vertragsstaaten Forschung und Entwicklung für neue unterstützende Technologien unterstützen und sich bereit erklären, diese Menschen mit Behinderungen zur Verfügung zu stellen (Netzwerk 2009, 11). So wird deutlich, dass die UN-Konvention hier eine positive Diskriminierung vornimmt, die in diesem Rahmen notwendig ist und die gleichzeitig deutlich macht, dass die oben beschriebenen Entwicklungen derartigen Anforderungen vollständig entgegen stehen; zumindest für den Bereich der gesundheitlichen Versorgung erwachsener Menschen mit Behinderung (vgl. Schmidt-Ohlemann 2009).

Leit (d)-Ideen der gegenwärtigen Gesundheitspolitik

Die bisherigen Ausführungen weisen auf deutliche Widersprüche der gegenwärtigen Gesundheitspolitik zu einer Gesundheitsversorgung hin, wie sie die BRK entwickelt. Diese Widersprüche bestehen weniger auf der Ebene der Leitgedanken, sondern eher auf der der realen gesundheitspolitischen, letztlich fiskalischen Entscheidungsebene. Gesundheitspolitik ist auch Finanz- und letztlich Wirtschaftspolitik. Wenn Kosten einseitig den Arbeitnehmern aufgebürdet werden sollen, bedeutet dies in der Konsequenz eine Aufgliederung des Angebotes in diejenigen, die evtl. weitere Leistungen auch individuell bezahlen können und diejenigen, die auf die puren Leistungen der gesetzlichen Krankenversicherung angewiesen sind. Am Horizont erscheinen inzwischen die Grundzüge eines Gesundheitssystems, in dem zwischen privat versicherten Mitgliedern und gesetzlich versicherten Mitgliedern, die berufstätig, sowie gesetzlich Versicherten, die nicht berufstätig sind, unterschieden wird. Dieses entwickelt sich, obwohl alle Beteiligten im Gesundheitswesen betonen, dass die Qualität der medizinischen Versorgung nicht vom Geldbeutel abhängen und der Standard der medizinischen Leistungen in der Bundesrepublik Deutschland nicht unterschätzt werden darf. Die individuelle Erfahrung des Autors und vermutlich zahlreicher Leser zeigt dagegen deutlich, dass die unterschiedliche Behandlung inzwischen nicht nur die Ausstattung der Krankenhauszimmer betrifft, sondern auch den Kern medizinischer Leistungen und ebenso die verordneten Therapien wie die Qualität der Hilfsmittel.

Widersprüche gibt es aber durchaus auch auf der Ebene des proklamierten Gesundheitsverständnisses. Dies kann plakativ mit den folgenden Begriffen skizziert werden: Patientenorientierung und Patientennähe, Selbstbestimmung und individuelle Verantwortung, Vorsorge und Prophylaxe, erreichbare und qualitativ hochwertige medizinische Versorgung. Gleichzeitig steigt der Kostendruck auf das Gesundheitswesen und den einzelnen Mediziner. In der Konsequenz führt dies zu den bereits dargestellten Problemen. Hinzu kommt, dass „individuelle Verantwortung" ebenso bedeuten kann, Risiken für die Allgemeinheit zu minimieren und für den Einzelnen zu erhöhen. Was bei Rauchern und Extremsportlern noch berechtigt erscheinen mag, wird kritisch und inakzeptabel, wenn Menschen mit mehrfacher Behinderung oder chronischer Erkrankung von spezifischen Leistungen ausgeschlossen werden oder hohe Zusatzkosten übernehmen müssen, die oftmals nicht finanzierbar sind. Unter dem Deckmantel der Wettbewerbsstärkung werden den Krankenkassen Möglichkeiten eröffnet, vermeintlich Kosten reduzierende Anbieterverträge abzuschließen, die letztlich vor allem die Selbst- oder auch nur Mitbestimmung des Patienten untergraben. Einem inklusiven Verständnis steht ein solches Vorgehen entgegen! Besonders betroffen hiervon sind Arbeitnehmer, die nicht die finanziellen Mittel zur Verfügung haben, sich zusätzlich abzusichern bzw. diejenigen, die Zuwendungen der öffentlichen Hand bekommen. Zudem treffen derartige Verschlechterungen noch einmal diejenigen stärker, die als funktionelle Analphabeten unsicher im sprachlichen Ausdruck oder der Erstellung von Texten sind. Die Verschlechterungen sind zumeist nicht offensichtlich und häufig sind diejenigen, die damit leben müssen, nicht in Selbsthilfeverbänden organisiert.

UN-Konvention: Perspektiven und Fragen

Es ist deshalb zu begrüßen, wenn die UN-Konvention eine positive Diskriminierung und spezifische Rechte von Menschen mit Behinderungen einfordert. Eine derartige spezifische, strukturell abgesicherte Berücksichtigung, die intensive Untersuchungen bzw. Behandlungen bei körper- und mehrfachbehinderten Menschen finanziell absichert, würde die Möglichkeit bieten, im Vorfeld schwerer Erkrankungen, Fehlhaltungen und anderer Probleme, Gesundheit als Grundlage gesellschaftlicher Teilhabe zu begreifen. Hier ergibt sich ein Spannungsfeld zum allgemein entwickelten Verständnis der Inklusion, insofern Inklusion eine spezifische Etikettierung gerade verhindern will, diese hier aber notwendig erscheint, wenn z. B. besondere Leistungen abgerechnet werden sollen.

Ein ebenso großes Problem stellt die immer noch ausstehende Qualifizierung aller Mitarbeiterinnen und Mitarbeiter im Gesundheitswesen zur Zusammenarbeit mit behinderten Menschen dar. Obwohl das in Deutschland gegenwärtig angebotene Einrichtungsmodell der Sozialpädiatrischen Zentren nur für Kinder und Jugendliche mit Beeinträchtigungen und Entwicklungsstörungen zur Verfügung steht und zudem nicht flächendeckend angeboten wird, könnte es ein Modell sein, welches zahlreiche gesundheitliche Folgeprobleme verhindern könnte, die sich durch die Perspektive individueller Lebensgestaltung erwachsener behinderter Menschen möglicherweise ergeben können. Zudem müsste diesen neuen Zentren, in denen Menschen mit Behinderung umfassende Unterstützungs-, Versorgungs- und Beratungsmöglichkeiten erhalten, die Möglichkeit eröffnet werden, eine aufsuchende Gesundheitsversorgung zu betreiben, da ansonsten die Gefahr besteht, dass mehrfachbehinderte Menschen, oder jene, die selber nicht initiativ werden können, keine notwendige gesundheitliche Regelversorgung erhalten. Eine Kooperation mit den Sozialdiensten erscheint notwendig, schafft aber neue Strukturen, die zwar weniger stationär, durchaus aber subtil neue Sonderstrukturen schaffen könnten. Ein weiteres Problem stellt, angesichts des gegenwärtigen und sicherlich auch zukünftig hohen fiskalischen Drucks auf das Gesundheitswesen, die Frage der Kontinuität der in diesem Bereich tätigen Mitarbeiter dar. Menschen mit Behinderungen, insbesondere im kommunikativen Bereich, benötigen vertraute, Wert schätzende Gesprächpartner, die langfristig mit ihnen zusammen arbeiten.

Notwendige Strukturen im Gesundheitswesen

Chatzievgeniou & Vieweg (2008) weisen darauf hin, dass eine gute gesundheitliche Versorgung von Menschen mit Behinderung keinem Kostendiktat unterliegen darf und regionale wohnortnahe Angebote beinhalten muss, die allen betroffenen Menschen, auch älteren oder chronisch kranken Patienten, zur Verfügung stehen (32). Sie erachten es als notwendig, dass Peerberatung und Assistenz bzw. notwendige zeitliche Zusatzleistungen ermöglicht und finanziert werden. Beide Autoren, die in der Selbstbestimmt-Leben-Bewegung tätig sind, verweisen auf die große Bedeutung einer hochwertigen und als subjektiv angemessen erlebten Hilfsmittelversorgung für Menschen mit Körper- und Mehrfachbehinderung. „Behinderte Menschen, die von Grundsicherung oder Rente leben, ... (haben) einen wesentlich schlechteren Versorgungsgrad mit den erforderlichen Hilfsmitteln, da deren Kostenübernahme oft an eine Berufstätigkeit gebunden ist" (ebd. 32). Sie verweisen darauf, dass nach ihren Erfahrungen Krankenkassen den Aspekt der Teilhabeermöglichung in keiner Weise bei der Genehmigung eines Hilfsmittels berücksichtigen. Diese Praxis widerspricht den Anforderungen der UN-Konvention!

Die mit einer rein betriebswirtschaftlichen Perspektive ausgewählten Hilfsmittel entsprechen in aller Regel nicht einer ganzheitlichen Sichtweise, die die Interessen des Hilfsmittelnutzers einbeziehen muss. So empfiehlt Daut (2009, 214) aus einer pädagogischen Perspektive heraus, in jedem Fall und zu allen Zeitpunkten der Hilfsmittelversorgung, die individuellen Ziele der Nutzer, hier Kinder und Jugendlicher mit Körper- oder Mehrfachbehinderung, einzubeziehen. Dies gilt ohne Abstriche auch für ältere behinderte Menschen und muss ebenso für sehr schwer behinderte oder kommunikationsbeeinträchtigte Menschen Gültigkeit haben. Im anderen Fall könnten Hilfsmittel „strukturelle oder funktionelle Beeinträchtigungen als unerwünschte Wirkungen hervorrufen" (DVfR 2009, 14).

Die Deutsche Vereinigung für Rehabilitation (DVfR) hat im Herbst 2009 ein Dokument mit dem Titel „Überwindung von Problemen bei der Versorgung mit Hilfsmitteln" vorgelegt, in dem am Beispiel der Hilfsmittelversorgung dargelegt wird, wie dieser Bereich des Gesundheitswesens gegenwärtig und in einem inklusiven System so gestaltet werden kann, dass Teilhabe und Partizipation umfassend ermöglicht und abgesichert werden. Die DVfR empfiehlt, die Versorgung mit Hilfsmitteln als gemeinsame Aufgabe aller am Versorgungsprozess Beteiligten zu begreifen (DVfR 2009, 8) und als wirtschaftlich angemessen ein Angebot zu bezeichnen, welches lebensweltbezogen, alltagsnah und mit deutlicher Beteiligung des behinderten Menschen im Dialog mit weiteren Fachkräften gewählt wird (9). Dies bedeutet für den einzelnen oder mehrere beteiligte Kostenträger, dass individuelle Überlegungen immer Vorrang vor einem engen betriebswirtschaftlichen Denken haben müssen (9). Die DVfR empfiehlt deshalb in Übereinstimmung mit der BRK eine Hilfsmittelversorgung, die im Sozialraum des behinderten Menschen, im Rahmen einer engen Kooperation der beteiligten Fachkräfte (Ärzte, Therapeuten) mit dem zukünftigen Nutzer, rasche individuelle Adaptionen des Hilfsmittels bzw. des notwendigen Hilfsmittelsets ermöglicht. Bewusst wird auf die

Vertrautheit zwischen den beteiligten Reha-Anbietern und dem behinderten Menschen gesetzt, ohne letzteren an diese gebunden zu sehen. Abgelehnt wird eine überregionale, durch die Kostenträger organisierte Versorgung, die den individuellen Bedürfnissen der Menschen nicht gerecht werden kann (DVfR 2009, 21). Ausdrücklich wird formuliert (2009, 30): „Die entscheidenden Wirtschaftlichkeitsreserven sieht die DVfR deshalb nicht in Strategien, das einzelne Hilfsmittel zu einem möglichst geringen Preis bereitzustellen, sondern in der Optimierung des gesamten Versorgungsprozesses. Durch eine strenge Fokussierung auf die Lösung des anstehenden Problems kann Über-, Unter- und Fehlversorgung vermieden werden."

Erleichtert werden sollte der komplexe Prozess einer geeigneten Hilfsmittelsversorgung, der nicht primär hilfsmittel-, sondern problemlösungsorientiert, zeitnah, dialogorientiert, rationell, fachlich kompetent und transparent (vgl. DVfR 2009, 51 ff.) sein sollte, durch die Bereitstellung neutraler, einfacher und barrierefrei nutzbarer Hilfs- oder Anschauungsmittel für die späteren Nutzer.

Mit den Empfehlungen der DVfR werden die Anforderungen der BRK konkretisiert und so ausdifferenziert, dass in einer zunehmend inklusiver gestalteten Gesellschaft spezifische Hilfen und Unterstützungsleistungen, die für viele körper- und mehrfachbehinderte Menschen eine Voraussetzung zur gesellschaftlichen Teilhabe darstellen, langfristig gesichert werden. Freilich ist zu erwarten, dass diese Vorschläge nur umgesetzt werden, wenn zahlreiche gesellschaftliche Gruppen – hierzu zählen neben den Verbänden der behinderten und älteren Menschen weitere relevante Gruppen wie Parteien und Gewerkschaften – unterstützend Stellung nehmen. Ansonsten besteht die Gefahr, dass Kosten des Gesundheitswesens, zu denen auch die notwendigen Therapien und Hilfsmittel zählen, weiterhin nur unter betriebswirtschaftlichen Gesichtspunkten der Kostenträger gesehen und auf Kosten behinderter Menschen minimiert werden.

Zusammenfassung

Die bei der Konzipierung dieses Artikels geplante begrenzte Betrachtung der Bedeutung von Therapien und Hilfsmitteln für körper- und mehrfachbehinderte Menschen führte rasch zu einer, wenn auch knapp gehaltenen, Bewertung aktueller Probleme des Gesundheitswesens bzw. der Gesundheitspolitik für erwachsene Menschen mit Behinderung. Gegenwärtig ist festzustellen, dass der Kostensenkung in diesem Bereich Priorität eingeräumt wird und die Kosten auf Seiten des einzelnen Patienten minimiert werden sollen. Dies führt in Folge zu spezifischen Benachteiligungen von Mitgliedern der gesetzlichen, durchaus aber auch privater Krankenkassen und vermutlich noch einmal deutlicher für Menschen, die von der Grundsicherung oder einer Rente leben. Derartige Entwicklungen stehen in Widerspruch zu den Forderungen der Artikel 25 und 26 der UN-Konvention über die Rechte von Menschen mit Behinderung. In Artikel 25 wird eine Gesundheitsversorgung gefordert, die im Rahmen eines allgemeinen Gesundheitssystems spezifische Bedingungen für Menschen mit Behinderung absichert, damit alle Menschen, entsprechend ihrer individuellen Beeinträchtigung, angemessen bzw. gut versorgt werden können. Dies stellt eine positive und unbedingt notwendige Diskriminierung dar. Am Beispiel der Hilfsmittelversorgung kann aufgezeigt werden, dass eine solche Versorgung, um wirksam zu sein, individuell, dialogorientiert, lebenswelt- und problemlösungsorientiert, zeitnah, rationell, fachlich kompetent und transparent sein sollte. Letztlich wird ein solches Vorgehen sogar zu wirtschaftlicheren Lösungen führen, da Hilfsmittel tatsächlich genutzt werden und deshalb zur Teilhabe und Partizipation beitragen. Ausgehend davon, dass bereits gegenwärtig zahlreiche Menschen mit Körper-, mehrfacher oder sehr schwerer Behinderung oftmals nicht angemessen gesundheitlich versorgt sind, muss auch geklärt werden, ob in inklusiven gemeindenahen Wohn- bzw. Lebenssituationen aufsuchende Angebote der Mitarbeiter in der Gesundheitsversorgung zukünftig notwendig sind und abgesichert werden müssen.

Literatur

Aktionsbündnis „meine Wahl“ (2009): Schwarzbuch Medizinische Hilfsmittelversorgung. Der Verlust der Patientenwahlfreiheit in Deutschland. Berlin.

Chatzievgeniou, P. & Vieweg, B. (2008): Gesundheitspolitik im Umbruch – Eine Bestandaufnahme aus Sicht behinderter und chronisch kranker Menschen. In: Dr. med. Mabuse. 33. 176. 30–32.

Daut, V. (2009): Technische Hilfen für Kinder und Jugendliche mit Behinderungen/Benachteiligungen. In: Stein, R. & Orthmann Bless, D. (Hrsg.) (2009): Private Lebensgestaltung bei Behinderungen und Benachteiligungen im Kindes- und Jugendalter. Hohengehren, 195–219.

Deutsche Vereinigung für Rehabilitation (DVfR) (2009): Überwindung von Problemen bei der Versorgung mit Hilfsmitteln – Lösungsoptionen der DVfR. Heidelberg.

Fricke, Ch. (2009): Die Probleme am Übergang ins Erwachsenenalter aus Sicht der SPZ. Zu finden unter http://www.beb-ev.de/files/pdf/2009/dokus/gesundheit/wernerfricke_13_11_problemeubergangerw_alterspz.pdf; aufgerufen am 15. 01. 2010, 10.00.

Gatzke, H. (2009): Bedarf an speziellen Leistungen der Gesundheitsversorgung für Menschen mit Behinderung aus pädagogischer Perspektive. Zu finden unter http://www.beb-ev.de/files/pdf/2009/dokus/gesundheit/heikegatzke_13_11_bedarfanspeziellenleistungend_gesundheitsvorsorgevortrag_paedagogischesichtberlin.pdf; aufgerufen am 15. 01. 2010, 10.00.

Kaschke, I. (2010): Zur zahnmedizinischen Betreuung von Menschen mit Körper- und/oder Mehrfachbehinderung. In: Daut, V.; Kienle, D.; Lelgemann, R. & Rimroth, A. (Hgg.) (2010): Teilhabe und Partizipation verwirklichen. Neue Aspekte der Vorbereitung auf die nachschulische Lebenssituation körper- und mehrfachbehinderter Menschen. Oberhausen, 265–278.

Martin, P. (2010): Die medizinische Versorgung von erwachsenen Personen mit schwerer geistiger oder mehrfacher Behinderung – Problemstellungen, Anforderungen und Entwicklungen. In: Daut, V., Kienle, D., Lelgemann, R. & Rimroth, A. (Hgg.) (2010): Teilhabe und Partizipation verwirklichen. Neue Aspekte der Vorbereitung auf die nachschulische Lebenssituation körper- und mehrfachbehinderter Menschen. Oberhausen, 250–264.

Netzwerk Artikel 3. e. V. (2009): Übereinkommen über die Rechte von Menschen mit Behinderungen. Schattenübersetzung. Berlin.

Nicklas-Faust, J. (2009): Elementare Anforderungen an die Organisation gesundheitsbezogener Leistungen für Erwachsene. Zu finden unter http://www.beb-ev.de/files/pdf/2009/dokus/gesundheit/prof_nicklas_faust_13_11_elementare_anforderungen_an_die_organisation.pdf; aufgerufen am 15. 01. 2010, 10.00.

Saal, F. (1980): Ändern oder Fördern? Überlegungen zur Einstellung gegenüber Behinderten. In: Motorik, 3, 4, 149–152.

Schimmelpfennig-Schütte, R. (2010): Differenzierte Lösungen aus sozialrechtlicher Perspektive. Vortrag auf dem Symposium „Patientinnen und Patienten mit geistiger und mehrfacher Behinderung im Krankenhaus – Problemlagen und Lösungsperspektiven". 04. 02. 2010. Berlin. Auf der Tagung verteiltes Manuskript.

Schmidt-Ohlemann, M. (2009): Gesundheitliche Versorgung von Menschen mit Behinderung in der Gemeinde. Zu finden unter http://www.beb-ev.de/files/pdf/2009/dokus/gesundheit/dr_schmidt_ohlemann_teilhabe_13_11_09.pdf; aufgerufen am 15. 01. 2010, 10.00.

Seidel, M. (2009): Der Wandel der Behindertenhilfe als Herausforderung an die gesundheitliche Versorgung. Zu finden unter http://www.beb-ev.de/files/pdf/2009/dokus/gesundheit/dr_michael_seidel_der_wandel_der_behindertenhilfe.pdf; aufgerufen am 15. 01. 2010, 10.00.

11 Barrierefreiheit

11.1 Die Bedeutung von Barrierefreiheit für die gesellschaftliche Teilhabe (körper)behinderter Menschen

Gisela Hermes

Einen Beitrag über die Bedeutung von Barrierefreiheit für Menschen mit körperlichen Beeinträchtigungen zu verfassen, erschien mir zunächst überflüssig, da hierzu seit vielen Jahren an verschiedenen Stellen bereits alles Notwendige geschrieben und gesagt wurde und mir die aus vielfältigen Barrieren resultierende gesellschaftliche Ausgrenzung behinderter Menschen so offensichtlich und eindeutig erschien. Ich fragte mich deshalb, welche neuen Aspekte ich dem bereits vorhandenen Wissen zu diesem Thema noch hinzufügen kann.

Nachdem ich eine Sensibilisierungsübung mit Rollstühlen in einer Lehrveranstaltung durchgeführt und die Erfahrungen der nichtbehinderten Studierenden, die sie im öffentlichen Raum als temporär „Behinderte" machten, ausgewertet hatte, wurde mir die Notwendigkeit bewusst, die nach wie vor bestehenden diskriminierenden Folgen von Ausgrenzung für die Betroffenen immer wieder zu verdeutlichen. Darüber hinaus halte ich es für sinnvoll, ganz praktische Wege zum Abbau von Barrieren aufzuzeigen. Beides werde ich im Folgenden anhand der Schilderung der Erfahrungen der Studierenden und am Beispiel des von mir durchgeführten Pilotprojektes zur Verbesserung der Studienbedingungen behinderter und chronisch kranker Studierender an der Hochschule versuchen.

Zurück zur Sensibilisierungsübung: Ein Großteil der Studierenden arbeitete neben ihrem Studium in der Behindertenhilfe und hatte sich auf theoretischer und praktischer Ebene bereits mit gesellschaftlicher Ausgrenzung auf Grund von Barrieren befasst. Im Rahmen der praktischen Übung erlebten sie jedoch durch einen Perspektivenwechsel auf für sie schockierende Weise, wie existentiell die Einschränkungen für betroffene Menschen sind, wenn die Umwelt nicht auf die Bedürfnisse beeinträchtigter Personen ausgerichtet ist. Sie erlebten, dass bereits eine unbedacht gebaute Stufe, die sie nicht allein bewältigen konnten, eine fehlende Rampe oder ein zu hoch angebrachter Aufzugknopf zum Ausschluss bzw. zu einer ungewünschten Abhängigkeit von Dritten führte. Die durch einen behindertenfeindlich gestalteten Lebensraum entstehende Abhängigkeitssituation wurde als sehr einschränkend erlebt und die Vorstellung, ihr derzeitiges Leben und das Studium unter diesen schwierigen Bedingungen fortzuführen, schien den Studierenden nahezu unmöglich. Ihnen wurde deutlich, dass Barrieren wie ein unzugänglicher öffentlicher Nahverkehr, fehlende zugängliche Wohnungen, Toiletten,

Rampen und Aufzüge zur Benachteiligung im privaten, aber insbesondere auch im Bildungsbereich führen. Barrieren haben somit einen entscheidenden, negativen Einfluss auf die Lebenschancen von beeinträchtigten Menschen in unserer Gesellschaft.

Besonders drastisch empfanden die Studierenden die Reaktionen, auf die sie in der Bevölkerung stießen. In einigen Läden wurden sie beispielsweise nicht als vollwertige Gesprächspartner behandelt. Statt den im Rollstuhl sitzenden Personen direkt auf Fragen zu antworten, sprachen manche Verkäufer über ihren Kopf hinweg mit dem „Pflegepersonal". Die Studierenden fühlten sich dadurch zum unmündigen Kind bzw. zur „Unperson" degradiert. Sie erlebten mit dem Einstieg in den Rollstuhl einen Rollenwechsel vom erwachsenen Bürger hin zu einem als defizitär betrachteten, abhängigen, entscheidungsunfähigen Behinderten. Andere Personen aus der Seminargruppe wiederum wurden von im Bus sitzenden fremden Personen mit offener Neugierde nach ihrer „Erkrankung" gefragt – eine Verhaltensweise, die stark irritierte, da sie einen Eingriff in die Intimsphäre bedeutet, den die Studierenden bisher so nicht erlebt hatten. Ihre vermeintliche Behinderung, ihr „Anderssein" und nicht ihre Person stand plötzlich im Blickpunkt des öffentlichen Interesses; ihr Körper wurde zu einem öffentlichen Gut. In der Seminardiskussion stellte sich die Frage, ob und welche Zusammenhänge zwischen ausgrenzenden Barrieren und den vorherrschenden diskriminierenden Einstellungen und Verhaltensweisen gegenüber behinderten Menschen bestehen. Welche Veränderungen würden sich durch den Abbau von Barrieren in der Sichtweise von und im Verhalten gegenüber beeinträchtigten Menschen ergeben?

Bisher liegt hierzu keine Untersuchung vor, aber zahlreiche mündliche Berichte von mir bekannten deutschen Menschen mit Behinderung, die die USA besuchten, lassen vermuten, dass sehr enge Zusammenhänge zwischen diesen beiden Faktoren bestehen. Abwertende Verhaltensweisen und Diskriminierungen wurden von den Betroffenen bei Auslandsreisen in die USA, in denen seit den 1980er Jahren umfassende und strenge Gesetze zur Einhaltung von Barrierefreiheit vorliegen und in die Praxis umgesetzt werden (vgl. Hermes 1998), regelrecht „vermisst". Wenn Barrieren abgebaut werden und beeinträchtigte Menschen in allen öffentlichen Bereichen zu finden sind, wenn es also „normal" wird, dass sie in jedem Stadtbild oder im Dorf auftauchen, im Kino sitzen, im Cafe verweilen, reguläre Kindergärten und Schulen besuchen und als gleichberechtigte Partner auftreten können, dann werden behinderte Menschen möglicherweise nicht mehr als „andersartig" oder „minderwertig" betrachtet und behandelt.

Die Herstellung von Barrierefreiheit ist demnach aus mehreren Aspekten heraus dringend notwendig: Zum einen ermöglicht sie überhaupt erst den gleichberechtigten Zugang zu und die Teilhabe am gesellschaftlichen Leben, sie schafft mehr Chancengleichheit und führt – diese Hoffnung ist zumindest mit der Idee der Barrierefreiheit eng verbunden – zu einem gleichberechtigten Miteinander, in dem nicht mehr die Beeinträchtigung im Vordergrund steht, sondern der individuelle Mensch.

Was bedeutet Barrierefreiheit?

Nachdem viele Jahre lang behindertengerechte Sonderlösungen favorisiert wurden, um den vereinzelten Zugang zu gesellschaftlichen Bereichen zu ermöglichen, legte die Bundesregierung im Jahr 2002 mit der Definition des Begriffs der Barrierefreiheit im Gesetz zur Gleichstellung behinderter Menschen (BGG) ein wesentlich umfassenderes und ganzheitliches Verständnis von barrierefreier gesellschaftlicher Teilhabe vor. Barrierefreiheit wird im BGG folgendermaßen definiert:

„Barrierefrei sind alle von Menschen gestalteten Lebensbereiche, z. B. Bauten, Verkehrsmittel, Systeme der Informationsverarbeitung und Kommunikationseinrichtungen, wenn sie für behinderte Menschen in der allgemein üblichen Weise, ohne besondere Erschwernis und grundsätzlich ohne fremde Hilfe zugänglich und nutzbar sind" (BGG). Hiermit wird deutlich, dass Barrierefreiheit einen umfassenden Zugang und eine uneingeschränkte Nutzung aller Lebensbereiche meint. Da jedoch keine konkreten Maßnahmen oder Sanktionen bei Nichtbeachtung des BGG vorgesehen sind, gibt es keine rechtlichen Möglichkeiten, die Umsetzung von Barrierefreiheit einzuklagen (vgl. Stötzer 2009).

Barrierefreiheit als Menschenrecht

Das Thema der Barrierefreiheit nimmt auch in der von Deutschland ratifizierten und seit 2009 gültigen UN-Behindertenrechtskonvention (BRK) eine zentrale Rolle ein. Die Ursache von Behinderung wird hier aus einer sozialen Perspektive betrachtet und eng mit mangelnder Barrierefreiheit verknüpft. Laut Stricker wird Behinderung in der BRK „als Einschränkung von Teilhabemöglichkeiten durch bauliche, kommunikative oder gesellschaftliche Barrieren verstanden. Damit gewinnen der Zusammenhang von Umwelteinflüssen und die gesellschaftliche Einstellung gegenüber behinderten Menschen an Bedeutung" (Stricker o. J., 7). Das Recht auf Barrierefreiheit ist in Art. 9 der BRK festgeschrieben. Es wird erstmalig in einem verpflichtenden Menschenrechtsinstrument als Menschenrechtsfrage aufgeführt. Die Herstellung von Barrierefreiheit soll dazu dienen, Selbstbestimmung, gleichberechtigte Teilhabe und Inklusion zu verwirklichen (vgl. ebd.). Laut BRK sind die unterzeichnenden Vertragsstaaten dazu verpflichtet, künftig effektive Maßnahmen zur Beseitigung der Benachteiligung behinderter Menschen durch öffentliche und private Einrichtungen oder Organisationen zu ergreifen.

Umsetzung von Barrierefreiheit an der Hochschule: Ein Pilotprojekt an der HAWK, Hochschule für angewandte Wissenschaft und Kunst Hildesheim, Holzminden, Göttingen

In den vergangenen Jahren wurden zwar zahlreiche internationale und nationale gesetzliche Voraussetzungen zur Herstellung von Barrierefreiheit geschaffen (vgl. BGG, UN-Behindertenrechtskonvention, Landesbauordnungen etc.), aber die Umsetzung in die Praxis schreitet nur sehr langsam voran. (Körper)Behinderte Menschen treffen in ihrem Alltag noch immer auf zahlreiche bauliche und strukturelle Hindernisse. Häufig entstehen nur dort Veränderungen, wo aktive Behindertengruppen oder Einzelpersonen vehement für ihr Recht streiten. Um flächendeckende Verbesserungen zu erreichen, müssen alle Städte und Gemeinden, Institutionen und Organisationen verpflichtend am Prozess zur Herstellung von Barrierefreiheit beteiligt werden.

Wer an der Realisierung der Idee der gesellschaftlichen Inklusion mitwirken möchte, sollte sich jedoch auch in seinem eigenen Wirkungsbereich für den Abbau von einschränkenden Bedingungen einsetzen. Als Hochschullehrerin, die selbst auf die Nutzung eines Rollstuhls angewiesen ist, liegt für mich deshalb die Unterstützung der barrierefreien Umgestaltung der Hochschule, an der ich tätig bin, nahe. Laut der 18. Sozialerhebung des Deutschen Studentenwerks zur wirtschaftlichen und sozialen Lage Studierender in der Bundesrepublik Deutschland lag der Anteil von Studierenden mit chronischer Erkrankung oder Behinderung im Jahr 2006 bei 19 %. Es wurden umfassende Benachteiligungen dieser Personengruppe im Studium festgestellt (vgl. Isserstedt et al. 2007), die es abzubauen gilt.

Um dem Thema der Barrierefreiheit eine hohe Priorität zu verleihen und Unterstützung für die anstehenden Aufgaben zu erhalten, wurde zunächst ein Diskussionsprozess im Präsidium der Hochschule initiiert. Ein Ergebnis ist, dass sich die Hochschulspitze zum Ziel gesetzt hat, die HAWK perspektivisch zu einer barrierefreien Hochschule umzugestalten und die Zahl von Studierenden mit Behinderung durch attraktive Unterstützungsangebote langfristig zu erhöhen.

Im April 2007 startete an der HAWK ein aus Studienbeiträgen finanziertes Pilotprojekt zur Verbesserung der Studiensituation für behinderte und chronisch kranke Studierende. Der Arbeit des Projektes liegt ein sehr umfassendes Verständnis von Barrierefreiheit zu Grunde, wie es auch in der UN-Behindertenrechtskonvention dargestellt wird. Demnach umfasst Barrierefreiheit mehr als die reine bauliche Zugänglichkeit von Gebäuden und beinhaltet, auf Hochschulen bezogen, drei Komponenten:

- Bauliche Barrierefreiheit: Hierunter wird die gleichberechtigte Nutzungsmöglichkeit für behinderte und chronisch kranke Studierende von allen Räumlichkeiten und Einrichtungen der Hochschule verstanden (z. B. durch elektrisch zu öffnende Eingangstüren oder ausreichende Behindertentoiletten).
- Didaktische Barrierefreiheit: Lehrende sollen gewährleisten, dass behinderte und chronisch kranke Studierende gleichberechtigt lernen können, indem sie ihre

Lehrveranstaltungen und Lehrmaterialien, falls erforderlich, für Menschen mit unterschiedlichen Bedarfen aufbereiten (z.B. gut strukturierte und lesbare Power-Point-Präsentationen, Materialien in Großdruck etc.).

- Strukturelle Barrierefreiheit: Hierunter werden die gleichberechtigte Nutzungsmöglichkeit von zentralen Einrichtungen und Diensten der Hochschule (wie Bibliotheken oder Seminarräume, durch z.B. Stehpulte für Menschen mit Rückenschäden), sowie die Berücksichtigung der Situation der Betroffenen in den Zulassungs- und Prüfungsordnungen der Hochschule (rechtliche Verankerung von Nachteilsausgleichen wie beispielsweise Zeitverlängerungen bei Klausuren oder Prüfungen oder das Nutzen von Assistenzkräften zur Schreibunterstützung) verstanden (vgl. Degener 2009, 19).

Ziel des Projektes ist es, die Bedingungen für behinderte und chronisch kranke Studierende an der HAWK deutlich zu verbessern. Im ersten Projektabschnitt (2007–2008) führte die eingestellte Wissenschaftliche Mitarbeiterin eine hochschulweite Befragung zu den Studienbedingungen für Studierende mit unterschiedlichen Beeinträchtigungen (blinde, sehbehinderte, hörbehinderte, gehörlose, körperbehinderte und chronisch kranke Menschen) durch. Weiterhin wurden die baulichen Barrieren am Beispiel einer Fakultät erhoben und eine Checkliste zur Erhebung von Barrieren entwickelt, die auf andere Fakultäten angewendet werden kann. Für die untersuchte Fakultät wurde ein erster Maßnahmeplan zur Herstellung von Barrierefreiheit vorgelegt.

Im zweiten Projektabschnitt (2008–2010) konnte die Untersuchung von Barrieren auf weitere Fakultäten ausgedehnt werden. Erste Verbesserungen wie z.B. Orientierungshilfen für Rollstuhlfahrer, Braillebeschriftungen für blinde Menschen oder die Einrichtung eines Ruheraumes wurden bereits in die Praxis umgesetzt. Die Wiss. Mitarbeiterin erarbeitete zudem ein Curriculum zur Schulung von Lehrenden und anderen Hochschulmitarbeitern (wie Hausmeistern, Mitarbeitern aus Prüfungs- und Immatrikulationsämtern) und erprobte das Curriculum in der Praxis. In interdisziplinären Lehrveranstaltungen mit Studierenden aus den Fakultäten Bauwesen, Gestaltung sowie Soziale Arbeit und Gesundheit wurden gemeinsam Lösungsvorschläge zur Verbesserung der Barrierefreiheit anhand von Einzelfragen erarbeitet.

Das Projekt wird, nach Bewilligung einer weiteren Phase, zusätzlich zur Weiterführung der bereits beschriebenen Aktivitäten, die Arbeitshilfe zur Umsetzung der HRK-Empfehlung „Eine Hochschule für Alle“ sowie den Leitfaden des Deutschen Studentenwerks für die Gutachter der Akkreditierungsagenturen gemeinsam mit den verschiedenen Fakultäten durcharbeiten und einen langfristigen Aktionsplan aufstellen. Geplant ist zudem eine Zusammenarbeit mit regionalen Netzwerken aus Behindertenverbänden und -initiativen, Trägern der Behindertenhilfe, Vertretern der Stadt usw., um den Standort Hildesheim für Studierende mit Behinderungen attraktiver zu gestalten.

Schon jetzt sind eine enorme Steigerung der Beratungsnachfragen durch Studierende mit unterschiedlichen Beeinträchtigungen und ein selbstbewussterer

Umgang der Betroffenen mit ihrer Situation zu verzeichnen. Insgesamt lässt sich festhalten, dass die HAWK auf ihrem Weg, eine barrierefreie Hochschule zu werden, durch die Aktivitäten des Projektes ein großes Stück vorangekommen ist.

Ein Rückblick auf die vergangenen 30 Jahre zeigt, dass die barrierefreie (Um)Gestaltung der Gesellschaft nicht nebenbei oder durch einmalige Aktionen erreicht wird, sondern als langfristiger, kontinuierlicher Prozess zu verstehen ist. Immer wenn neue Gebäude gebaut, Verkehrsmittel angeschafft oder Räumlichkeiten umgestaltet werden, stellt sich die Frage, welche Maßnahmen ergriffen werden müssen, um keine Nutzergruppe zu benachteiligen. Das konsequente Eintreten für Barrierefreiheit, so wurde in diesem Beitrag an verschiedenen Stellen deutlich, ist notwendig und lohnenswert.

Literatur

Degener, T. (2009): Auf dem Weg zu einer barrierefreien EFH RWL. Abschlussbericht zum Projekt/Kurzfassung. Hrsg. von der Evangelischen Fachhochschule Rheinland-Westfalen-Lippe. Bochum. URL: http://www.efhbochum.de/aktuell/neue_publikationen.html. Zuletzt aufgerufen am 14. 04. 2010.

HAWK Webseite. Studierenden mit Behinderung. Barrierefreie HAWK. URL: http://www.hawk-hhg.de/studium/147339.php. Zuletzt aufgerufen am 16. 04. 2010.

Hermes, G. (Hrsg.) (1998): Traumland USA? Zwischen Antidiskriminierung und sozialer Armut. Kassel.

Isserstedt, W.; Middendorff, E.; Fabian, G.; Wolter, A. (2007): Die wirtschaftliche und soziale Lage der Studierenden in der Bundesrepublik Deutschland 2006. 18. Sozialerhebung des Deutschen Studentenwerks durchgeführt durch HIS Hochschul-Informations-System, hrsg. durch das BMBF. Bonn/Berlin.

Stötzer, B. (2009): Barrierefreier Zugang zu Gesundheitsleistungen und individuell angepasste Versorgung, insbesondere im Hilfsmittelbereich. Vortrag im Rahmen der Fachkonferenz alle inklusive! Die neue UN-Konvention und die Gesundheitspolitik für Menschen mit Behinderungen, 12. Feb. 2009. München.

Stricker, S. (o. J.): Barrierefreiheit (BF) in der Behindertenrechtskonvention (BRK), o. O., o. J. URL: http://www.behindertenbeauftragte.bayern.de/pdf/ReferatStricker.pdf. Zuletzt aufgerufen am 16. 04. 10.

11.2 Inklusion und Barrierefreiheit

Volker Sieger

Einleitung

Die Bedeutung der Barrierefreiheit spiegelt sich in Deutschland seit vielen Jahren in diversen Entwicklungen wie z.B. auf dem Feld der Normung oder der Baugesetzgebung, aber auch im Behindertengleichstellungsgesetz des Bundes (BGG) sowie den entsprechenden Gesetzen der Bundesländer wider. Ungeachtet dessen bedurfte es offensichtlich der UN-Konvention über die Rechte von Menschen mit Behinderungen, um die Vielschichtigkeit dieses Themas und seine Bedeutung für die Inklusion behinderter Menschen angemessen zum Ausdruck zu bringen. Mit der Behindertenrechtskonvention wird deutlich, wie sehr fehlende Barrierefreiheit die Rechte behinderter Menschen beschneidet und wie zwingend sie erforderlich ist, um ihnen von Anfang an und ein ganzes Leben lang eine gleichberechtigte und selbstbestimmte gesellschaftliche Teilhabe zu ermöglichen.

Zentrale Aussagen der UN-Konvention

Wesentliche Grundlage für die Aussagen der UN-Konvention zum Thema Barrierefreiheit ist die in ihrer Präambel formulierte Erkenntnis, dass Behinderung u.a. aus der Wechselwirkung zwischen Menschen mit Beeinträchtigungen und umweltbedingten Barrieren entsteht, wodurch eine volle, wirksame und gleichberechtigte Teilhabe an der Gesellschaft verhindert wird. Die Ursache für fehlende Teilhabe wird also nicht eindimensional auf die jeweilige Beeinträchtigung eines Menschen zurückgeführt, sondern auch und gerade auf vorhandene Barrieren, die eine Beeinträchtigung erst zu einem Problem in Bezug auf gesellschaftliche Teilhabe werden lassen.

Dieser Logik entsprechend definiert die Konvention Diskriminierung auch nicht nur im Sinne einer fehlenden formalen Gleichstellung. Vielmehr weist sie ausdrücklich darauf hin, dass darunter ebenso jede Ausschließung oder Beschränkung zu verstehen ist, die zur Folge hat, dass die politischen, wirtschaftlichen, sozialen, kulturellen oder bürgerlichen Grundfreiheiten nicht oder nicht ausreichend ausgeübt werden können. Fehlende oder unzureichende Barrierefreiheit stellt demnach grundsätzlich eine Diskriminierung dar. Auch wenn Barrieren nicht mit Absicht errichtet wurden, so haben sie doch den Ausschluss beziehungsweise die Beschränkung behinderter Menschen zur Folge.

Über die Anerkennung des reinen Sachverhaltes, dass Barrieren Diskriminierung zur Folge haben können, geht die UN-Konvention schließlich noch einen wesentlichen Schritt hinaus. Sie legt fest, dass auch die Versagung angemessener Vorkehrungen zur Beseitigung von Barrieren den Tatbestand der Diskriminierung erfüllt. In Konsequenz bedeutet dies, dass sich staatliches Handeln in Deutschland, für das die Behindertenrechtskonvention seit dem 26. März 2009 verbindlich ist, nicht mehr nur, wie in der Vergangenheit zumeist üblich, darauf beschränken darf, Barrierefreiheit im Rahmen von Neubaumaßnahmen oder Neuanschaffungen herzustellen.

Verpflichtungen

In Artikel 4 der Behindertenrechtskonvention verpflichten sich die Vertragsstaaten, „alle geeigneten Gesetzgebungs-, Verwaltungs- und sonstigen Maßnahmen ... zu treffen", damit Menschen mit Behinderung in den vollen Genuss der Grundrechte kommen können. Darüber hinaus verpflichten sie sich nicht nur, bestehende Rechtsvorschriften, die eine Diskriminierung darstellen, aufzuheben oder zu ändern, sondern auch dazu, Maßnahmen gegen diskriminierende Gepflogenheiten und Praktiken zu ergreifen. Ausdrücklich gelten die Verpflichtungen der UN-Konvention, „ohne Einschränkung oder Ausnahme für alle Teile eines Bundesstaats". Letzteres ist für die Herstellung von Barrierefreiheit in Deutschland sehr wichtig, da der überwiegende Teil der Baugesetzgebung und damit einhergehender Regelungen Sache der Bundesländer ist.

In Artikel 9 werden die allgemeinen Verpflichtungen aus Artikel 4 in Bezug auf Barrierefreiheit konkretisiert. Die Vertragsstaaten verpflichten sich, Maßnahmen zu ergreifen, die behinderten Menschen einen gleichberechtigten Zugang zur gebauten Umwelt, zu Transportmitteln sowie zu Information und Kommunikation ermöglichen. Diese Anforderung ist für sich genommen schon deutlicher Ausdruck dessen, was das Ziel einer inklusiven Gesellschaft ausmacht. Zusammen mit weiteren Bestimmungen der Konvention, etwa hinsichtlich des Zugangs zu Bildung und Arbeit, zum Rechtssystem oder zu Erholung, Freizeit und Sport, wird deutlich, welch entscheidendes Kettenglied die Herstellung umfassender Barrierefreiheit hinsichtlich der Inklusion von Menschen mit Behinderung darstellt.

Politik und Gesetzgebung in Bund und Ländern werden sich in den kommenden Jahren an den genannten Verpflichtungen messen lassen müssen. Um beurteilen zu können, ob der bestehende rechtliche Rahmen für einzelne Bereiche, in denen Barrierefreiheit eine zentrale Rolle für die Inklusion spielt, ausreicht, ob Änderungen notwendig sind oder ob Gepflogenheiten und Praktiken eine diskriminierende Wirkung entfalten, soll die Situation für diese Bereiche im Folgenden näher betrachtet werden.

Bauen

Barrierefreies Bauen hat in Deutschland in den vergangenen Jahren zweifelsohne enorm zugenommen. Ursache dafür ist vor allem der Umstand, dass in fast allen

Bundesländern die einschlägigen DIN-Normen für Barrierefreies Bauen[1] ganz oder teilweise in die Liste der technischen Baubestimmungen aufgenommen wurden. Damit sind sie zumindest bei Neubauten ohne Wenn und Aber anzuwenden. Für Modernisierungen und Umbauten gelten sie sinngemäß.

Die Einführung dieser DIN-Normen als technische Baubestimmungen betrifft den Bau öffentlich zugänglicher Gebäude ebenso wie den Bau von Wohnungen. Bei Letztgenannten stellt sich aber bereits die Frage, inwieweit die Verpflichtungen aus der Behindertenrechtskonvention mit den vorhandenen Instrumenten tatsächlich erfüllt werden können. In Deutschland liegt der Anteil der Modernisierung des Altwohnungsbestandes gegenüber dem Neubau von Wohnungen um ein Vielfaches höher. Zwar unterliegen auch Modernisierungsmaßnahmen grundsätzlich der jeweiligen Landesbauordnung. Ein Gestrüpp aus Zumutbarkeitsaspekten in Kombination mit der verringerten Rolle der Bauaufsicht und den vereinfachten Baugenehmigungsverfahren führt jedoch dazu, dass bei der Modernisierung des Mietwohnungsaltbestandes Aspekte der Barrierefreiheit praktisch nicht, noch nicht einmal sinngemäß, berücksichtigt werden. Damit werden barrierefreie (Miet-)Wohnungen in Deutschland noch für Jahrzehnte Mangelware bleiben.

Dies widerspricht zweifelsfrei dem Gedanken einer inklusiven Gesellschaft. Denn eine solche hätte zur Bedingung, dass ein behinderter Mensch tatsächlich die Wahl hat, ob er oder sie beispielsweise in einem Neubaugebiet am Stadtrand oder lieber in der historischen Altstadt wohnen möchte. So wird in Artikel 19 der Behindertenrechtskonvention auch explizit darauf hingewiesen, dass Menschen mit Behinderung gleichberechtigt die Möglichkeit haben müssen zu entscheiden, wo sie leben möchten.

Aber auch in Bezug auf den Neubau von öffentlich zugänglichen Gebäuden und Wohnungen existieren Praktiken, die der Umsetzung der UN-Konvention entgegenstehen. Unter dem Gesichtspunkt der Deregulierung und Entbürokratisierung wurden in den vergangenen Jahren zahlreiche Bestimmungen in Bezug auf Baugenehmigung und Bauaufsicht gelockert oder abgeschafft. So ist für immer weniger Gebäude eine Baugenehmigung erforderlich, und auch die Aufsichtstätigkeit der Baubehörden beschränkt sich in der Regel auf die Prüfung von Statik und Brandschutz. Zwar sind Gebäude auch ohne Baugenehmigung und Abnahme durch die Bauaufsichtsbehörde nach den einschlägigen rechtlichen Vorgaben zu bauen, was zumeist die Barrierefreiheit einschließt. Jedoch ist die Fehlerquote in der Planung und Bauausführung so hoch, dass viele in den vergangenen Jahren neugebaute Objekte nicht oder nur unzureichend barrierefrei sind. Da dieser Umstand ein durchgängiges Phänomen in allen 16 Bundesländern ist, steht außer Frage, dass trotz eines im Großen und Ganzen ausreichenden rechtlichen Instru-

1 DIN 18024–2 Barrierefreies Bauen, Öffentlich zugängige Gebäude und Arbeitsstätten, Planungsgrundlagen, Ausgabe 1996–11; DIN 18025–1 Barrierefreie Wohnungen, Wohnungen für Rollstuhlbenutzer, Planungsgrundlagen, Ausgabe 1992–12; DIN 18025–2 Barrierefreie Wohnungen, Planungsgrundlagen, Ausgabe 1992–12.

mentariums dringender Handlungsbedarf hinsichtlich bestehender Gepflogenheiten und Praktiken besteht.

Mobilität

Dass individuelle Mobilität wesentlicher Bestandteil einer inklusiven Gesellschaft ist, dürfte außer Frage stehen. Als Fortbewegungsmittel kommen neben Bus und Bahn, also dem klassischen öffentlichen Personenverkehr, auch zum Beispiel das Taxi oder das Flugzeug in Frage. Der rechtliche Rahmen für die einzelnen Beförderungsmittel ist jedoch sehr unterschiedlich.

Alleine was den Bahnverkehr angeht, muss bereits grundsätzlich zwischen Fern- und Nahverkehr unterschieden werden. Während in Deutschland fast alle Fernverkehrsstrecken ebenso wie die meisten Bahnhöfe von der Deutschen Bahn AG beziehungsweise ihren Tochtergesellschaften betrieben werden, existiert im Nahverkehr auf der Schiene ein harter Wettbewerb. Die Deutsche Bahn hat in den letzten Jahren als Folge von Ausschreibungen zunehmend Nahverkehrsstrecken an ihre Konkurrenten verloren. Zwar wurden mit dem BGG im Jahr 2002 alle Eisenbahnen verpflichtet, Programme zur Herstellung von Barrierefreiheit aufzustellen. Gegriffen hat dieses Instrumentarium jedoch weitgehend nur im Fernverkehr und in Bezug auf die Barrierefreiheit an Bahnhöfen. Trotz aller Unzulänglichkeiten – beispielsweise was die eingeschränkten Service-Zeiten vor allem an kleineren Bahnhöfen angeht oder auch die Ausnahmen hinsichtlich der Herstellung von Barrierefreiheit an Stationen mit weniger als 1000 Reisenden pro Tag – ist im Programm der Deutschen Bahn (Deutsche Bahn AG 2005) nachvollziehbar beschrieben, in welchen Schritten und Zeithorizonten der Bahnverkehr barrierefrei ausgestaltet werden soll. Im Nahverkehr hingegen wird Barrierefreiheit von den Wettbewerbern eher als finanzielle Belastung denn als Wettbewerbsvorteil angesehen. Hier wäre die wirkungsvollste Methode, einen zufriedenstellenden Grad der Barrierefreiheit zu erreichen, wenn die Bundesländer als Besteller der Nahverkehrsleistungen auf der Schiene von allen Wettbewerbern die Erfüllung gleich hoher und geeigneter Standards verlangen würden. Leider wird dies nur in wenigen Bundesländern praktiziert. Ansonsten wird in den betreffenden Ausschreibungen zumeist den Anbietern und damit de facto der Fahrzeugindustrie die Definition dessen überlassen, was Barrierefreiheit ausmacht.

Im öffentlichen Personennahverkehr auf der Straße, aber auch mit Straßen- und U-Bahnen, existiert seit Inkrafttreten des BGG mit dem Nahverkehrsplan, den die Kommunen für einen Zeitraum von in der Regel fünf Jahren regelmäßig aufstellen, ein geeignetes Instrument, um den Gedanken der Inklusion systematisch in kommunales Handeln zu integrieren. Das durch das BGG geänderte Personenbeförderungsgesetz (PBefG) sieht die Berücksichtigung der Barrierefreiheit in kommunalen Nahverkehrsplänen vor, darüber hinaus sind bei deren Aufstellung die örtlichen Behindertenbeauftragten anzuhören. Zwar ist der Nahverkehrsplan letztlich nur eine politische Absichtserklärung der Kommune, wie sie zukünftig ihren

ÖPNV gestalten will. Dennoch handelt es sich hierbei, sofern die Vorgaben aus dem PBefG beachtet werden, um planmäßiges Vorgehen, dessen Resultate spätestens nach fünf Jahren überprüft werden können. Vergleichbare Planungen wären sicherlich auch in anderen Bereichen hilfreich und wünschenswert. Ausgenommen von den Vorgaben des jeweiligen Nahverkehrsplans sind allerdings Buslinien, die nicht im öffentlichen Auftrag betrieben werden. Hier bleibt vor dem Hintergrund der derzeitigen Rechtslage in Deutschland nur das Instrument der Zielvereinbarung, d. h. Behindertenverbände und Unternehmen schließen auf freiwilliger Basis eine entsprechende Vereinbarung über die Berücksichtigung der Belange behinderter Menschen ab, wie dies beispielsweise in Rheinland-Pfalz für den Zubringerverkehr zum Flughafen Frankfurt-Hahn geschehen ist[2].

In zahlreichen Kommunen, insbesondere im ländlichen Raum, ist das Taxigewerbe auch Teil des ÖPNV, wenn zum Beispiel Anrufsammeltaxis den vorhandenen Nahverkehr ergänzen. Nur in diesem Fall ist die Wahrscheinlichkeit hoch, dass über kurz oder lang die entsprechenden Fahrzeuge barrierefrei zugänglich sein werden. Ansonsten gibt es keinerlei Bestimmungen, die das Taxigewerbe dazu verpflichten, Fahrzeuge vorzuhalten, die auch Menschen mit Behinderung nutzen können. Insbesondere für Rollstuhlnutzer bedeutet dies, dass sie als Alternative zum ÖPNV wohl noch für viele Jahre auf so genannte Behindertenfahrdienste zurückgreifen müssen. Ein Umstand, der unter dem Gesichtspunkt der Inklusion anachronistisch erscheint. Dabei ist es den Bundesländern nach § 47 PBefG sogar gestattet, durch Rechtsverordnung etwas anderes zu regeln und dem Taxigewerbe entsprechende Vorgaben zu machen. Bislang hat aber noch kein einziges Bundesland von diesem Instrument Gebrauch gemacht.

Im Luftverkehr wird deutlich, wie unzulänglich rechtliche Instrumente sein können, die in erster Linie auf die individuellen Rechte behinderter Menschen bei der Beförderung abstellen. So existiert in der Europäischen Union seit 2006 eine Verordnung über die Rechte behinderter Flugreisender (EU 2006), mit der eine diskriminierungsfreie Beförderung sichergestellt werden soll. Allerdings versäumt es diese Verordnung, Vorgaben für die barrierefreie Gestaltung der Flugzeuge zu machen. So können vor allem Rollstuhlnutzer nach wie vor die Toiletten in Flugzeugen nicht oder nur sehr eingeschränkt nutzen. Auch sind sie darauf angewiesen, in sehr erniedrigender Art und Weise mit fremder Hilfe an und von Bord zu gelangen. Auch wenn die EU ebenfalls der UN-Behindertenrechtskonvention beigetreten ist, ist eine Änderung dieser diskriminierenden Praxis im europäischen Flugverkehr nicht abzusehen.

2 Zielvereinbarung vom 02. 07. 2007: Barrierefreier Shuttleverkehr zwischen Flughafen Frankfurt-Hahn – Mainz Hauptbahnhof – Flughafen Frankfurt (http://www.bmas.de/portal/14080/2007_07_02_barrierefreier_shuttleverkehr.html).

Information und Kommunikation

Der Zugang zu Information und Kommunikation sowie zu Informations- und Kommunikationstechnologien ist gerade für blinde und sehbehinderte sowie gehörlose und schwerhörige Menschen der Maßstab für eine inklusive Gesellschaft. Der Bund hat hierzu für seinen Hoheitsbereich bereits im Jahr 2002 mit dem BGG erste wesentliche Schritte unternommen. In dessen Folge wurden die Barrierefreie Informationstechnik-Verordnung (BITV) und die Kommunikationshilfenverordnung (KHV) erlassen (Bundesministerium 2002). Erstgenannte schreibt vor, dass die Internetangebote des Bundes und seiner Behörden nach einheitlichen Kriterien barrierefrei zugänglich sein müssen. Letztgenannte regelt, dass Träger der öffentlichen Gewalt im Verwaltungsverfahren betroffenen Personen auf Wunsch Gebärdensprachdolmetscher oder andere geeignete Kommunikationshilfen zur Verfügung stellen müssen. Mit § 6 BGG wurde außerdem die Deutsche Gebärdensprache als eigenständige Sprache anerkannt.

Während die Bundesländer für ihren Hoheitsbereich in der Zwischenzeit ebenfalls entsprechende Regelungen getroffen haben, ist der Zugang zu Information und Kommunikation für Menschen mit Sinneseinschränkungen abseits der genannten Bereiche nach wie vor sehr schwierig. So ist beispielsweise das Massenmedium Fernsehen nach wie vor nicht in der Lage, für Filme generell eine Untertitelung anzubieten oder Nachrichten- und Informationssendungen auch mit Gebärdensprache auszustrahlen. Dies gilt mit wenigen Ausnahmen auch für die öffentlich-rechtlichen Sender. Gerade diese hätten jedoch die Aufgabe, eine Vorreiterrolle bei der Umsetzung der Menschenrechte einzunehmen und könnten damit einen wesentlichen Beitrag für eine inklusive Medienlandschaft leisten. Auf Dauer wird sich aber wohl kein öffentlich-rechtlicher Sender, auch und gerade weil das Programm über Gebühren finanziert wird, sträuben können, den Gedanken der Inklusion aufzunehmen und entsprechende Maßnahmen umzusetzen. Denn schließlich haben sich die Vertragsstaaten der UN-Konvention in Artikel 21 auch dazu verpflichtet, alle geeigneten Maßnahmen zu treffen, damit Menschen mit Behinderung in die Lage versetzt werden, sich Informationen gleichberechtigt und in der von ihnen benötigten Form zu beschaffen und solche explizit auch empfangen zu können.

Während der Rechtscharakter der öffentlich-rechtlichen Rundfunkanstalten die Hoffnung nährt, dass sich dort bald etwas ändern könnte, gilt für die privaten Fernsehsender das, was hinsichtlich Information und Kommunikation praktisch für die gesamte Privatwirtschaft gilt. Eine Verpflichtung zur Herstellung von Barrierefreiheit existiert in Deutschland nicht. Neben dem Fernsehen ist vor allem die fehlende barrierefreie Zugänglichkeit zum Internet ein Indiz dafür, wie weit wir noch von einer inklusiven Mediengesellschaft entfernt sind. Gerade hier zeigt sich der große Schwachpunkt des BGG. Das Gesetz hat praktisch keinen Eingriff in die Privatwirtschaft vorgenommen. Es enthält lediglich das Instrument der Zielvereinbarung, mit dem Behindertenverbände auf der einen und Unternehmen oder Unternehmensverbände auf der anderen Seite einvernehmlich die Herstellung von

Barrierefreiheit festschreiben sollen. Einen Anspruch auf Abschluss einer Zielvereinbarung haben die Behindertenverbände nicht. Dementsprechend ist das bisherige Ergebnis, nachzulesen im Zielvereinbarungsregister des Bundes[3], auch entsprechend dürftig. Da aber die Angebote für Information und Kommunikation maßgeblich in den Händen privater Anbieter liegen, rächt sich auf diesem Feld heute die Zurückhaltung des Gesetzgebers im Jahr 2002. Im Großen und Ganzen ist das BGG hier keine Hilfe auf dem Weg zu einer inklusiven Gesellschaft und kann nur wenig zur Umsetzung der Behindertenrechtskonvention beitragen. Aber auch hier greift Artikel 21 der Konvention, der von den Vertragsstaaten entsprechende Initiativen, nicht zwingend gesetzliche Vorgaben, verlangt, damit auch die private Wirtschaft barrierefreies Informieren und Kommunizieren ermöglicht.

Bildung

Inklusive Bildung ist nicht Thema dieses Beitrages. Weil aber die Inklusion behinderter Kinder und Jugendlicher in unser Bildungssystem, gerade auch im internationalen Vergleich, derart unbefriedigend ist (vgl. Demmer 2009), stellt sich die Frage, ob neben bildungspolitischen Praktiken, die Inklusion verhindern, nicht auch noch andere Faktoren eine Rolle spielen. Zweifelsohne ist die vielfach nicht vorhandene Barrierefreiheit der Schulen ein solcher Faktor.

Zwar verfügen die Landesbauordnungen in der Regel über einen Passus, der besagt, dass auch Schulen barrierefrei gebaut werden müssen. Wie aber bereits oben erwähnt, beziehen sich diese Vorgaben ohne Einschränkung nur auf neue Schulgebäude. Ansonsten gilt der Grundsatz der Verhältnismäßigkeit, wenn es um die Frage geht, ob ein bestehendes Schulgebäude nachträglich barrierefrei umgebaut werden muss oder nicht. Und hier erweisen die Schulgesetze und -verordnungen der Bundesländer dem Gedanken der inklusiven Bildung einen Bärendienst. Denn in ihnen ist fast immer ein Passus enthalten, der besagt, dass für den Besuch einer Regelschule durch behinderte Schülerinnen und Schüler die räumlichen und sächlichen Voraussetzungen vorhanden sein müssen. Konkret heißt das, die Schulgebäude und die einzelnen Klassenzimmer müssen barrierefrei zugänglich und mit assistiven Technologien ausgestattet sein. Ist das nicht der Fall und stehen für entsprechende nachträgliche Maßnahmen nicht unmittelbar finanzielle Mittel zur Verfügung, relativiert sich in der Praxis unmittelbar der Anspruch des behinderten Kindes auf eine inklusive Beschulung.

Angesichts der immens hohen Quote an Kindern mit Behinderung, die in Deutschland in einer Sonderschule unterrichtet werden, ist zumindest zu erahnen, dass zukünftig nicht nur der bildungspolitische Wille zur gemeinsamen Beschulung von behinderten und nichtbehinderten Kindern wesentliche Voraussetzung sein wird, um ein inklusives Bildungssystem zu erreichen, sondern auch die Herstellung von Barrierefreiheit im Schulbestand.

3 http://www.bmas.de/portal/19564/2007_09_21_zielvereinbarungsregister.html.

Freizeit und Tourismus

Artikel 30 der Behindertenrechtskonvention befasst sich mit der Teilhabe am kulturellen Leben sowie an Erholung, Freizeit und Sport. Darunter fällt beispielsweise der Zugang zu Theatern, Museen, Kinos, Bibliotheken oder Sportstätten. Hier greifen im Wesentlichen die Regelungen zum barrierefreien Bauen, die oben bereits besprochen wurden. Darüber hinaus verpflichten sich die Vertragsstaaten in Artikel 30 auch dazu, alle geeigneten Maßnahmen zu treffen, um behinderten Menschen den Zugang zu Tourismusdienstleistungen, eine gleichberechtigte Teilnahme an Erholungs- und Freizeitaktivitäten sowie den Zugang zu Erholungs- und Tourismusstätten zu ermöglichen.

Betrachtet man vor diesem Hintergrund die laufenden Aktivitäten im Bereich des Tourismus in Deutschland, muss man konstatieren, dass wir von einem auch nur ansatzweise flächendeckenden Angebot, welches die Bedürfnisse behinderter Menschen ganz selbstverständlich und von vornherein berücksichtigt, noch meilenweit entfernt sind. Seit mehr als drei Jahrzehnten bemühen sich die Betroffenenverbände, Barrierefreiheit als wesentliches Merkmal im deutschen Tourismus zu etablieren. Auch die Bundesregierung (Bundesministerium 2009) und der Deutsche Bundestag (2007) befassen sich regelmäßig mit dem Thema und haben bereits verschiedene Studien (Bundesministerium 2008) dazu in Auftrag gegeben. Sollte sich ein barrierefreier Tourismus allerdings in dem Tempo entwickeln, in dem das bislang der Fall war, werden wir noch weitere Jahrzehnte auf inklusive Verhältnisse warten müssen.

Zum Teil ist dies sicherlich ein strukturelles Problem. Denn für alle Teilaspekte eines barrierefreien Tourismus sind unterschiedliche Zuständigkeiten gegeben. Um aus der Vielzahl touristischer Angebote ganz selbstverständlich das auswählen zu können, das einem am besten zusagt, reicht es nicht, wenn die Unterkunft vor Ort zugänglich und nutzbar ist. Vielmehr kommt es darüber hinaus darauf an, ob eine durchgängig barrierefreie Beförderungskette zum Urlaubsort hin und wieder zurück existiert. Kann man beispielsweise als Rollstuhlnutzer, der mit dem Flugzeug oder der Bahn anreist, vom Ankunftsort bis zum Ort der Unterkunft mit barrierefreien Verkehrsmitteln weiterreisen oder stehen am Flughafen oder Bahnhof nur hochflurige Reisebusse und Taxen, die Rollstuhlnutzer nicht im Sitzen befördern können, zur Verfügung? Aber auch die Mobilität am Urlaubsort selbst ist von großer Bedeutung. Was nützen die schönsten Sehenswürdigkeiten, wenn man diese nicht barrierefrei erreichen kann? Selbstverständlich ist anders herum der beste öffentliche Personennahverkehr im Urlaub weitgehend nutzlos, wenn die erwähnten Sehenswürdigkeiten, aber beispielsweise auch Schwimm- oder Strandbäder nicht zugänglich und nutzbar sind. Und selbstverständlich ist auch eine vollkommen barrierefrei ausgebaute Infrastruktur wenig hilfreich, wenn praktisch kein Angebot an barrierefreien Unterkünften existiert.

Während die skizzierten Aspekte eines barrierefreien Urlaubs neben der Herstellung der Barrierefreiheit im Einzelnen, an der es ohnehin schon oft genug hapert, vor allem ein systematisches Zusammenarbeiten aller beteiligten Akteure erfordert, sind manche Dinge in Deutschland aber auch hausgemacht. Unzweifelhaft ist, dass einen wesentlichen Aspekt der Freizeitgestaltung, nicht nur im Urlaub, der Gastronomiebesuch ausmacht. Während sich in manchen europäischen Ländern behinderte Menschen, insbesondere Rollstuhlnutzer, nur sehr wenig Gedanken darüber machen müssen, ob das Gastronomieangebot zugänglich und nutzbar ist, d. h. auch über eine so genannte Behindertentoilette verfügt, ist dies hierzulande gänzlich anders. Stufenlos zugängliche Restaurants und Kneipen sind schon selten, Behindertentoiletten in der Gastronomie müssen mancherorts wie die berühmte Stecknadel im Heuhaufen gesucht werden.

Dabei war mit der Änderung des Gaststättengesetzes (GastG) 2002 eigentlich eine wichtige Grundlage für mehr Barrierefreiheit in diesem Bereich geschaffen worden. Aber schon in der Folgezeit stellte sich heraus, dass die entsprechende Regelung, mit der Barrierefreiheit vor allem bei bestehenden Betrieben im Zusammenhang mit Pächterwechseln und nicht baugenehmigungspflichtigen Komplettrenovierungen hergestellt werden sollte, zumeist ins Leere lief. Besagte Regelung sieht die Möglichkeit der Versagung einer entsprechenden Konzession für einen Betreiber vor. Die Erteilung einer solchen liegt jedoch bei den Ordnungsbehörden der Kommunen. Diese jedoch ignorierten und ignorieren nach wie vor diese Vorgabe, wobei ihnen unter dem Gesichtspunkt der Verhältnismäßigkeit des finanziellen Aufwandes großer Gestaltungsspielraum zusteht. Und als ob diese unbefriedigende Situation nicht schon genug gewesen wäre, wurde mit der Föderalismusreform im Jahr 2006 die Zuständigkeit für das Gaststättengewerbe auch noch vom Bund auf die Länder übertragen. Damit greift das ohnehin schon vielfach wirkungslose Gaststättengesetz, wenn es um die Barrierefreiheit geht, nur noch in den Bundesländern, in denen kein eigenes Gesetz geschaffen wird beziehungsweise wurde. In Brandenburg und Thüringen etwa, die in der Zwischenzeit über eigene Gaststättengesetze verfügen, ist eine entsprechende Bestimmung zur Herstellung von Barrierefreiheit bei bestehenden Gastronomiebetrieben nicht mehr enthalten (vgl. BbgGastG 2008 sowie ThürGastG 2008).

Ausbildung, Wissenschaft und Forschung

Für die Herstellung umfassender Barrierefreiheit in der gebauten Umwelt, bei der Mobilität sowie in Information und Kommunikation ist zweifelsfrei die Qualität der verschiedenen genannten rechtlichen Regelungen von großer Bedeutung. Jedoch haben die vergangenen Jahre gezeigt, dass positive rechtliche oder auch finanzielle Rahmenbedingungen nicht selten durch ein großes Maß an Unkenntnis, bisweilen auch Ignoranz gegenüber dem Thema Barrierefreiheit konterkariert werden.

Um den Prozess der Herstellung von Barrierefreiheit in allen gesellschaftlichen Bereichen zu fördern, zu verstetigen und nachhaltig zu gestalten, ist deshalb von großer Bedeutung, dass das Thema auch Einzug in die Lehrpläne und Prüfungsordnungen der Hochschulen und Ausbildungsberufe hält. Denn Barrierefreiheit betrifft nicht nur einige wenige Experten, sondern berührt unmittelbar die Arbeit von Architekten, Ingenieuren, Web-Designern, Sanitärinstallateuren, Reisekaufleuten oder Hotelfachangestellten, um nur einige Berufsgruppen zu nennen.

Aber auch Studien und Forschungsprojekte müssten die Belange behinderter Menschen und im konkreten Fall die Barrierefreiheit, soweit dies sachlich angezeigt erscheint, im Sinne eines ‚Disability Mainstreaming' thematisieren. Die Fülle an Projekten in Deutschland, in denen die Barrierefreiheit ganz offensichtlich tangiert, diese aber nicht mit einem einzigen Satz erwähnt wird, ist geradezu beängstigend.

Fazit

Die völkerrechtlichen Vorgaben der UN-Konvention über die Rechte von Menschen mit Behinderungen verdeutlichen, wie weit selbst ein so hochentwickeltes Land wie die Bundesrepublik Deutschland noch von einer tatsächlich barrierefreien und inklusiven Gesellschaft entfernt ist. Trotz aller Fortschritte, die es in den letzten Jahren und Jahrzehnten in den verschiedenen Bereichen zu verzeichnen gibt, wird auch deutlich, dass die Bemühungen um Barrierefreiheit hierzulande einem Flickenteppich gleichen. Das ist allenfalls in kleinerem Maße dem Umstand geschuldet, dass die Zuständigkeiten in vielen Fällen nicht beim Bund, sondern bei den Ländern liegen. Auch wenn sich hierdurch in dem einen oder anderen Bundesland Entwicklungen ergeben haben, die der Barrierefreiheit nicht gerade zuträglich waren oder nach wie vor sind, so liegt die eigentliche Ursache für fehlende oder unzureichende Barrierefreiheit tiefer. Es ist das mangelnde Verständnis der meisten Akteure dafür, was Inklusion in Bezug auf Barrierefreiheit eigentlich bedeutet.

Inklusion bedeutet eben nicht, dass man in einer Neubauwohnung am Stadtrand leben muss, weil es nur dort barrierefreien Wohnraum gibt. Inklusion bedeutet auch nicht, dass man im Gegensatz zu den eigenen Freunden auf eine Schule gehen muss, die 30 Kilometer vom Wohnort entfernt ist, weil nur diese barrierefrei ist. Inklusion bedeutet auch nicht, dass man Urlaub in den Bergen machen muss, weil man dort möglicherweise in der gesamten touristischen Servicekette auf die besonderen Bedürfnisse behinderter Menschen eingestellt ist, obwohl man doch eigentlich an die See fahren wollte. Und Inklusion bedeutet erst recht nicht, dass man mit seinen Freunden und Bekannten immer in dasselbe Restaurant gehen muss, weil es das einzige in der Stadt mit einer Behindertentoilette ist.

Inklusion bedeutet entgegen der weit verbreiteten Meinung in Deutschland eben nicht, dass einzelne barrierefreie Angebote und Möglichkeiten geschaffen werden, damit Menschen mit Behinderung nicht vollständig ausgegrenzt werden. Inklusion bedeutet vielmehr, dass Barrierefreiheit immer und überall mitgedacht wird, damit behinderte Menschen nicht erst in 100 Jahren gleichberechtigter Teil der Gesellschaft sind. Um dies zu erreichen, bedarf es weit mehr als das Aufstellen einzelner rechtlicher Regelungen. Darüber hinaus ist ein konsistenter Gesamtplan erforderlich, wie die Behindertenrechtskonvention umgesetzt und Inklusion damit auf allen Ebenen erreicht werden soll. Erste Ansätze hierzu gibt es[4], aber der Großteil der zurückzulegenden Wegstrecke liegt noch vor uns.

Literatur

Bundesministerium der Justiz (2002): Verordnung zur Schaffung barrierefreier Informationstechnik nach dem Behindertengleichstellungsgesetz (Barrierefreie Informationstechnik-Verordnung – BITV).

Bundesministerium der Justiz (2002): Verordnung zur Verwendung von Gebärdensprache und anderen Kommunikationshilfen im Verwaltungsverfahren nach dem Behindertengleichstellungsgesetz (Kommunikationshilfenverordnung – KHV).

Bundesministerium für Arbeit und Soziales: Zielvereinbarungsregister. Zielvereinbarungen zur Herstellung von Barrierefreiheit nach dem Gesetz zur Gleichstellung behinderter Menschen. Zu finden unter http://www.bmas.de/portal/19 564/2007_09_21_zielvereinbarungsregister.html.

Bundesministerium für Wirtschaft und Technologie (Hrsg.) (2008): Barrierefreier Tourismus für Alle in Deutschland – Erfolgsfaktoren und Maßnahmen zur Qualitätssteigerung. Berlin.

Bundesministerium für Wirtschaft und Technologie (Hrsg.) (2009): Tourismuspolitische Leitlinien der Bundesregierung. Berlin.

Brandenburgisches Gaststättengesetz (BbgGastG). 2008.

Demmer, U. (2009): Die unverdünnte Hölle. In: Der Spiegel. 2/2009, S. 26–29.

Deutsche Bahn AG (2005): Programm der Deutschen Bahn AG.

Deutscher Bundestag, Ausschuss für Tourismus: Kurzprotokoll – Öffentliche Anhörung vom 07. 11. 2007 zum Thema „Barrierefreies Reisen", Protokoll Nr. 16/43

DIN 18 024–2 Barrierefreies Bauen, Öffentlich zugängige Gebäude und Arbeitsstätten, Planungsgrundlagen, Ausgabe 1996–11;

DIN 18 025–1 Barrierefreie Wohnungen, Wohnungen für Rollstuhlbenutzer, Planungsgrundlagen, Ausgabe 1992–12;

DIN 18 025–2 Barrierefreie Wohnungen, Planungsgrundlagen, Ausgabe 1992–12

Europäische Union (2006): Verordnung (EG) Nr. 1107/2006 des Europäischen Parlaments und des Rates vom 5. Juli 2006 über die Rechte von behinderten Flugreisenden und Flugreisenden mit eingeschränkter Mobilität.

Gesetz zur Gleichstellung behinderter Menschen (Behindertengleichstellungsgesetz – BGG)

Ministerium für Arbeit, Soziales, Gesundheit, Familie und Frauen Rheinland-Pfalz (Hrsg.) (2010): Aktionsplan der Landesregierung – Umsetzung der UN-Konvention über die Rechte von Menschen mit Behinderungen. Mainz.

Thüringer Gaststättengesetz (ThürGastG). 2008

Übereinkommen über die Rechte von Menschen mit Behinderungen vom 13. 12. 2006.

Zielvereinbarung vom 02. 07. 2007: Barrierefreier Shuttleverkehr zwischen Flughafen Frankfurt-Hahn – Mainz Hauptbahnhof – Flughafen Frankfurt. Zu finden unter http://www.bmas.de/portal/14 080/2007_07_02_barrierefreier__shuttleverkehr.html.

4 Siehe z. B. Ministerium für Arbeit, Soziales, Gesundheit, Familie und Frauen Rheinland-Pfalz (Hrsg.): Aktionsplan der Landesregierung – Umsetzung der UN-Konvention über die Rechte von Menschen mit Behinderungen, Mainz 2010.

Die Autorinnen und Autoren

Karin Baumgärtner
Diplom-Sozialpädagogin, Würzburg

Beate Bettenhausen
Diplom-Biologin, Vorsitzende des Vereins Helfende Hände – Verein zur Förderung und Betreuung mehrfachbehinderter Kinder und Erwachsener e. V., München

Dr. Volker Daut
Akademischer Direktor am Lehrstuhl für Körperbehindertenpädagogik, Institut für Sonderpädagogik, Julius-Maximilians-Universität Würzburg

Reiner Düchting
Schulleiter, Schulzentrum Am Stoppenberg – Hauptschule – Tagesheimschule des Bistums Essen.

Prof. Dr. Alexandra Engel
Hochschule für angewandte Wissenschaft und Kunst, Fakultät Management, Bauen, Soziale Arbeit, Holzminden

Jacqueline Erk
Integrationsfachdienst, Würzburg

Karl Josef Faßbender
Diplom-Pädagoge, Department Heilpädagogik und Rehabilitation, Universität zu Köln

Prof. Dr. Gerd Hansen
Professor für Didaktik in schulischen und vorschulischen Rehabilitationsfeldern, Department Heilpädagogik und Rehabilitation, Universität zu Köln

Birgit Hennig
Diplom-Pädagogin, Lehrkraft für besondere Aufgaben am Institut für Sonder- und Rehabilitationspädagogik der Universität Oldenburg

Prof. Dr. Gisela Hermes
Hochschule für angewandte Wissenschaft und Kunst, Fakultät Soziale Arbeit und Gesundheit, Hildesheim

Jan Hertel
Schüler der Matthias-Claudius-Gesamtschule Bochum

Hubert Hüppe
Beauftragter der Bundesregierung für die Belange behinderter Menschen

Tobias
(Nachname den Herausgebern/innen bekannt)

Tobias Jarzombek
Sonderschullehrer, Schulzentrum Am Stoppenberg – Hauptschule – Tagesheimschule des Bistums Essen

Prof. Dr. Sven Jennessen
Professor für pädagogische und soziale Rehabilitation, Institut für Sonderpädagogik, Universität Koblenz-Landau.

Karsten Johr
Diplom-Sozialpädagoge, M. A. Beratung und Sozialrecht, Soziotherapeut

Dorothee Kienle
Wissenschaftliche Mitarbeiterin am Lehrstuhl für Körperbehindertenpädagogik, Institut für Sonderpädagogik, Julius-Maximilians-Universität Würzburg

Prof. Dr. Reinhard Lelgemann
Professor für Körperbehindertenpädagogik, Institut für Sonderpädagogik, Julius-Maximilians-Universität Würzburg

Kathrin Lemler
Studentin Bachelor Erziehungswissenschaft an der Universität zu Köln

Prof. Dr. Barbara Ortland
Professorin für Heilpädagogische Methodik und Intervention, Fachbereich Sozialwesen, Katholischen Hochschule NRW, Abteilung Münster

Juliane Quandt
Studienreferendarin, Förderzentrum körperliche und motorische Entwicklung Heuchelhof, Würzburg

Gabriele Rudo
Ergotherapeutin, Frühförderung der Lebenshilfe, Oberhausen

Prof. Dr. Sabine Schäper
Professorin für Heilpädagogische Methodik und Intervention, Fachbereich Sozialwesen, Katholischen Hochschule NRW, Abteilung Münster

Dr. Martina Schlüter
Oberstudienrätin im Hochschuldienst, Department Heilpädagogik und Rehabilitation, Universität zu Köln

Dr. Andreas Seiler-Kesselheim
Sonderpädagoge, Bezirkskoordinator für Kompetenzzentren für sonderpädagogische Förderung (KsF) der Bezirksregierung Köln, 1.Vorsitzender von ISAAC-GSC, Gesellschaft für Unterstützte Kommunikation e. V.

Dr. Volker Sieger
Wissenschaftlicher Leiter des Instituts für barrierefreie Gestaltung und Mobilität GmbH (IbGM), Niederlassung Mainz

Sebastian Wolf
Sonderpädagoge mit dem Schwerpunkt Körperbehindertenpädagogik, Würzburg

Kohlhammer